Fritz R. Glunk:
Schreib-Art

W0047406

Deutscher
Taschenbuch
Verlag

Für Christiane

Originalausgabe
Oktober 1994
© Deutscher Taschenbuch Verlag GmbH & Co. KG,
München
Umschlaggestaltung: Klaus Meyer
Umschlagfoto Vorderseite: Wilfried Petzi
Umschlagfoto Rückseite: Otto Haas, München
Satz: IBV Satz- und Datentechnik, Berlin
Druck und Bindung: C. H. Beck'sche Buchdruckerei,
Nördlingen
Printed in Germany · ISBN 3-423-30434-0

Das Buch

Spätestens seit Gerhard Polts Figur Deutelmoser wissen wir: »Ein gutes Deutsch, das wo einer heute, das ist so, wie wenn man, verstehn Sie, das ist so, wie wenn man einmal sagen tät, nicht wahr, das ist quasi eine Rückendeckung für das ganze Leben.« Dabei geht es beim »guten Deutsch« heute nicht mehr um Schlachten von gestern, um Polypen-Sätze oder um Verteufelung von Fremdwörtern. Die Sprache ist eine Schatztruhe, aus der sich heute jeder recht liberal bedienen mag. Allerdings greift der schreibende Laie (und nicht nur der) in gedankenloser Eile manchmal daneben. Fritz R. Glunk zeigt, wie unsere Texte aussehen sollen, damit ihre Lektüre angenehm, bereichernd, unterhaltsam und unmißverständlich wird. Die leicht lesbare Darstellung führt schlüssig von den Worten über die Sätze hin zum Text. Daneben bietet der Autor praktische Hilfestellungen, zum Beispiel in seinen Tips für stilistische Besonderheiten wie Sinnlichkeit, Ironie und Drastik oder in seinen Vorschlägen für geeignete Stilfiguren und Satzverbindungen. Jedem, der nur eine Spur von Freude an der Beschäftigung mit Sprache empfindet, wird dieses Buch auf zumindest zweifache Weise entgegenkommen: als ironisch-vergnügliche Lektüre und als nützlicher Ratgeber, »weil, ein gutes Deutsch, das wo einer heute ...«

Der Autor

Fritz R. Glunk, geboren 1936, studierte Linguistik und Literaturwissenschaft; nach der Promotion mehrjährige Tätigkeit am Goethe-Institut und als Verlagslektor. Er lebt heute als Übersetzer und freier Schriftsteller in München.

Inhalt

Gebrauchsanweisung

Dieses Buch ist nicht für angehende Dichter geschrieben. Es soll vielmehr jedem Schreibenden, und damit ist auch gemeint: jeder Schreibenden, bewußt machen, was eigentlich geschieht, wenn wir Wörter benützen, sie zu Sätzen und Texten zusammenbauen. Es erzählt, was bei diesem Alltagsgeschäft alles vorkommen kann: glückliche Funde, hinreißende Formulierungen, überzeugender Gedankenflug, aber auch rätselhafte Wortdickichte, bizarre Verstiegenheiten und Pannen, zufällige wie unumgängliche – kurz, das ganze Abenteuer des Schreibens.

Vor allem wird gezeigt, wie wir dem Leser unserer Texte Mühe abnehmen. Warum aber, mag einer fragen, sollten wir das? Die Antwort darauf klingt ehrwürdig: Es ist ein Akt der Höflichkeit. Zu leichtfertig erwarten wir vom Leser, daß er unseren Text bereitwillig liest, aufmerksam, vom Anfang bis zum Schluß. Das ist bei der Fülle des heute Geschriebenen schon nicht selbstverständlich. Aber es kommt etwas gern Übersehenes hinzu: Lesen ist Arbeit. Ruckweise springen die Augen bei der Lektüre durch die Zeilen, von einem Wort vorwärts zum nächsten, aber plötzlich liegt da ein unverständlicher Brocken herum, dann müssen sie wieder zurück, und die Springprozession beginnt von vorn. Die Fußangel kann ein Bandwurm sein wie *Politoligarchie*, ein undurchsichtiger Satz, eine Aussage ohne Zusammenhang, was auch immer: Jedesmal wird dadurch die Schwerarbeit der Augen vermehrt, und das fügt dem Leser zu aller Mühe noch Verärgerung zu.

Zudem verlangen wir von ihm ständig die Eigenleistung, seine Kenntnis der Welt anzuwenden. Er soll, so finden wir selbstgerecht, einen Satz wie

Zum Geburtstag bekam ich ein Buch von Schiller

nicht so verstehen, als hätte Schiller das Geschenk gemacht. Denn ohne eine gewisse Kenntnis der klassischen Literatur würde der Satz möglicherweise mißverständlich. Fortwährend, meist ohne uns darüber Rechenschaft zu geben, verlassen wir uns auf die geistige Mitarbeit des Lesers. Ohne sie müßte unser Geschriebenes in unerträglichen Erklärungswust ausarten. Der Text, so sagt man dazu gern, entsteht überhaupt erst im Kopf des Lesers. Auch das geht natürlich nicht ohne Mühe vor sich.

Ganz abgesehen davon, daß der Leser auch noch ein ständig sprungbereites Grammatikwissen braucht, um sich im Dschungel unserer Sätze auszukennen. Übung und Gewohnheit bringen es dahin, daß diese Arbeit meist reflexartig geschieht, wie dieses verfremdete Gedicht zeigt:

> Kreubst du das Lerd, wo die Zertissen breun,
> Im dischen Lurb die Gonten-Schaffeln geun,
> Ein sichter Wold vom bluschen Hierzel waust,
> Die Mespe strall und hiech der Leubahr staust,
> Kreubst du es wirl?
> Derfarn! Derfarn
> Meut ich mit dir, o mein Gebeichler, zarn.

Obwohl wir den Inhalt ohne »Übersetzung« nicht verstehen, weisen uns doch vielerlei grammatische Signale etwas wie einen ersten Weg durch den Text. Sie richtig zu erkennen, ist wiederum eine Arbeit, die allein der Leser aufzubringen hat. Leider sind nun manche Autoren wahre Meister darin, diese Wegweiser so aufzustellen, daß sie in die Irre führen.

Zusammengefaßt: Man kann es dem Leser mit einem Text schwer machen oder ihm die Lesearbeit erleichtern. Das erstere tun alle nachlässigen, gedankenlosen Schreiber. Wer aber seinem Leser vermeidbare Mühe erspart, soll uns als guter Autor gelten. Er wird sich schon deshalb um Klarheit bemühen, um seiner Aussage Wirkung zu verleihen, aber auch aus innerer, moralischer Überzeugung. Es ist einfach menschenfreundlich, einem Leser nicht zur Last zu fallen.

Guter Stil ist also persönliche Kultiviertheit, pfleglicher Umgang nicht so sehr mit der Sprache als vielmehr miteinander, eine im schönsten Sinn soziale Tätigkeit. Er hat wie der Anstand, mit dem er verschwistert ist, ziemlich feste Regeln. Wir werden sie im einzelnen kennenlernen.

In einem ersten Abschnitt befassen wir uns mit dem Rohmaterial unserer Texte, den Wörtern, das heißt den Wortarten wie Substantiv, Verb, Adjektiv und anderen. Dann sollen uns der Satz und seine Bauteile beschäftigen, und zwar sowohl Haupt- wie Nebensätze.

Der nächste, entscheidende Schritt führt uns zum Endprodukt, dem Text. Wir werden fragen: Wie beginnt man ihn, was macht ihn vergnüglich, angenehm lesbar, einsichtig gegliedert, wie schließt man ihn am besten? Und wir versuchen, jedesmal eine praktische Antwort zu geben. Im darauffolgenden Abschnitt sehen wir uns einige Stolpersteine an, die nicht eigentlich als Stilfehler gelten, einen Text aber unschön, gelegentlich sogar mißverständlich machen. Danach soll ein eigener Abschnitt Handreichungen dazu liefern, wie wir zum Beispiel besonders knapp formulieren, farbig, persönlich, ironisch, gelegentlich auch boshaft oder drastisch. Den sechsten und letzten Teil bildet die Schlußredaktion, also die abschließende Arbeit an Satz und Text.

Um die Beispiele möglichst lebensnah zu halten, sind fast alle Beispiele, abmahnende und vorbildliche, nicht den Höhen der Literatur entnommen, sondern den täglichen Leserbriefen in Zeitungen.

Zu guter Letzt folgt noch ein Anhang. Er enthält für den, der es gern vollständig hat, eine Liste der seit alters her bekannten Redefiguren und eine zweite mit allen möglichen Varianten für Satzverbindungen.

Und nun sei dem Leser nicht bloß Erfolg gewünscht, sondern auch Vergnügen.

Nur eins noch. Das vorhin verfremdete Gedicht lautet natürlich richtig so:

Kennst du das Land, wo die Zitronen blühn,
Im dunkeln Laub die Gold-Orangen glühn,
Ein sanfter Wind vom blauen Himmel weht,
Die Myrte still und hoch der Lorbeer steht?
Kennst du es wohl?
Dahin! Dahin
Möcht ich mit dir, o mein Geliebter, ziehn.

(Es ist die erste Strophe von »Mignons Lied« aus Goethes ›Wilhelm Meister‹)

Rohstoffe

Bunte Mischung: die Substantive

Was das eigentlich ist, ein Substantiv (manche sagen auch Ding- oder Hauptwort dazu), wissen so präzise nicht einmal die Grammatiker. Immerhin ist es schon von weitem leicht zu erkennen. Es hat im Prinzip einen Artikel (*der, die, das*), fast immer Singular und Plural (das heißt Ein- und Mehrzahl), und es wird bis zur radikalen Rechtschreibreform mit einem großen Anfangsbuchstaben geschrieben.

Das Substantiv scheint für alles und jeden da zu sein. Wir bezeichnen damit Personen (*Zar* und *Zimmermann*), Sachen (die Lieblingsbeispiele der Linguisten: *Tisch* und *Apfel*), aber auch kompliziertere Angelegenheiten wie *Bundestag*, Vorgänge (*Gewitter*), Zustände (*Trockenheit*), Handlungen (*Attentat*), ebensogut Bewegungen des Gemüts (*Liebe*) wie Unsichtbares (*Nirwana*) oder gar nicht Existierendes (*Utopie*). Ein richtiges Leipziger Allerlei. Anders gesagt: Aus Substantiven bauen wir uns eine ganze Welt zurecht.

Eine Welt nur aus Substantiven allein, meinte allerdings der große Stilist Wilhelm Schneider, wäre unbewegt und starr wie die Bäume eines Waldes. Ein schönes Bild, es ist nur ein wenig unvollständig. Denn wir, die Sprachbenutzer, pflanzen nämlich immer wieder junge Schößlinge unter die alten Stämme, schaffen dauernd für unsere Bedürfnisse neue Wörter und Benennungen. Keine Wortart vermehrt sich so fruchtbar wie die Substantive.

Und oft, wenn wir so ein Wort vor uns haben, meinen wir dann, es müßte auch etwas Wirkliches dahinterstecken. Wie Kinder, die fragen: Was tut der Wind, wenn er nicht weht?

Was heißt hier abstrakt?

Die ältere Stilkunde-Tradition teilte die Sprache in Gut und Böse ein. Empfehlenswert waren alle Wörter, die sinnlich Erlebbares benennen, von Übel aber alle andern, mit denen »nur« Gedankliches und Begriffe bezeichnet werden. Knapper: Gut waren die konkreten Substantive, die abstrakten schlecht. So einfach kann man es sich heute nicht mehr machen.

Nehmen wir ein Beispiel: Das Wort *Schönheit* drückt zweifellos einen Begriff aus; es wäre also abstrakt und eher zu vermeiden. Mit einer kleinen Hinzufügung, beispielsweise *Dorf*, haben wir jedoch etwas ganz anderes, die *Dorfschönheit*, und wir sehen sie frisch und lebendig vor uns. Wie kam das zustande? Ganz einfach: Die Zusammensetzung mit einem konkreten Wort läßt augenblicklich den sehr anschaulichen, bisher nur versteckten Inhalt der Schönheit hervortreten. Das Verfahren klappt ebensogut mit anderen Ergänzungen wie *die Schönheit des Meeres, die landschaftlichen Schönheiten, deine Schönheit, Aphrodite* (oder auch: *Jessica*).

Jedesmal wachsen dabei Wissen, Erlebnisse und Erfahrungen zu einem lebhaften Bild der Schönheit zusammen. Das geschieht fortwährend.

Weil wir unsere Sprache nicht immer in präziser Wörterbuchdefinition benützen, sind wir ständig damit beschäftigt, Bedeutungen zu verschieben, vom Abstrakten ins Konkrete und umgekehrt. Wir brauchen demnach immer beides, das Anschauliche wie das Begriffliche. Wie wir zugleich mit beiden sogar spielerisch umgehen können, zeigt dieser Leserbrief:

> Es wäre wahrscheinlich konfliktfreier, wenn der Präsident sich nur zu Kohlehydraten, Fetten, Eiweiß, Vitaminen und Mineralstoffen äußert. Aber der Verbraucher hat diese Abstracta nicht auf seinem Teller.

Wobei hier noch das feine Detail hinzukommt, daß der Autor das, was nicht auf den Tisch kommt, mit der c-Schreibweise lateinisch verfremdet. »Abstracta auf dem Teller«: eine gelungene Formulierung, weil auch hier wieder ein höchst begriffliches und ein sehr anschauliches Wort zusammengespannt sind. Beide gewinnen dabei: Das Abstraktum füllt sich mit sinnlichem Inhalt, und das Konkretum erfährt die höheren Weihen der Begrifflichkeit.

So etwas fällt einem aber nicht immer ein. Ein leichteres Verfahren der Konkretisierung zeigen dagegen diese Beispiele:

> Der Bundesfinanzminister bzw. seine Referenten sind wohl, wortwörtlich gemeint, von allen guten Geistern verlassen.

> Ob es im tieferen Sinn symptomatisch ist, daß wir einen Bundeskanzler haben, der Silvester mit Schampus und Kaviar feiert?

Das Rezept ist ablesbar: Es wird eine Wendung eingebaut, die ausdrücklich besagt, daß das folgende Wort seinen »eigentlichen« Inhalt haben soll, hier *wortwörtlich* und *im tieferen Sinn*. Ähnliche Ausdrücke kennt jeder: *im wahrsten, besten Sinn des Wortes, im Wortsinn* und anderes. Der Vielschreiber ist oft versucht, sie zu verwenden, weil sie so bequem zur Verfügung stehen. Gerade deshalb sind sie aber nicht sehr originell.

Eine dritte Methode ist die Verwendung und leichte Variation einer Redensart, die genügend Konkretisierung liefert. Ein gutes Beispiel:

> Daher haben die Finger des Staates in dieser Kasse genausowenig zu suchen wie in der Kasse irgendeiner anderen Versicherung.

Diese staatlichen Langfinger in der Schublade sind ein schöner Fund. Auf solche Abwandlung von geflügelten Worten und Redewendungen kommen wir noch ausführlicher zurück.

Wenn nun das abstrakte Wort aber unbedingt vermieden werden soll, bleibt oft nichts anderes übrig, als es durch etwas zu ersetzen, das die fünf Sinne anspricht, wie etwa in diesem Beispiel aus einem Zeitungsartikel:

> Dreißig Jahre später war B.s kleiner Betrieb zu dem Riesenkonzern gewachsen, der alles baute, was flog, schoß und krachte.

Hier wird der bläßliche Begriff »Rüstungsgüter« umgangen. Das ist zwar mit einem weiteren Nebensatz bezahlt, aber er lebt prächtig mit seinen drei weithin sicht- und hörbaren Verben.

Der alte Streit zwischen Konkret und Abstrakt hat sich aber vor allem damit überholt, daß in die öffentliche Sprache von heute immer mehr Alltagsdeutsch eindringt. So sprechen wir, wohl unter dem Einfluß des Englischen, recht farbig von *Weiße-Kragen-Tätigkeit* (für die Arbeit im Dienstleistungssektor), *Korb 3* (für die Menschenrechtsbeschlüsse der Helsinki-Konferenz) oder der *Währungsschlange* (was dann so hübsche Formulierungen erlaubt wie »Italien verläßt die Währungsschlange«). Eine zufällig vierköpfige Sparkommission des Parlaments heißt sofort *Streichquartett*, und das ermöglicht weitere Wortspiele:

Das kann man ohne Probleme in die »Streichliste« aufnehmen, das heißt die Liste der Streiche des Bundeskanzlers.

Zusammenfassend und beruhigend läßt sich also sagen: Der gute Autor benützt beides, konkrete wie abstrakte Wörter. Oft sogar dicht beieinander, wie es schon der antike Geschichtsschreiber Tacitus vorgemacht hat. Die germanischen Frauen, berichtet er, hätten ihren kämpfenden Männern »Speisen und Ermunterung« gebracht.

Heikle Außenbeziehungen

Mancher Sprachwissenschaftler ist hellauf begeistert von den vielen Wortbildungsmöglichkeiten im Deutschen. Besonders angetan hat es ihm die Leichtigkeit, mit der wir neue Substantive bilden können. Da wird ein neues Wort einfach aus zwei anderen zusammengesetzt (*Liebesbrief*), auch aus drei (*Biogasanlage*) oder mehr. Solche mehrgliedrigen Komposita (Zusammensetzungen) kommen häufig in Fachsprachen vor, vor allem der Fachsprache der Juristen. So hat, immerhin mit ironischem Selbstkommentar, der Präsident des Bundesverwaltungsgerichts mitgeteilt: »Das Gesetz zur Beschleunigung der Planung für Verkehrswege in den neuen Ländern heißt in seiner – Kurzbezeichnung – Verkehrswegeplanungsbeschleunigungsgesetz.« Eines dieser langen Fachwörter, das auch in unsere Alltagssprache eingedrungen ist, lautet *Fluor-Chlor-Kohlenwasserstoff*, bekannter in seiner Kurzform *FCKW*.

Neuerdings, wieder nach englischem Vorbild, können sogar ganze Sätze zu einem Substantiv zusammenwachsen. Dafür zwei nicht sehr häufige Beispiele aus Leserbriefen:

das Unbehagen angesichts der so oft propagierten »Wir-müssen-den-Gürtel-enger-schnallen«-Parolen

Da sitzt nun R., mit spitzer Feder in der Hand, zum Zu-stoßen bereit, den »Ich bin ein Wessi, ich muß es wissen«-Blick vorsorglich über die Brille geworfen, und holt aus zum Rundschlag.

Beide Belege klingen neu und frisch. Sie zeigen ihr jugendliches Alter auch in ihrer ungleichen Schreibweise einmal mit, einmal ohne Bindestriche. Da die Bindestriche das lange Wort optisch verständlicher machen, sollten sie sich wohl durchsetzen.

Bei den Komposita unterlaufen dem Unaufmerksamen gern bizarre Fehler.

Schon ältere Stillehren erfreuten sich an Mißbildungen wie *reitende Artilleriekaserne* und *aufgelösten Klosterjungfrauen*. So humoristische Beispiele sind aus der Sprache verschwunden, und fast möchte man annehmen, die häufigen Verweise hätten gefruchtet.

Bevor wir das allerdings genauer untersuchen, muß ein kurzer grammatischer Einschub her.

Jedes Kompositum ist aus wenigstens zwei Teilen zusammengesetzt, *Liebesbrief* zum Beispiel aus *Liebe* und *Brief*. Auch der Liebesbrief ist immer noch ein Brief, weshalb wir den Wortteil *-brief* als Grundwort, *Liebes-* aber, weil es den Brief näher bestimmt, Bestimmungswort nennen. Das Grundwort legt den Artikel fest (*der Liebesbrief*), aber auch alle anderen grammatischen Beziehungen des Kompositums. Deshalb ist die *reitende Artilleriekaserne* ein Kuriosum: *reitende* bezieht sich gegen alle Absicht immer nur auf *Kaserne*. Ende des Einschubs.

Nun schauen wir uns einmal folgendes Beispiel an:

die früheren Jasager zum »Kalten Krieg.«

Das ist, in neuem Gewand, eine *warme Würstchenbude* und verdient ungnädige Kritik. Denn der Zusatz *zum »kalten Krieg«* kann sich für unser Verständnis nur auf das Grundwort *-sager* beziehen. Genau das aber wollte der Autor nicht; es sollte doch wohl den Wortteil *Ja-* ergänzen. Aber so geht es nun mal nicht. Ähnlich auch diese Leserbriefzitate:

19

Aufklärungsarbeit über die politischen Mißstände
Einwirkungsmöglichkeiten auf die Studienpläne
Abwendungstendenzen von den Menschenrechten

Wieder dasselbe: *Aufklärung über, Einwirkung auf, Abwendung von* wäre hier gegangen, nicht aber *Arbeit über, Möglichkeiten auf, Tendenzen von.* Es ist überhaupt nicht einzusehen, warum das einfache Bestimmungswort verschmäht wurde, also *Aufklärung, Einwirkungen* und *Abwendung.* Jeder Ausdruck wäre damit hübsch abgeschlankt und würde zielstrebig auf seine Aussage losmarschieren. Aber nein, das erschien den Autoren womöglich zu leichtgewichtig. Und schon stolpern die soßig angedickten Komposita in die falsche Beziehung.

Solche Mißbildungen sind besonders beliebt bei Grundwörtern, deren Bedeutung durch häufigen Gebrauch fast verschwunden ist. Das hat es in der Sprachgeschichte immer gegeben. Unsere Nachsilbe *-heit* zum Beispiel stammt aus einem altindischen Wort, das einmal »Erscheinung, Lichtgestalt« bedeutet hat. Auch das Grundwort *-werk* hat in Zusammensetzungen (*Buschwerk, Naschwerk*) seine ursprüngliche Bedeutung »Arbeitsergebnis« bereits weitgehend verloren und ist dabei, eine rein funktionale Nachsilbe zu werden. Den gleichen Weg gehen heute andere einst bedeutungsstarke Grundwörter, zum Beispiel *-vorgang*, aber auch *-kultur* (*Streitkultur, Laufkultur* eines Autoreifens) und eben *-arbeit* (*Trauerarbeit*). Ihr Inhalt löst sich ins diffus Abstrakte auf. Kultur ist dann nur noch ein »allgemein richtiges Verhalten«, Arbeit eine schwach definierte, gar unsichtbare Tätigkeit. Bei manchen Komposita ist der Bedeutungsverlust schon so fortgeschritten, daß uns die eigentlich falsche Beziehung kaum noch auffällt, so etwa in diesem Bericht über Compact Disks:

Viele monierten eine Musikwiedergabe von mangelnder
emotionaler Einbindungsfähigkeit.

Mit ein wenig Lässigkeit würden wir das durchgehen lassen. Und doch: Gemeint war eine »emotionale Einbindung«, aber nicht, was dasteht: die »emotionale Fähigkeit.«

Ein letztes Beispiel dieser Art. Hier schafft es der Leserbriefschreiber, einen ganzen Nebensatz an den falschen Wortteil anzuhängen:

Nur erscheinen sie für einen Lernprozeß, wie man Spitzenpolitiker rechtlich belangen soll, ungeeignet.

Noch einmal und streng gesagt: ein »Prozeß, wie man ... belangen soll« ist Unsinn, vermeidbare Schlamperei. Mit ein wenig Mühe wäre der Autor vielleicht auf »Lektion« (anstelle des modischeren *Lernprozeß*) gekommen und siehe, der Satz wäre glatt und verständlich.

Zusammenfassend also ein guter Vorsatz: Vorsicht mit Komposita! Oft bietet sich statt dessen ja ein nicht zusammengesetztes und wirksameres Substantiv an. Meist nur aus Eitelkeit geschieht der Griff zum aufgeschwemmten Langwort. Dann stehen zwar mehr Buchstaben auf dem Papier, aber kein stärkerer Inhalt. Wir sollten außerdem bei einem Substantivkompositum darauf achten, daß sich dazugehörige Satzteile tatsächlich auf das Grundwort beziehen und nicht falsch auf das Beziehungswort. Sonst erzeugen wir nur noch mehr aufgelöste Klosterjungfrauen.

Männer und Frauen sind gleichberechtigt

Sie sind es leider noch nicht, trotz des schönen Verfassungsartikels. Nun machten sich einige Unverdrossene daran, die Gleichberechtigung wenigstens in der Sprache zu verwirklichen. Und gingen ans Werk, mit nichts als guten Absichten im Kopf. Das Ergebnis ist auch danach.

Eine ganze Serie von Nebenkriegsschauplätzen wurde eröffnet. Einmal waren es die Wetterbezeichnungen: Die schönen Hochdruckzonen sollten nicht mehr nur männlich auftreten (»Super-Leo«), die bösen Tiefs nicht immer als Frauen (die »kalte Else«). Dann kam die offenbar diskriminierende Ableitungssilbe *-in* an die Reihe: Man sollte nicht mehr *die Präsidentin* sagen, sondern bloß noch *die Präsident*. Schließlich und schon ableitend ins stammtischhaft Anzügliche wurde auch das weibliche *Mitglied* anstößig. Statt dessen kam allen Ernstes in einer süddeutschen Großstadt die *Mitfrau* auf den Tisch der Gleichstellungskommission. Was in letzter Minute und ausgerechnet von Frauen verhindert wurde, die sich mit dem Un-Wort erst recht als »Nebenfrauen« hintangestellt fühlten. Ebenso erfreulich: Auch so mißglückte Neuschöpfungen wie *Dele-*

giertinnen und *Erstsemesterinnen* werden zunehmend abgelehnt, und zwar von Frauen.

Dagegen mag es ein Fortschritt sein, wenn Politiker nicht mehr nur ihren *Wählern* danken, sondern *den Wählerinnen und Wählern.* Auch noch, wenn offiziell von einem Weihnachtsmarkt die Rede ist, der

> unter der aktiven Mitarbeit vieler Bürgerinnen und Bürger

organisiert wurde. Es klingt zwar etwas langatmig, sollte aber schon aus Anstand so bleiben. Bei feierlichen Anlässen überwiegt durchaus der Zugewinn an Menschenfreundlichkeit. Dieser gute Sprachgebrauch dringt nun auch zunehmend ins Private ein. So meint ein Leserbriefautor,

> es ist beschämend, wie einzelne Wissenschaftlerinnen und Wissenschaftler dieses Mandat mißbrauchen.

Das wirkt leicht übertrieben. Vollends unangenehm wäre die Sache aber, wenn jeder Autor dauernd unter dem Damoklesschwert der feministisch korrekten Ausdrucksweise sitzen müßte. Sollen wir tatsächlich immer und überall schreiben: *Leserinnen und Leser, Vertriebsingenieurinnen und Vertriebsingenieure, Auslandskorrespondentinnen und Auslandskorrespondenten*? Und das vielleicht zigmal in einem Text?

Ein angeblicher Ausweg aus dem Dilemma scheint allerdings nicht durchsetzungsfähig. Gemeint ist das große I im Plural, etwa *JuristInnen,* wie es in manchen Stellenausschreibungen bereits Vorschrift ist. Das Dumme an der »geschlechtsneutralen« Idee ist nämlich, daß man den Großbuchstaben nicht hören kann. Er ist also nur eine halbe Lösung und damit keine.

Unschön sind auch andere Hilfsmittel, eine scheinbar erklärende Abkürzung wie zum Beispiel *bzw.*:

> Es wäre sicherlich interessant, welcher Politiker bzw. welche Politikerin von welchem Unternehmen finanzielle Unterstützung bekommt

oder grafische Zeichen wie der Schrägstrich:

Daß der Autor von den Mitspieler/innen bei einem literarischen Rätsel erwartet, daß sie ›Werthers Leiden‹ kennen,

der seine höchste Absurdität dann erreicht, wenn das fragwürdige Doppel-Substantiv gar im Dativ steht wie hier:

Überall wird berichtet, daß es ein Ende haben muß mit den Diskriminierungen von Ausländern/innen.

Das läßt sich nicht mal mehr richtig ablesen. Und dann ist da noch die dubiose Methode, Klammern zu setzen. Zu welchen Verstiegenheiten das führt, zeigt ein immerhin konsequentes Leserbriefbeispiel:

Der Mensch ist somit wieder auf sich gestellt, denn ein(e) radikale(r) Ethiker(in), er (sie) muß heute radikal seine (ihre) Meinung äußern, wird nicht für voll genommen.

Die Zitierung ist ein wenig unfair, denn der Satz bliebe auch ohne seine algebraischen Klammerausdrücke in tiefes Dunkel gehüllt. Die aber machen ihn vollends zum Ratespiel.

Alle diese Scheinlösungen sind also häßlicher Unfug, und der glatte Ausweg ist nicht erkennbar. Es gibt wohl auch keinen. Die graphischen Mätzchen jedenfalls haben die Situation der Frau in der Gesellschaft kein bißchen verändert. Solcher Glaube an die Magie des Wortes war allenfalls noch mit germanischen Zaubersprüchen zu schaffen, aber nicht mehr mit Klammern und Schrägstrichen.

PS: Ob die kuriose Neubildung *frau* ihren Weg machen wird, scheint mehr als fraglich. Sie wirkt besonders merkwürdig, wenn sie nahe bei der Titulierung »Frau« steht, wie in diesem, übrigens einzigen Beispiel:

Auch denke ich, daß es Frau M. bekannt sein müßte, daß frau keine ansprechende Arbeit findet.

Dem mausgrauen *man* seine geschlechtsneutrale Bedeutung zu nehmen und es auf männliche Personen zu reduzieren, ist alles andere als ein sprachlicher Gewinn.

Alte Kämpfer, endlich müde?

Seit gut drei Jahrhunderten ist im Deutschen eine stille Schlacht im Gang: der Kampf gegen das Fremdwort. In der jüngeren Vergangenheit wurde er aus rein nationalpolitischen Motiven geführt, und selten sprach es einer so deutlich aus wie Eduard Engel drei Jahre vor dem Ersten Weltkrieg: »Die Wissenschaft verschmutzt die sprachlichen Blutbahnen, die sich säubern möchten, immer von neuem mit dem fremden Blutgift.« Das klingt, als käme es bereits tief aus der Blut-und-Boden-Mystik des Dritten Reiches. Nach 1945 hat sich der Lärm etwas gelegt, nicht aber die Verbissenheit der alten Kämpfer. Noch heute werden mit sadistischer Pingeligkeit abschreckende Beispielsätze zurechtgebastelt. Sie sehen besonders peinlich aus, wenn das zum Abschuß freigegebene Fremdwort auch noch falsch gebraucht ist, wie etwa hier aus der Stilkunde einer Oberstudienrätin: *Er hatte Mühe, die Unterschrift zu dechiffrieren.* Dieser Phantasiesatz wurde nur erfunden, um den Buchkäufer damit zu quälen. Im wirklichen Leben kommt niemand auf die Idee, eine Unterschrift *dechiffrieren* zu wollen (allenfalls eine Geheimschrift).

Der Gerechtigkeit halber muß man aber zugeben, daß sich auch in Leserbriefen Fremdwortballungen finden, die scheinbar demselben Lehrerhirn entsprungen sind (solche Monster wie *kontraproduktive Ideologie-Debatten*). Aber erstens verrät sich so etwas schon allein dadurch als schlechtes Deutsch, daß es nur intellektuelle Fertigware zu einem Haufen türmt, und zweitens ist es erfreulich selten.

Aufs Ganze gesehen erstaunt es jedoch, wieviel Bildungslatein die schreibenden Deutschen horten. Da sichert ein bestimmtes *Procedere* Arbeitsplätze, ein Ministerium gibt sein *Placet*, das *Pro und Contra* wird geprüft, die Gesamtschule als *Deus ex machina*, staatliche Gewaltanwendung als *ultima ratio* bezeichnet. Dabei sind Wendungen wie *per se*, *de facto*, *summa summarum*, *vulgo*, *a priori* und einige andere noch nicht einmal mitgenannt. Und sie werden alle richtig und mit der nötigen Sparsamkeit eingesetzt. Mit zwei Ausnahmen, die sich zunehmender Beliebtheit erfreuen. Die eine ist das eher verunklarende *in puncto* wie in diesen Beispielen:

seine Bemühungen in puncto Verständigung zwischen
Nationen und Kulturen

die Aufgeregtheit der offiziellen Medizin in puncto Homöopathie

Hier hätte in der Tat im ersten Ausdruck ein schlichtes *um* und im
zweiten *über* einen besseren Dienst getan. Und einfach nicht klein-
zukriegen ist das leichtfertig benützte *à la*:

Wo aber in aller Welt haben sich Unrechtssysteme à la
»DDR« ewig gehalten?

Auch hier liegt eine einfachere Lösung parat (*wie die DDR*), um
dasselbe zu sagen, präziser sogar. Solche Gedankenlosigkeit ist
keine Bildung mehr, sondern lässiger, schlechter Stil.

Dagegen ist das angeblich gefährliche Eindringen englischen
Wortmaterials ins Deutsche nur dem bemerkenswert, der gebannt
auf die Sondersprachen der Jugend und der Werbung starrt. Ansonsten hält sich der Zuwachs an englischen Fremdwörtern in ganz natürlichen Grenzen, von gelegentlichen Fachtermini abgesehen (etwa
worst-case-Szenario). Bedenklicher scheint allerdings, was uns
manchmal ein sich überschlagender Journalistenjargon vormacht.
Manches läßt man sich ja gefallen (»Kranzniederlegungen sind ein
protokollarisches *must*.«). Aber was soll zum Beispiel dieses:

No folks, diesmal geht's nicht um nationale Belange.

Hier und jetzt, täglich, lauern friends and european
neighbours.

Solche Schreibe ist unsozial. Der Autor spricht mit keinem Leser
mehr, bloß noch autistisch mit sich selbst. Allen anderen wird mit
flockiger Weltläufigkeit bescheinigt, daß sie nicht dazugehören.
Über die tatsächliche Notwendigkeit dieser anglisierenden Einsprengsel kann man nicht einmal mehr streiten; es gibt keine. Und
wenn je die Abneigung gegen Fremdwörter mehr als dumpfe Pedanterie war, dann hier.

Von solchen Privatsprachen einmal abgesehen, ist der englische
Wortschatz, den wir tagtäglich verwenden, nicht nur harmlos, sondern geradezu notwendig. So schreibt zum Beispiel ein Schüler über
den Nationalsozialismus:

Die Bewegung war aus der Sorge um das Vaterland entstanden, die ihr eine Art »romantischen Touch« gab.

Die Gänsefüßchen stehen nicht etwa da, um ein undeutsches Wort
zu kennzeichnen, sie sollen vielmehr dem ganzen Ausdruck eine di-
stanzierend uneigentliche Bedeutung geben. Hier zieht auch der
gern gebrachte Einwand nicht, ein deutsches Wort sei doch viel präziser. Die verführerische Unbestimmtheit wollte der junge Autor ja
gerade hervorheben. Wir wüßten gar keinen Ersatz für *Touch*, der
genau dies vermitteln könnte.

Den Kampf gegen das Fremdwort, mit seinen oft schmutzigen
Motiven, sollten wir also rundheraus als Getöse von gestern abtun.
Und sei es nur aus der langen Erfahrung, daß er völlig umsonst geführt wurde. Die Sprache schüttelt den autoritären Zwang von sich
ab, und sie nach außen abschotten geht heute schon gleich gar nicht.
Wenn ihre Sprecher ein fremdes Wort für nützlich ansehen, holen
sie es sich herein und machen es heimisch. Es ist noch kein Kraut gewachsen gegen den sprachlichen Freihandel.

Ausgestorben: die Aküspra

Das schaurige Wortgebilde brandmarkte in der Vergangenheit die
Unsitte der Abkürzungssprache. Nur die Älteren werden sich noch
erinnern, daß sie als Kinder manchmal das rätselhafte *DbddhkP*
hinwarfen und erst auf Nachfrage die Erläuterung gaben: »Doof
bleibt doof, da helfen keine Pillen.« Darüber lachen heute nicht einmal mehr Großväter. Und die gelegentlich aufkommende Stilisten-
Angst, irgendwelche finsteren Gesellen wollten die gute deutsche
Sprache technisch-effizient umgestalten, hat sich längst als grundlos
herausgestellt.

Das hindert aber unverbesserliche Glossenschreiber nicht, so zu
tun, als käme eine neuerliche Flut von Abkürzungen auf uns zu:

Der Aküfi (Abkürzungsfimmel) ist der Vater des Azubi
(Auszubildenden) und stammt aus der Epoche des Gröfaz (größten Führers aller Zeiten). ... Im Bobuha (Bonner
Bundeshaus) möchte man mit Hilfe des Aküfi die Pro-
duktivität des Parlaments steigern.

Es muß ein jüngerer Autor sein, der das geschrieben hat, ein Geburtsjahrgang lange nach dem »Dritten Reich.« Denn die Auflösung von *Gröfaz* ist nicht ganz richtig (korrekt hieße es nämlich »größter Feldherr aller Zeiten«). Außerdem ist der *Azubi* in manchen Bundesländern sogar amtlich schon wieder durch den *Lehrling* ersetzt. Die Satire schießt ins Leere. Weit und breit ist kein drohender »Abkürzungsfimmel« zu sehen.

Tatsächlich begann die Blütezeit der Kurzwörter erst sehr spät. Es ist verblüffend zu sehen, wie wenig davon ein Politiker wie Bismarck in seinen Reden verwendet: so gut wie keine einzige. Der 1874 gegründete »Verein zur Wahrung der gemeinsamen wirtschaftlichen Interessen in Rheinland und Westfalen« wurde nicht etwa als Buchstabenwort abgekürzt, sondern hieß der »Langnamenverein.« Und als sich eines der ersten Industrie-Unternehmen mit einer Abkürzung vorstellte (die Allgemeine Elektricitäts-Gesellschaft, *AEG*), war es schon 1887. Seit dem Ersten Weltkrieg ging es aber richtig los. Da trat plötzlich das *AOK* auf (Armee-Oberkommando), der *Schupo* (Schutzpolizist), der *SC* (Senioren-Convent), der *Judo* (Jungdeutscher Orden), aber auch Bleibendes wie *DIN* (Deutsche Industrie-Norm) und *AStA* (Allgemeiner Studentenausschuß).

Der Grund dafür lag in dem, was der Fachmann als den »gestiegenen Benennungsbedarf« der Moderne bezeichnet. Heute leben wir auch im Alltag mit einer so großen Zahl von Institutionen, daß wir in vielen Fällen Langatmigkeit nur noch durch Abkürzungen umgehen können. Beispiele dafür sind allerlei Organisationen (*UNO*, *EG*, *SPD*, *ÖTV*), technische Einrichtungen (*TÜV*, *EKG* oder die *AKWs*, die von ihren Verteidigern lieber *KKWs* genannt werden) oder auch Produkte (die allgegenwärtigen *FCKWs*).

Selbstverständlich ist der stilistische Wert solcher Abkürzungswörter gleich Null. Das weiß aber auch jeder Freizeitautor und meidet sie, wenn es geht.

Wir wollen deshalb nur zwei Fälle von Mißbrauch anzeigen; der eine ist die leicht mißverständliche Setzung des Punktes, der andere eine Unhöflichkeit.

Das erste Beispiel ist das unauffällige *usw.*, das oft nur schlampige Gedankenarbeit verschleiern soll. Wie an dieser besonders unschönen Leserbriefstelle:

> Vor 500 Jahren waren es die spanischen Juden, die vor der
> Inquisition flohen. Ihnen folgten Polen, Ungarn usw. Die
> Aufnahme von Afghanen...

Der Punkt nach dem *usw.* hat hier sozusagen eine Doppelfunktion.
Er markiert die Abkürzung und gleichzeitig das Ende des Satzes.
Das scheint ein bißchen viel verlangt. Wir verwundern uns beim Lesen kurz darüber, daß es nach einer schlichten Abkürzung scheinbar mit einem großgeschriebenen *Die* weitergeht. Erst im zweiten
Schritt erkennen wir, daß der Satz an dieser Stelle zu Ende ist. Eine
Abkürzung sollte demnach besser nicht am Satzende plaziert werden. Unhöflich wird es, wenn wir eine ungebräuchliche Abkürzung
ohne Erklärung in den Satz schieben, etwa so:

> Es gab nicht einen einzigen Tag, seitdem Unprofor in
> Kroatien stationiert ist, an dem nicht geschossen wurde.

Wer ist dieser Unprofor? Da das Wort nicht einmal korrekt in
Großbuchstaben geschrieben wurde, ist es fast nicht als Abkürzung
erkennbar. Gemeint waren die eigentlich nur in der Mehrzahl vorkommenden *UNPROFOR*, die »United Nation Protection Forces.« Hier hätte ein leserfreundlicher Autor die Abkürzung mindestens ausgeschrieben, besser noch deutsch wiedergegeben.

Aber wie gesagt: Derartige Ausrutscher sind selten und bieten
kaum Stilprobleme. Es werden im großen und ganzen weder zu
viele noch zu wenige Abkürzungen benützt, also ist weder ein Mangel noch ein Fimmel zu beklagen.

Rettet dem Genitiv!

Darf man als bekannt voraussetzen, daß unser Substantiv in vier sogenannten Kasus auftritt, auch Fälle genannt? Und daß sie Nominativ heißen (*der Minister*), Genitiv (*des Entwurfs*), Dativ (*dem Parlament* oder wie schon zitiert: *den Ausländern*) und Akkusativ (*den
Haushalt*)?

Einer der vier, der Genitiv, hat angeblich ein schweres Leben in
der Sprache; es mag ihn, heißt es, keiner mehr, er sei bereits am Aussterben. Nicht immer ist die Leichenrede so verkehrt wie in dieser
Pressemeldung:

Der Genetiv! Es geht ihm furchtbar schlecht. Wer beklagte nicht seine stillschweigende Abservierung? Die Allgemeine Zeitung in K. nicht. »Dem Sportverein sein Sparschwein gestohlen« schreibt sie über den österlichen Polizeibericht.

Das liest sich aus zwei Gründen nur mit einem Schütteln des Kopfes. Erstens schreibt man *Genitiv* schon seit den dreißiger Jahren mit zwei *i* und nur einem *e*. Und zweitens ist das hier nun wahrlich kein bayerischer Ersatz-Genitiv (*meim Vater sein Bier*), sondern ein reinrassiger Dativ (»Dem Sportverein wurde sein Sparschwein gestohlen«), und zwar, wie die Grammatik ihn nennt, ein »Nachteilsdativ.« Der drückt zwar manchmal gleichzeitig ein Besitzverhältnis (»das Sparschwein des Sportvereins«) aus, verdrängt aber keinesfalls irgendeinen Genitiv.

Der Fall hat aber seine Tücken.

Die eine ist allerdings eher eine Unsitte, und zwar die Übernahme des sogenannten sächsischen Genitivs aus dem Englischen ins Deutsche. Selbst Filmkritiker regen sich zu Recht über diese Unschönheit auf:

Bram Stoker's Dracula. Zum letzten Mal: Im Deutschen gibt es kein Genitiv-Apostroph.

Berechtigt, sogar vorgeschrieben ist dies nur, wenn ein Name auf einen Zischlaut endet und als vorangestellter Genitiv stehen soll (*Marx' Irrtum*), dann aber ohne *s*.

Die zweite Widrigkeit tritt bei Eigennamen auf, die hintendran ein abgekürztes *jun.* oder *sen.* führen. Wie bildet man da einen voranstehenden Genitiv? Sehen wir uns ein Beispiel an:

eine demokratische Antwort auf Albert Speers sen. abgeschotteten Flakscheinwerferdom

Nach *Speers* würden wir eigentlich sofort den dazugehörigen Gegenstand erwarten und kein nachhüpfendes *sen.* als Zugabe. Man weiß auch nicht recht, was man dem Autor als Verbesserung empfehlen würde, außer einem weitgehenden Umbau seines Ausdrucks.

Schließlich eine dritte, leider recht häufige Mißbildung. Sie passiert immer dann, wenn ein Substantiv im unbestimmten Plural auftritt, also ohne Artikel (*Behörden*) und daraus ein Genitiv gebildet werden soll. Nur wenn ein Adjektiv dabeisteht, ist der Kasus noch erkennbar (*die Arroganz großer Behörden*). Ist dieses Adjektiv aber etwa aus einem Städtenamen abgeleitet (*Münchner Behörden*), verschwindet der Kasus schon wieder, wie in diesem Bürgermeister-Brief:

> Mit Arroganz oder Dummheit Münchner Behörden hat
> dies nicht das Geringste zu tun.

Erst auf den zweiten Blick, also mit Mühe, ist der rätselhafte Block *Münchner Behörden* als Genitiv erkennbar. Ein rücksichtsvoller Autor hätte hier besser eine Präposition gesetzt (*von Münchner Behörden*) oder mutig gleich den bestimmten Artikel (*der Münchner Behörden*).

Solche Wortgruppen, deren unbestimmter Plural auch noch die Endung *n* hat (*Londoner Straßen, Mailänder Moden*), haben überhaupt ein Dummes: An ihrer Endung ist nämlich keinerlei Kasus mehr erkennbar. Wenn wir Leser ihnen begegnen, halten wir sie meist und mit Recht für einen schlichten Nominativ. Diese Lesererwartung sollte also nur mit hohem Bedacht, niemals nur fahrlässig enttäuscht werden.

Wir sehen: Der Genitiv hat kein leichtes Dasein, aber er lebt. Daß er oft sogar zu wilden Gewächsen auswuchert, wird uns weiter unten beim Attribut beschäftigen.

Ergebnisse

Knapp zusammengefaßt haben wir bis hierher so viel gesagt: Das Substantiv bezeichnet alles mögliche, Personen und Sachen, Gegenständliches und Gedachtes. – Der gute Autor gebraucht sowohl abstrakte wie auch konkrete Substantive, und leicht geht eines ins andere über. Sie gegeneinander auszuspielen, ist ein alter Zopf. – Komposita bestehen aus einem Grund- und einem Bestimmungswort; für die grammatischen Beziehungen zu anderen Wörtern im Satz ist allein das Grundwort zuständig; Ausnahmen davon sind solche Grundwörter, die ihre Bedeutung weitgehend verloren haben; das sollte uns eine gewisse Vorsicht bei Neu-Konstruktionen auferlegen. – Gelegentlich ist ein Kompositum auch aus einem ganzen Satz gebildet, dann werden zwischen die Teilwörter besser Bindestriche gesetzt. – Die Forderung, bei Berufsbezeichnungen oder auch sonst nicht nur männliche, sondern auch weibliche Formen zu berücksichtigen, ist der sicherste Weg ins sprachliche Dickicht. Noch tiefer hinein führen Schrägstriche und Klammern. – Fremdwörter sind Wörter, die wir aus anderen Sprachen entnehmen, und – oft vergessen – solche, die wir anderen Sprachen geben; wer das Geben und Nehmen willkürlich regulieren möchte, fällt meist auf die Nase; gehäufter und extremer Fremdwortgebrauch demaskiert sich von ganz allein als Angeberei. – Die einst gefürchtete Kurzwortinflation hat seit 1945 ihren Schrecken verloren, das heißt, es gibt sie gar nicht. – Und schließlich lebt, allen gegenteiligen Gerüchten zum Trotz, der Genitiv weiter; man sollte sich dabei nur vor seinen Tücken in acht nehmen.

Aktivität: die Verben

»Leben! Handlung! Leidenschaft!«: So herzlich begrüßt Johann Gottfried von Herder das Zeitwort im Satz, mit einer Begeisterung, als käme jetzt endlich Bewegung in den starren Wald der Substantive. Andere nannten das Verb (wie wir das Zeitwort hier nennen) die »Wirbelsäule«, das »Rückgrat« oder auch, sanfter, die »Seele« des Satzes. Wo alle sich so einig sind, liegt sicher ein Kern Wahrheit.

Tatsächlich bleiben die Augen beim Lesen eines Satzes länger als anderswo bei den Verbformen stehen, also beim Prädikat. Unbestreitbar spielt es die wichtigste Rolle im Satz. Es ist sogar der allmächtige Regisseur, der die Anzahl und das Handeln aller anderen Mitspieler festlegt. Das Prädikat allein entscheidet, wer im Satz etwas zu tun hat und wem nur etwas geschieht. Es legt die Zeit der Handlung fest (Vergangenheit, Gegenwart oder Zukunft) und bestimmt, ob wir uns das alles als wirklich und wahr oder nur denkbar oder unmöglich vorstellen sollen. Fehlt das Prädikat, so wissen wir kaum noch, was gespielt wird.

Um seine vielen Aufgaben zu erfüllen, verfügt es über einen Formenreichtum, neben dem das Substantiv arm aussieht.

Und doch: Wer so nach allen Seiten offen ist, setzt sich dem Verschleiß aus. Das Verb verliert leicht seine ursprüngliche, kräftige Bedeutung und kann oft nur noch an der Stütze eines Substantivs gehen. Von dieser Tendenz zur Abschwächung sind grundsätzlich alle Wortarten betroffen, bei den Verben jedoch ist es am deutlichsten zu sehen, allerdings nur für den, der sich um einen ausdrucksstarken Stil bemüht. Wir werden das gleich an drei Texten beobachten können und kommen dann auf die eigentlichen, die aufregenden Leistungen des Verbs zu sprechen.

Starke und schwächliche Verben

Vor uns liegen drei Leserbriefe. Der erste stammt von einer Bürgeraktion und behandelt eine zugegeben komplizierte Sache, nämlich den Ausbau einer Wasserstraße. Wir schauen uns einmal die zwölf

Prädikate an, mit denen der Text beginnt (in Klammern jeweils dazugehörige Ergänzungen):

> ist (unerklärlich), kommt (zu seinen Urteilen), sich weigern, vollziehen (den Beschluß), beauftragen, wissen, verwirklichen (eine »Methode«), wissen, eingesetzt ist (als Architekt), vertritt (Eigeninteressen), beginnt (Das beginnt mit...), kassieren (Einnahmen)

Nur ein oberflächlicher Blick fände daran nichts auszusetzen. Fangen wir mit dem Einfacheren an: Das doppelte *wissen* ist eine unschöne Wortwiederholung; eine *Methode* zu *verwirklichen*, geht sicher über die Vorstellungskraft. Das Schlimmere ist aber, daß fünf Prädikate (*ist, kommt, vollziehen, eingesetzt ist, vertritt*) ihre Bedeutung ganz an die Umgebung abgegeben haben, aus eigener Kraft also nichts zum Inhalt des Textes beitragen. Sie erfüllen nur eine grammatische Funktion. Übrig bleiben ganze vier Verben, die noch einen spürbaren Inhalt vermitteln.

Im zweiten Leserbriefbeispiel, ebenfalls von einer Bürgervereinigung, hat sich der Schreiber gar nicht erst die Mühe gemacht, aussagefähige Prädikate zu suchen. Hier sein Eingangsdutzend Prädikate:

> erscheinen, sich nennt (Naturschützer), einverstanden sein, zu sein scheint, es geht darum, wollen, sind (der Überzeugung), ist (unerträglich), müßte sein (eine Selbstverständlichkeit), ist (eine Lüge), sei (nötig), anschauen (Eintiefungsprobleme)

Das wirkt eintönig, von fahler Blässe überzogen. Sieben Prädikate werden mit einem einzigen Verb bestritten (*sein*). Wieder müssen andere Satzteile die Hauptlast der Argumente tragen. Lediglich *anschauen* drückt etwas Sinnliches aus, aber auch das gemindert dadurch, daß man sich abstrakte »Probleme« anschauen soll.

In beiden Fällen hat also das hochgerühmte Verb fast nichts zum Gelingen der Sätze beigetragen. Anders aber in unserem letzten Beispiel, das Salmonellen in Hühnereiern zum Thema hat. Hier lauten die Prädikate:

> pflegt, tankt, umgehen (mit einem Fahrzeug), herabsetzen (die Leistung), aufgeben (den Geist), leugnen, wäre

(naiv), muß vorausgesetzt werden, schenken soll (Glauben), war (kein Garant), ist (so ist es), eingesperrt sind

Das liest sich schon sehr viel erfreulicher. Woran liegt es? Zwar wird
auch hier das offenbar beliebte *sein* gleich dreimal herangezogen
(*wäre, war, ist*), aber immerhin in abgewandelten Formen. Und alle
übrigen Verben sind frisch, lebhaft, ausdrucksfreudig. Eine Stellungnahme zu Salmonellen mit der Erörterung der Pkw-Pflege zu
beginnen (wie die ersten fünf Prädikate verraten), ist zumindest
nicht unoriginell.

Auch wenn so ein unverbrauchter Einstieg nicht immer möglich
scheint, hätten die beiden ersten Leserbriefschreiber ihren Verben
zweifellos mehr Aufmerksamkeit zuwenden müssen. Oft genügt ja
ein kurzer Blick in ein Synonymenlexikon. Es ist vielleicht nicht jedermanns Sache, nach geschriebenem Text noch einmal alle Prädikate zu überprüfen, aber es hilft.

Daß die beiden Bürgerinitiativen es nicht getan haben, legt den
Verdacht nahe, sie näherten ihre Schreibweise chamäleonartig einem täglich langweiligeren Politikerdeutsch an, eine Täter-Opfer-
Identifizierung sozusagen und äußerst bedenklich. Denn so unter-
würfige Verbeugungen verhelfen dem Öffentlichkeitsjargon erst zu
voller, öder Allgewalt.

Die große Dynamik kommt also nicht allein dadurch zustande,
daß wir irgendein Verb verwenden, weil die Grammatik des Satzes
es nun mal verlangt. Es muß schon selbst Leben und Leidenschaft in
sich tragen.

Das typisch deutsche Prädikat

Nach der Schlacht gegen die Perser vor 2500 Jahren rannte ein Läu-
fer von Marathon bis Athen, meldete auf dem Marktplatz schnell
noch den Sieg und brach tot zusammen. Seine atemlose Meldung
konnte nur kurz sein: »Wir haben gesiegt.« Im Altgriechischen genügte dafür ein einziges Wort. Wir brauchen drei dafür.

Wie durch Zellteilung hat sich unser Prädikat gespalten. Der eine
Teil lautet hier *haben*, und seine Form entspricht dem Subjekt (der
Person *wir*); außerdem zeigt es uns die Zeit der Handlung und daß
sie als Tatsache ausgedrückt wird; diesen Teil nennen wir Prädi-

kat I. Der andere ist *gesiegt*, das auch bei wechselnden Personen gleich bleibt; er heißt natürlich Prädikat II.

Solche Erläuterungen sind banal, wenn der ganze Satz so kurz ist wie bei dem Athener. Genau das ist aber so gut wie nie der Fall. Und dann drohen sofort allerhand Kalamitäten. Denn das Prädikat I hat seine feste Stelle im Hauptsatz ziemlich weit vorn, das Prädikat II jedoch grundsätzlich am Ende des Satzes. Dazwischen schieben sich alle anderen Dinge, die wir auch noch sagen wollen, so daß die Prädikatsteile manchmal sehr weit voneinander entfernt liegen. Der amerikanische Humorist Mark Twain meinte einmal, der Deutsche tauche bei jedem Satz in einem tiefen Meer von Wörtern unter und komme erst nach langer Zeit am anderen Ufer wieder heraus, mit dem Verb im Mund. Keine andere Sprache auf der Welt macht es sich so schwer und umständlich.

Diesem typisch deutschen Prädikat hat man den Namen Satzklammer gegeben. Sie ist das klassische Lieblingskind aller Stilkunden. Richtig angewandt, trägt sie zu einer gewissen Spannung im Satz bei. Überzieht man den Effekt aber, geht er verloren. Wenn das Prädikat II so spät kommt, daß der Leser das Prädikat I nicht mehr behalten kann, tritt nur Verärgerung ein. Noch unangenehmer ist es, wenn der mit einigem Recht vermutete Sinn des Satzes durch ein nachklapperndes Prädikat II völlig auf den Kopf gestellt wird, wie in Hans Jürgen Heringers erfundenem Beispiel: »Die alte Dame platzte nach dem Essen bei ihrem 80. Geburtstag mit ihrer Meinung heraus.«

Leider sind aber auch gewisse Unsitten nicht selten. Im folgenden Satz etwa heißt das vollständige Prädikat *nahm Platz*. Bis wir das allerdings geliefert bekommen, vergehen zwanzig Wörter und eine Menge Zeit:

Damals, nach Wende und Vereinigung, nahm dort, wo im Prager DDR-Kulturinstitut eine respektable Buchhandlung neben ideologischem Pflicht-Müll herausragende Belletristik preiswert angeboten hatte, unverzüglich die Deutsche Bank Platz.

Eine so weite Satzklammer überfordert den Leser schon ein wenig. Im nächsten Beispiel werden gar 29 Wörter zwischen die Prädikatsteile gestopft; man ahnt zwar, worauf das Ganze hinausläuft, aber das abschließende Prädikat II steht dafür erbarmungswürdig einsam da:

Nur noch als Trauerspiel kann man die derzeitigen Ereignisse und Kommentare der meisten FDP- und SPD-Politiker nach dem Beschluß des Bundesverfassungsgerichts, den Anträgen der FDP- und SPD-Fraktionen auf Erlaß einer einstweiligen Anordnung nicht stattzugeben, bezeichnen.

Leicht wäre der Satz durch einen Umbau klar und leserfreundlich geworden (*Nach dem Beschluß... kann man... nur noch als Trauerspiel bezeichnen*).

Vollends untauglich wird es aber, wenn das Prädikat II zur armseligen Vorsilbe geschrumpft ist, die irgendwann auftritt, nachdem Geduld und Ratefreudigkeit des Lesers längst erschöpft sind:

Es wäre der CSU lieber, er gäbe zermürbt von Untersuchungsausschußsitzungen und ständigen Berichten darüber als Opfer der Opposition und der Medien mit Rücksicht auf Gesundheit und Familie auf.

Dabei liegt hier das immer wieder empfohlene Zaubermittel sichtbar auf der Hand: Das späte *auf* muß einfach ganz nach vorn gezogen werden, gleich hinter *gäbe*. So bekäme die Aussage sogar schärferen Biß.

Die günstige (und gar nicht immer regelwidrige) Vorziehung des Prädikats läßt sich sogar erfolgreich auch bei recht kurzen Nebensätzen anbringen, wie etwa hier:

Es gibt Probleme, die kann man nicht lösen.

Dieses *kann* erhält durch seine ungewöhnliche Stellung kräftige Betontheit. Oder dieses Beispiel:

Da vergeht kein Tag im Bundestag, der nicht voll wäre von Diskussionen.

Hier liegt der Gewinn in einem stärkeren Satzschluß, den ein abschließendes *wäre* nie geschafft hätte.

Ganz Mutige mögen noch gewagtere Experimente anstellen. Das Prädikat II läßt sich nämlich so weit nach vorne ziehen, daß es die Spitze des ganzen Satzes bildet. Um ausnahmsweise einen Dichter zu zitieren: Berühmt ist der Beginn des Gedichts ›Der römische Brunnen‹ von Conrad Ferdinand Meyer; da heißt es nicht »Der

Strahl steigt auf«, sondern dramatischer: »Aufsteigt der Strahl.«
Daß so etwas auch in alltäglicher Prosa möglich ist, zeigen zwei Bei-
spiele (nicht aus Leserbriefen allerdings, sondern von Journalisten).
Das erste:

> Geholfen hat dieser Griff in des Steuerzahlers Tasche, wie
> man jetzt sieht, nicht.

Das funktioniert hier auch deshalb so gut, weil wir während des
Weiterlesens immer gewisser werden, daß am Ende des Satzes jenes
starke *nicht* kommen muß.

Und zweitens ein fast dem ›Römischen Brunnen‹ nachempfun-
dener Satz:

> Auf stand er, der tapfere kleine CSU-Abgeordnete.

Das ist ein Fanfarenstoß und ein guter, leicht ironischer Gegensatz
dazu. Außerdem wird das Prädikat hier erfreulich korrekter geschrieben als das Meyersche Vorbild, nämlich auseinander (und
nicht irreführend wie *Aufstand*).

Eigentlich schade, daß nicht auch Laien-Autoren so wagemutige
Spitzenstellungen gelegentlich ausprobieren.

Jetzt aber noch ein Gegen-Exempel, wie die Vorziehung des Prädikats II auch schiefgehen kann. Das Vorhaben ist lobenswert, denn
mit der Endstellung würde der Satz zu sachlich trocken. Aber heraus kam das:

> Im Artikel wird die Sanierung des Lechs zwischen Me-
> ring und Augsburg in Frage gestellt im Zusammenhang
> mit Wasserkraftwerken.

Mehr als berechtigt ist die Vermutung, daß *die Sanierung* und *im
Zusammenhang* sinngemäß eine inhaltliche Einheit bilden. Genau
dazwischen treibt der Autor das *in Frage gestellt* wie einen Keil hinein. So ein Auseinanderreißen eines Satzteils ist aber auch in bester
Absicht nicht erlaubt. Was zusammengehört, muß auch zusammenbleiben.

Seinen wahren Schrecken entfaltet das Prädikat II aber erst dann,
wenn es den Platz am Ende des Satzes auch noch mit dem Prädikat I
teilen soll. Dann wird es richtig eng. Oft, speziell in Nebensätzen,
kommt man nicht daran vorbei. Ein Satz wie *Ich weiß, daß er mich
betrogen hat* ist ja noch harmlos. Was aber, wenn aus *Er könnte*

mich betrogen haben ein solcher Nebensatz werden soll? Dann kriegen wir schon *Ich weiß, daß er mich betrogen haben könnte.* Jeder umsichtige Autor meidet solche Verb-Versammlungen am Satzende. Einige Leserbriefschreiber aber stürzen sich regelrecht tollkühn darauf.

Und auf noch Schlimmeres. Wir haben leider die seltsame Regel, daß bei zwei aufeinanderfolgenden Infinitiven (Beispiel: *zuführen* und *können*) das Prädikat I im Nebensatz nicht etwa, wie sonst, hinter, sondern vor den beiden Infinitiven stehen muß (*daß er... wird zuführen können*). Wer derartig bizarre Konstruktionen, ungutes 19. Jahrhundert, mit Bravour handhabt, mag sich still daran erfreuen. Schön sind sie nicht. Das wird sich auch dieser Autor gedacht haben und schrieb:

> Es ist kaum damit zu rechnen, daß die gegenwärtige Koalition die gewaltigen Aufgaben einer Lösung zuführen wird können.

Warum er nicht einfach *lösen kann* gewählt hat, ist ein Geheimnis. Unausweichlich aber gehört das *wird* nun mal vor *zuführen*. So, wie es oben dasteht, ist die Masse der Prädikate nur noch ein chaotischer Worthaufen. Seltsamerweise ist das kein Einzelfall in Leserbriefen:

> ...wenn man einen geringen Teil der in den Rhein-Main-in-Donaukanal gesteckten Milliardenbeträge für die Eisenbahn verwenden hätte können.

Wieder derselbe Fehler! Man kann den Verfassern eigentlich nur den guten Rat geben, diese Verb-Massierungen überhaupt zu umgehen, statt sie durch Herumschieben einzelner Brocken noch zu verschlimmern. Es bleibt nichts anderes übrig als die altehrwürdige Empfehlung, das Nebensatzgebilde sein zu lassen und einen Hauptsatz daraus zu machen. Bei so geballter Prädikatsladung lohnt sich das immer. Und der Leser wird dafür dankbar sein.

Außer man bringt die Anhäufung so vorsätzlich und virtuos wie dieser professionelle Schreiber:

> ...die Macher, die sich doch gern an dem gemessen sehen möchten, was sie gewollt haben, und nicht an dem, was sie anderer Meinung zufolge hätten wollen sollen.

Das *hätten wollen sollen* klingt so absichtsvoll sperrig, daß damit jede »andere Meinung« der Widerlichkeit preisgegeben wird. Wenn also ein derartiger Negativ-Effekt geplant ist, hat die Prädikatsmassierung ihren Sinn. Soll unser Satz dagegen durch seine leichte Lesbarkeit positiv überzeugen, so gehen wir solcher Häufung besser aus dem Weg.

Noch eine kleine Faustregel zum Schluß. Sie betrifft die Zahl der Wörter zwischen dem Prädikat I und dem Prädikat II. Jeder von uns kann sich eine siebenstellige Telefonnummer merken; genau so weit reicht auch problemlos unser Arbeitsgedächtnis zwischen den zwei Prädikaten; wir sollten also zusehen, daß nicht mehr als sieben Wörter zwischen den beiden stehen. Zum Beispiel mögen wir uns in diesem mit seinen 44 Zwischenwörtern viel zu langen Satz, selbst wenn wir ihn mit Aufmerksamkeit lesen würden und uns allergrößte Mühe geben sollten, bei der schon sehnlich erwarteten Ankunft des Satzendes an das dritte Wort des Satzes, eben das Prädikat I, kaum noch erinnern. Bei diesem fällt es uns aber plötzlich sehr leicht wieder ein.

Eheähnliche Verbindungen

Schwebt das kraftvolle Verb, wie frühere Sprachkritiker behaupten, in Lebensgefahr? Will tatsächlich niemand mehr *entscheiden*, jeder nur noch *zur Entscheidung bringen*?

Mit zwei Argumenten können wir derlei Ängste ein wenig beruhigen. Erstens gehören diese Verb-Substantiv-Verbindungen spätestens seit der Aufklärung zur Sprache. Sie beweisen, daß seitdem unser Leben sich wohl oder übel »modernisiert.« Es wird komplexer und, gelegentlich beklagenswert, abstrakter. Wir sitzen halt nicht mehr auf Almhütten im Abendsonnenschein. Nur: Die Sprache kann nichts dafür. Und zweitens soll uns erst mal einer ein Ersatzverb anbieten für so etwas Griffiges wie *zur Verfügung stellen*.

Wie etwa will man den Stolz auf eine erfolgreiche Straßendemonstration anders ausdrücken als damit:

Wir haben den ganzen Verkehr zum Erliegen gebracht.

Hier ist zwar die Feststellung richtig, daß die Bedeutung des Prädikats hauptsächlich im Substantiv *Erliegen* steckt und nicht im Verb *bringen*. Aber man darf nicht so tun, als läge hier irgendein Verlust vor. Es hat nie einen anderen Ausdruck gegeben (*Wir haben den Verkehr erlegt?*), demgegenüber ein Verb seine Aussagekraft eingebüßt hätte. Das notwendige Prädikat *zum Erliegen gebracht* ist also unumgänglich und daher nicht zu kritisieren.

Die Partner Verb und Substantiv gehen eine Verbindung ein. Dabei mag der eine schwächer sein als der andere. Aber das kommt im wirklichen Leben genauso vor. Und die Verbindungen, die aus ungleich starken Partnern bestehen, müssen nicht deshalb schon schlecht sein.

Die Kritiker übersehen auch gern, daß uns damit ein recht praktisches System in die Hand fällt. Wir können nämlich bei einer geschickten Wahl des Verbs mit nur einem Substantiv oft vier verschiedene Sachverhalte oder Aspekte ausdrücken:

1. eine Person beginnt eine Sache: *in Gang bringen*,
2. die Sache beginnt von allein: *in Gang kommen*,
3. eine Person läßt die Sache andauern: *in Gang halten* und
4. die Sache allein dauert an: *in Gang bleiben*.

Das Viergespann ist zwar nicht in allen Fällen komplett. So haben wir *zur Verfügung stellen* (1.), *zur Verfügung halten* (3.) und *zur Verfügung stehen* (4.), die Nummer 2 indessen geht uns ab. Aber trotzdem wird der stilistische Gewinn deutlich. Wir können also von der Sache oder der Person sprechen, von Beginn oder Dauer. Aber ein und derselbe Sachverhalt bleibt als Substantiv im Mittelpunkt des Interesses, während das Verb die jeweilige Blickrichtung festlegt. Und diese Leistung sollte man nicht gering schätzen. Den eleganten Aspektwechsel unter Beibehaltung des Gegenstands schafft niemals ein Verb allein, sondern immer nur in Verbindung mit einem Substantiv. Zudem gibt uns das feststehende Substantiv die Möglichkeit, es durch weitere Hinzufügungen zu präzisieren (etwa *zur ausschließlichen Verfügung stehen*).

So differenziert gesehen ist denn auch *entscheiden* etwas ganz anderes als *zur Entscheidung bringen*; das eine gehört sozusagen mehr zur absoluten Monarchie, das andere zum komplizierteren Prozeß in einer Demokratie. *Eine Erklärung abgeben* ist ein politischer Akt, *erklären* im Vergleich dazu nur eine Meinungsäußerung. Oder auch so: Daß jemand etwas *darf*, ist ungleich schwächer als eine *Berechtigung*, die er *hat*. Das zeigt gut dieses Leserbriefbeispiel:

Wer es ablehnt, daß der Umweltschutz ins Grundgesetz aufgenommen wird, hat nicht länger die Berechtigung, sich eine christliche Partei zu nennen.

Viele solcher Verb-Substantiv-Prädikate haben außerdem längst als ausdrucksstarke Redensarten Hausrecht erworben: *Platz nehmen, Schritt halten, Gewalt antun, Farbe bekennen, in der Luft hängen, im Sande verlaufen, in Kraft setzen* und gut zwei Dutzend andere. Dagegen zu opponieren wäre Unfug.

Nach so ausführlicher Verteidigung nun aber zum überall vorkommenden Mißbrauch.

Erstens: Auch hier muß zusammenbleiben, was zusammengehört. Gewisse Verb-Substantiv-Verbindungen lassen sich nicht einfach trennen wie in diesem Zeitungssatz:

> Die Sicherheitskräfte wollten sich aber noch Zeit mit dem Angriff lassen.

Dieses Prädikat II *Zeit lassen* darf nicht durch Zusätze auseinandergesprengt werden. Richtig kann es nur heißen:

> Die Sicherheitskräfte wollten sich aber mit dem Angriff noch Zeit lassen.

Hier, wie bei den fünf oben zitierten Prädikaten finden Hinzufügungen zum Substantiv demnach ihren Platz davor und nicht mittendrin in der Prädikatsgruppe. Andere jedoch vertragen nicht nur allerlei Zusätze hinterdrein und vor dem Verb, sondern werden dadurch auch aussagekräftiger, zumindest farbiger. Beispiele dafür sind (mögliche Zusätze in Klammern):

> auf die Folter (einer ausladenden Erklärung) spannen
> auf den Tisch des (elterlichen) Hauses bringen
> aus der Reihe (seiner berühmten Vorgänger) tanzen
> den Bogen (ihrer Geduld) überspannen
> die Flucht (in die Öffentlichkeit) antreten

und anderes. Bekannt ist von derartigen Variationen nur eine nicht mehr sehr originelle von *sich den Kopf zerbrechen (Ich kann mir nicht den Kopf des Bundeskanzlers zerbrechen)*. Bedauerlicherweise macht keiner je von allen anderen schöpferischen Möglichkeiten Gebrauch. Dabei haben wir die übrigen Formulierungs-Chancen, geradezu kabarettistische Überdrehungen, noch gar nicht erwähnt (*ins Gras einer Almwiese beißen, etwas aufs Spiel seiner Mienen setzen, das Gesicht eines ehrenwerten Abgeordneten verlieren* und ähnliches). Mit etwas Probieren findet man leicht heraus, welche Zusätze da möglich und welche nur falsch sind.

Der zweite Fehler ist die Bläßlichkeit im Ausdruck, die durch den eiligen Zugriff auf Bereitliegendes, Abgedroschenes zustandekommt. Pure Gedankenlosigkeit produziert dann derart Ausgeblutetes wie diese Leserbriefstelle:

> Das Evangelium bringt die Erbsünde als überwunden zur
> Sprache.

Bei einem so hohen Thema sollte man wahrlich nicht mit nur noch papierenen Floskeln rascheln (schärfer: man sollte es überhaupt nie). Jedes Synonymenwörterbuch liefert unter dem Stichwort *nennen* ein gutes Dutzend passendere Prädikate. Das einfache Verb peilt hier schneller und erheblich genauer das Gemeinte an.

Beim nächsten Beispiel war der Autor offenbar von dem Substantiv *Einstieg* fasziniert und hatte Mühe, ein dazu passendes Verb zu finden. Erfolglos, wie man sieht:

> Allerdings sollte heute ein Einstieg in die bezahlte famili
> äre Pflege und Erziehungsarbeit gemacht werden.

Der Satz endet ohne einen wirklichen Abschluß. Dieser leere Worthaufen *gemacht werden* nach der eindrucksvollen Substantivkette bringt es einfach nicht mehr, er ist der absolute Tiefpunkt des Satzes. Entweder hätte der Verfasser von seinem geliebten *Einstieg* Abschied nehmen und den Satz neu und aktiver mit *einsteigen* konstruieren müssen. Oder hätte das leistungsschwache *gemacht* kühn durch ein anderes Verb wie *gewagt* ersetzen können. Aber seien wir dankbar, daß er wenigstens nicht *vollzogen* gesagt hat.

Den endgültigen Schritt in die Realsatire hat sich ein Leserbriefschreiber reserviert, der eigentlich nur das Beste will für seinen Landesvater und das genaue Gegenteil bewirkt:

> Allein ihm ist es zu verdanken, daß mit Blick auf die Ver
> träge von Maastricht föderale und subsidiäre Elemente
> zum Tragen kommen.

Abgesehen davon, daß kaum ein Mensch weiß, was *subsidiär* heißt: *Elemente*, die mit *Blick auf* egal was *zum Tragen kommen*, sind nur noch staubige Wortfetzen, mit blindgewohntem Griff aneinandergestoppelt. Unsere simple Kontrollfrage, was der leere Silbenhaufen bedeute, bliebe ohne wirkliche Antwort. Der Beamten-Satz ist so hoffnungslos verdorben, daß nicht einmal der Ersatz des Prädikats durch ein einfaches Verb ihn noch retten würde.

Diesen abgewetzten Ärmelschoner-Stil hatten die frühen Kritiker der Verb-Substantiv-Verbindungen im Visier. Wenigstens diesmal muß man ihnen recht geben.

Blickpunkte: objektiv und subjektiv

Daß einer *arbeitet*, ist als solches eine ziemliche lasche Feststellung. Erst ein paar zusätzliche Verben bringen das Salz in die Suppe: Will, *darf, kann, muß* er arbeiten oder nicht? Diese Verben, dazu kommen noch *mögen* und *sollen*, lassen uns den Prädikatsinhalt unter bestimmten Aspekten sehen; man sagt auch, sie modifizieren ihn, und deshalb hat man sie Modalverben genannt. Keiner kommt beim Schreiben um sie herum.

Sie wirken auf zweierlei Weise. In ihrer »objektiven« Bedeutung stellen sie den Wunsch, die Erlaubnis, den Zwang als tatsächlich gegeben dar. Im »subjektiven« Gebrauch verraten sie die persönliche Stellungnahme des Autors, daß er also den Sachverhalt etwa nur vermutet, für unausweichlich oder gelogen hält.

Wenden wir uns zuerst der objektiven Bedeutung zu.

Sie wird im allgemeinen mit hoher Souveränität gehandhabt. Nur wenn Modalverben gleich zu mehreren daherkommen, entsteht manchmal ein ungutes Gedränge. Noch nicht, wenn sie brav eines nach dem anderen erscheinen wie hier:

So hätten wir keine Unsicherheiten, an welchen Stellen gespart werden könnte, sollte, müßte und wo nicht.

Da stimmt sogar die sich steigernde Reihenfolge: Erst wird die Möglichkeit angedeutet, dann die (moralische) Pflicht und zuletzt der pure Zwang. Auch das folgende Beispiel bringt zwei Modalverben in schöner Variation:

Die einen Minister dürfen (oder müssen) nach Berlin, die anderen müssen (oder dürfen) in Bonn bleiben.

Bedenklich wird es allerdings, wenn ein Modalverb zur Modifizierung eines anderen Modalverbs dienen soll. Noch angängig scheint uns ein Satz wie *Ich muß das bis morgen auswendig hersagen können*. Das drückt lediglich den Zwang zum Erwerb einer konkreten Fähigkeit aus. Wenn sich allerdings der harte Zwang mit so etwas »Weichem« wie einer Erlaubnis verbindet, knirscht das Satzverständnis schon ein wenig. Das klingt dann so:

Die Opfer des DDR-Systems können und müssen die Verfolgung ihrer Häscher erwarten dürfen, damit sie ihren erlittenen Schmerz endlich vergessen können und neu beginnen können.

Lassen wir beiseite, daß in diesem Gebilde etliche *können* zu viel stehen. Vor allem dieses *müssen... dürfen* geht uns nur mühevoll ein. Die Ausdrucksabsicht ist ein wenig verwickelt: Die Opfer haben das Recht, ihre Unterdrücker verfolgt zu sehen; dem fügt der Autor modifizierend hinzu, daß die Herstellung dieses Rechts objektiv erzwungen ist. Und da passiert es. *Dürfen* bedeutet eben nicht eindeutig »Recht« und »Anspruch«, sondern eher eine sanfte Erlaubnis. Sie mit *müssen* zu erzwingen, erscheint widersprüchlich. Der einfachste Rat zur Verbesserung ist der, das *dürfen* einfach wegzulassen:

Die Opfer können und müssen die Verfolgung ihrer Häscher erwarten, damit sie...

Hätten wir den Satz so kennengelernt, würden wir nichts darin vermissen.

Man ist fast versucht, den Gebrauch jenes *dürfen* überhaupt zu reglementieren, um etwa diesen ähnlich unlogischen Satz zu verhindern:

Wenn aber schon gnadenlos gerechnet werden muß, dann darf unerbittlich in Ansatz gebracht werden...

Die ganze Aussage (*gnadenlos, muß, unerbittlich*) wimmelt nur so von Zwangsmaßnahmen. Und mitten unter ihnen plötzlich dieses verschüchterte *darf*? Das kann nicht gutgehen. Der Autor hätte besser daran getan, statt dessen das *muß* zu verschieben, etwa so:

Wenn aber schon gnadenlos gerechnet wird, dann muß unerbittlich...

Und möchte einer schon *dürfen* in uneigentlicher Bedeutung nehmen, dann sollte es, wie in diesem Leserbrief wenigstens mit klarer Ironie geschehen:

Welches Maß an moralischer Verkommenheit dürfen wir denn noch erwarten?

Das ist schöne falsche Untertänigkeit, die boshaft mit den Augen zwinkert.

Auch das scheinbar problemlose *müssen* hat es in sich. Es verträgt nämlich keine Verneinung, das heißt keine einfache. Sie kommt zwar vor, aber sehr selten und hat eine besondere Bedeutung. Richtig angewandt ist das verneinte Modalverb so:

Man muß nicht Stefan Zweig mögen. Dann aber sollte man sich aber ein wenig zurückhalten...

Damit wird aber die Abwesenheit des Zwangs nur als Ausnahme gewährt, aus Großzügigkeit im Einzelfall. Dem nachgeschoben wird jedoch sofort die spezielle Verpflichtung für den gerade aus dem Zwang Entlassenen, fast immer verbunden mit einem *aber*. Oder es folgt unmittelbar eine Bemerkung, die den allgemeinen Zwang eben doch wieder festschreibt. So etwa in diesem Scherz über die Schwierigkeit, in den USA beamteter Uniprofessor zu werden:

Man muß dafür nicht über Wasser gehen können, aber es hilft.

Nur so harmonieren *müssen* und seine direkte Verneinung. In allen anderen Fällen wird sie mit *brauchen* und *zu* konstruiert (dieses *zu* wehrt sich immer noch tapfer gegen alle Versuche schlampig gesprochener Sprache, es abzuschaffen, und hat damit unsere Sympathie verdient). Meistens klappt das Verfahren auch ganz intuitiv, nur manchmal nicht mehr. Ein lehrreicher Fall ist dieser:

Unser Rechtsstaat braucht nicht sich, sondern er muß seine Bürger und seine Gäste schützen.

Wir verstehen mit Mühe das Gemeinte: Der Rechtsstaat braucht nicht sich selbst zu schützen, er muß vielmehr seine Menschen schützen. So ausformuliert wird jedoch die unschöne Wiederholung des Verbs *schützen* unausweichlich. Folglich, so dachte sich der Autor, wird es einmal gestrichen, und zwar bei seinem ersten Auftreten. Dabei hat er übersehen, daß es – ursprünglich – einmal *zu schützen* heißt und das zweite Mal nur *schützen*. Die beiden Verbformen (Infinitive) sind erkennbar nicht gleichförmig. Der Streichung fiel also nicht nur der blanke Infinitiv zum Opfer, sondern auch das dringend notwendige *zu*. Und da fängt es an zu hapern. Denn dieses *braucht nicht* ist ohne ein folgendes *zu* nicht ganz korrekt. Just dieses *zu* ist nun aber nicht mehr da. Die Wiederholung zu vermeiden, war lobenswert, aber mit der Streichung kippt der Satz. Leichte Abhilfe wäre indes durch *sollen* möglich gewesen, das problemlos negationsfähig ist:

> Unser Rechtsstaat soll (oder: sollte) nicht sich, er muß seine Bürger und seine Gäste schützen.

Als zusätzlichen Bonus erhält der Satz damit sogar noch eine Steigerung vom schwächeren *sollen* zum starken *muß*.

Nun aber noch kurz zur subjektiven Bedeutung der Modalverben. Theoretisch ist ja der Satz *Er muß arbeiten* zweideutig, je nachdem, ob wir ihn so oder so ergänzen:

1. Er muß eben arbeiten, wenn er Geld braucht.
2. Er muß wohl noch arbeiten.

Im ersten Fall haben wir die bekannte objektive Verwendung. Der zweite Satz jedoch formuliert eine sichere Vermutung des Schreibenden, was zum besseren Verständnis durch *wohl* unterstrichen wird. Der jeweils gemeinte Sinn geht also aus dem umgebenden Text hervor, man sagt auch: aus dem Kontext. Schon an der Verbform erkennbar wird der Unterschied, wenn wir uns auf Vergangenes beziehen:

1. Er hat arbeiten müssen.
2. Er muß gearbeitet haben.

Ganz entsprechend arbeiten auch alle anderen Modalverben (*können* drückt eine Ungewißheit aus, *dürfte* eine Vermutung, *wollen* einen Zweifel, *sollte* eine gespielt abwegige Vermutung, *sollen* ansonsten die vorsichtige Distanzierung vom Gesagten und *mögen* eine Vermutung, die einem ziemlich gleichgültig ist).

Überraschend ist die Tatsache, daß von dieser doch recht elegan-

ten Methode kaum Gebrauch gemacht wird. Während die Modalverben mit objektiver Bedeutung geradezu überreich aufs Papier
geraten, machen die Autoren um die subjektive einen weiten Bogen.
Dem Kulturpessimisten drängt sich vielleicht die Diagnose auf: Die
Leserbriefschreiber strampeln sich im rein Faktischen ab. Auf jeden
Fall ist der Befund, ein Mangel an persönlicher Stellungnahme,
schwer zu verstehen.

Die wenigen dazu auffindbaren Beispiele werden zu regelrechten
Kostbarkeiten:

> Gewiß macht die Verlegung eine Überarbeitung nötig,
> doch dürfte sich der Aufwand in Grenzen halten.

> Mag man in Deutschland mit Zuchthaus bestrafen, wofür
> man im Ausland Nobelpreise bekommt – die internatio-
> nale Forschung wird man nicht aufhalten können.

> Der Verfasserin müßte doch spätestens bei der Partei-
> spendenaffäre ein rotes Lichtchen aufgegangen sein.

> Sollten Verdrängungsmechanismen auch Ihre Redaktion
> ergriffen haben?

Das ist es auch schon fast. Ein so selten benutztes Verfahren läßt
sich also mit gutem Stilgewissen empfehlen. Sonst bleiben diese
recht ergiebigen Wortfelder leider Brachland.

Ein Futur ohne Zukunft

Obwohl ungewöhnlich belesen, mußte Augustinus in einem Punkt
sein Unvermögen bekennen. Normalerweise, sagte er, weiß ich, was
Zeit ist; wenn ich es aber erklären soll, weiß ich es nicht mehr. So geht
es jedem von uns. Für den Alltag haben wir uns immerhin eine funk-
tionierende Zeitschiene zurechtgelegt. Darauf liegt sozusagen hinten
die Vergangenheit, in der Mitte, wo wir uns »jetzt« befinden, die Gegenwart und vor uns die Zukunft. Der Zeitabschnitt, den wir jeweils
beschreiben, wird durch das vielgestaltige Verb ausgedrückt. Die
Verbform für die Gegenwart heißt Präsens (*ich komme*). Die drei
Formen für die Vergangenheit nennen wir Imperfekt (*ich kam*), Perfekt (*ich bin gekommen*) und Plusquamperfekt (*ich war gekommen*).

Und die Zukunft wird mit dem Futur I (*ich werde kommen*) und dem Futur II (*ich werde gekommen sein*) gebildet.

Behauptet die systematische Grammatik. Denn immer seltener wird die Zukunft heute noch mit dem Futur I ausgedrückt. Hier eine dieser Raritäten:

> Wir nähern uns rasant dem Punkt, wo die Entwicklung in den Medien einen Bürgerkrieg jeder gegen jeden entfesseln wird.

Immer häufiger schiebt sich aber statt dessen das Präsens vor. Zur Verdeutlichung, daß wir etwas Zukünftiges meinen, fügen wir dann meist entsprechende Zeitangaben hinzu, zum Beispiel *im nächsten Jahr* oder *irgendwann*, wie in diesen Beispielen:

> Es könnte durchaus sein, daß die Regierungspartei im nächsten Jahr ihre absolute Mehrheit verliert.

> Man kann sich vorstellen, daß der Staat irgendwann gezwungen ist, die Industrie von den hohen Lohnnebenkosten zu befreien.

Der Aspekt des Zukünftigen läßt sich aber auch gut mit anderen Mitteln verdeutlichen. Etwa so:

> Wenn man die Fortschritte der Voltaik bedenkt, dann ist abzusehen, daß es nur noch einen Sprung braucht, um das Elektromobil attraktiv zu machen.

Hier weisen uns *Fortschritte* und *abzusehen* darauf hin, daß es um eine erst kommende Entwicklung geht.

Hat das Futur I also keine Zukunft mehr?

Ganz im Gegenteil. Es bedeutet nur immer öfter etwas anderes als eine Zeitstufe. Sehen wir uns dieses Beispiel an, dessen Verbform (Futur I) scheinbar eine Zeit ausdrückt, vielleicht aber auch nicht:

> Die Studie weist darauf hin, daß Akademiker im Jahr 2010 möglicherweise Mangelware sein werden.

Der Satz schillert seltsam. Die Angabe *im Jahr 2010* läßt uns annehmen, daß hier ganz klar von einer Zukunft die Rede ist. Aber gleich dahinter taucht dieses *möglicherweise* auf. Es gibt der Aussage eine andere Bedeutung, verbreitet eine Art Unsicherheit, als wäre die Sache noch nicht ausgemacht, sondern nur »möglich«, angenommen, vermutet.

Dieselbe Unsicherheit steckt bei Licht besehen ja auch schon in jedem Futur I, da wir nun mal nicht wissen können, was uns die Zukunft bringt. Nur dadurch nahm diese Verbform ihre neue Funktion an, nämlich eine Vermutung auszudrücken, eine Annahme, die wir aber für ziemlich gesichert halten:

> Wer die Jahresvignette einmal gekauft hat, der wird sie auch nutzen und nicht noch zusätzlich eine Bahnfahrkarte kaufen wollen.

Die Sicherheit unserer Vermutung, die wir mit dem Futur I ausdrücken, läßt sich sogar bis zur vorhersagenden Drohung steigern:

> Solche Artikel verfestigen wieder einmal alle Vorurteile gegen die Ostdeutschen – die Stammtische werden sich freuen.

Das sieht zwar wie reine Zukunft aus. Aber deutlich stärker ist die Überzeugtheit, mit der die schlimme Vermutung vor uns hingestellt wird. Das Futur I, sagt man deshalb gern, »dynamisiert« das Geschehen des Satzes, der Vorgang »wächst heran«, mächtig, unaufhaltsam.

Ohne die Festigkeit der so formulierten Vermutung wären ja auch die beiden nächsten Beispiele nicht möglich. Sie nehmen die Sicherheit so augenzwinkernd zurück, daß eine ironische Wirkung zustande kommt:

> Ein Politiker, der sich Urlaubsreisen schenken läßt, wird es wohl kaum wagen, den freundlichen Firmenleuten zu widersprechen.

> Ich bin mir nicht sicher, ob das vorgestellte Modell auch die Finanzminister glücklich machen wird.

Beide Aussagen lassen sich nur mit einem sarkastischen »Natürlich nicht!« bestätigen. Diese einzig mögliche Reaktion zeigt uns: Hier ist jeder Zukunftsaspekt ausgeschaltet, statt dessen haben wir es mit (in diesem Fall gespielten) Vermutungen zu tun.

Wenn ich jedoch von mir selbst spreche, macht es oft wenig Sinn,

Mutmaßungen anzustellen. Ich kann kaum sinnvoll vermuten, daß ich gerade arbeite. Normalerweise weiß ich ja, was ich tue. Aber auch bei der Anwendung des Futurs I auf mich selbst tritt der Zukunftsaspekt in den Hintergrund, und an seiner Stelle kommt eine Art festes Versprechen, ein Vorsatz, ein Plan zum Ausdruck. Da so ein Plan erst ein Vorhaben ist, schwingt natürlich noch etwas Zukünftiges mit, aber nur mit leiser Begleitstimme, wie in diesem schönen Beispiel:

> Bei den nächsten Wahlen werde ich den für mich nicht leichten Schritt gehen und eine andere Partei wählen.

Das klingt nicht so, als blickte da jemand unsicher dem Kommenden entgegen. Das ist vielmehr ein entschlossener Vorsatz, mit andeutungsweise drohendem Unterton verkündet.

Und so hat unsere Sprache zwar ein Futur I, aber es enthält kaum noch Zukunft.

Nicht meine Meinung!

Laut Wittgenstein ist die Welt das, was der Fall ist. Manchmal aber mag sich einer nicht vom rein Tatsächlichen gefangennehmen lassen und bricht aus ins Uneigentliche oder noch weiter weg in Träume und Phantasien. Die Aufgabe, diese Sicht der Dinge auszudrücken, fällt ebenfalls dem Verb zu. Es nimmt dann jene besondere Form an, die wir Konjunktiv nennen. Dieser tritt gleich in doppelter Gestalt auf, und zwar als Konjunktiv I und II. *Er sei, er komme* sind Formen des ersteren (K I), *er wäre, er käme* gehören zum K II, der aber so glatt nur bei sogenannten starken Verben zu bilden geht, die ein umlautfähiges Präteritum (*war, kam*) haben. Die Bildung dieses »starken« Konjunktivs II durch Umlaut ist im allgemeinen bei Doppelvokalen, sogenannten Diphtongen, nicht erlaubt. *Er käufte* wäre also falsch gebildet. Eine Ausnahme macht da nur das süddeutsche *bräuchte*. Bedauerlicherweise genießt sie nicht überall hochsprachliches Ansehen. Dabei ist die Form so praktisch, daß sie höhere Anerkennung verdient.

Beide Konjunktive benützen wir nun auch zur Verdeutlichung, daß eine Rede oder Meinung nicht von uns, sondern von einem anderen stammt. Zwar verstehen wir das Gemeinte meist sogar ohne irgendwelche Konjunktive, und sicher ist das der Grund, warum speziell der K I im Alltag so selten geworden ist. Oft ist er für die pure Information regelrecht überflüssig. Aber er hat Qualitäten, die wir nicht geringschätzen sollten: Er leistet die Feineinstellung des Satzes, genauer: abgestufte Nuancen der Distanzierung.

Daher seine Unverzichtbarkeit in Pressemeldungen. Dort legt man Wert darauf, deutlich zu machen, daß die Äußerung von einem anderen als dem Artikelautor kommt. Sie wird, sagt die Grammatik, als indirekte Rede gebracht. Wie im nächsten Beispiel, das geschickt indirekte Rede und wörtliches Zitat hintereinander bringt. Der erste Satz bringt zwei K I, der zweite ist das Zitat, und der dritte nennt die Quelle:

> Politikverdrossenheit sei zwar zum Wort des Jahres geworden, aber es handle sich um ein Unwort. »Die einen machen die Politik, und die anderen begnügen sich mit Verdrossenheit.« So hat es der Bundespräsident formuliert.

Für die direkte Rede in diesem zweiten Satz gibt es neben aller Ästhetik einen weiteren Grund. Unsere Verben können nämlich in der dritten Person Plural, wie hier, überhaupt keinen erkennbaren K I bilden. Schlimmer noch: Als schwache Verben sind sie nicht mal zu einem ordentlichen K II als Ersatz fähig. Also hätte der Autor zum letzten Hilfsmittel, der *würde*-Umschreibung greifen müssen. Das aber hätte den Satz dazu gemacht

> Die einen würden die Politik machen und die anderen sich mit Verdrossenheit begnügen.

und ihm einen Teil seiner Wirkung genommen. Soweit die Journalistik.

Wenn dagegen Laien schreiben, fällt eine so präzise Ausdrucksweise häufig unter den Tisch. Der K I hat deshalb fast schon Sammlerwert und klingt erfreulich sprachbewußt, wie etwa in diesen Leserbriefbeispielen:

> Sofort entspann sich eine lebhafte Diskussion, wie mit dem auf frischer Tat Ertappten umzugehen sei.

> Der Landtagsabgeordnete entschuldigte ihn damit, daß er auf den Punkt gebracht habe, was viele Menschen denken.

Was sich früher auf alle Kinder verteilte, nämlich daß das erste ein guter Rechner sei, das zweite schöne Geschichten schreibe, das dritte gut zeichnen könne, das vierte praktisch geschickt sei und das fünfte das Recht habe, nur schön zu sein, soll sich heute auf ein Kind konzentrieren.

Es wäre wirklich schade, wenn uns solche Feinheit der sprachlichen Mittel künftig nicht mehr begegnete.

Die Unsicherheit im Umgang mit dem K I verrät sich aber auch darin, daß er gelegentlich zwar angewandt wird, aber zum Nachteil der Satzaussage. Dann kann der Effekt der Distanzierung zu gewaltig ausfallen:

> Mein Vater erzählte uns Kindern immer wieder, daß er eines Tages aufgefordert worden sei, das Buch eines gewissen Herrn Hitler zu lesen.

Das klingt, als traute der Sohn dem Vater nicht. Hier hätte mit stärkerem Recht der einfache, tatsachenfeststellende Indikativ *ist* hingehört. Noch entschiedener ist das Abrücken von der Fremdaussage, wenn statt des berichtenden K I der noch unwirklichere K II gesetzt wird:

> Ein Bekannter erzählte kürzlich, ihm sei es unmöglich, Nachrichten zu sehen. Wenn er die ›Tagesschau‹ einschalte, befiele ihn ein schwerer Nies-Anfall.

Nach den richtigen *sei* und *einschalte* kommt im zweiten Satz plötzlich *befiele*, und das ist ein klarer K II (der K I hätte *befalle* lauten müssen). Die nicht beabsichtigte Wirkung ist wieder der Eindruck, daß der Autor seinem Bekannten diese Erzählung ganz und gar nicht glauben mag.

Ganz anders liegt der Fall bei vorsätzlich starker Distanzierung durch den K II. Das folgende Beispiel macht deutlich, daß der Autor der fremden Äußerung keinerlei Wahrheit mehr zutraut:

> Da spielt der Ministerpräsident den edlen Spender, indem er seine Gratisreisen damit entschuldigt, er hätte wohltätige Spenden geleistet.

Mit dem vielleicht korrekten, aber schwächeren K I (*er habe geleistet*) wäre der Satz bei weitem nicht so anklagend geworden, wie ihn der Autor beabsichtigt hatte. Hier kann man dem zutiefst mißtrauischen »Irrealis« (wie der K II auch manchmal heißt) nur zustimmen.

Und wiederum anders steht es um den K II immer dann, wenn er als Ersatz für einen nicht erkennbaren K I einspringen muß. Das ist bei manchen Verben oft nötig, speziell bei der Person *ich*. Ob *ich habe* ein tatsachenbehauptender Indikativ oder ein nur zitierender K I ist, läßt sich an der Form allein nicht ablesen. Als Ausweg bietet sich ganz natürlich *ich hätte* an (ebenso *sie hätten* für das gleicherweise unklare *sie haben*), ohne daß deshalb schon der starke Distanzierungseffekt greift. Der folgende Autor allerdings meinte, ohne diesen Ersatz auskommen zu können:

> Am 2. Oktober brachte die Presse eine Meldung, daß ich über grausame Fallenjagd und Massentiertransporte berichten werde.

Eigentlich erwartet man hier einen deutlichen K I. Die gewählte Formulierung aber läßt uns im Zweifel: Bestätigt der Autor die Meldung (mit einem Indikativ *werde*) oder läßt er uns (mit dem gleichlautenden K I *werde*) im unklaren darüber? Da aus dem Leserbrief hervorgeht, daß er auf ein Dementi der Meldung zugeht, wäre ein klareres *berichten würde* angebracht gewesen.

Zum Schluß noch ein kurioses Exemplar indirekter Rede. Der Verfasser glaubte wohl, mit dem K I nicht genug getan zu haben, und setzte die Gänsefüßchen der direkten Rede um ihn herum:

> Wolfgang B. argumentiert: »Wer arbeite, müsse spürbar besser gestellt sein.«

Das ist natürlich Unfug. Die Gänsefüßchen gehören eindeutig zur direkten, wörtlich zitierten Rede, die beiden Konjunktive aber zum glatten Gegenteil, der nur indirekten Rede. Einerseits möchte man den Autor lauthals beglückwünschen zu seinen schönen Verbformen. Andererseits macht er den Leser konfus. Hilflos schwanken wir zwischen Lob und Verweis.

Zusammenfassend: Der Verlust des Konjunktiv I wäre zwar unter dem Aspekt der Information oft zu verschmerzen; aber es wäre ästhetisch schade um ihn. Wir gäben damit ein Präzisionsinstrument aus der Hand. Die feinen Nuancen, wie weit wir uns mit einer Äußerung eines anderen identifizieren, lassen sich nur mit dem Konjunktiv I so elegant andeuten.

Im Reich des vielleicht Möglichen

Die schönsten Konjunktivsätze, seit Menschen schreiben, sind in Luthers Bibelübersetzung nachzulesen (1 Kor. 13,1–2):

> Wenn ich mit Menschen- und mit Engelszungen redete, und hätte der Liebe nicht, so wäre ich ein tönend Erz oder eine klingende Schelle. Und wenn ich weissagen könnte und wüßte alle Geheimnisse und hätte allen Glauben, also daß ich Berge versetzte, und hätte der Liebe nicht, so wäre ich nichts.

Der Apostel Paulus spricht hier von etwas, was er sich vielleicht, unter Umständen, aber fast nur als unmöglich vorstellen könnte. Das ist uns ohne Mühe verständlich durch solche Konjunktive II wie *hätte*, *wäre*, *könnte* und *wüßte*.

Hier tritt der K II nicht mehr, wie bei der indirekten Rede, nur als Ersatzmann auf. Das Reich der Hypothesen und der Irrealität ist seine Domäne; hier herrscht er allein.

Nun tauchen im Text aber noch zwei andere Verben auf (*redete*, *versetzte*), die offenbar ebensolche Konjunktive sind, nur sieht man es ihrer Form nicht an. Sie kommen wie tatsächliche, wirkliche Vergangenheit daher, also wie reine Indikative. Trotzdem verstehen wir ohne weiteres, was gemeint ist. Warum? Vor allem deshalb, weil sie in der Nähe der anderen, erkennbaren Konjunktivformen stehen. Diese scheinen also mit einer Art Ausstrahlung begabt, die aus den scheinbaren Indikativen in ihrer Umgebung klare Konjunktive macht. Wie ein solcher Zaubertrick in der Hand eines minderbegabten Schreibers auch danebengehen kann, werden wir sehen.

Als kurze Grammatikwiederholung fügen wir noch einmal an, daß der Konjunktiv II aus dem umlautfähigen Präteritum der starken Verben gebildet wird (*käme*, *wüßte*). Alle anderen (wie oben *redete* oder *versetzte*) müssen ohne einen eigenen K II auskommen. Was die Zeitformen des Konjunktivs betrifft, so verfügt er lediglich über zwei, Gegenwart und Vergangenheit. Hier ein Beispiel für einen Konjunktiv der Gegenwart:

> Anstatt dem Dirigenten 3 Millionen in den Rachen zu werfen, wäre es sinnvoller, das Geld in den Konzertsaal zu stecken.

Der Autor sagt uns damit: Er hält es noch für möglich, wenn auch sehr unwahrscheinlich, daß sein Vorschlag Gehör findet. Anders ist es mit dem Konjunktiv der Vergangenheit. Da ist bereits alles gelaufen, nichts mehr zu ändern, das Geschehene ist geschehen, wir können uns nur nachträglich ausdenken, was gewesen wäre, wenn. Wie es dieser komplizierte, aber richtig formulierte K II aus einem Schulaufsatz tut:

Ich bin mir nicht sicher, ob ich eine solche Widerstandsleistung hätte vollbringen können.

Nun aber zu den Verständnisschwierigkeiten. Keine Probleme bietet der K II der Vergangenheit; er ist ja immer an irgendeinem *hätte* oder *wäre* erkennbar. Etwas Nachdenken erfordern aber die schwachen Verben ohne eigenen K II der Gegenwart, etwa *wollen*. Das folgende Beispiel allerdings ist trotz seines anscheinend unerkennbaren K II sofort verständlich:

Es ist, als wollte man eine Suppe mit der Gabel essen.

Der Trick: Das ist eigentlich ein als-ob-Satz (nur ohne *ob*), und ihm steht die Unmöglichkeit auf die Stirn geschrieben.

Eines ist bei diesen irrealen Vergleichssätzen allerdings bedenklich, auch wenn es irgendwie feiner klingen soll: den K II durch den K I zu ersetzen. Ein Beispiel dafür aus einem Zeitungsartikel:

Nun sieht es so aus, als habe die unendliche Stasi-Geschichte auch die beiden Akademien in Berlin erfaßt.

Möglicherweise glaubte der Autor, das nötige *hätte* entferne seine Aussage zu sehr von der Wirklichkeit und stelle sie unmöglicher dar, als er es meinte. Dann aber hätte er lieber gleich eine andere Konstruktion wählen sollen. Dem *als ob* seine Fähigkeit zum unmöglichen Vergleich abzuschleifen, ist unstatthaft.

Als Irrealität funktioniert der K II auch bei »wenn«-Sätzen, die etwas offenbar Undenkbares als Bedingung setzen:

Wenn der Papst auch gerne Reformen einführen wollte, so ist er gebunden an die Grundsätze früherer Päpste.

Den Effekt der Wirklichkeitsferne schafft hier das zum *wenn* hinzugefügte *auch*, das zum besseren Verständnis nahe bei seinem Partner plaziert werden muß. Eingeleitet mit *Selbst wenn* hätte der

Satz seine Irrealität ebenso deutlich ausgedrückt, also dem Verb eine klare Konjunktiv-Bedeutung verliehen.

Gewagter ist es schon, sich auf die Klarheit eines einzigen deutlichen K II zu verlassen und ihm dann eine ganze Serie schwacher Konjunktive folgen zu lassen wie in diesem Leserbrief:

> Weil Streiks verheerend wären, die Deindustrialisierung nur verstärkten, Betriebe vernichteten, den Aufbauwillen lähmten...

Da mag es leicht passieren, daß die anfängliche Konjunktiv-Wirkung unterwegs verlorengeht. Ein Rückblick auf den Bibeltext zeigt, wie Luther, der ja vor dem gleichen Problem stand, es umgangen hat: Dort sind nämlich deutliche und weniger deutliche Konjunktive in so glücklicher Abfolge angeordnet, daß die starken Formen die schwachen mit immer neuer Irrealität auffrischen.

Wenn wir den Konjunktiv nun aber nicht in einem Nebensatz für »unmögliche« Bedingungen oder Vergleiche brauchen, sondern für einen schlichten Hauptsatz, dann läßt sich die Schwierigkeit der schwachen Formen nur mit einem allerletzten Hilfsmittel beheben, der Umschreibung mit *würde*. Es ist ein in jeder Hinsicht unschönes Verfahren, manchmal jedoch unumgänglich:

> Eine Nikolausspende für die Flüchtlinge würde unserem Ansehen mehr nützen als alle Massendemonstrationen.

Anders geht es nicht (dieses *nützen* hat kaum ein Ersatzwort). Der generelle Nachteil, daß wir erst beim relativ spät auftauchenden Prädikat II erfahren, worum es eigentlich geht, muß in Kauf genommen werden. Was wir dafür gewinnen, ist die augenscheinliche Deutlichkeit des Konjunktivs.

Wenn das Verb sie allerdings auch ohne die würde-Krücke schafft, läßt man besser die Finger von der Umschreibung. Im folgenden Beispiel schriebe man also besser *Was wäre... geworden* statt

> Was würde aus den gestählten Demokraten der Bundesrepublik nach 10 Jahren DDR-Herrschaft geworden sein?

Derartige Ungetüme durfte sich höchstens noch Lichtenberg erlauben (»So würde von ganz anderen Dingen gesprochen worden sein.«). Zu seiner Zeit, vor 200 Jahren, empfand man noch einen Bedeutungsunterschied zwischen *würde sein* und *wäre*. Heute jedoch sind die beiden Formen völlig bedeutungsgleich, nur die eine ist umständlich, die andere knapper und daher in jedem Fall vorzuziehen.

Stilisten haben sich seit je gegen das umschreibende *würde* ausgesprochen und für die starken Konjunktivformen plädiert. So auch Hans Reimann: »Wie edel klingt der Satz Shakespeares: ›O schmölze doch dies allzu feste Fleisch!‹ L. würde (jawohl: würde!) sagen: ›O würde doch dies allzu feste Fleisch schmelzen!‹; denn er zittert vor dem Konjunktiv und hat keinerlei Sinn für sprachliche Würde.« Begeistert, seitenlang listet er den »Drückebergern« die vollmundigen Formen auf, von *bliese* über *löge* bis *zwänge*: »Jaja, das sind die knorrigen Gesellen, denen Sie vorsichtig ausweichen und mit Ihrem gotteslästerlichen WÜRDE einen Schimpf antun.« Das ist emphatisch gesprochen, wenn auch ein wenig übertrieben. Manch hochtönender Konjunktiv will uns Heutigen nicht mehr so glatt aufs Papier. Immer häufiger werden als-ob-Sätze mit dem Indikativ eingeebnet (*Er sieht aus, als ob er krank ist*). Auf der anderen Seite sind *flöhe* oder *wüsche* auch nicht gerade vom Allerfeinsten. Und doch möchten wir einen so schönen Zeitungssatz wie

Jetzt schlüge eigentlich die Stunde der Opposition

nicht von einer Umschreibung entstellt sehen.

Auch unser letztes Beispiel zeigt zwar ein ziemlich unnötiges *würde*, gleich dahinter jedoch eine überraschende, weil äußerst seltene Vollform:

Es wäre das Beste, er würde sein Amt einer fähigeren Person freimachen. Damit hülfe er auch seiner Partei.

Das streift vielleicht ein wenig am Preziösen entlang, klingt aber nicht schlecht. Wie machen wir es also richtig? Eine Regel kann man hier nicht geben. Aber wenigstens eine Empfehlung: Wir sollten das *würde*-Hilfsverb wirklich nur dann hernehmen, wenn Klarheit und Wohlklang es erfordern. Wo immer sonst der Konjunktiv mit der starken Form zu schaffen ist, sollten wir diese lebendig erhalten. Andernfalls entwickelt sich der Konjunktiv tatsächlich zum Erkennungszeichen einer sprachlichen Elite. Und das wäre bedauerlich.

Ungeliebtes Passiv

Immer noch sprechen einige von der »Leideform« und leiten daraus Negativbewertungen ab. Zu Unrecht. Erstens haben wir eine ganze Reihe von Verben, denen schon von Haus aus nichts Aktives anhaftet (justament *erleiden*). Und zweitens ist die vornehmste Leistung des Passivs eine ganz andere: Da es den Verursacher einer Handlung meist verschweigt, stellt es uns das Geschehen sozusagen von Menschen unbeeinflußt dar, mit dem wuchtigen Ernst eines Naturereignisses. Wie in diesem Beispiel:

> Ohne jede Vorinformation und ohne Baugenehmigung wurde überfallartig mit den Baumaßnahmen begonnen.

Das Erschreckende der Mitteilung hätte eine aktive Täternennung nie geschafft. Wer da begonnen hat, ist dem Autor mit guten Gründen egal; dafür rückt der plötzliche Beginn ins Zentrum der Aufmerksamkeit. Ganz genau so hier, mit einem Modalverb verbunden:

> Menschenrechtsverletzungen müssen immer wieder angeprangert und scharf verurteilt werden.

Nun hat unser Passiv allerdings den Nachteil, daß wir es mit dem schon reichlich strapazierten Hilfsverb *werden* bilden. Deshalb ist das geballte Auftreten dieser Hilfskonstruktion so unschön wie eine Theaterkulisse von hinten:

> Um nicht falsch verstanden zu werden: Es sollen keine alten Wunden aufgerissen werden und auch nicht Schuldzuweisungen ausgesprochen werden.

Hier steht mindestens ein *werden* zu viel herum, nämlich das zweite; am besten würde auch das erste noch durch einen Umbau aus dem Satz gekippt. Gelegentlich ist bei solcher Korrektur aber Vorsicht angebracht. Wenn das Passiv-*werden* mit dem sogenannten Vollverb *werden* (*Es wird Tag*) zusammentrifft, dürfte strenggenommen keins der beiden gestrichen werden. Es sind, sagt die Grammatik, zwei verschiedene Verben, obwohl sie gleich aussehen. Jede Streichung ist dann zumindest heikel und glückt nur mit etwas Wagemut, zum Beispiel hier:

Ein Hirngespinst, das nur auf dem Kasernenhof herumgebrüllt – aber dadurch nicht wahrer wird.

Was den Satz rettet, ist sein Gedankenstrich. Er nämlich setzt den Passivteil (bei dem ein *wird* weggefallen ist) noch einigermaßen deutlich ab vom Nachsatz mit dem Vollverb *wird*. Bedenkenloser ausgeübt bringt die Streichung jedoch Satz und Mitteilung ins Schlingern:

Er kann als Abgeordneter gewählt und Minister werden.

Das kommt nicht ohne Stolpern über die Verständnisschwelle. Unser Grammatikgefühl vermißt hier etwas. Mit anderen Worten: *gewählt werden* und *Minister werden* sind zwei Paar Stiefel. Wollen wir also die scheinbare Wortwiederholung vermeiden, so bleibt uns nur noch der völlige Neubau des Satzes.

Das seriöse Passiv beschreibt aber nicht nur ein Geschehen oder einen Vorgang, sondern ebenso häufig einen Zustand. Dafür brauchen wir jedoch nicht mehr *werden*, sondern wieder das schon so oft bemühte Verb *sein*. Wir unterscheiden demnach ein Vorgangspassiv (Paradebeispiel: *Die Tür wird geöffnet*) und ein Zustandspassiv (*Die Tür ist geöffnet*). Das folgende Beispiel aus einem Pressebericht über einen Parteitag enthält recht anschaulich beides:

Die Messer sind gewetzt. Daß sie auch gezückt werden,
ist – gottlob – unwahrscheinlich.

Hier spürt man noch das vorhergehende Geschehen: Messer, die gewetzt sind, müssen zuerst gewetzt worden sein. Oft aber, besonders in der mündlichen Rede, ist aus so einem Zustandspassiv ein Zustand ohne Passiv geworden, etwa wenn wir sagen: »Die Sache ist gegessen.« Dabei denkt niemand, die Sache sei von jemand tatsächlich gegessen worden. Das ist vielmehr ein Satz wie »Der Ball ist rund«, und jenes *gegessen*, das sogenannte Partizip Perfekt, funktioniert da genau wie ein Adjektiv. Man muß manchmal schon genau hinhören, um sicher zu sein, ob ein Partizip Perfekt diese Adjektiveigenschaft schon angenommen hat oder ob seine Verbindung zum Verb noch lebendig ist.

Wer vor solchen Problemen das Passiv lieber beiseitelassen möchte, findet dafür reichlich Ersatz. Einiges dringt dabei aus dem Mündlichen in geschriebene Texte vor, und nicht immer zu ihrem Vorteil. Sätze wie diese kommen schriftlich etwas flapsig daher:

Im Oktober bekam sie endlich eine Fortbildungsmaß-
nahme genehmigt.

Die gesamte Forschungsförderung der letzten zehn Jahre
gehört untersucht.

Andere Passivumschreibungen sind dagegen auch im schriftlichen
Gebrauch richtig. Einen Prädikatswurm wie *darf nicht durchbro-
chen werden können* vermeidet man ganz einfach mit

So einfach darf ein Embargo nicht zu durchbrechen sein

und *müssen angelegt werden* dadurch:

An ein Geschichtsinstitut des Staates sind strengere Maß-
stäbe anzulegen.

Wir leben recht gut damit, daß dieses passivische *sein + zu* mal
»müssen«, mal ein »können« in sich trägt. Die nötigen Verständnishilfen liefert meist der Kontext. So hat denn auch dieser Satz seine
klare Bedeutung:

Fehlentwicklungen sind nie zu verhindern.

Ein beinahe ebenso guter Ersatz wäre hier übrigens auch die Formulierung *lassen sich nie verhindern*; sie macht nur etwas mehr
Worte zur gleichen Sache. Wir sehen: Es liegen einige Möglichkeiten bereit, wirklich umständliche Passivgebilde zu schlankeren Prädikaten umzubauen. Dabei haben wir Adjektive, die oft dasselbe
leisten (beispielsweise die mit der Endung *-bar*), noch nicht einmal
erwähnt.

Lassen wir uns aber von den alten Stillehren und ihrer Verteufelung der angeblichen Leideform nicht irre machen. Der frühere
Mißbrauch ist ja auch nicht mehr zu beobachten. Noch einmal zum
Schluß: Das Passiv drückt höchst selten ein »Leiden« aus. Es stellt
vielmehr einen wichtigen Vorgang, ein Geschehen oder einen Zustand vor uns hin, so anonym zwar wie eine Pyramide, aber mit im-
ponierender Überzeugungskraft.

Ergebnisse

Das vielgestaltige Verb im Satz (das Prädikat) verhilft nur dann zu Farbe und Kontur, wenn es selbst diese Eigenschaften hat. Viel zu oft aber wird es vernachlässigt, tritt gräulich, tranig, mehlig auf. – Da das Prädikat II im Deutschen am Ende steht, ist darauf zu achten, daß vorher nicht zu viel Wortmaterial in den Satz gestopft wird und daß sich hinten, speziell im Nebensatz, keine unübersichtlichen Verbmassen ansammeln. – Verb-Substantiv-Verbindungen sind in den meisten Fällen nicht Papierstil, sondern eine recht praktische, oft unersetzliche Alternative zum einfachen Verb. Der Schritt zum Bürokraten-Deutsch ist allerdings nicht sehr groß. – Für den Ausdruck subjektiver Aspekte bieten sich einige zu selten benützte Modalverben an, ebenso das Futur I, das kaum noch die Bedeutung »Zukunft« hat. – Der indirekten Rede ist der Konjunktiv I reserviert; soll er nicht pflegebedürftig werden, ist kräftiger Mehrgebrauch anzuraten. – Der Konjunktiv II stirbt zwar nicht aus, seine starken Formen verschwinden aber hinter der fahlen *würde*-Umschreibung. Ein paar Liebhaber mehr täten auch ihm gut. – Dem vielgescholtenen Passiv gebührt eine Aufwertung: Es läßt zwar keine Personen handeln, dafür aber ernsthafte Tatsachen sprechen.

»Jung, attraktiv, unabhängig«: die Eigenschaftswörter

Hätten wir die Abmahnungen früherer Stilkritiker befolgt, so wäre die Wortart schon ausgestorben. Immerhin umfaßt sie ein Sechstel unseres Wortbestands, also etwa 70000 Wörter. Eine fruchtbare Menge, die sich freudig durch Neubildungen vermehrt, besonders in der Sprache der Werbung und der Politik (Kostproben: *benutzerfreundlich*, *geschmacksneutral*, *geschlechtsübergreifend*, *verantwortbar*, *arbeitsplatznah*, *demokratieähnlich*).

Seit Jahrzehnten aber wird die Legende mitgeschleppt, die Eigenschaftswörter (Adjektive) dienten nichts anderem als überflüssigem Schmuck- und Schnörkelwerk. Dabei übersehen die Adjektiv-Stürmer zweierlei.

Erstens: Es mag eine Zeit des überzogenen Zierstils gegeben haben. Sie ist aber mit, sagen wir, Kaiser Wilhelm II. zu Ende gegangen. Seitdem befleißigt sich das Deutsche eines zunehmend nüchternen, sachlichen Stils, und die Tendenz hält bis heute an. Vor allem aber zweitens: Das Adjektiv ist weit vielfältiger im Gebrauch, als die Alt-Kritiker ihm zugestehen wollen. Es kommt nämlich in mindestens dreifacher Verwendung vor. Es ist Teil des Prädikats (zusammen mit Verben wie *sein*, *bleiben* oder *scheinen*), Beiwort zum Substantiv (also Attribut; und allein diese Verwendung hatten seine Gegner im sonst blinden Auge) und außerdem erläuternde Beifügung zum Prädikat (was man auch Adverb nennt). Zu allen dreien sehen wir uns kurz ein paar Beispiele an. Danach behandeln wir noch die sogenannten Mittelwörter oder Partizipien (*schreiend*, *gegessen*).

Ist die deutsche Sprache eine schwere?

Diese merkwürdige Endstellung eines Adjektivs samt Artikel und Endung überlebt, so glaubten wir, nur noch in k.u.k. Artillerie-Anekdoten (»Trifft's, is gut; trifft's net, is die moralische Wirkung eine ungeheure!«). Und doch tauchte jüngst folgendes in einem Leserbrief auf:

Ich meine, die deutsche Sprache ist zwar eine schwere, aber auch eine schöne und ausdrucksvolle.

Man zögert, dem Satz eine ironische Absicht zu unterstellen, so lieb und gut ist er gemeint. Da hätte er in einer zum edlen Inhalt passenderen Form natürlich so lauten müssen:

Die deutsche Sprache ist zwar schwer, aber auch schön und ausdrucksvoll.

Nur so geben die Adjektive dem Satz eine freundliche Abrundung.

Diese Verwendung des Adjektivs nennt man »prädikativ«, weil es hier Teil des Prädikats ist. Das Prädikat im letzten Beispiel besteht nämlich aus einem Verb (*ist*) und dem Adjektiv *schwer*. Es ist wohl die einfachste Art, ein Eigenschaftswort zu benützen, vermutlich deshalb wird sie so häufig herangezogen. Allerdings führt sie nicht immer zu so unsterblichen Sentenzen wie *Der Ball ist rund*. Viel öfter kommen dabei ziemlich schlichte, unansehnliche Sätze heraus. Dies mag auch, wie oben bei *Die deutsche Sprache ist eine schwere*, der Grund dafür gewesen sein, dem Adjektiv durch Artikel und Endung mehr Gewicht zu verleihen. Das Verfahren taugt aber nicht, da es, wie gesagt, einem seit Jahrzehnten veralteten Stil angehört und heute nur noch humorig wirkt.

Daß sich mit ganz anderen Mitteln ein starker Satzschluß herstellen läßt, obwohl »nur« ein Adjektiv am Ende steht, zeigt dieses Beispiel, wo es um das Layout eines älteren Nachrichtenmagazins geht:

Wetten, daß dann auch A.s Dinosaurier aus Hamburg so bunt geworden sein wird, so bunt!

Abgesehen von dem hinzugefügten *so* ist es vor allem die bedachte Wiederholung des Adjektivs, die dem Satz spürbar starken Nachdruck gibt.

Bei sehr geschickter Wahl der Eigenschaftswörter läßt sich sogar mit einer simplen Konstruktion starke Wirkung erzielen. Die Autorin des folgenden Beispiels wollte sagen, daß hierzulande insbesondere kinderreiche und alte Frauen unter der Armutsgrenze leben. Nur hat sie es gerade nicht mit diesen dürren Worten gesagt, sondern so:

Armut ist bei uns weiblich, alt und kinderreich.

Das sitzt. Unverrückbar wird dieser Satz mit seinen drei einfachen, aber treffenden und für den Sinn notwendigen Adjektiven.

Nicht zu ausdrucksarm erscheint das prädikative Eigenschaftswort auch dann, wenn es gewissermaßen mit der Würde des Fachworts ausgestattet ist. Im nächsten Beispiel plant ein Schwachstromelektriker,

> den Plenarsaal so einzurichten, daß er beschallbar ist.

Das ist ein für den Laien ungewöhnliches Wort, aber auf Anhieb verständlich und nicht ohne den Reiz der Neuigkeit.

Nicht ganz so gelungen erscheint das Leserbriefbeispiel, das drei solche Prädikats-Adjektive aneinanderreiht:

> Die Freiheit des Christen ist nicht erarbeitbar oder erwerbbar oder erkämpfbar mit den Mitteln dieser Welt.

Das war sicher als schwerer, dreifacher Glockenschlag geplant und arbeitet, ähnlich dem Satz davor, mit dem Mittel der Wiederholung, nicht eines ganzen Wortes, sondern nur einer Endsilbe. Die drei Adjektive sind aber zu ungewöhnliche, auch unübliche Bildungen. Sie klingen daher gesucht, konstruiert und insgesamt doch etwas hölzern und gleichförmig.

Die einfache Verwendungsweise des prädikativen Adjektivs verleitet dazu, einen solchen Satzbauplan zu oft und zu gedankenlos herzunehmen. Da kann es dann schon mal passieren, daß das geplante Eigenschaftswort dem Autor zu Recht aussageschwach vorkommt. Es ist jedoch keine gute Abhilfe, zum Ausgleich ein weiteres Adjektiv (jetzt als Adverb) in den Satz zu stellen. In diesem Sinne unannehmbar ist etwa der Satz:

> Mein Freundeskreis ist einkommensmäßig recht unterschiedlich.

Hier kommen gleich zwei Nachlässigkeiten zusammen: die etwas umgangssprachliche *-mäßig*-Ableitung und die unlogische Sperrigkeit, daß der singuläre Freundeskreis unterschiedlich sein soll, was sich sinnvollerweise eher von den Freunden im Plural hätten sagen lassen.

Verführerisch bequem bieten sich, nicht nur Politikern, viel zu oft Satzeingänge an wie *Es ist mir wichtig* oder *Es ist unglaublich*. Damit wird zwar Zeit gewonnen zur Formulierung des nachfolgenden Gedankens. Das aber ist nur ein Vorteil in der mündlichen Rede; im Geschriebenen halst man sich damit oft den Nachteil auf, daß die Hauptsache in einen abhängigen Nebensatz gerät. Ganz abgesehen davon, daß der Autor mit dieser Konstruktion schnell auf die schiefe Bahn des zu langen Satzes gerät. Das folgende Beispiel, sehr abgekürzt zitiert, demonstriert diese Gefahr recht deutlich:

Der Skandal wird um so unerträglicher, wenn man weiß, daß diejenigen Abgeordneten, die…

Schon nach wenigen Worten ist ablesbar, daß das erlösende Ende des Satzes in weiter Ferne liegt. Schöner wäre es gewesen, der Autor hätte in knappen Aussagen den Skandal selbst geschildert und erst diese Schilderung mit einer Bewertung abgeschlossen, etwa mit *Das macht den Skandal vollends unerträglich* oder ähnlichem.

Schließlich noch eine seltsame, neuerdings um sich greifende Manie. Normalerweise tritt nach der Steigerungsstufe des Adjektivs, dem Komparativ, das Wort *als* vor das zu Vergleichende (*X ist größer als Y*). Dieses *als* scheint aber manchem zu platt; also setzt er statt dessen ein geradezu antikes Ersatzwort ein:

Die Rufe nach härteren Gesetzen sind eher lächerlich denn gefährlich.

Wird hier ein merkwürdiger Hang zur Altertümelei sichtbar? Ein solcher Ersatz von *als* durch *denn* hätte eine Berechtigung nur, wenn das *als* mißverständlich oder unschön wiederholt im Satz stünde. Wenn es also heißen würde *Er erscheint mir eher als Opfer als als Täter*, dann klingt ein *denn als Täter* zweifellos besser. Noch schlauer ist es allerdings, durch die Wahl eines anderen Prädikats die Schwierigkeit überhaupt zu umgehen (hier etwa so: *Ich sehe in ihm eher ein Opfer als einen Täter*).

Das Attribut: die nackte Wahrheit

Heute seltener, wenn auch immer noch nicht verschwunden sind feste Adjektiv-Substantiv-Verbindungen, die schon früh als »Klischees« denunziert wurden. Warum werden nicht auch solche Negativbeispiele vermieden wie *grassierende Vorurteile*, *breite Volksschichten*, *die kleine Anekdote* und die immerzu *nackte Wahrheit*?

Um es klar zu sagen: Ein Klischee kommt nicht durch den zu häufigen Gebrauch eines Ausdrucks zustande. Wenn es so wäre, so hätten die meisten unserer Wörter schon alle Frische, jeden stilistischen Gebrauchswert verloren. Das Klischee entsteht auf andere Weise: Ein gängiges, schon viel zu oft gehörtes Wort – oder eine solche Wortgruppe – wird mit dem emphatischen Anspruch auf originelle Ausdrucksstärke benützt. Erst dadurch kommt der Eindruck zustande, daß hier etwas nicht zusammenpaßt. Die mangelnde Originalität der Formulierung kann die offensichtlich angestrebte Frische des Ausdrucks nicht leisten. Der gut gemeinte Zweck und das untaugliche Mittel entsprechen einander nicht mehr.

Dem Klischee gefährlich nahe kommt ein Attribut, das so offenkundig naheliegt, daß man es als gebranntes Kind schon von weitem ahnt. Dem Leser bedenklich informationsarm erscheinen mit Sicherheit diese Attribute:

> Dort gibt es Dinge, die von geschickten Frauenhänden in hingebungsvoller Arbeit hergestellt werden.

> Die Gründung geschah unter den damaligen äußerst schwierigen Verhältnissen mit großem persönlichen Einsatz und finanziellen Opfern, durch Reisen mit hohen Industrieleuten sowie Symposien zu vielen interessanten Themen.

Derartig Zu-oft-Gelesenes löst allenfalls Langeweile aus, nicht aber den gewünschten Respekt. Besser gelingt die Charakterisierung nur, wenn man das abgenutzte Adjektivattribut in eine neuartige Verfremdung überführt oder mindestens in ein – zugegeben harmloses – Wortspiel wie dieses:

> Zunächst eine kleine Anekdote aus der Welt der großen Bühne.

Den hauptsächlichen Übelstand aber, den die Stilkritiker im Visier hatten, den überbordenden Zierat, leistet sich heute eigentlich nur noch die Werbung:

> Wo sanft geschwungene, dicht bewaldete Hügelketten sich vor den Horizont schieben, wo die Luft nach frisch gemähten Wiesen duftet und blutrote Sonnenuntergänge ein herrlich weiches Licht zeichnen –

Solche Kommerz-Lyrik soll ruhig unkommentiert stehenbleiben. Dagegen sind die folgenden Adjektive wie genaue Nägel eingeschlagen:

> Der DDR fehlten die guten Produkte, das professionelle Gerät und die exotischen Zutaten.

Anders als im vorigen Beispiel sind diese Attribute nicht nur schmückend, sondern notwendig für den Ausdruck des Gemeinten. Man braucht sie versuchsweise nur mal wegzulassen, um zu sehen, wieviel Aussagekraft der Satz mit ihnen gewinnt.

Schließlich noch eine Bitte um Gnade und zwei Warnungen.

Kein Pedant sollte einem einreden, Wörter auf -weise seien keine Attribute. Es stimmt zwar, daß die meisten nur als Adverb zu gebrauchen sind, etwa *unglücklicher-* oder *seltsamerweise*. Aber was, bitte sehr, soll an diesen Beispielen verwerflich sein?

> Der teilweise Verzicht auf Selbstverwirklichung
> die scheibchenweise Aufdeckung immer neuer Skandale

Sie kommen vielleicht dem überfeinen Sprachgefühl ungewohnt vor, sind aber wie geschaffen zur Verwendung als Attribut. Also, Schulmeister: Gnade!

Nicht jedoch für zwei ausgesprochene Marotten des Zeitstils. Die eine ist nur Gedankenfaulheit: Gemeint sind jene eingedickten Doppeladjektive mit Bindestrich wie *geistig-moralische Wende* oder *christlich-sittliche Erneuerung* oder *politisch-ethische Verrohung*. Damit soll erkennbar unreflektiert möglichst alles auf einmal gesagt sein. Knappe Empfehlung: Hände weg!

Die andere ist der hoffentlich bald vorübergehende Irrglaube, Nachbildungen zu Goethes *Röslein rot* nähmen sich irgendwie putzig aus:

> Der tschechische Ministerpräsident gilt als Verfechter von Kapitalismus pur.

> Kunsthalle Tübingen: Es gibt Cézanne satt.

Selten hat sich der Unterhaltungswert einer Manieriertheit so im Handumdrehen verbraucht wie hier. Demnach noch mal: Hände weg!

Leider ausbaufähig: die Adverbien

Ist ein Adjektiv nicht Teil des Prädikats, auch nicht Attribut zu einem Substantiv, dann erfüllt es seine dritte Aufgabe: Es charakterisiert den ganzen Satz. Es nimmt, fachsprachlich formuliert, im Satz die Rolle des Adverbs ein. Es teilt uns mit, daß die im Prädikat verankerte Aussage mit einer bestimmten Charakterisierung zu verstehen ist. Klassisches Kurzbeispiel: *Er singt falsch.*

Ein offenbar nicht umzubringendes Adverbmuster sind die Zusammensetzungen mit *-mäßig.* Schon in den 60er Jahren traten sie so epidemisch auf, daß philologische Seminararbeiten sie zum Thema machten. Danach wurde es eine Weile ruhig um sie. Seit einiger Zeit kommen sie nun in Mengen wieder. Es muß daran liegen, daß sie so ungemein leicht zu handhaben sind. Dieses *-mäßig* läßt sich an praktisch alles anfügen:

> Lehrer sind auch nur Menschen, die kräftemäßig überleben müssen.

Man sollte dieses Adverb nicht gleich mit Kritik überziehen. Immerhin erspart das schlanke *kräftemäßig* dem Leser so aufhaltsame Wortschlangen wie *hinsichtlich ihres Kräftehaushalts* und ähnliche Monster. Bedenklicher wird der schnelle Gebrauch erst bei einer wenig wohlklingenden Bildung wie dem weiter oben zitierten *einkommensmäßig.* Das nächste Beispiel ist allerdings schon wieder so überdreht, daß es Komik annimmt:

> Er ernährt sich outdoor-mäßig mit der »Vollpension aus der Tüte.«

Wobei *mäßig*, mit listigem Bindestrich abgesetzt, doppeldeutig zwinkert. Da hat sich einer Gedanken gemacht.

Im allgemeinen nämlich verwenden wir die meisten Adverbien ohne langes Grübeln. Zu ihrer ungezählten Menge gehört alles Mögliche: *irgendwo, oben, jetzt, wöchentlich, so, blindlings, andernfalls, deswegen* – alles Adverbien. Da wir ihnen beim Abschnitt über den Satz und seine Schwellungen wieder begegnen, soll gleich jetzt etwas grammatische Ordnung in die Masse kommen.

Es gibt vier Gruppen: lokale Adverbien für den Raum (*oben*), temporale für die Zeit (*wöchentlich*), modale für die Art und Weise (*blindlings*) und kausale für Begründungen (*deswegen*). Gelegentlich wachsen sie sich zu ausführlicheren Wortgruppen heran, etwa so: *oben – hier oben – hier oben auf dem Gipfel* oder *wöchentlich – jede Woche – jede Woche, die ins Land geht.* Dann heißen sie nicht mehr Adverb, sondern Lokal-, Temporal-, Modal- und Kausalangabe.

Und weil selbst die Angabe manchem Schreiber nicht wortreich genug scheint, baut er sie noch weiter aus. Da kann leicht ein einfaches *So*, etwa in einem Satz wie *So arbeitet er...*, anschwellen zu *Auf diese Weise*; das neugefundene Substantiv zieht unwiderstehlich ein oder zwei Attribute an sich: *Auf diese ungewöhnliche und daher beeindruckende Weise*; und der schreibwütige Autor schafft es dann auch noch, einen Nebensatz anzuhängen: *Auf diese ungewöhnliche Weise, die manchem zum Vorbild gereichen könnte.* Jetzt hat er schon zehn schwere Wörter anstelle des einfachen Adverbs *So* hingeschrieben. Und wenn ihn keiner darauf aufmerksam macht, daß solcher Überschwang den Leser überfordert, schreitet der Wucherungsprozeß ins Unendliche fort.

Jedes Adverb schwebt also in der Gefahr, durch so unkontrollierte Erweiterungen aufgeschwemmt zu werden. Außerdem sei gleich hier angekündigt, daß für den Ausdruck von Lokal-, Kausal- oder anderen Aspekten nicht nur Adverbien parat stehen, sondern ganze Nebensätze. Aber die kriegen wir später.

Unterschätzte Mittelwörter

Ein überraschender Befund: Die sprachlichen Leistungen der Partizipien (Mittelwörter) werden, außer von Journalisten, so gut wie überhaupt nicht gesehen, geschweige denn benützt. Die Beispiele hier stammen also bis auf zwei Ausnahmen nur aus Zeitungsartikeln.

Ein wenig Grammatikarbeit: Wir unterscheiden zwei Arten, das Partizip Präsens (*schreiend*) und das Partizip Perfekt (*gegessen*). Beide können grundsätzlich alles, was jedes Adjektiv auch kann. Und mehr. Vielleicht liegt es nur an den recht lateinischen Bezeichnungen, daß sie oft so mißachtet werden. Denn mit irgendwelchen »Zeiten« hat das Partizip nichts im Sinn. Der Unterschied liegt vielmehr darin, daß *schreiend* eine spürbar aktive, *gegessen* eine ebenso markante passive Bedeutung hat. Und damit, vor allem damit, läßt sich etwas anfangen. Wenden wir uns zuerst dem sogenannten Partizip Präsens zu.

Meist stellt es sich als Attribut zu einem Substantiv (*bellende Hunde*). Prinzipiell kann es aber alle Stellungen einnehmen, die auch das Adjektiv einnimmt. Es kann also auch als Adverb auftreten (*Er lacht schallend*) oder als Prädikatsteil (*Die Arbeit ist imponierend*). Bis hierher ist alles einfach.

Gefährlich wird es bei der Gruppe von Verben, die einen Akkusativ nach sich ziehen, den sogenannten transitiven Verben. Sie bilden darüber hinaus ein Partizip, das ebenfalls eine Akkusativ-Ergänzung zu sich nehmen kann. Das führt jedoch, mit einer zusätzlichen Zeitangabe obendrein, leicht zu ungut langen Wortketten wie an dieser Leserbriefstelle:

> Die meinen Betrieb zwei Tage lang prüfenden Finanzbeamten lehnten den Nachmittagskaffee ab.

Ohnehin ist es fraglich, ob die »tagelange« Prüfung und der »Nachmittagskaffee« in dieselbe Äußerung gehören. Unbeholfen scheinen auch immer wieder Partizipien, die von einem reflexiven Verb (mit *sich*) stammen, so etwa die *sich selbst erfüllende Prophezeiung* oder dieses Beispiel:

> eine Theaterszene in sich verwandelnder Dekoration.

Erheblich fließender dagegen liest sich dieser gelungene Profi-Satz:

> Richter und Pfarrer wissen um die Wirkungen wallenden, silhouettenverändernden Stoffes,

bei dem die Akkusativergänzung *Silhouette* mit dem Partizip zum Kompositum verschmolzen ist (von dem ironischen *wissen um* ganz abgesehen).

Seine ganz besonderen Fähigkeiten entwickelt das Partizip Präsens aber erst, wenn es dem, worauf es sich bezieht, nachgestellt ist. Geschickt eingefügt, ersetzt uns das oft den halben Wortkram eines Nebensatzes. Unser Beispiel dazu handelt von einem Aufruf zum Kopftuchtragen aus Solidarität mit muslimischen Minderheiten. Die Autorin bezweifelt, daß andere

> als die Frauen eines Bastelkreises dieses Zeichen setzen werden, tapfer im Supermarkt einkaufend, kopftuchbedeckt dem Pöbel trotzend.

Ohne die Partizipien und umständlicher hätte sich entweder eine

Kette von *daß-* oder gar *indem*-Sätzen ergeben. So jedoch, von solchem Ballast befreit, wird der Satz dicht und inhaltsreich. Deutlich ist auch die dynamische Aktivität der beiden Partizipien: Fast haben wir die Frauen, die da *einkaufen* und *trotzen*, tatkräftig vor uns.

Aber, wie schon geklagt, von dieser vorteilhaften Konstruktion macht kaum ein Laie Gebrauch. Es ist schade drum, und deshalb sei sie dringend zur Nachahmung empfohlen.

Was dem einen Partizip recht ist, ist dem anderen billig. Im letzten Beispiel hatten wir schon ein solches »Partizip Perfekt«: *kopftuchbedeckt*, das dort wie ein Adverb eingesetzt war. In derartigen Zusammensetzungen mit einem Substantiv bezeichnet dieses korrekterweise Täter, Umstand oder Mittel, die zu dem geführt haben, was das Partizip aussagt. Hier also: »mit einem Kopftuch bedeckt.« Ungewöhnlich, aber ebenso richtig sind demnach die *problemkonfrontierten Bürgermeister* gebildet (nur durch die Konsonantenhäufung verunstaltet). Es soll uns dabei nicht irre machen, daß die Werbung Hand in Hand mit der Verwaltung gelegentlich krumme Neubildungen erzeugt. Vor Jahren tauchte plötzlich die *schaumgebremste* Waschmaschine auf, bei der überhaupt nichts »durch den Schaum« gebremst war, sondern nur dieser selbst. Da will dann auch die öffentliche Sprache nicht zurückstehen: Sie kennt die *Raumordnung*, schlußfolgert, es müsse sich dazu doch ein Verb *raumordnen* finden lassen und zaubert flink ein neues Wort aus dem Hut, die *raumgeordnete Trasse*. Solche Ungetüme sind unvermeidlich. Sinnlos, sich darüber aufzuregen.

Auch das Partizip Perfekt kann ganze Nebensätze einsparen helfen. Das ist besonders willkommen, wenn es in einem schon bestehenden Nebensatz geschieht:

> seine Anhängerschaft, die sich, in Norwegerpullis gehüllt, auf ein längeres Warten eingestellt hatte.

Auf diese elegante Weise wird ein außerordentlich unschöner Neben-Nebensatz vermieden. Und doch ist alles Gewünschte an der richtigen Stelle gesagt.

Etwas kühner und dabei nicht makellos sieht die folgende Konstruktion aus:

> Jean M., erst Architekt gewesen, dann Bauunternehmer geworden, springt über seinen Schatten.

Der Fehler liegt in dem verzichtbaren *gewesen*. Es verschlägt nichts, wenn der Satz lautet

> Jean M., erst Architekt, dann Bauunternehmer geworden,

im Gegenteil, die Karrierestufen folgen jetzt noch enger aufeinander, nicht unterbrochen durch ein sie trennendes Wort.

Wir hätten gern geglaubt, daß die schlimmeren Mißgriffe dieses Verfahrens der Vergangenheit angehören, genauer: nur den erfundenen Horrorbeispielen der Alt-Kritiker. Aber die Unmanier ist noch mitten unter uns. Wie zum Beispiel diese Restaurantbeschreibung mit Doppelfehler:

> Außerhalb des Ortskerns gelegen, hat Otto W. im Bahnhof seine Gaststätte eingerichtet. Mittlerweile als Geheimtip gehandelt, bekommt man hier ohne Reservierung selten einen Platz.

Hier hat der Unsinn Methode: Wer da außerhalb des Ortskerns liegt, ist Otto W. persönlich, und als Geheimtip gehandelt wird man selbst.

Ausnahmsweiser Exkurs aus der eigenen Werkstatt: Offen gesagt, so etwas passiert einem schon mal. Einer der obigen Sätze dieses Kapitels lautete beim ersten Hinschreiben: »Geschickt eingefügt, ersparen wir uns damit…« – genau der gleiche Unfug. Natürlich sollten nicht »wir« es sein, die da eingefügt werden. Beim späteren Nachlesen wurde der Fehler dann korrigiert. Das hätte halt, soviel Eigenlob wird erlaubt sein, der Gaststättenbeschreiber auch tun müssen. Ende des Exkurses.

Strenge Regel also: Ein so verwendetes Partizip muß sich auf den gemeinten Teil des dazugehörigen Satzes beziehen. Alles andere ist falsch, bestenfalls ungewollt komisch.

Es mag Grenzfälle geben:

> Der Asche-Ausstoß dauerte nach Angaben des Vulkanologischen Instituts 30 Minuten, gefolgt von einem Erdbeben.

Mit ein wenig Pedanterie wird man auch das falsch nennen. Wem, so die zudringliche Frage, folgte nun das Erdbeben: den 30 Minuten? Dem Institut? Oder doch dem Asche-Ausstoß? Das Gemeinte ist mit etwas Mühe klar, es steht nur zu weit weg von *gefolgt*. Wir, als leserfreundliche Schreiber, sollten uns demnach nicht allein auf die Klarheit verlassen, die der Inhalt hoffentlich leisten wird. Vielmehr sollten wir unser Partizip in der Nähe dessen lassen, zu dem es gehört, etwa so: *30 Minuten dauerte… der Asche-Ausstoß, gefolgt von einem Erdbeben.*

Ganz und gar nicht mehr zweifelhaft, sondern einfach verboten sind noch ganz andere Fügungen, die ebenfalls wider Erwarten noch immer vorkommen (und das sind leider unsere erwähnten Leserbriefbeispiele!). Der Fehler kommt just durch das Mißverständnis zustande, das Partizip hätte auch als Attribut etwas mit grammatischen Zeiten zu tun. Der gedankliche Holzweg führt zu folgender Annahme: Etwas, das *sich* in der Vergangenheit *ergeben hat* oder *stark gewesen* ist, muß auch im Partizip als vergangen sichtbar werden. Die Ergebnisse sind fürchterlich:

> Die sich durch die Öffnung der Märkte für die Westwirtschaft ergeben habende Konsumkonjunktur

> der immer schon sehr stark gewesene Zustrom von Fremden

Das ist schlimmer als das Uraltzitat von der *stattgefundenen Veranstaltung* in den Stilistiken des 19. Jahrhunderts – dieses unsägliche Wort steht tatsächlich noch in einer Notiz des KoKo-Managers Schalck-Golodkowski vom November 1982. Noch einmal ganz deutlich: Das Partizip in seiner Rolle als Attribut drückt niemals eine Zeitstufe aus; das tut allein das Prädikat.

Ergebnisse

Das Adjektiv hat vor allem drei Aufgaben: Es kann Teil des Prädikats sein. Sodann Beiwort zum Substantiv, also Attribut; aber bitte keine Abgegriffenheiten wie die *nackte Wahrheit*, auch keine Hintanstellungen wie *Cézanne satt*. Schließlich erfüllen Adjektive die Rolle des Adverbs im Satz; dabei charakterisiert das Adjektiv die gesamte Satzaussage. – Die gerade wieder in Mode gekommenen *-mäßig*-Adverbien sollten zwar nicht überhandnehmen, erweisen sich aber oft als ganz praktisch. – Es gibt vier Arten von Adverbien: lokale, temporale, modale und kausale. Jedes Adverb kann zu einer umfangreichen Wortgruppe (dann Angabe genannt), ja bis zum Nebensatz ausgebaut werden. – Das sogenannte Partizip Präsens hat nichts mit dem Präsens als Zeitstufe zu tun; es zeigt vielmehr aktiv eine Handlung, ein Geschehen, einen Vorgang an (*wallender Stoff*). – Auch drückt das Partizip Perfekt nicht eine Vergangenheit aus, sondern gewissermaßen passiv das Ergebnis eines Vorgangs (*kopftuchbedeckt*). – Beide Partizipien helfen oft, einen ganzen Nebensatz einzusparen; sie müssen sich dann aber auf das richtige Wort im Vorder- oder Nachsatz beziehen.

Die gern übersehenen Kleinen

Die drei bisher erwähnten Wortarten, bedeutungstragende Substantive, Verben und Adjektive bilden die erdrückende Mehrheit unseres Wortschatzes. Aber in der Rangliste der meistbenützten Wörter stehen sie nicht an der Spitze. Es ist immer wieder verblüffend zu erfahren, daß wir fast die Hälfte all unserer Texte mit nur hundert Wörtern bestreiten. Und wie viele Substantive sind darunter? Zum Abzählen reichen die Finger einer Hand.

In hellen Haufen treten dagegen ganz andere Wortarten auf. Das sind (außer dem Artikel natürlich, also *die* oder *ein*) vor allem die sogenannten Fürwörter oder Pronomina (davon immer auf Platz eins: *ich*), Präpositionen (*in*, *mit*), dann eine Gruppe, die mangels genauerer Definition »Partikel« heißt, aber auch Zahlwörter und schließlich Ausrufe oder Interjektionen (zu denen heute wohl auch Comic-Produkte wie die *Har!-Har!*-Lache gehören). Weil sie so »bedeutungslos« sind und dazu oft bloß einsilbig, schenkt mancher Schreiber ihnen nicht die Aufmerksamkeit, die sie verdienen.

Verschwinden auf offener Bühne

Die schon bekannte Gleichstellung der Frau hat inzwischen auch die Personalpronomen erfaßt. Um nur ja keinen Fehler zu begehen, drückt sich ein Autor etwa so aus:

> Unser Blatt stellt jetzt auf EDV um. Angst vor dem Computer darf er oder sie also nicht haben.

Die beiden Personalpronomina stehen hier zwar frauenpolitisch korrekt, aber etwas einsam da. Normalerweise verweisen sie auf irgendein Substantiv im Vordersatz oder auch auf einen Personennamen. Das letztere war wohl hier geplant:

> Was das »Vorbild Hitler« angeht, ist er nach wie vor Vorbild für fast den gesamten Orient und Asien.

Eine etwas riskante Konstruktion (von der mehrmaligen *vor*-Wiederholung abgesehen): Der Personenname ist hier Attribut zu *Vor-*

bild, sozusagen darin aufgegangen und strenggenommen nicht pronomenfähig. Der Leser darf nach dem Komma ein *es* zu *Vorbild* erwarten, aber das überraschende *er* macht ihm unnötige Verständnisarbeit. Freundlicher hätte der Satz weitergehen müssen mit *gilt es immer noch* oder ähnlichem.

Noch heikler ist der Bezug auf ein Adjektiv. Prinzipiell kann sich ein *es* zwar auch darauf beziehen (etwa so: *Sie ist unglücklich, und ich bin es auch*). Was aber, wenn das Adjektiv nicht allein, sondern als Attribut steht?

> Es stellt sich heraus, daß alle unglücklichen Familien es auf gleiche Weise sind.

Das kann nur dann gutgehen, wenn sichergestellt ist, daß nicht vor unserem Beispielsatz ein Sachverhalt steht, auf den sich das Pronomen in erster Linie beziehen könnte, ja müßte. Ein so leicht mißverständlicher Bezug verlangt also ganz besondere Umsicht.

Bemerkenswerter als solche Beziehungsprobleme ist aber eine andere Beobachtung: Sowohl einige Personalpronomina als auch besitzanzeigende Fürwörter (Possessivpronomina) sind im Schwinden begriffen.

Bis vor kurzem galt die Verwendung beispielsweise von *die* statt *sie* als ausgesprochen unfein, abwertend, fachlich gesagt: pejorativ. Wie noch in diesem sarkastischen Satz:

> Die Ostdeutschen – laut S. alles feige Typen –, die rangieren ja weit hinter Asylbewerbern, die kann man ja beschimpfen, so viel man will.

Häufiger aber ist neuerdings der ganz wertungsfreie Gebrauch als Pronomenersatz:

> Ungeheuerlich war das Todesurteil, das Chomeini über Salman Rushdie verhängt hat. Der lebt seitdem an wechselnden Orten, frei wie ein Kettenhund.

Die Absicht ist klar: Hätte der Autor *er* geschrieben, so wäre das Unverständnis, ob nun Chomeini oder Rushdie gemeint ist, unausweichlich. Folglich wird ersatzweise *der* gesetzt, als stärker auf das Nächstliegende hinweisendes Fürwort. Und zwar offensichtlich ohne jeden pejorativen Beigeschmack. So auch im nächsten Beispiel. Hier ist der Ersatz allerdings völlig unbegründet:

Wen überrascht es, daß das Regime die für S. K. eintretenden Friedensnobelpreisträger nicht zu ihr läßt? Die entschlossen sich deshalb, an der Landesgrenze zu protestieren.

Warum nicht einfach *Sie entschlossen sich*? Ein Gewinn an Genauigkeit, wie noch im vorigen Beispiel, ist nicht erkennbar. Das hinweisende Fürwort (Demonstrativpronomen) *die* bewirkt zwangsläufig eine stärkere Hervorhebung des Satzsubjekts, als wollte der Autor sagen: »Die, und keine anderen!« Der Satz erhält damit aber eine unsinnig verschobene Informationsstruktur. Irgendwelche anderen stehen ja gar nicht zur Debatte.

Völlig unverständlich wird die Angelegenheit, wenn gar das Demonstrativpronomen *dies* als Ersatz eintritt. Nur selten ist es stärker als ein zu schwach empfundenes Personalpronomen:

Nicht Arapow überlistete die Tscheka, sondern diese bediente sich seiner.

Auch hier hätte der Satzteil mit einem normalen *sie* nichts an Betontheit verloren. Überhaupt und allgemein scheint *dies* zur Zeit immer beliebter zu werden. Mancher kann gar nicht genug davon kriegen:

Wenn dieser Rassismus nicht bewußt ist, macht es ihn nicht besser. Wenn die Medien diesen weiter verbreiten, trägt dies zu seiner Verbreitung bei.

Das *dieser* im ersten Satz mag angehen, auch das dritte *dies*, welches den Inhalt des wenn-Satzes wiederaufgreift. Was tut dort aber das Ersatzwort *diesen*? Es legt einen absurden Nachdruck auf die Satzstelle und ist eine unschöne Wiederholung. Das Demonstrativpronomen bricht auch in ganz harmlose Sätze ein; nur zwei Beispiele von vielen:

Was die kulturellen Möglichkeiten des Islam betrifft, sind diese hinreichend bekannt.

Die beschriebene Unterscheidung verstößt gegen das Jugendhilfegesetz. Dies sieht vor, …

Hätte es nicht jedesmal auch ein schlichtes Personalpronomen getan? Ein ähnlicher, noch häufigerer Fall ist das Verdrängen der Possessivpronomina *sein* und *ihr* durch *dessen* und *deren*. Nichts gegen eventuelle Klarheit, die damit zustande kommt. So tolpatschig die Ersatzwörter daherkommen, manchmal stiften sie Ordnung, und ihr Fehlen macht sich bemerkbar:

> Politiker aber, die sich an der Demokratie vergehen, indem sie ihr Ansehen schädigen, erhalten Pension.

Wessen Ansehen da geschädigt wird, bleibt unklar (es gibt ja tatsächlich Politiker, die ihr eigenes Ansehen schädigen). Da hätte ein Ersatz schon gutgetan, wie hier geschehen:

> Männer, die vom Volk zu Dienern des Staates gewählt wurden, sich jedoch als dessen Eigentümer gebärden.

> Die genannte Verlagerung von Behörden steigert nicht deren Effizienz und Bürgernähe.

Es wäre sonst leicht ein falscher Bezug auf *Volk* bzw. *Verlagerung* passiert, wo doch *Eigentümer des Staates* und *Effizienz der Behörden* gemeint war. In den folgenden Beispielen jedoch schaffen *dessen* und *deren* keinerlei Zuwachs an Klarheit, nehmen nur unnötig *ihr* und *sein* den Platz weg:

> Wie mitgeteilt, durchsägten der Mendes-Mörder Darcy P., dessen Vater und sieben Mitgefangene die Gitterstäbe.

> Ich habe diesen Brief nie geschrieben. Ich distanziere mich von dessen Inhalt.

> D. kennt kein eigenes Quellenstudium, er reißt Zitate aus dem Zusammenhang und verfälscht deren Sinn.

Und so weiter. Die Beispiele wären endlos. Vielleicht hat es schon keinen Sinn mehr, dem Mißbrauch zu widersprechen. Und doch halten wir fest: Das schlankere Possessivpronomen ist in diesen Fällen fast immer vorzuziehen.

Querverweise

Personalpronomina wie *er*, *sie* oder *es* beziehen sich, sagten wir, auf einen bestimmten, ihm nicht weit vorhergehenden Satzinhalt. Man zählt sie deshalb auch zu den sogenannten rückweisenden Fürwörtern. Sie ersparen uns die umständlich wörtliche Wiederholung dessen, was sie als unauffälliger Platzhalter vertreten. Unsere Aufmerksamkeit kann sich dadurch leichter auf das wirklich Neue im Satz konzentrieren.

Spiegelbildlich dazu gibt es nun auch die vorausweisenden Pronomina. Sie signalisieren dem Leser, daß die dazugehörige Information erst weiter unten im Text geliefert wird. Sehr selten, eher literarisch, übernehmen auch Personalpronomen diese Aufgabe. Auch eine Reportage kann mal so beginnen:

> Jetzt sind sie wieder unterwegs. Nachrichtenteams aus aller Welt filmen vor Ort den brennenden Supertanker.

Das noch völlig inhaltslose *sie* schafft sogar ein wenig Eingangsspannung, wer das wohl sein könnte. Erst im zweiten Satz wird die Neugier befriedigt.

Hier ein Fall, bei dem die Vorausweisung nicht so gut klappt:

> Die Bezieher kleiner Einkommen müssen in die Situation versetzt werden, die auch Sozialhilfeempfängern zugebilligt wird.

Hier hat offenbar der Grundsatz »Schreibe, wie du sprichst!« zugeschlagen. Gesprochen ist der Satz nämlich ohne weiteres verständlich; man muß nur das zweite *die* ausreichend betonen. Auch das signalisiert die kommende Lieferung des Inhalts. Dem Geschriebenen aber ist die Betonung nicht anzusehen. Deshalb wird der Satz im ersten Anlauf sicher falsch verstanden und das Verständnis erst nach einem Augensprung rückwärts korrigiert. Da muß also ein anderes sprachliches Mittel her, die schriftliche Version der mündlichen Betonung. Zum Beispiel *diejenige* oder das viel zu selten gewordene *jene*:

> Mitschuld tragen auch diejenigen Politiker, die den Schülern Perspektiven verweigern.

> Es ist zu befürchten, daß dorthin nur jene Dozenten gehen, die an anderen Hochschulen abgelehnt wurden.

So ist der Gedanke richtig entwickelt. Die mehrsilbigen Pronomina ersetzen hier den schlichten Artikel und weisen auf etwas noch Kommendes hin, das die dabeistehenden Substantive mit weiterem

Inhalt füllen wird. Solche Pronomina sind immer dann von Nutzen, wenn der kommende Inhalt erst relativ spät geliefert wird, zum Beispiel nach einem längeren Einschub:

> Denjenigen, die sich so über Radelnde äußern wollen, sei Zurückhaltung empfohlen.

Dabei soll nicht übersehen werden, daß diesem Pronomen (mehr als dem knapperen *jene*) eine etwas buchstabenreiche Plumpheit anhaftet. Man mag es also nur für den Notfall anraten.

Ausnahmsweise, nur wenn es das Subjekt des Satzes wäre und eigentlich *der* heißen müßte, darf das vorausweisende Pronomen auch mal fehlen, wie in dieser Konstruktion:

> Vielleicht kann das nur verstehen, wer in diesen absurden Verhältnissen wirklich gelebt hat.

Andernfalls käme ja eine *der-der*-Verdopplung heraus, ein häßlicher Zwilling. Manchmal allerdings unvermeidlich:

> »Der beste Schauspieler ist der, der nichts richtig gut kann«, soll Alfred Hitchcock gesagt haben.

Die möglichen Varianten für das erste *der* (etwa *derjenige* oder *ein solcher*) sind alle gleich unschön, weil viel zu aufdringlich. Das muß wohl so bleiben.

Schillernd zwischen Vor- und Rückverweis stehen alle Zusammensetzungen aus *da-* und einer Präposition, zum Beispiel (*Ich freue mich*) *darauf*, das je nach dem Zusammenhang mal nach vorn, mal nach hinten deutet. Sehen wir uns so etwas an:

> Eingehalten wurde auch diese Zusage nicht. Als Karl Jaspers sich darüber besorgt zeigte, …

Liest man nur bis hierher, so verweist *darüber* auf die Nichteinhaltung der Zusage, also zurück. Der weitergehende Satz aber belehrt uns eines Besseren:

> Als Karl Jaspers sich darüber besorgt zeigte, in welche Richtung die Bundesrepublik treibt, …

Wieder stellen wir fest, daß der Text beim Vorlesen, das heißt mit kräftiger Betonung des *darüber*, auf Anhieb so verstanden würde, wie er gemeint ist. Still gelesen jedoch glaubt man im ersten Anlauf tatsächlich etwas, das sich im Weiterlesen als falsch herausstellt. Man hat sich also den Satzinhalt im Verständnis schon vorsorglich zurechtgelegt und muß nun, einige Wörter weiter, das nur scheinbar Verstandene umorganisieren. Das tut niemand gern. Wird der Leser bei der Lektüre oft zu solcher Mehrarbeit gezwungen, so ergreift ihn ein ungutes Gefühl, die Lese-Unlust, und im äußersten Fall legt er den Text unwillig beiseite. So hinterlistige Signale im Satz sind falsche Freunde. Wir werden ihnen leider noch oft begegnen.

Substantiv-Gelenke

Wie der Genitiv (*das Haus meiner Eltern*, *die Macht des Schicksals*) zwischen Hauptwörtern alle möglichen Verbindungen schafft, haben wir oben gesehen. Wenn er damit überfordert ist, benützen wir ein etwas umständlicheres Mittel, die Präpositionen.

Sie regieren, sagt man, immer einen spezifischen Kasus. Und zwar den Genitiv (der seltenste Fall, Beispiel: *mittels*), Akkusativ (*ohne*) oder Dativ (*mit*); eine kleinere Gruppe wechselt zwischen Akkusativ und Dativ, je nachdem, ob eine Ortsveränderung oder ein Verweilen am genannten Ort gemeint ist (*ins Haus*, *im Haus*). Soweit scheint alles klar.

Aber da beginnen offenbar schon die Schwierigkeiten. Ein noch unscheinbares Exempel:

wirksame Seuchenbekämpfung mittels Futter-Impfstoffe

Warum klingt das seltsam unrichtig? *Mittels* verlangt den Genitiv; der aber ist im artikellosen *Impfstoffe* nicht erkennbar. Einen unsichtbaren Dativ (*Zimmer mit Aussicht*) oder Akkusativ (*Angaben ohne Gewähr*) nehmen wir anstandslos hin. Ein unsichtbarer Genitiv jedoch läßt uns anscheinend unbefriedigt. Etwas geht uns ab, wie schon einmal bei der *Dummheit Münchner Behörden*. Es fehlt irgendein Zeichen, daß hier tatsächlich ein Genitiv steht. In unserm Beispiel, so wie es vorliegt, ist das aber beim besten Willen nicht zu schaffen. Was tun, um Leserfrust zu vermeiden? Der gangbare Ausweg ist, statt des Genitivs einen Dativ zu setzen: *mittels Impfstoffen*. Das ist zwar grammatisch falsch, aber straffrei, weil es das reibungslose Verständnis sichert.

Wir halten uns nicht lang mit dem alten Streit auf, ob *trotz, statt* und *wegen* mit dem Dativ benützt werden dürfen. Mündlich hat er sich weithin durchgesetzt (oder sagt etwa jemand bei einem unnützen Nacht-Anruf: »Wegen dieses Mistes rufst du mich jetzt an?«). Im Geschriebenen muß man ihm aus Gründen der Ästhetik noch hinhaltenden Widerstand entgegensetzen. In jedem Fall aber sollte man sich entscheiden und nicht wackeln wie hier:

> statt eines ständigen Gefeilsches und unsinnigen Diskussionen über den »Solidarpakt«

wo erst ein ordentlicher Genitiv (*Gefeilsches*) und dahinter plötzlich ein Dativ (*unsinnigen Diskussionen*) kommt. Ähnlich im folgenden Beispiel, dessen Autor unterwegs vergessen hat, welchen Kasus *entlang* fordert:

> Jahrzehntelang blockierte sich die UN entlang den Fronten des Kalten Krieges. Heute, allen Hoffnungen zum Trotz, blockiert sie sich entlang neuer Konfliktlinien.

Ganz unbestritten ist hier nur der Dativ richtig, der Genitiv aber, so hübsch er klingt, falsch. Das ist Unaufmerksamkeit und Schlamperei.

Streng sollte man auch dann bleiben, wenn zwei Präpositionen, die verschiedene Kasus verlangen, vor demselben Substantiv stehen. Welchen Kasus soll das Substantiv denn nun annehmen? Mancher bricht das Problem kurzerhand übers Knie:

> Ich habe das Ergebnis in und außerhalb des Ausschusses bereits zusammengefaßt.

In... des Ausschusses? Doch wohl nicht. Wir könnten dem Autor vielleicht raten, sich durch die Auslagerung der zweiten Präposition zu behelfen: *im Ausschuß und außerhalb.* Aber Kombinationen aus so ungleichen Partnern sind besser zu vermeiden. Damit verbietet sich auch oft die Zusammenstellung *mit und ohne,* wie brauchbar sie uns immer scheinen mag; erlaubt ist das nur, wenn weder Dativ noch Akkusativ sichtbar sind (also *mit und ohne Katalysator*).

Jetzt noch eine komische Altertümelei und eine unbegreifliche Genitiv-Manie.

Die veraltet geglaubte Präposition *ob* genießt zur Zeit neues Ansehen. Gelegentlich als ironische Genre-Malerei, was ja noch angeht:

> Der ob dieser lapidaren Antwort empörte Graf mußte sich vom Bundesfinanzminister korrigieren lassen.

Anders aber in diesen durchaus ernst gemeinten Beispielen:

> Viele rufen Bravo ob dieses honorigen Verhaltens.

> Ob des hohen Preises kamen mir Zweifel.

Wenn so aufwendig genitiv-korrekt gegen alle Sprachüblichkeit verstoßen wird (es stünden ja die leichteren *zu* und *bei* zur Verfügung), muß ein guter Grund vorliegen. Es ist wohl das Bemühen, sich aus dem öden Alltagsblabla durch besondere Feinheit herauszuheben. Die alleinige Verwendung des obsoleten *ob* schafft das allerdings nicht immer. Im Beispiel mit dem Grafen gerade noch, die beiden anderen aber stürzen fast ins Drollige ab.

Die gleiche Suche nach Besonderheit liegt sicher auch der gegenwärtig grassierenden Unsitte zugrunde, möglichst oft, egal, ob falsch oder richtig, einen hochgestochenen Genitiv zu setzen. Es stimmt ja: Ein vollendeter Ausdruck wie

> dank glücklicher Umstände und nicht etwa eigenen Verdienstes

verrät einen denkenden Menschen, der sich Mühe gibt, wenn er schreibt. Aber das darf nicht dazu führen, daß nun jeder immer und überall den vornehmen Genitiv wie ein Transparent vor sich herträgt. Man sehe sich einmal das an:

> Das Thema wird kontrovers pro und contra einer bewaffneten Intervention abgehandelt.

Da war dem Leserbriefschreiber der nötige Akkusativ wohl zu wenig intellektuell. Oder dieses Beispiel, die Wiederbelebung einer geradezu mittelalterlichen Präposition:

> getreu des schönen Lehrsatzes der Madame de Staël,

untauglich mit dem feinen, aber regelwidrigen Genitiv statt des richtigen und wärmeren Dativs. Die Sprachglosse einer Wochenzeitung brachte noch ganz andere Fehler bei: *samt ihres Anhangs, ent-*

gegen aller Vorurteile, aller Mühen zum Trotz. Berührungsängste vor dem Dativ? Vermutlich abermals das Bestreben, den Genitiv, in der Umgangssprache angeblich am Aussterben, nun erst recht hochzuhalten, preziöses Statussymbol einer sprachlichen Elite. Es ist halt nur falsch.

Der wichtige Rest

Noch drei Wortarten bleiben uns zu besprechen: Zahlwörter, Interjektionen und Partikeln. In den älteren Stillehren genießen sie kaum Beachtung, so als wären sie völlig unproblematisch. Sie sind es nicht immer.

In Abhandlungen, die sich etwa mit Wirtschaftsthemen befassen, hat sich das *in* vor einer Jahreszahl wohl durchgesetzt, auch wenn es manchem noch unangenehm aufstößt:

> rund 148 v.H. Verlustzuschreibung auf die 30prozentige Einzahlung in 1994

Der Satz sieht schon durch seine Zahlenanhäufung nicht sehr schön aus. Man wird jedoch mit dem Typ leben müssen.

Auch ohne bösartiges Suchen finden sich zu oft Verstöße gegen zwei alte und trotzdem gute Grundsätze. Der eine bestimmt, daß Maßangaben nach Zahlen in einem Lesetext auszuschreiben sind, also nicht *km²*, sondern *Quadratkilometer*, auch keine Abkürzung wie oben *v.H.* (oder gar das Symbol %, das nur in reinen Zahlenfriedhöfen seinen Platz hat), sondern sauber *Prozent*. Das ist zwar buchstabenhaltiger, dafür aber ein freundlicher Umgang mit dem Leser. Er befindet sich ja in einem Text und nicht in einer mathematischen Formel. Der andere Grundsatz legt fest, daß alle Zahlen bis zwölf ebenfalls in Worten wiederzugeben sind. Sie lesen sich einfach angenehmer. Ein Beispiel wie dieses sieht also eher abschreckend aus:

> Seit Herbst sind die Aufträge 2stellig rückläufig.

Ebenso sind natürlich solche Nullenketten wie *hundert, tausend* oder *Million* auszuschreiben, erst recht Begriffe wie *Zweidrittel*-Gesellschaft. Es gibt tatsächlich Menschen, die so etwas hinzuschreiben wagen:

Sind wir auf dem Weg von einer 2/3- zu einer 1/2- oder gar 1/4-Gesellschaft?

Bei aller Zahlenfreudigkeit der Moderne: Das ist kein witziger Einfall mehr, sondern eine Zumutung.

Nicht ganz so schlimm ist die Einbeziehung von Ordinalzahlen wie *erstens* (*1.*) in den Satz:

Er versucht 1., »Gefühle auszustülpen.«

1. war dieser Fenstertyp nie beliebt. 2. Beim Ausbau der Fenster kam es zu Pannen.

Das liest sich zwar wie lebhaft gesprochene Sprache. Es nimmt aber, oberes Beispiel, den Ordinalzahlen ihren optischen Gliederungscharakter. Und es wird, unteres Beispiel, ohnehin oft nicht durchgehalten, was ja auch ziemlich maniriert aussähe.

Ein letzter Zahlen-Fall gehört scheinbar nur in die Gruppe der Zweifelsfälle, ist aber eine kurze Betrachtung wert. Frage: Hat nach Ausdrücken wie *eine Menge, eine Reihe (von)* das Verb im Singular oder im Plural zu stehen? Ist also der folgende Schriftstellersatz richtig

Dafür ließen sich eine ganze Reihe von Gründen angeben,

oder müßte es *ließe* heißen? Antwort: Es kommt darauf an. Soll die Aufmerksamkeit auf die nicht weiter erklärte Masse der Gründe gelenkt werden, dann ist *Reihe* hervorgehoben und der Singular richtig. Soll der Leser aber auf die im weiteren wahrscheinlich ausgeführte Vielfalt der Gründe hingewiesen werden, ist der Plural *Gründe* ausschlaggebend. Die Frage ist also nicht allein durch den Inhalt des Satzes zu entscheiden, sondern in erster Linie durch die Absicht des Autors. Er muß wissen, was er will.

Nun kurz zu den Interjektionen. Mit bürokratischer Engherzigkeit wird man sie aus einem Sachtext verbannen, aber manchmal erübrigen sie umständlichere Darlegungen. Ob man allerdings so weit gehen darf wie hier

Die Autobahngebühr für polnische Fahrer würde – hi-hi! – manches Bauprojekt in unserem Lande finanzieren helfen, scheint fraglich. Dieses *hihi* scheint wegen seiner spitzen Lache sozusagen nicht recht textfähig. Anders sieht es schon damit aus:

> Da wurde schnell eine Wagenburg um ihn gebaut, und aus war's mit dem Rücktritt, ha, ha, ha,

obwohl auch ein nur zweimaliges *ha* dem Satz besser getan hätte. Vollends unangreifbar kommt uns das anheimstellende *na ja* vor, das sich recht gut in den Satz einfügt:

> Ist das Gerechtigkeit? Na ja, so bleiben dem Steuerzahler wenigstens die Prozeßkosten erspart.

> Diese Information in einer rechtsextremen Zeitung zu lesen – na ja, aber doch nicht in Ihrem Blatt.

Ebensogut machen sich ein reserviert nachdenkliches *tja*, ein ironisches oder emphatisches *o nein!*, ein behutsam plaziertes *Gemach!* in einer sonst sachlicheren Darlegung. Allerdings ist hier noch dringender als anderswo vor allzu freigebiger Häufung zu warnen, wenn der Text nicht ins Undisziplinierte abrutschen soll.

Zu guter Letzt noch eine Anmerkung zu den Partikeln. Das sind jene unscheinbaren Wörter, mit denen wir dem Satz eine bestimmte Färbung geben. Besonders die mündliche Rede ist damit reich gesprenkelt. Probleme ergeben sich kaum, ausgenommen durch unbeholfene Stellung im Satz. So sind wir es gewohnt, das bekräftigende *denn* möglichst weit vorne in der Frage zu lesen. Das heißt, hier kommt es etwas zu spät:

> Sind solche Meinungsunterschiede, so fragt man sich, denn rational zu begründen?

Es stünde wohl besser gleich nach *Sind*. Aber solche Patzer sind selten. Ebenso rar sind die Fälle, in denen eine Partikel nicht den ganzen Satz, sondern nur einen Satzteil einfärbt, ja nur das Attribut eines Satzteils wie hier:

> In der Darstellung vermisse ich einen doch wichtigen Hinweis.

Das ist zwar ein wenig aufhaltsam für das Leseverständnis, aber grundsätzlich in Ordnung.

Abschließend noch der Hinweis, daß manche Partikeln viel zu selten in Geschriebenem benützt werden, vielleicht aus der Scheu des Autors, sich zu wenig vom Mündlichen abzuheben. So kann man lange suchen, bis man einmal ein resigniertes *halt* findet, ein einschränkendes *bloß* oder ein verwundert fragendes *nur*. Eigentlich schade, denn damit versagt der Autor seinem Text gute kommunikative Frische.

Mit diesen Bemerkungen sind wir am Ende des Abschnitts über die Wörter, das Rohmaterial der Sprache. Der nächste bringt uns schon die Konstruktionspläne für den Zusammenbau im Satz.

Ergebnisse

Personalpronomen weisen in der Regel auf einen vorhergehenden Satzteil hin, ausnahmsweise auch einmal auf einen, der erst später kommt. Schwer verständlich werden sie, wenn sie sich nur auf ein Element eines Satzteils beziehen, etwa ein Attribut. – »*Die* und *der* steht im Kuhstall«, wurden die Kinder der vorigen Generation noch ermahnt. Heute stehen die zwei leider nicht mehr dort, sondern ohne Informationsgewinn für die Pronomen *sie* und *er*. Noch häufiger wird der unsinnige Ersatz mit dem Demonstrativpronomen *diese* konstruiert. Beides ist unschön und leicht vermeidbar. – Vor unseren Augen verschwindet ein braves Possessivpronomen, das immer mehr – wiederum ohne Not – durch *dessen* und *deren* ersetzt wird. – Als nach vorne verweisende Wörter sollte man neben dem gewöhnlichen *derjenige* ruhig öfter das schöne *jener* einsetzen. – Bei einigen Präpositionen besteht eine merkwürdige Unsicherheit, welchen Kasus sie verlangen. Der Ausweg, im gleichen Satz mal den einen, mal den anderen zu verwenden, verbietet sich allerdings von selbst. – Die Annahme, der Genitiv bei einer Dativ- oder Akkusativpräposition sei besonders edel, ist irrwitzig, aber verbreitet. – Kleine Zahlen, erst recht Bruchzahlen, schreibt man freundlicherweise in Worten. – Ordinalzahlen gehören nicht in die Satzmitte, wenn sie ihre Gliederungsaufgabe optisch wahrnehmbar erfüllen sollen. – Ausrufe, in Maßen eingestreut, können einen Text erfreulich beleben. – Einige Partikeln, die der mündlichen Rede recht geläufig sind, würden manchem zu trockenen Text ebenfalls guttun.

Einzelteile

Keimzellen

Sinnvoll können wir eigentlich nur dann über den Satz sprechen, wenn wir auch den ihn umgebenden Text haben, den Kontext. Oft brauchen wir sogar noch mehr, um ihn zu verstehen, seinen Ort in Raum und Zeit, das Warum und Wozu. Trotzdem müssen wir es hier zunächst ohne all dies versuchen. Denn erst aus einzelnen Sätzen entstehen Text und Kontext.

So können wir etwa ein scheinbar äußerliches Detail wie die Satzlänge betrachten. Viel, sehr viel Tinte ist schon darüber geflossen, und so gut wie immer haben die Stilisten Knappheit und Kürze verlangt. Die Forderung ist heute ziemlich überflüssig, unsere Sätze sind von selbst kürzer geworden. Fast hat es den Anschein, als wäre die uns mögliche Aufmerksamkeitsspanne auf wenige Sekunden, das heißt maximal zehn Wörter geschrumpft. Langer, kurzer, einfacher, komplexer Satz – guter Rat ist hier nicht teuer, sondern unmöglich.

Die Satzlehre heißt im Fachjargon Syntax. Die ursprüngliche Bedeutung des Wortes ist »Schlachtordnung.« Um bei dem kriegerischen Bild zu bleiben: Sätze werden aufgestellt, um Wirkung zu erzielen; je nach Gelände kommen sie massig wie eine römische Kohorte daher, beweglich wie die leichte Kavallerie oder auch als flinke Einzelkämpfer. Jede Satzform hat also ihre eigenen Vorzüge. Und ihre Nachteile. Beide werden wir uns jetzt vornehmen.

»Mann beißt Hund«

Das ist zweifellos ein ziemlich kurzer Satz (und, sagen die Zeitungsleute, eine Nachricht, anders als »Hund beißt Mann«). Die Konstruktion ist vollkommen durchsichtig: Die Rede ist von einer Aktivität; diese Aufgabe übernimmt das Verb als Prädikat des Satzes. Was davor kommt, verstehen wir als den Träger der Aktivität, syntaktisch gesehen: das Subjekt. Und das Wort hinter dem Prädikat ist der, den es trifft, fachlicher: das Objekt. Alle drei, Subjekt, Prädikat und Objekt, sind jeweils nur mit einem Wort vertreten. Es gibt einen ganzen Roman, der in ähnlich einfachen Sätzen geschrieben wurde, die altägyptische Bestsellergeschichte »Sinuhe.« Das liest sich so:

> Früh brach ich auf. Es wurde Tag. Ich traf einen Mann. Er begrüßte mich achtungsvoll. Er fürchtete sich.

Und so weiter. Uns Heutigen klingt es eintönig, lapidar. Aber auch wir verwenden so kurze, prägnante Sätze dann, wenn wir zupackend formulieren. Wie in diesem Beispiel, wo zuvor die Reaktion auf Ausländer kritisiert, dann so zusammengefaßt wird:

> Wir sind empört und pauschalisieren.

Der Satz enthält nur ein Subjekt und zwei Prädikate. Gerade wenn er in einer Umgebung längerer, nachdenklicherer Sätze steht, kann er sein Ziel, die harte Anklage, kaum verfehlen. Schon gemindert ist solche Wirkung, wenn mehrere Kurzsätze hintereinanderstehen. Im folgenden Leserbrief wird ein Bericht über Homöopathie und Schulmedizin angegriffen, und zwar so:

> Er zeigt nichts Neues. Er mauert den Streit fest. Das enttäuscht!

Der Mangel an Wirkung liegt vielleicht auch an den Prädikaten der beiden ersten Sätze, dem kraftlosen *zeigt* und dem nicht recht vorstellbaren *mauert... fest*, auf jeden Fall aber an der Monotonie der Satzlängen. Bei diesem Verfahren müßte schon in jedem Satz eine frische, atemberaubende Information geliefert werden, ähnlich dem vielzitierten »Ich kam, sah und siegte« Caesars, das im Original »Veni, vidi, vici« unübertrefflich kompakt klingt. Selbst wenn die Sätze nicht mehr ganz so kurz ausfallen, aber immer noch sehr einfach, können sie beim Leser Unbehagen auslösen. Zum Beispiel der kuriose Beginn eines ansonsten sehr gescheiten Zeitungsartikels:

> Patriotismus ist ein Begriff der vornationalistischen Epoche der europäischen Geschichte. Viel verwandt wurde er

im 18. Jahrhundert. Justus Möser nannte sich einen »Patrioten.« Sein Patriotismus bezog sich auf Osnabrück.

Das gehorcht zwar allen Forderungen nach Verständlichkeit. Und doch wird man empfinden, daß so fortwährende Knappheit zu weit geht. Der Inhalt des Artikels verlangt eigentlich etwas mehr Tiefgang, auch syntaktisch. Und noch etwas: Die Unwilligkeit des Lesers kommt aus dem Gefühl, von diesen Einfachsätzen unterfordert, gar für dumm gehalten zu werden. Etwas mehr Mitdenken, Mitverstehen hätte ihm der Verfasser schon zutrauen dürfen.

Noch verkürzter treten Sätze selten auf, sie haben dann meist eine besondere Wirkungsabsicht. Hier ist es eine gewisse Komik im Umgang mit moderner Unterhaltungstechnik:

> Die Frage ist nur: Hat der Fernseher »eine Euro-AV-Eingangsbuchse«? Er hat.

Da fehlt, wären wir pedantisch, das Objekt. Gelegentlich kann auch das Subjekt wegfallen, wenn der Text besonders emphatisch wird und sich der gesprochenen Rede nähert:

> Sieht nicht aus wie ein durchtrainierter Sportler-Fisch! Ist eben kein Lachs!

Das Extrem ist schließlich der Ein-Wort-Satz. Er wird von Laienschreibern seltsamerweise gemieden und kommt, außer in der Werbung, fast nur im Feuilleton vor, nicht immer nur effekthascherisch. Im folgenden Beispiel scheint er uns durchaus hinnehmbar. Es steckt ein klarer Stilwille dahinter: Die Sätze in dieser Filmkritik werden immer kürzer, gipfeln im Ein-Wort-Satz und nehmen erst danach wieder ein gewohnteres Aussehen an:

> Da stemmt sich »der junge Mr. Lincoln« den Erregten entgegen. Mit nichts als einem frommen Spruch, mit nichts als seiner Stimme. Der große Mr. Lincoln. Propaganda. Und natürlich endet der Film mit Glory, Glory, Halleluja.

Das ist geglückte Einheit von Inhalt und Form: Jenes *Propaganda* steht da wie ein Plakat, die Aussage passend aufs reine Schlagwort verknappt.

So gesehen, könnten wir ruhig den alten Rat, kürzere Sätze zu schreiben, neu aufgreifen: Warum nicht ab und zu, wenn die besondere Wirkung es erlaubt und fordert, auch mal einen Kürzest-Satz wagen, ohne Objekt oder ohne Prädikat, mit nichts anderem als dem reinen Subjekt? Nur bitte mit Maß und Überlegung.

Das Harmonie-Prinzip

Beim Verb haben wir das Prädikat als nahezu allmächtigen Satz-Regisseur beschrieben. Das war, müssen wir zugeben, übertrieben. Es ist nämlich einem wenigstens bis jetzt streng eingehaltenen Gesetz unterworfen, und zwar der Harmonie zwischen Subjekt und Prädikat. Genauer gesagt, das Prädikat muß mit dem Subjekt in Person und Zahl übereinstimmen. Die Regel verschafft uns einen nicht zu unterschätzenden Vorteil: Sie hilft uns nämlich, auch einen in sich verschlungenen Satz noch zu verstehen. Wir wissen dadurch, was wohin gehört. Damit hat es beim Sprechen auch keine Schwierigkeit. Niemand sagt so falsches Zeug wie *Ich geht* oder *Die Blätter fällt*. Das kommt nur beim Schreiben vor, dort aber ganz unglaublich oft, und nicht nur in Sätzen, die dem zu ehrgeizigen Autor unübersichtlich geraten sind.

Die Übereinstimmung (Kongruenz) der grammatischen Person mit dem Prädikat (also *Ich schreibe*, *du schreibst*) ist immer dann mangelhaft, wenn jemand mitten im Satz ein zweites Subjekt, und zwar eine »unpassende« Person, hinzufügt. Wonach soll sich das Prädikat denn nun richten? Was tun, wenn zum Beispiel mit der 1. Person (*ich*) begonnen wird und eine grammatisch 3. Person sich plötzlich anschließt?

> Dagegen verwahre ich mich ganz energisch und sicher auch ein Großteil der übrigen Teilnehmer.

Hier fehlt ja nicht nur das richtige Prädikat *verwahrt* zu *Großteil*, sondern auch noch das dazugehörige Pronomen *sich*. Eine derartige Koppelung von Subjekten verschiedener »Personen« bringt also notwendig eine ungute Wortwiederholung oder aber einen defekten Satz hervor. Auch der Trick, die unpassende Zusatz-Person in einem Einschub zwischen Gedankenstrichen zu verstecken, ist keine Glanzleistung:

Jeder Kommunalbeamte – auch ich – akzeptiert mit der Annahme seiner Wahl ein Risiko.

Hier kommt das *ich* sogar unmittelbar vor *akzeptiert* zu stehen, und das liest sich nun wirklich nicht mehr wie flüssiges Deutsch. Solchen Personen-Mix sollten wir also lieber meiden.

Eindeutig falsch, wenn auch erst auf den zweiten Blick, ist außerdem so etwas:

Das Ministerium gab es früher nicht, sondern wurde vom Parteivorsitzenden neu geschaffen.

Angenommen, statt *Ministerium* hieße es etwa *Arbeitsplatz*, wäre der Fehler offenkundig. So aber wird das Akkusativobjekt des ersten Satzes umstandslos zum Subjekt des zweiten umgedeutet. Das ist strikt nicht erlaubt. Auch hier fehlt die Kongruenz zwischen Subjekt und Prädikat, die wir zum Satzverständnis nun einmal brauchen. Die beiden müssen also nicht nur in der »Person« übereinstimmen, sondern das Subjekt muß überdies immer im Nominativ stehen. Sonst ist es eben keins, sondern ein Objekt.

Die dritte Kongruenz-Regel fordert die Übereinstimmung im Singular oder Plural. Da kommt leider allerhand Wildwuchs auf. Man muß schon froh sein, einen so ausformulierten Satz wie diesen zu finden:

Sind die Umweltschützer und ist die SPD wirklich so ideologisch festgelegt?

Dabei wäre er auch ohne das *ist* noch korrekt. *Die Umweltschützer und die SPD* dürfte nämlich ebensogut als einfaches Plural-Subjekt dastehen, und das alleinige *Sind* hätte gut dazu gepaßt. Aber da wollte einer ganz sauber bleiben oder zwei getrennte Subjekte darstellen, eines im Plural und eines im Singular.

In welche Bredouille man mit der Frage »Einzahl oder Mehrzahl?« kommen kann, zeigt das nächste Beispiel. Es beginnt scheinbar mit einem Subjekt im Singular, geht dann aber mit einem Plural-Prädikat weiter:

Ziel dieser Bekehrungsfeldzüge sind die russisch-orthodoxen Gemeinden.

Das klingt unschön. Das Subjekt des Satzes ist nämlich nicht, obwohl es so aussieht, das Eingangswort *Ziel*, sondern *die Gemein-*

den. Erfreulicherweise tritt dieses Problem aber nur mit Verben wie *sein, bleiben, scheinen* und ähnlichen auf. Solche Inkongruenzen sind grammatisch korrekt, stilistisch aber sehr unschön.

Die klareren Abweichungen von der Kongruenz der grammatischen Zahl können, logisch, in zwei Arten auftreten: Ein Plural-Subjekt nimmt sich ein Singular-Prädikat oder umgekehrt. Wir haben zwei lehrreiche Beispiele für den ersten, den selteneren Fall:

> Sinn und Zweck von Subventionismus und Korruption
> sind es, das Leistungsprinzip außer Kraft zu setzen.

Hier verstehen wir ganz natürlich *Sinn und Zweck* so sehr als Einheit, also als Singular, daß die Pluralform *sind* auch grammatisch als unrichtig gilt. Noch krummer ist folgendes:

> Unverbildetes Kultur- und Geschichtsbewußtsein gebie-
> ten...

Alles in diesem Ausdruck weist auf einen Singular hin, sowohl das Attribut *Unverbildetes* wie auch das Subjekt *-bewußtsein.* Trotzdem folgt ein Prädikat im Plural. Allenfalls hätten wir das ohne das Attribut hingenommen und dann einerseits *Kulturbewußtsein,* andererseits *Geschichtsbewußtsein* als zwei verschiedene Dinge aufgefaßt. Aber so wie es dasteht, ist das Subjekt, allem Anschein zum Trotz, wieder eine Einheit, also ein Singular.

Wohl unter dem Einfluß des Englischen treffen wir manchmal auf den sogenannten Inhaltsplural, einen im Deutschen noch ungewöhnlichen Sonderfall: Das Wort ist zwar grammatisch Einzahl, bedeutet aber eine Mehrzahl, wie hier zum Beispiel:

> Greenpeace, die dort eigene Recherchen anstellten, ...

Es kann demnach, ohne daß uns das falsch vorkommt, ein Prädikat im Plural annehmen.

Der andere Fall, daß ein Plural-Subjekt mit einem falschen Singular-Prädikat zusammengeht, ist überraschenderweise viel häufiger. Offenbar geht dem Schreibenden unterwegs die Erinnerung daran verloren, daß er eingangs mehrere Satz-Gegenstände genannt hat. Etwa so:

> Ehe und Partnerschaft führt in 90 Prozent der Fälle
> dazu,...

Die Heuchelei und das Wegschauen macht alles so schwierig.

Das sind zwar jedesmal ähnliche oder verwandte Inhalte, aber sie fügen sich beileibe nicht zu einer singularfähigen Einheit wie *Sinn und Zweck*. Nur noch Schlamperei steckt anscheinend hinter zahlreichen Beispielen wie diesen:

Schließlich wird die Sicherheit, Fahrtüchtigkeit und Zuverlässigkeit sozusagen am lebenden Objekt geprüft.

Der Tod und ein Leben nach dem Tod wird aus dem Bewußtsein verdrängt.

Endgültig unzumutbar dieser Leserbriefsatz, in dem das zweite Prädikat, ein Plural-*müssen* einfach fehlt:

Aufklärungsarbeit muß geleistet und Werbekampagnen gestartet werden.

Das sind krasse Verstöße gegen unser grammatisches Harmoniebedürfnis. Anders liegt der Fall nur dann, wenn der Autor uns Wiederholungen ersparen will. Er kann etwa eine ganze Satzreihe konstruieren und uns den immergleichen Teil der Prädikate nur einmal bringen, am Schluß:

Wenn Leistung bestraft und Tricksen belohnt und Sozialneid geschürt wird, …

Ein Papst, ein Kaiser, ein Diktator hat's leicht.

In diesen Fällen wären zwar auch *werden* bzw. *haben* höchst korrekt, es käme dann aber ein einziger Satz heraus, nicht die geplante Reihe. Die einzelnen Satzsubjekte verschwänden gewissermaßen im Einheitsbrei des Plurals. Ähnliches hatte wohl auch der Verfasser des nächsten Satzes im Sinn:

Jeder Krieg und jeder Bürgerkrieg zeigt es aufs neue.

Er wollte ganz deutlich die beiden Subjekte als je eigene betonen, nicht sie zu einer Plural-Aussage zusammenfassen. Folgerichtig steht auch das Prädikat trotz des doppelten Subjekts im Singular.

Mit solchen Bewertungen betreten wir den schmalen Grat zwischen Grammatik und Stilistik, Notwendigkeit und Freiheit. Die bange Frage, wann die Abweichung von der Harmonie-Regel erlaubt sei, beantworten wir hier so: Es muß ein guter Grund vorliegen. Nicht nur ein vages Gefühl, sondern eine schlüssig darlegbare und vor allem wiedererkennbare Ausdrucksabsicht.

Accessoires vorne...

Bis jetzt hatten wir es mit relativ einfachen Sätzen zu tun, mit Subjekt, Prädikat und Objekt. Das ist, selten berechtigt, manchem zu blaß und schmucklos. Dann greift der Schreibende nach reichlich Zierat und behängt damit die Satzteile, bis sie darunter zusammenbrechen. Vom Artikel bis zum dazugehörigen Substantiv vergeht dann oft eine so lange, wortreiche Wartezeit, daß der Leser die Geduld verliert.

Es gab einmal die gute Unterscheidung zwischen tatsächlich unterscheidenden und nur schmückenden Adjektiven. Die einen sind notwendig, die anderen nicht. Heute wird der Unterschied gern übersehen, nur ausnahmsweise einmal nicht, wie in diesem Leserbrief, der ihn sogar thematisiert:

> die slawischen Tschechen (gibt es auch nichtslawische Tschechen?)

In der Tat: Die Kontrollfrage ist angebracht – und nicht nur hier. Im Beispiel haben wir ein nur »schmückendes« Adjektiv vor uns; es könnte fehlen, und der Sinn des Ausdrucks wäre der gleiche. Es ist unnötig, ja es schmückt nicht einmal. Nötig dagegen ist das Adjektivattribut im folgenden Satz:

> Erliegen die begnadeten Spätgeborenen noch der NS-Propaganda?

Es gibt dem berühmtgewordenen Kanzlerspruch geschickt eine kompakte Fassung. Würde es fehlen, ergäbe sich ein anderer, ungenauerer Sinn.

Mancher Autor gibt nun vor, eigentlich gar kein Attribut zu verwenden. Der Trick ist, es in Klammern zu setzen.

Es gibt sicher Fälle, in denen dieses Verfahren nicht sehr störend wirkt. Dazu gehört auch noch so etwas:

> Wir haben ihm den (wohlverdienten!) Prozeß erlassen.

Das versteckte, aber mit einem Ausrufezeichen versehene Attribut will offenbar ernst genommen werden; es wirft einen kurzen Blick auf einen anderen Sachverhalt, einen ziemlich komplexen sogar (ausformuliert: *Bekanntlich und tatsächlich hätte er den Prozeß ja mehr als verdient!*). Der Autor zeigt uns damit, daß er diesen Hintergrund bei seiner Aussage durchaus im Kopf hat. Nur möchte er nicht jetzt, nicht an dieser Stelle darauf eingehen. So, als knappe Andeutung auf den größeren Zusammenhang, nehmen wir das eingeklammerte Attribut gern hin.

Schwieriger wird es schon, wenn das Klammer-Attribut mit einem Fragezeichen versehen ist:

> angesichts der Vielzahl an (wichtigeren?) Problemen
> die drohenden (schon eintretenden?) Klimaveränderungen

Das Fragezeichen hängt ein wenig unsinnig in der Luft, da eine Antwort nicht erfolgt, ja nicht erfolgen kann in der Enge des Klammerausdrucks. Er ist nicht mehr, wie oben, ein nicht weiter störender Hinweis, sondern reißt erst einen ganz neuen Horizont auf und läßt ihn dann links liegen. Den Verfassern ist klar, daß das Attribut unnötig, gar sachfremd ist und den Lesefluß aufhält. Aber sie wollen nicht ganz darauf verzichten, umhüllen daher die Zutat schamhaft mit einer Klammer. Trotzdem gilt ihnen unser Vorwurf, den Ausdruck damit zu überladen. Es muß nicht alles, was einem Schreiber zum Thema noch eingefallen ist, in einen einzigen Ausdruck gepreßt werden.

Endgültig überschritten wird das zulässige Gesamtgewicht eines Satzes aber durch die Häufung von Adjektiven vor dem Substantiv. Mancher kann gar nicht mehr aufhören damit:

> die inzwischen entdeckten und entwickelten wesentlichen neuen technischen, chemischen und kommunikativen Möglichkeiten

Schaurig! Aber nur etwas harmloser ist dieses Beispiel:

> die zu errichtenden notwendigen Stützkraftstufen

Es macht den Fehler, dasselbe zweimal zu sagen. Eins der beiden sinngleichen Attribute, entweder *zu errichtenden* oder aber *notwendigen*, hätte vollauf genügt.

Die nächste Anhäufung zweier Adjektive bringt uns zu der weiterführenden Frage, ob für die Attribute eine bestimmte Reihenfolge vorgeschrieben ist. Das Beispiel lautet

die irakischen massenhaften Grenzverletzungen

und klingt erkennbar falsch. Die Adjektive müßten aber nur ihre Plätze tauschen, und alles wäre grammatisch in Ordnung. Gibt es dafür eine Regel? Ja[1]; sie sieht allerdings kompliziert aus. Theoretisch sind nämlich fünf verschiedene Adjektiv-Stellen möglich. Ganz vorne, also nahe dem Artikel, stehen die quantifizierenden Adjektive (etwa *alle*, *viele*, *mehrere*). An zweiter Stelle kommen zeitlich oder räumlich »situierende« Adjektive wie *gestrig* oder *hiesig*. Danach folgen sogenannte »evaluierende« Adjektive, die eine subjektive Beurteilung des Substantivinhalts ausdrücken, sei es ein Qualitätsurteil (*brauchbar*), eine moralische (*edel*) oder auch ästhetische Bewertung (*schön*). An vierter Stelle, also schon näher dem Substantiv, stehen diejenigen Adjektive, die den Inhalt nach Form oder Stoff näher charakterisieren (zum Beispiel *groß*, *hölzern*). Dem Substantiv am nächsten kommen schließlich an fünfter Stelle »klassifizierende« Adjektive. Sie geben an, zu welcher Klasse von Gegenständen der Inhalt gehört (also etwa *englisch*, *staatlich*, *chemisch*). Natürlich sind fast nie alle fünf Stellen gleichzeitig besetzt. Das ändert aber nichts an der Vorschrift der Abfolge.

Jetzt können wir das letzte Beispiel nicht nur gefühlsmäßig, sondern genauer beschreiben. Wir haben ein quantifizierendes Adjektiv (*massenhaft*), das an die erste Stelle gehört, und ein klassifizierendes (*irakisch*), das auf die fünfte Stelle muß. Die Stellen 2, 3 und 4 bleiben dabei leer. Zur Demonstration noch eine richtig gebildete Attributkette:

die gegenwärtige schwierige politische und wirtschaftliche Lage

Besetzt sind hier die Stellen Situierung (*gegenwärtig*) und Bewertung (*schwierig*) sowie Klassifizierung, diese sogar mit zwei durch *und* verbundenen Adjektiven. Die Stellen 1 und 4 sind unbesetzt.

So erklärt es sich auch, daß mehrere Adjektivattribute mal mit Kommata voneinander getrennt sind und mal nicht. Die Lösung ist

---

1 Sie steht ausführlicher bei Harald Weinrich, Textgrammatik, Mannheim/Leipzig/Wien/Zürich 1993, Seite 526.

einfach: Gehören die Attribute verschiedenen Stellen an, so stehen sie ohne Kommata nebeneinander; gehören sie zur gleichen Stelle, werden Kommata dazwischengesetzt (oder, wie gerade eben, ein *und*). Deshalb ist auch das folgende Beispiel zwar bombastisch, aber wenigstens richtig:

selbstsüchtige, autoritätsgläubige, engstirnige Egozentriker

Hier ist lediglich die Stelle 3 (subjektive Bewertung) belegt, aber gleich mit drei Adjektiven. In diesem Fall steht das zweimalige Komma also höchst korrekt.

Soweit die Regel. Daß sie nicht nur trockener Lehrstoff, sondern, mit Geschick gehandhabt, sogar für Stilexperimente geeignet ist, soll ein Beispiel zeigen. Es enthält zwei Attribute, und zwar eins der Stelle 1 (*ganz*, quantifizierend) und eins der Stelle 5 (*deutsch*, klassifizierend). Streng nach der Regel dürfte also kein Komma dazwischen stehen. Aber der Satz kommt uns so:

Von heute an soll die Zeitung im ganzen, deutschen Vaterland zu haben sein.

Was geschieht hier? Es tritt eine Art Verwirrungseffekt ein, sicher beabsichtigt. Durch das Komma sieht es so aus, als gehörten die Attribute der gleichen Stelle an, obwohl das bei diesen beiden eigentlich unzulässig ist. Der Autor führt uns damit auf unmarkiertes Gelände, in dem er alle Grenzen der Adjektivstellen verwischt hat. Wenn die beiden offenkundig nur eine Stelle besetzen, welche ist es dann? Sollen die Adjektive zusammen uns nur die Größenordnung angeben, wofür das *ganz* spräche? Oder nur die Klassifizierung, wegen *deutsch*? Oder sind sie vielleicht ganz anders gemeint, als ungewöhnliche Bewertung? Wir können den Satz so oft lesen, wie wir wollen, er gibt uns keine klare Antwort. Und genau diese schwebende Interpretierbarkeit war die Absicht des Autors, eines Profi-Schreibers, zugegeben.

Nun können zu einem Adjektivattribut nicht bloß weitere Adjektive hinzutreten, sondern auch Adverbien und längere Angaben. Auch dieses Mittel wird, oft aufhaltsam und zu Lasten des Verständnisses, herzlich gern gebraucht. Noch durchsichtig ist etwa ein so erweitertes Attribut:

ein wie gewohnt sehr sachlicher und informativer Bericht

aber unschön wird es, wenn nach dem Artikel lange Zeit überhaupt keine Information kommt, der Satz vielmehr über eine Unzahl von Präpositionen stolpert:

nachzulesen in den in nahezu 50000 Exemplaren verbreiteten Katalogen

in dem von ihm unter dem Namen Alexander F. in den zwanziger Jahren gegründeten Verlag

Da ist die Grenze der Zumutbarkeit bereits erreicht. Sicher keine Lust mehr haben wir, Sätze hinzunehmen, die darüber hinaus noch weitere Substantive zur Anreicherung ihres Attributs heranziehen, wie zum Beispiel diesen:

eine Wiedergutmachung des im Gothaer Landesteil des Herzogtums zu DDR-Zeiten verfemten Herzoghauses

Oder was soll man dazu sagen, wenn sich lange, ausführlichste Erläuterungen mit ganzen Nebensätzen dazwischenschieben wie hier:

die – mit viel Selbstbeweihräucherung, aufopfernd für Wiederaufbau und Sparen – angekündigte Nullrunde

die Sanierung der früheren DDR auf einem letztes Endes (wenn auch vorübergehend mit Sündenfällen bepflasterten) marktwirtschaftlichen Weg

ein starkes (und, assoziativ, von vielen als bedrohlich empfundenes – weil »Führerscheinentzug« immer auch generell bedrohlich wirkt) Werturteil

Wieder sehen wir die Klammern oder auch Gedankenstriche, die in letzter Not Übersichtlichkeit schaffen sollen – alles hilflose, untaugliche Mittel. So etwas gehört einfach in mehrere Sätze zerlegt, wenn man es gut meint mit dem Leser. Wir mögen auch ein neueres Verfahren nicht gutheißen, das genauso ungeeignet ist, Ordnung in den Verhau der Attribute zu bringen. Wir meinen den zuweilen beliebten Fehler, zwischen Artikel und Attribut-Einschub ein Komma zu setzen:

diese, mühsam angesparte (Sparen bedeutet immer Verzicht!) künftige Altersversorgung

Das Komma zerreißt endgültig die Klammer, die den Artikel (*diese*) und das Substantiv (*Altersversorgung*) gerade noch zusammenhält. Noch schwerer erträglich ist das scheinbar rettende Satzzeichen, wenn es auftaucht, bevor der Satz noch richtig begonnen hat, wie hier gleich nach einer Präposition:

> mit, auch in der Übersetzung gelungener, ironischer Distanz

Das Komma ist von Natur aus eine kurze Sinn- und Atempause. Sie uns aufzuzwingen, wenn wir gerade im Anfangsschwung des Satzes sind, ist widersinnig. Es mag ja stimmen, daß so etwas wie *Mit auch* kein ordentliches Deutsch ist. Aber das Komma macht es nur noch schlimmer. Abhilfe ist nur zu schaffen, indem man das Attribut rigoros kürzt.

Ganz und gar zu Kleinholz wird ein Satz, wenn hinter dem abgetrennten Attribut und seinem Substantiv plötzlich ein zweites, ebenso falsches Komma steht:

> die Besetzung dieses, in der heutigen Zeit geradezu überlebenswichtigen Ministeriums, mit einer Frau

Hier ist das, was scheinbar so sauber zwischen Satzzeichen untergebracht ist, aus jedem Zusammenhang gerissen; der Rest des Satzes (*die Besetzung dieses mit einer Frau*) ergibt dann auch keinen Sinn mehr. Vielleicht hilft es nichts, aber man muß es sagen: So gequollene Attribute sind eine Überforderung auch des gutwilligen Lesers.

Zum Schluß ein echtes Rekord-Beispiel. Allen Mahnungen zum Trotz führt die Verwaltungssprache immer noch ihre Mammut-Attribute spazieren. Diesen Dinosaurier mit 23 Wörtern zwischen Artikel und Substantiv hat die Pressereferentin eines Innenministeriums auf dem Gewissen:

> die von verschiedenen deutschen Umweltinitiativen im Anschluß an die Tagung der ökologischen Akademie in L. über die Renaturierung von Flüssen und Bächen geäußerte einseitige Kritik.

Unsere beiden Attribut-Kapitel haben ein unschönes Charakteristikum gemeinsam: Sie lesen sich streckenweise nur noch als Jeremiade. Bitter, aber wahr: Diese Klage ist so alt wie die klassische Stillehre. Zwar werden wir noch ganz andere Wucherungen kennenlernen, aber wenn sie bereits am grünen Holze geschehen, also im einfachen Satz, wenn Adjektive wie gierige Kraken immer neue Ergänzungen an sich ziehen – die Folgen sind fürchterlich.

Wir sind noch nicht am Ende angekommen. Die überbordenden Attribute stören nämlich nicht nur, wie gesehen, vor dem Substantiv, sondern auch noch dahinter. Zwar wissen wir damit wenigstens, zu welchem Wort sie gehören sollen. Nur haben wir, während wir die ganze Kette abarbeiten, den weit zurückliegenden Sinnkern längst vergessen.

Es ist unglaublich, was alles hinter einem einzigen Substantiv Platz findet. Eine simple Lokalangabe, etwa *da oben*, nehmen wir als Attribut ja noch auf, zum Beispiel in einem Ausdruck wie *die Vase da oben*. Es können aber auch drei angereicherte Lokalangaben als Attribute dastehen, genauer: als Attribute zu einem Genitivattribut, von den großzügig hingestreuten Adjektiven ganz abgesehen:

> dieser repräsentative, stolze Prunkbau böhmischer Bürgerlichkeit direkt an der Moldau gegenüber der Burg an einer der ergreifendsten Örtlichkeiten Mitteleuropas

Das ist aufdringliches Journalistendeutsch, erstickend in seiner Großspurigkeit, und ein schlechtes Vorbild.

Wie viele Hauptwörter sollten überhaupt hintereinanderstehen? Legen wir einmal als Faustregel fest: Schon zwei Genitive hinter einem Substantiv sind einer zuviel. In sehr seltenen Fällen mögen sie der Auflösung eines zu langen Wortes dienen:

> eine Pflichtverletzung der Abgeordneten des Bundestages

Hier mag der Ausdruck *der Bundestagsabgeordneten* dem Schreiber zu umfänglich geklungen haben. Nehmen wir es hin. Vielen ist ja erfreulicherweise bewußt, was sie tun, wenn sie derartige Genitiv-Schlangen bringen. So auch diesem Autor, der das Gesetz-Zitat selbst kommentiert:

»Anordnung des Verwaltungsrats der BA über Maßnahmen zur Arbeitsbeschaffung für ältere Arbeitnehmer« (pardon, es ist nicht kürzer)

In der Tat schließen sich hier an zwei Genitive noch drei weitere Präpositionalausdrücke. Wir stellen leider fest, daß so etwas nicht nur typische Rechtssprache ist. Hier ein Leserbriefschreiber, der die Unsitte ebenso beherrscht:

die Möglichkeiten einer Einflußnahme auf den Zeitpunkt der Rückkehr der letzten Kriegsgefangenen

Wenn wir nachzählen, finden wir ein Genitivattribut, dazu ein Präpositionalattribut, dazu einen Genitiv und dazu noch einen. Und wir haben noch Glück, daß nicht jedes dieser vier Substantive zudem ein eigenes Adjektivattribut hat, sondern nur das vierte. Wir müssen es uns einmal klarmachen: Ein so langer, schwerverständlicher Ausdruck stellt nur einen einzigen Satzteil dar, etwa das Subjekt. Der Verdacht liegt nahe, daß der ganze Satz so weiterdröhnt. Er strapaziert auch ein freundliches Leseverständnis bis zum Widerwillen. Kann diese ungute Wirkung im Sinne des Autors sein?

Aber offenbar kennen diese Wucherungen keine Grenze. Wie kämen sonst, immer noch in Briefen von anscheinend ganz normalen Menschen, so unerträgliche Würstchenketten zustande wie

die Sicherung der Regenerierfähigkeit der entsprechenden Ressourcen und der teilweisen oder vollständigen Substitution von nichtregenerierfähigen Ressourcen

unwahre Berichte über den tatsächlichen Stand der Errichtung einer Fachhochschule unter Einbeziehung der Tradition der einstigen Staatlichen Kunstschule

Welch zwanghafter Vollständigkeitswahn! Oder gar dieses Beispiel, in dem ein Genitivattribut angereichert ist mit verschachtelten, adjektivbeladenen Präpositionalkonstrukten und zu guter Letzt einem Vergleichssatz:

Das bis in die tiefste Seele Schmerzende einer Architekturmischung von im alten Stil errichteten oder wiedererrichteten Gebäuden mit zeitgenössischer Architektur, wie sie derzeit für Berlins Mitte geplant ist,

Wer tapfer bis dahin gelesen hat, ist ja noch nicht am Satzende; er hat erst das Subjekt geschafft und die weiteren, sicher genauso überlasteten Satzteile erst noch vor sich.

Machen wir Schluß mit den Negativbeispielen. Und nehmen wir uns ernstlich vor, lieber ein paar Sätze mehr hinzuschreiben, als solche Ungetüme zu konstruieren. Der Leser wird es uns zwar nicht ausdrücklich danken, er soll ja, das ist der Idealfall, unsere Schreibmühe gar nicht bemerken. Aber wir dürfen sicher sein: Er liest unseren Text mit der Aufmerksamkeit, die wir uns wünschen.

Ergebnisse

Ein einfacher Satz besteht aus Subjekt, Prädikat und Objekt. Wenn er sehr prägnant oder auch nur komisch wirken soll, fällt er sogar noch kürzer aus. Mehrere solche Sätze hintereinander klingen aber wie gehustet, kurzatmig und monoton. – Unserem Verständnis auch eines längeren Satzes hilft die Kongruenz, die Übereinstimmung zwischen Subjekt und Prädikat. Zu vermeiden ist deshalb die Gleichzeitigkeit verschiedener »Personen« in einem Subjekt, da dann das Prädikat nicht mehr weiß, nach welcher es sich richten soll. Ein Pluralsubjekt braucht ein Prädikat im Plural, ein Singularsubjekt ein Prädikat im Singular: eine Banalität, aber die Verstöße dagegen sind zahlreich. – Vor einem Substantiv können schmückende oder auch notwendige Adjektivattribute stehen. Viele sind oft überflüssig und hemmen das flüssige Lesen, besonders dann, wenn sie schlechten Gewissens in Klammern versteckt werden. – Es gibt vor dem Substantiv fünf belegbare Attributstellen in vorgeschriebener Reihenfolge; die Adjektive auf diesen Stellen werden nicht durch Kommata voneinander getrennt. Belegen aber mehrere Adjektive eine Stelle, so wird dies durch Kommata zwischen ihnen verdeutlicht. – Erweiterte Adjektivattribute wuchern gern bis zur Unübersichtlichkeit heran. Dringender Rat in dem Fall: das mißratene Gebilde in mehrere Sätze zerlegen. – Attribute hinter dem Substantiv sind meist Genitive. Auch sie haben die Tendenz, sich endlos zu vermehren und weitere Zusätze, etwa Präpositionalkonstrukte, an sich zu ziehen. Besser also, damit gar nicht erst anzufangen. Schon zwei Genitive hintereinander sind zumeist von Übel.

Erweiterungen

Bestünde ein Satz immer nur aus Subjekt, Prädikat und Objekt, wäre das mindestens langweilig; wir könnten zudem oft nicht ausdrücken, was wir sagen wollen. Selbst wenn wir ihn noch so sehr mit Attributen behängt haben, bleibt er irgendwie nackt. Dem Satz fehlen Farbe, Hintergrund, Charakter. Wir wissen, daß ihm einiges davon die Adverbien verleihen. Sie fügen seiner Aussage Begründung hinzu, Art und Weise, Ort und Zeit. Und sie stellen sich allzugern als umfangreiche Wortgerüste dar. Nicht immer zur Freude des Lesers.

Wachstum, unkontrolliert

Es fängt ganz harmlos an. Unsere hilfreichen Adverbien lassen den Satz hübsch rund und herzeigbar erscheinen:

> Man wartet vergebens auf einen Protest.

Wir stocken auch dann nur kurz, wenn gleich zwei derartige Modaladverbien hintereinander stehen, riskant, weil streng genommen unerlaubt. Aber wir verstehen hier das erste noch als nähere Bestimmung des zweiten:

> Den Antrag habe ich schriftlich ausführlich begründet.

Unangenehm wird diese Häufung aber, sobald sie außer Kontrolle gerät. Etwa so:

> wenn man all dem eventuell gerade noch wirksam begegnen will.

Da hat sich vor das Modaladverb *wirksam* ein temporales *noch* geschoben, dieses nimmt eine weitere Bestimmung *gerade* zu sich, und davor setzt sich ein weiteres Adverb *eventuell*. Es ist nicht einzusehen, warum sich der Leser erst durch so viele Adverbien durchbeißen muß, bevor er wieder Inhalt bekommt. Oder hat der Autor den Satz mit Adverbien geschmückt, da er den Inhalt, nicht ohne Grund, zu schwächlich fand?

Nun aber reicht die Leistung des einfachen Adverbs oft nicht mehr aus. Seine Aufgabe wird dann einer anderen Konstruktion übertragen, die aus einer Präposition und einem Substantiv gebildet ist, etwa *zu* und *Verwunderung* wie hier:

Das haben Sie zu meiner Verwunderung nicht erwähnt.

Und diese Konstruktion wächst in der Hand des nachlässigen Autors plötzlich zur Ungeheuerlichkeit heran. Sie nimmt unter Umständen die Begleitung eines ganzen Satzes an. Da bleibt dann oft nur noch der ungute Ausweg, die Zusätze in Klammern zu stecken. Obgleich wir den Klammern oft eine strukturierende Wirkung im Satz zugestehen, wirken sie fast unbeholfen, wenn sie allein zur Pannenhilfe benützt werden. Ein solcher Fall liegt sicher hier vor, wo die erschreckende Überlänge einer auch noch erweiterten Angabe hinter Klammern versteckt werden soll:

Nur unsere politische Elite (mit Ausnahme einiger weniger, und die wurden der Panikmache geziehen) wollte es nicht erkennen.

Das ist wohlgemerkt ein einziger Satz mit nur einer adverbialen Angabe. Möglich sind mindestens vier Angaben. Wenn nun alle so umfänglich ausformuliert würden? Schon eine einzige undiszipliniert wortreiche Modalangabe wie die obige ist der erste Schritt ins Satzdickicht. Es bleibt ja selten bei der einen Angabe, eine zweite, dritte muß auch noch hinein, ähnlich lang, ungebremst, weltumfassend und aus dem verblendeten Drang, alles auf einmal zu sagen.

Auch einer Zeitungsprosa, die durch Häufung vielleicht eine bestimmte Wirkung erzielen will, versagen wir jedes Verständnis:

Die Literatur suchte, wie es heißt, und wie ich auch weiß, ebenfalls und ähnlich, wenn auch mit differenzierterem Urteil, aber kontrolliert wie die armen Zeitungsschreiber, ihr Heil zwischen den Zeilen – dort ist es eng.

Das ist einfach konfus, und nicht etwa, weil der Kontext fehlt, der Satz ist für sich allein zerfahren, haltlos, zapplig. Immer wenn man denkt, jetzt ist aber wirklich Schluß mit den Angaben, kommt noch eine.

Allenfalls eine zweifache Zeitangabe läßt sich gelegentlich ohne Bedenken setzen, wie in diesem Beispiel:

Seit mehr als vier Jahrzehnten verleiht der Börsenverein des Deutschen Buchhandels alljährlich seinen Friedens-preis.

Die beiden Zeitangaben sind nämlich nicht ganz gleichwertig. Die eine, *seit... Jahrzehnten*, bestimmt einen bis heute vergangenen Zeitraum, während die andere, *alljährlich*, die Häufigkeit aussagt. Daran erkennen wir, wie grob die Einteilung der Adverbien in vier Gruppen ist. Die Zeitadverbien und –angaben beantworten ja nicht nur die eine Frage »Wann?«, sondern ebenso häufig »Wie lange schon?«, »Wie lange noch?« oder, wie hier, »Seit wann?« und »Wie oft?« Im zitierten Satz stehen sie außerdem nicht unmittelbar hin-tereinander. So umsichtig gesetzt sind also zwei Angaben der glei-chen Gruppe denkbar. Holprig wird es erst wieder bei der Erweite-rung der Temporalangabe zum längeren Nebensatz. Das passiert regelmäßig dann, wenn die Konstruktion mit so etwas wie *In einer Zeit* beginnt, etwa hier:

In einer Zeit, in der auch das finanzielle Zugpferd der deutschen Einheit zu lahmen beginnt, kann niemand...

Das führt immer zur Häßlichkeit der sich wiederholenden Präposi-tion *in*. Dem Leser werden damit vier oder mehr Wörter zugemutet, bevor überhaupt der erste Inhalt auftaucht. Die Abhilfe wäre so ein-fach: Sehr oft lassen sich die fünf leeren Einleitungswörter durch ein simples *wenn* ersetzen.

Die fatale Neigung, möglichst viel auf einmal unterzubringen, hat oft eine endlose Attributkette zur Folge. Wie weit, wie viel zu weit das gehen kann, zeigt dieses Beispiel:

Nach Einstellung der Ermittlungen durch die Staatsan-waltschaft gegen die Polizeiführung wegen erheblicher Übergriffe auf Bürger beim Weltwirtschaftsgipfel

Siebzehn Wörter in einer einzigen Zeitangabe! Freiwillig ist hier der Autor zum Opfer der wuchernden Rechtssprache geworden. Trotzdem: Er hätte entweder einiges aus seiner Zeitangabe strei-chen oder aber – immer wieder derselbe gute Rat – sie in einem eige-nen Satz vorher unterbringen müssen. Denn so ein Ungetüm ist un-verzeihlich. Es ist uns aber ein genaueres Hinsehen wert. In der Zeitangabe versteckt sich nämlich eine Kausalangabe, eingeleitet mit der Präposition *wegen*. Für sich genommen, dient sie anstandslos der Nennung eines Grundes wie etwa auch hier:

wegen Nötigung und Leitung einer unangemeldeten Versammlung

Die Präposition scheint indes vielen Autoren ein wenig ausdrucksschwach, sie begeben sich auf die Suche nach originellem Ersatz und finden, beispielsweise, das neuere *aus... heraus*. Noch annehmbar kommt es uns vor, wenn die räumliche Bedeutung der Doppelpräposition noch durchschimmert:

Aus diesem Blickwinkel heraus gerät der Wunsch nach einem Spenderorgan zum Egoismus.

Aber nur einen Schritt weiter klingt es schaurig, bestenfalls seltsam konkret:

Der Wunsch nach einem Anwalt des Kindes kommt sicher nicht aus dem Wunsch heraus,...

und wird nun besinnungslos bei jeder Angabe eines Grundes nachgeplappert:

Aus einer Naivität heraus habe ich es damals unterschrieben.

Gern möchten wir hoffen, daß sich dieser Unfug nicht lange hält. Denn der spürbare räumliche Inhalt des Ausdrucks eignet sich wirklich schlecht zur Kausalangabe. Genauso kritisch beurteilen wir die Ersatzformel *von... her*, die gerade in Mode zu kommen scheint:

Von der Entwicklung der französischen Wirtschaft her wird die neue Regierung aber nicht allzu starke Unterstützung erwarten.

daß Ihre Zeitung sich von ihrer redaktionellen Linie her dazu verpflichtet fühlt.

Im ersteren Beispiel war vielleicht eine Art Herkunftsangabe geplant, das *her* drängte sich überflüssig hinzu und verschleiert nun den Sinn. Im zweiten Beispiel sollte von vornherein ein Grund angegeben werden, nur schien dem Autor eine Konstruktion mit dem herkömmlichen *durch* oder *wegen* irgendwie bläßlich. All diese Ersatzkonstruktionen kranken jedoch an einem Fehler: Sie spielen sich durch erhöhten Wortaufwand zu sehr in den Vordergrund. Wir dürfen nicht vergessen, daß solche Angaben nur Zutaten zum Satz sind, nicht der Satzgegenstand. Spielen sie sich also ungebührlich auf, machen sie sich wichtig, so verbrauchen sie Aufmerksamkeit, zum Schaden der wichtigeren Inhalte. Der gute Autor wird also unterscheiden zwischen dem Wesentlichen und nur hinzukommenden Angaben; diese wird er auf eine Weise im Satz unterbringen, daß sie klären und nicht stören.

Was die Angaben gegenüber den einfachen Adverbien so beliebt macht, ist ein bisher übrigens auch von vielen Grammatiken verschwiegener Vorteil. Wir haben gesehen, daß es vier Gruppen von Adverbien gibt. Angaben jedoch haben wir in viel höherer Zahl zur Verfügung. Wir können mit ihnen Dinge im Satz anstellen, die kein Adverb mehr leistet, zum Beispiel eine Bedingung angeben; dafür haben wir zwar kein Adverb, aber eine adverbiale Angabe. Sie wird, oft in technischen Erläuterungen, mit der Präposition *bei* konstruiert und sieht so aus:

Bei Verbrennen von Benzin bei Luft-Sauerstoff-Gemisch, aber bei hohem Druck werden Temperaturen von 3000 Grad erreicht.

Man nennt das eine Konditionalangabe. Außerdem können wir eine Einschränkung angeben (mit *trotz*), den Zweck (*für* oder *zu*), das Instrument (*mit*) und andere (die vollständig im Anhang dieses Buches unter »Satzverbindungen« aufgelistet werden). Das ist in unserem Zusammenhang deshalb von Bedeutung, weil es zu einer vorsorglichen Mahnung Anlaß gibt. Denn die genannten Angaben, ihrerseits oft schon recht lang, können allesamt zum Nebensatz ausgebaut werden, also noch länger, noch wortgewaltiger einherschreiten, und dann immer gleich mehrere auf einmal. Von dieser Möglichkeit macht der ungeübte Autor lustvoll Gebrauch. Daher die Warnung, es gar nicht erst so weit kommen zu lassen, also schon bei den scheinbar harmlosen Adverbien, erst recht bei Angaben äußerste Vorsicht aufzuwenden. Es lohnt sich. Man erspart sich dadurch die Mühe, Satzdickichte zurückzuschneiden.

Schließlich noch eine Kleinigkeit, keine immer nachahmenswerte. Angefangen damit hat ein bekanntes Nachrichtenmagazin.

Es setzte plötzlich erst ein unschuldiges Temporaladverb zwischen Kommata (*Die Preise grenzen, noch, an Dumping*), dann eine ganze Modalangabe (*Der Minister hat sich, wie etliche seiner Vorgänger, im Interessengeflecht seines Mammutressorts verfangen*). Das ist zwar ausgefallen, engherziger: falsch, aber nicht unattraktiv. Ähnlich gelungen auch diese Hervorhebungen des Adverbs durch Bindestriche:

> weil er – angeblich – duldete, daß seine Gehilfen das Messer der Guillotine nachlässig reinigten

> Daß es mit Deutschlands Identität hapert, ist – auch – eine Zeitkrankheit des ganzen Kontinents.

Dem Adverb wächst mit dieser Zeichensetzung höhere Bedeutung und Auffälligkeit zu. Kommata und Bindestriche leisten hier dasselbe wie ein vorangestelltes, Aufmerksamkeit heischendes *und zwar*. Das mag, wenn der Satzinhalt es verträgt oder gar fordert, angehen, nach genauem Austarieren der Satzgewichte. Hat der Autor des folgenden Beispiels aber eine solche Abwägung vorgenommen:

> Vielmehr ist Griechenland an der Stabilität in der Region, mehr als alle anderen EG-Mitgliedsländer, interessiert.

Sicher nicht. Jenes *mehr* und der Prädikatsteil *interessiert* gehören enger zusammen, als die Abtrennung hinter Kommata erkennen läßt. Die Vergleichsangabe steht also sinnlos im Abseits. Solche Experimente sind nicht ungefährlich. Sie gelingen nur einem Autor, der auf seinen Text Sorgfalt verwendet.

Einschübe

Eine Angabe zwischen Bindestriche zu stellen, kann als Strukturelement und damit als Lesehilfe wirken. Allerdings unter einer Bedingung: Die Angabe muß überschaubar kurz sein und nicht selbst die Rolle eines eigenen Satzes spielen wollen. Das Verfahren ist aber noch in anderer Hinsicht ein riskantes Spiel. Wenn der Einschub nämlich unmittelbar vor einem Komma zu stehen kommt, dann prallen abschließender Gedankenstrich und Komma unschön aufeinander:

die Verpflichtung – unbeschadet der Wiederherstellung des Stadtbildes und des bedeutendsten Barockbaus im norddeutschen Raum –, den Wiederaufbau vorzunehmen.

Enthält dann der Einschub seinerseits einen Einschub (der dann nur noch in Klammern auftreten kann), so ergibt sich:

Für Bonn, das den Umzug »verschiebt« – alte Versprechen brechend (so die innere Einheit mit Füßen tretend) –, werde ich keinen Finger mehr rühren.

Zwei, gar drei Satzzeichen hintereinander? Das allein sollte Grund genug sein, die Angaben anderswo in den Satz zu stellen und auf die Gedankenstriche ganz zu verzichten. Dieser Mißgestalt werden wir gleich noch einmal begegnen.

Der einfache Subjekt-Prädikat-Objekt-Satz, sagten wir, ist oft nicht leistungsfähig genug. Hat der Autor gleichzeitig noch andere, ebenso wichtige Dinge in Kopf, dann wirkt die gerade Linie des Satzes wie eine arge Fessel. Wir können ja nicht, wie bei einem Bild, über oder neben dem Gegenstand, dem Satz etwas hinzufügen. Wir kommen nicht heraus aus dem Geleise des Satzes. Alles, was wir also noch zusätzlich anbringen wollen, steht ebenfalls auf dem Geleise. Überlang und ungeschickt plaziert ist die Hinzufügung nur ein Hindernis. Sie soll dem Leser aber auch zeigen, daß der Autor kenntnisreich ist, fähig zu Kommentar und Erläuterung. Wieder einmal muß er also wissen, was er tut und wie weit er gehen will.

Wir sprechen von der sogenannten Parenthese, die wir bequemer Einschub nennen dürfen. Oft entwickelt er sich aus einer breit und massig gewordenen Angabe. Einschübe stehen nicht immer zwischen Gedankenstrichen, sondern auch zwischen Kommata. Da sie nur eine Nebenhandlung im Satz sind, haben sie kein eigenes Prädikat, sie lehnen sich haltsuchend an einen anderen Satzteil an. Die beiden müssen sich also vertragen, fachlicher ausgedrückt: Zwischen ihnen muß Kongruenz bestehen. Wie es nicht geht, sieht man an diesem Beispiel:

zumal ein Drittel der Bevölkerung, die Bewohner albanischer Herkunft, eine »Makedonisierung« ablehnen.

Kongruenz haben wir immerhin damit, daß *ein Drittel* und *die Bewohner* beide im Nominativ stehen. Aber: Das eine ist Singular, das andere Plural. Nach diesem richtet sich das Prädikat *ablehnen*. Korrekt wäre jedoch ein zum Subjekt-Singular passendes *ablehnt*. Seien wir gnädig und nennen den Verstoß läßlich, da *ein Drittel* vielleicht noch als Inhaltsplural zu verstehen ist. Vollkommene Kongruenz finden wir dagegen hier:

> kenntlich am aufgesetzten Motor, einer Art pulsierendem Strahlrohr,

Der Dativ ist hier sauber durchgehalten, vom Substantiv *Motor* bis tief hinein in den kommentierenden Einschub. Solche Klarheit wird leider immer seltener. Man vermißt sie jedoch, und zwar weniger aus Liebe zur grammatischen Korrektheit, vielmehr aus Sympathie mit dem Leser, dem das Verständnis erschwert wird. Es mag ja oft mühsam sein, etwa den gleichen Kasus bei einem längeren Einschub dauernd zu wiederholen. Aber als Entschuldigung nehmen wir das nicht hin, halten vielmehr entgegen, daß dann eben der Einschub zu lang ist. Wie etwa im folgenden, wo tatsächlich die Genitiv-Wiederholung unschön zu lesen wäre:

> Auch läßt sich – nach vieljährigem Beobachten einschlägiger Ereignisse wie Geburtstagspartys, kollegiale Abendessen, Gruppenreisen oder schlichtes Bar-Geplauder – eine Typisierung des Flirtenden kaum vornehmen.

Im Grunde ist dieser Einschub nichts anderes als eine Zeitangabe. Er ist aber schon deshalb fragwürdig, weil er nach dem Gedankenstrich noch einen zweiten Einschub (eingeleitet mit *wie*) enthält. Eine Parenthesen-Parenthese! Von *Geburtstagspartys* bis *Bar-Geplauder* müßte alles, streng betrachtet, im gleichen Genitiv stehen wie *einschlägiger Ereignisse*. Das läse sich tatsächlich ungut. Nicht darin liegt aber der Grund des Übels, sondern im Kaliber des verschachtelten Einschubs. Die erschlagend vollständige Liste ist einfach zu lang.

Mangelnde Kongruenz führt sogar zum Mißverständnis, wenn sich der Einschub auf den falschen Satzteil bezieht:

> Die heimische Kohle brauchen wir als Garant einer sicheren Energieversorgung.

Der Leser muß das erst einmal so verstehen: Das Wort *Garant* ist eindeutig Nominativ, also paßt dieser Einschub nur zum anderen Nominativ im Satz, nämlich *wir*. Aber genau das ist nicht gemeint; nicht *wir* sind der *Garant*, die *Kohle* soll es sein. Die jedoch steht im Akkusativ. Folglich hätte auch der Einschub ordentlich im Akkusativ stehen müssen: *als Garanten*. Die Ausführlichkeit dieser Kritik ist nicht Erbsenzählerei. Wir weigern uns nur, einem Schreiber mangelnde Rücksicht auf den Leser einfach durchgehen zu lassen.

Den schlimmeren Fehler, einen kaum nachvollziehbaren Bezug, leistet sich dieser Einschub, wieder mit *als* eingeleitet:

> Probleme, die beim gerade in der Stadtsanierung als Querschnittsaufgaben nötigen Zusammenwirken von sehr vielen Ämtern bestehen.

Abgesehen vom überladenen Attribut und dem Präpositionensalat *beim gerade im*: Dieser *Stadtsanierung als Querschnittsaufgaben* geht sowohl im Kasus, als auch in der Zahl und vor allem inhaltlich jede Übereinstimmung ab.

Nur in Ausnahmebeispielen wirkt die fehlende Kongruenz nicht so störend:

> Informationen über Bürger wie du und ich

Der Ausdruck *Menschen wie du und ich*, der hier wohl Pate stand, ist nämlich als fester Ausdruck geläufig. Deshalb darf *du und ich* ruhig so im Nominativ stehenbleiben, auch wenn es nicht zum Akkusativ *Bürger* paßt. Denn ein etwaiges *über Bürger wie dich und mich* wäre hyperkorrekt, das heißt übertrieben korrekt, und die Redewendung wäre nicht wiedererkennbar.

Die Falle der Mißverständlichkeit sollte uns also dahin bringen, mit derartigen Einschüben, so eindrucksvoll sie sein mögen, vorsichtig umzugehen. Und sparsam, damit wir dem Verständnis keine überlangen, überflüssigen Listen in den Weg stellen. Schon die Einleitungswörter *als* und *wie* sind Gefahrensignale, ebenso die Altertümeleien *sprich* und *als da sind*:

> bessere Rahmenbedingungen – sprich: kleinere Klassen, bessere Ausstattung der Schulgebäude, großzügigere Fortbildung etc. –

> die ganz, ganz Großen, als da sind Banken, Versicherun-
> gen, Industrieunternehmen, Behörden und dergleichen

Hier verraten schon die lieblosen Abschlüsse (*etc., und dergleichen*) die Hilflosigkeit des Autors vor dem Stoff. Wir spüren die Unbeholfenheit trotz der preziösen Bemäntelung.

Häufig plustert sich der riskante Einschub zum ganzen Satz im Satz auf. Die scheinbar rettenden Gedankenstriche werden dann unvermeidlich und produzieren zudem das erwähnte unschöne Doppelzeichen:

> Wie verheerend solche Versuche wirken – und man er-
> fährt davon in den Medien –, das machen sich die Leute
> nicht klar.

> Sosehr Ihre Ausführungen zu unterstützen sind – unsere
> Initiative hat bereits seit längerer Zeit im Interesse der
> Glaubwürdigkeit der Kirche so argumentiert –, sosehr...

Wiederholter Ratschlag: Beide Einschübe sollten aus ihrer Umgebung herausgenommen und zu einem eigenen Satz gemacht werden. Dem Leser wird das Mitgehen erleichtert, seine gute Leselaune bleibt erhalten. Und er wird nicht den Eindruck haben, daß dem Autor der Einschub erst in letzter Sekunde einfiel, als der Text schon fertig war.

Ein einziges Beispiel haben wir gefunden, in dem hemmende, sogar ein wenig atemlose Einschübe einen gewissen Reiz besitzen. Da schreibt sich, wörtlich, der umgangssprachliche kleine Mann auf der Straße den Ärger von der Seele:

> Was eines Ministerpräsidenten gesponserte Fernreise an-
> stößig macht, ist denn auch, seien wir ehrlich, hauptsäch-
> lich, daß unsereinem, dem kleinen Mann auf der Straße,
> Gleichartiges vorenthalten bleibt.

Das ist, alles in allem, erfreulich unprätentiös. Trotz möglicher Kritik ist der Satz geeignet, unser Mitgefühl zu wecken, vielleicht gerade durch seine umgangssprachlichen Einschübe.

Also die Schlußempfehlung: Beim Einschub lieber weniger Worte machen, im Zweifel überhaupt keinen.

Unkontrollierter Wortschwall beschert uns einen weiteren Nachteil: Es wird eng im Satz. Aber wohin mit den vielen Objekten, Adverbien und Angaben? Die Wörter können ja nicht alle gleichzeitig auftreten. Gibt es da eine Regel, die für Ordnung in der Parade sorgt?

Jetzt muß ein wenig trockene Grammatik her. Wir wissen, daß die Position der beiden Prädikatsteile im Normalfall feststeht. Das Prädikat I steht im Hauptsatz ziemlich weit vorn, das Prädikat II meistens ganz am Ende. Dazwischen müssen sich nun alle andern Satzteile aufstellen. Ganz so frei, wie es uns oft scheint, sind sie dabei nicht. Die regelhafte Abfolge lautet: Erst kommen die Adverbien oder Angaben, dann die Objekte (und zuletzt die Richtungsangabe, weil sie meist zum Prädikat II gehört). Auch unter den Angaben ist das Protokoll einigermaßen fest. Die Temporalangabe hat den Vortritt, dann folgen Lokal-, Kausal- und Modalangabe. Ende der Trockenheit.

Nehmen wir ein Beispiel. Es verdeutlicht gut den Unterschied zwischen Lokal- und Richtungsangabe. Ein Leser äußert sich darin begeistert über eine Zeitungsseite und schreibt:

Diese Seite gehört an die Wand im Rahmen.

Wir empfinden sofort, daß an dieser Äußerung etwas nicht stimmt. Das Unbehagen entsteht durch die seltsame Reihenfolge der Angaben. Die Richtungsangabe *an die Wand* steht nämlich nicht dort, wo sie nach der Regel stehen müßte, ganz am Schluß nämlich, da sie wie ein Prädikat II funktioniert. Diese Stelle hält jedoch etwas anderes besetzt, die Lokalangabe *im Rahmen*. Die beiden müssen also ihre Plätze tauschen: *Diese Seite gehört im Rahmen an die Wand.* Damit ist der Satz in schönster Ordnung. Wir haben keine inneren Einwände mehr dagegen.

In einem anderen Leserbrief, unserem zweiten Beispiel, erfahren wir, daß

nach damaligem Stand der Technik keine Korrosionsschäden an den Rohren während der Betriebszeit des Kernkraftwerks zu erwarten waren.

Warum klingt der Satz so mißgebildet? Nicht nur wegen seiner Wortfülle. Untersuchen wir ihn genauer: Er enthält eine mit *während* eingeleitete Temporalangabe. Sie wurde an sehr später Stelle plaziert, wo sie, erinnern wir uns an die Regel, nicht hingehört. Der Platz, an dem der Leser sie erwartet, ist vielmehr am Beginn der Angabenreihe.

Als nächstes Beispiel der umgekehrte Fall, wo also ein Adverb zu früh auftaucht:

> Natürlich hat die 68er-Bewegung kräftig über Schule
> und Elternhaus in das Leben unserer Kinder hineinge-
> wirkt.

Störend ist die Modalangabe *kräftig*, die wir gemäß der Regel erst weiter hinten erwarten, und zwar nach der Lokalangabe *über Schule und Elternhaus* und vor der Richtungsangabe *in das Leben unserer Kinder*. Schließlich ein letztes Beispiel:

> wo ein Unbekannter sich an das Rednerpult anläßlich
> der großen Wiedervereinigungsfeier in Berlin drängelte.

Hier hat sich eine Kausalangabe (*anläßlich... Berlin*) auf eine falsche Stelle geschoben: Zwischen der Richtungsangabe *an das Rednerpult* und dem Prädikat *drängelte* ist, sagt die Regel, überhaupt kein Platz für irgend etwas.

Damit genug fürs erste. Vielleicht können wir schon hier erkennen, daß wir mit solcher Genauigkeit der Aufstellung nicht bloß einer abstrakten Regel folgen. Dahinter steckt nämlich eine durchaus reale psychologische Wirklichkeit. Es sind die Erwartungen des Lesers, gewachsen aus Erfahrung und Gewohnheit, meist unbewußt, aber deshalb nicht weniger zwingend. Werden sie verletzt, nimmt er das übel, wieder erst unbewußt in der Form spürbaren Widerwillens, endgültig durch den Abbruch der Lektüre. Unserem Text und seiner Wirkung zuliebe sollten wir diese Leser-Erwartungen also besser nicht enttäuschen.

Nun noch ein Wort zu einer scheinbaren Ausnahme von der Regel. Die Abweichung betrifft nicht die Angaben, sondern das Akkusativobjekt. Es soll, lautete die Vorschrift, immer hinter den Angaben stehen. In unserem Beispielsatz steht es da auch:

> Ich kann als Durchschnittsbürger es nicht verstehen.

Der Satz scheint vorschriftsmäßig gebildet, da erst nach der Angabe *als Durchschnittsbürger* das Akkusativobjekt *es* auftritt. Trotzdem ist er falsch. Und zwar deshalb, weil wir nach der inhaltsreichen Angabe irgend etwas noch Bedeutenderes erwarten, nicht aber ein so blutarmes Pronomen wie *es*. Besser ist also die Abfolge: *Ich kann es als Durchschnittsbürger nicht verstehen.* Ähnlich hier:

> daß unsere Volkswirtschaft nicht mehr so recht sich im Gleichgewicht hält.

Auch in diesem Satz kommt das Pronomen *sich* zu spät. Es müßte, informationsschwach wie es ist, viel weiter vorn stehen, am besten noch vor *unsere Volkswirtschaft* oder spätestens gleich dahinter.

Auch diese Verschiebung können wir uns als Regel merken (etwa so: Akkusativ- und Reflexivpronomen tendieren zu einer Stellung möglichst weit vorne im Satz). Oder aber wir versuchen, das Phänomen im klärenden Licht der Leser-Erwartungen zu verstehen. Jetzt ist der Augenblick da, ein textgrammatisches Geheimnis zu enthüllen, das die Stillehre dem schreibenden Laien bis heute vorenthält.

Jeder gute Lehrer holt seine Schüler da ab, wo sie sind. Er fängt also mit dem an, was sie schon wissen, und bringt erst danach den neuen Stoff. In ganz genau derselben Weise verfährt auch der gutgebaute Satz. Er beginnt mit dem schon Bekannten und schreitet dann weiter zu neuer Information. Dadurch tritt ein für den Leser angenehmer Effekt ein: Ein solcher Satz entlastet sein Kurzzeitgedächtnis, das nicht gleich zu Anfang mit gewaltigen Neuigkeiten überladen wird. Er hat also Zeit, die Information des vorhergehenden Satzes in aller Ruhe zu verarbeiten und in bereits vorhandenes Wissen einzubauen, bevor neue, frische Information hinzukommt. Ein Satz, der uns diese Verarbeitungszeit läßt, gewinnt nicht nur unser Leser-Wohlwollen, wir verlangen ihn sogar, unbewußt, aber mit hoher Dringlichkeit. Bekommen wir statt dessen dauernd das Gegenteil vorgesetzt, also Sätze mit viel Information vorn und lauter Bekanntheiten am Ende, dann fühlen wir uns bald überfordert, reagieren mißmutig und legen den Text weg. Wir zappen sozusagen zu einer anderen Lektüre hinüber.

Führen wir an dieser Stelle mutig zwei Fachbegriffe ein, die wir auch im Abschnitt über den Text noch brauchen werden. Das dem Leser schon Bekannte, der informationsarme Satzteil heißt »Thema.« Leicht zu behalten: Es ist das, was ohnehin schon »Thema ist.« Das Neue, der informationsreiche Satzteil heißt »Rhema« (von griechisch »das Gesagte«). Und die geheime Zauberformel lautet: Erst Thema, dann Rhema.

Die neuigkeitsarmen Pronomen der zwei letzten Beispiele haben also nicht von sich aus eine rätselhafte »Tendenz«, weit vorn zu stehen. Sie stehen im gutgebauten Satz vielmehr deshalb dort, weil sie (schon abgehandeltes) Thema sind und nicht (neues) Rhema.

Eine einfache, anhaltende Leselust schaffende Regel. Sie zu verletzen, ist nur dann erlaubt, wenn wir einen sehr guten Grund dafür haben. Dazu abschließend ein Beispiel. Es ist der Beginn eines Leserbriefes; normalerweise würden wir an dieser Stelle etwas freundlich Einführendes erwarten, nicht gerade die Hauptinformation. Der erste Satz lautet aber:

> Fassunglos hinterließ mich der Aufsatz von H. – nicht
> seines Inhalts, sondern seines Stils wegen.

Er setzt mit einem Adverb ein, offenbar der wesentlichen Nachricht, während das angesprochene »Thema«, *der Aufsatz von H.*, erst viel später kommt. Rhema steht also regelwidrig vor Thema. Und doch nehmen wir den Satzanfang nicht etwa zähneknirschend auf, sondern sind durch den kräftigen Einstieg sofort aufmerksam, neugierig, schon anteilnehmend. So also geht es also auch gegen die Regel, aber nur mit hohem Bedacht und vor allem nicht dauernd. Im Abschnitt über den Text werden wir noch sehen, wie nicht immer so überlegt, sondern oft nur gedankenlos gegen die Regel verstoßen wird.

Wir schmücken den Baum

Zur Erinnerung: Wir bewegen uns noch immer im einfachen Hauptsatz. Die Bezeichnung fällt uns allerdings zunehmend schwerer, wenn wir ihn oft so beladen sehen mit Adverbien und Angaben oder auch Attributen rechts und links vom Substantiv. Das sind aber noch nicht alle möglichen Erweiterungen. Das Attribut nämlich kann seinerseits zum ganzen Satz anschwellen, dem Attributsatz, der meist als Relativsatz erscheint. Und darin geht das ungute Spiel von vorn los. Es passen auch in den Attributsatz wieder Angaben und Attribute hinein, im Extremfall sogar weitere Attributsätze. Aber nur der bedenkenlose Autor hält den Satz und unsere Lesefreude für unendlich dehnbar.

Fangen wir mit einem nachahmenswerten Beispiel an:

> Wir sind ein Volk, das im Freien lebt.

Das Substantiv *Volk* hat hier ein Attribut in der Form eines Satzes erhalten. Er ist mit einem sogenannten Relativpronomen eingeleitet. Es bezieht sich, damit wir das Gemeinte ohne Mühe verstehen, immer auf dasjenige Substantiv, zu dem der Attributsatz gehört. In unserem Beispiel erfüllt der Attributsatz *das im Freien lebt* alle Bedingungen: Er ist angenehm kurz, also leicht verständlich, er beantwortet die Frage »Was für ein Volk?«, und er steht nahe dem Substantiv, auf das er sich bezieht, das heißt nahe dem Inhalt, den er näher erläutert.

Die Abweichung vom geraden Weg bahnt sich schon an, wenn dem Attributsatz eine unpassende Aufgabe aufgehalst wird, wenn er nicht mehr erläutert, sondern die angefangene Geschichte weitererzählt. Wie im folgenden Beispiel (der Attributsatz ist hier ein extrem wortreicher, einschub- und angabenbelasteter Zusatz zum Attribut einer Angabe):

> beim Anblick des beurteilenden Schulrats, der seinerseits hinwiederum, ehedem selbst Lehrer und somit Angsthase, offensichtlich in der allzu engen Laufbahn von der Schule ins Schulamt zum Angstmacher metamorphosiert.

Alles, was nach *der seinerseits* kommt, der gesamte Relativsatz ist keine nähere Bestimmung zu *Schulrat* mehr, sondern die Weiterführung der Handlung. Hier mögen wird das gerade noch dulden. Aber oft wird es riskant, selbst mit einem sehr viel kürzeren Attributsatz, wie etwa in dieser Reportage:

> Uninteressiert blickt das Publikum im Saal des Landgerichts zur Tür, die geschlossen bleibt.

Da geht das Wohlwollen des Lesers vielleicht nicht mehr ohne weiteres mit. Der Relativsatz beschreibt nämlich nur scheinbar den Zustand oder eine Eigenschaft der Tür, denn da wäre es einfacher gewesen, mit einem Attribut von der *geschlossenen Tür* zu sprechen. Geschildert wird vielmehr das Andauern, das längere Sich-nicht-Öffnen der Tür, also ein eigener, neuer Sachverhalt. Und der wäre sicher besser gleichberechtigt in einem eigenem Satz aufgehoben.

Ein weiteres Problem tritt auf, wenn der Attributsatz mehrere Prädikate hat, die verschiedene Kasus verlangen. Das sieht, will man grammatisch sauber bleiben, dann ganz schön komplex aus:

> Verse, die damals aus dem politischen Zeitgeist entstanden und die heute keiner mehr kennt.

Sehen wir genau hin: Das erste *die* ist Nominativ und gehört als Subjekt zu *entstanden*, das zweite *die* ist Akkusativobjekt zu *kennt*. Damit wiederholt sich zwar das Relativpronomen *die*, aber nur scheinbar, denn der Kasus ist nicht jedesmal der gleiche. Der doppelte Relativsatz ist also, wenn auch ein wenig umständlich, korrekt gebildet. Ähnlich kompliziert und ebenso richtig ist dieser Journalisten-Satz:

> Eigentlich hat der Mann ja einen Job in einer Gesellschaft, um den und um die er nicht zu beneiden ist.

So ein Doppelbezug klingt, zugegeben, schon ein wenig nach Sprachspielerei. Immerhin ist er vorbildlich genau ausgeführt.

Von den folgenden Beispielen läßt sich das nun nicht mehr sagen. Nehmen wir als erstes ein einfaches aus dem Aufsatz eines Schülers:

> Das Mädchen hieß Sophie, dessen Namen heute eine Schule trägt.

Das Relativpronomen *dessen* will nicht recht zu jener *Sophie* passen, in deren Nähe es aber steht. Erst mit nachträglicher Verständnisarbeit erfassen wir den Zusammenhang des Attributsatzes mit *Mädchen*. Auch im nächsten Fall macht uns das Verstehen einige Mühe; mancher mag den Satz im ersten Anlauf gar für falsch halten:

> die Elite der Beamten, die das Weimarer Parlament beherrschte

Hätten wir nicht *beherrschten* erwartet, einen Plural, der sich ordentlich auf die nächststehenden *Beamten* beziehen würde? Aber nein: Der Relativsatz soll nicht diese, sondern die fernstehende *Elite* erläutern. Wieder ist ein zweiter Verständnisakt erforderlich, der die erste, sozusagen naive Auffassung korrigiert. Solch nachträgliche Selbstkorrekturen sind, wie wir inzwischen wissen, das Ergebnis eines schlechten Textes. Kein Leser nimmt derartige, nur durch die Unsauberkeit des Satzbaus verursachte Umbauten seines inneren Wissens mit Vergnügen auf sich. Da ist es direkt erleichternd, ja nur noch komisch, jene klassischen Fehlbezüge zu entdecken, die sich von selbst entlarven:

> das Credo des Gottesvolkes von Papst Paul VI., über dessen Verschwinden sich der Autor freut

Unvermeidlich die boshafte Frage, wer da nun eigentlich verschwunden ist, das Credo, das Gottesvolk oder gar der Papst. Der Wortlaut des Satzes läßt die Antwort in tiefstem Dunkel. Nur etwas weniger rätselhaft und unverständlich ist der Zusammenhang hier:

> gegen den Bau eines Observatoriums auf einem – den Apachen heiligen – Berg, an dem sich auch der Vatikan und das Max-Planck-Institut beteiligen

Beteiligen sie sich wirklich am Berg? Oder am Observatorium? Aber nein, nur am Bau des Observatoriums. Dahinter kommen wir natürlich mit der Zeit, aber es ist vergeudete Zeit und eine Mühe, die uns der Autor hätte ersparen müssen.

Einige Substantive vertragen auch ganz anders eingeleitete Attributsätze, zum Beispiel *die Frage, ob* oder *die Meinung, daß*. Müssen wir noch betonen, wie sehr solche Satzanfänge zur Freifahrt in die Weitschweifigkeit einladen, zum hemmungslosen Wortschwall?

> Der in beiden Beiträgen vertretenen Auffassung, daß die historische Verantwortung für die Zerstörung der ersten deutschen Republik und die Übergabe der staatlichen Macht an Hitler in erster Linie die konservativ-nationalen Gegner dieser Republik trifft, kann man nur beipflichten.

28 Wörter bilden diesen Attributsatz zu *Auffassung*; der Rest-Satz muß mit mageren zehn auskommen. Ein solches Gebilde ist aus der Balance geraten. Es kippt.

Gelegentlich entsteht eine gewisse Konfusion durch einen Ersatz des Relativpronomens, und zwar das Fragewort. Wenn der Verfasser etwa stärker das methodische Wie eines Vorgangs betonen will, steht ihm just dieses *wie* zur Verfügung, und zwar in Kombination mit einem Personalpronomen:

> War der Lastenausgleich, wie er im Westen seit 1948 durchgeführt wurde, Enteignung?

Auch ein so eingeleiteter Attributsatz gilt längst als durchaus korrekt. Aber nicht, wenn gar keine Methodik, kein Wie mehr gemeint ist:

> Sie brauchen nur ein Vierzigstel des Batteriesatzes, wie ihn die bisher angebotenen »alternativen« Fahrzeuge benötigen.

Wir sind einen Augenblick lang unsicher, ob die bisherigen Alternativfahrzeuge nun den größeren oder den kleineren Batteriesatz benötigen. In diesem Fall hätte ein schlichtes *den* statt des *wie ihn* die erforderliche Klarheit hergestellt. Diese Ersatzform sollte man also nur dann einsetzen, wenn eine Vorgehensweise als Vergleich angegeben wird, der jenes qualitative *wie* auch rechtfertigt. Sobald der Relativsatz aber als eindeutiges Attribut auf ein Substantiv bezogen ist, leisten die herkömmlichen Relativpronomina *der*, *die*, *das* und ihre verwandten Formen viel bessere Dienste.

Ein weiterer »Ersatz« wird ebenfalls oft schludrig angewandt, und zwar die Zusammensetzung aus *wo* und einer Präposition, also etwa *wonach*. Solche Pronomina beziehen sich immer auf den ganzen vorhergehenden Satz, niemals nur auf einen Teil davon. Ein wenig schillernd zwischen beiden Verwendungsweisen steht dieser Satz:

> Es kam zu einem Streitgespräch in der Katholischen Akademie, wobei fachkundige Teilnehmer den Eindruck hatten, ...

Mag sein, daß die Teilnehmer bei dem gesamten Vorgang *den Eindruck hatten* (und nicht nur beim Streitgespräch selbst, so daß der

Relativsatz richtig mit *bei dem* anfangen müßte). Falsch aber ist es, wenn wir so konstruieren:

> die Angst, wonach sich eine neue Gewaltspirale öffnen wird

Da hat sich der Verfasser in eine Ecke geschrieben. Er meint natürlich nicht, daß sich die Gewaltspirale zeitlich nach der Angst öffnet. Der Nachsatz ist vielmehr klarer Attributsatz zu Angst und soll diese inhaltlich genauer bestimmen. Das aber hätte sich nur durch einen kuriosen Anschluß, etwa *laut derer*, bewerkstelligen lassen. Das kam ihm zu Recht unschön vor. Die Verbesserung verwischt aber bloß die Klarheit der Sache. Hier derselbe Fehler noch einmal:

> der pazifistische Schnörkel am Ende, wonach jede Zusammenarbeit mit Geheimdiensten schizophren ist

Jetzt suggeriert uns sogar das Wort *Ende*, daß das folgende *wonach* vielleicht doch zeitlich gemeint sei. Das wäre aber ein Mißverständnis. Der Relativsatz soll sich tatsächlich auf den *Schnörkel* beziehen. Nur bedeutet jenes *wonach* eben nicht so etwas wie *laut dessen Inhalt*, was dem Autor wohl vorschwebte. Die unnötige Lesearbeit hätte er vermieden, wenn er aus dem Ausdruck einen eigenen, selbständigen Satz gebildet hätte.

Ein dritter, sehr unschöner Ersatz für das Relativpronomen macht uns ebenfalls, wenn nicht zusätzliche Mühe, so doch Ärger, und zwar das aus Dialekt und Umgangssprache stammende *wo*. Wir haben nur wenige Beispiele, in denen seine klar räumliche Bedeutung gerade noch angebracht ist:

> Dann gibt es noch einen Seitenast des Psycho-Komplexes, wo man aus dem Stand immer ein Urteil parat hat.

Das klingt hinnehmbar, da wir uns diesen *Seitenast* eventuell als räumliches Ding vorstellen können, auf dem etwas Platz findet. Beim nächsten Beispiel ist das schon schwieriger:

> eine breite bildungspolitische Debatte, wo mit Wissensstoff vollgepfropfte Bildungspläne ›entrümpelt‹ werden

Eine Debatte braucht zwar einen – gern auch »geistigen« – Raum, sie ist nicht selbst einer, wie das *wo* uns aufschwatzen will. Hier kann es statt dessen also nur *in der* heißen. Wir kennen eigentlich nur eine Ausnahmemöglichkeit, das Relativpronomen *wo* zu verwenden, nämlich dann, wenn es sich auf einen Zeitausdruck bezieht. Das ist wohl deshalb so, weil uns das Phänomen Zeit so unbegreiflich erscheint, daß wir es nur in Raumbegriffen fassen können. Leider nähert sich dieser Gebrauch recht oft einem zu familiären oder bloß mündlichen Sprachgebrauch, wie hier:

> die seltenen Augenblicke, wo man sehen konnte, daß...

Das sieht nicht so aus, als hätte sich der Autor viel Arbeit mit seiner Formulierung gemacht. Im schlimmsten Sinn des Wortes floß ihm das einfach so aus der Feder. Mehr Ausdruckswillen halten wir wohl dem nächsten Beispiel zugute. Es zeigt die Besonderheit, daß ein mit *wo* eingeleiteter Attributsatz auch ein Temporaladverb, etwa *nun*, näher bestimmen kann:

> Nun aber, wo die Ärzte eingeschüchtert durch Drohungen wirklich weniger verschreiben, heißt es plötzlich...

Noch vor kurzem hätte ein aufrechter Stilist in beiden Fällen statt des *wo* allenfalls ein *da* durchgehen lassen. Das klingt uns heute aber zu feierlich, ein paar Stufen zu hoch. Trotzdem sollte uns das fügsame *wo* nicht zu einer versehentlich dialektnahen Schreibweise verführen.

Guter Vorsatz zum Schluß: Wir müssen auch hier lernen, genauer hinzusehen, damit wir wissen, was wir tun. Um ganz sicher zu gehen, machen wir unsere Attributsätze künftig rarer und bestücken sie mit weniger Worten.

Ergebnisse

Manchmal sind Adverbien von ihrer Aufgabe überfordert. Dann werden sie durch komplexe Angaben ersetzt. Diese neigen fatal zu ausgiebiger Wucherung. – Auch Parenthesen oder Einschübe fallen oft viel zu wortreich aus. Nicht immer wird dabei auf die nötige Kongruenz geachtet. Lange Einschübe in Gedankenstrichen stoßen gelegentlich unschön mit einem Komma zusammen. – Adverbien und Angaben gehorchen einer ziemlich festen Reihenfolge des Auftretens: Temporal-, Lokal-, Kausal- und Modaladverbien oder -angaben. – In der Regel steht alles schon Bekannte, Behandelte im Satz vorn, informationsreiches Neues hinten. Kurzformel: Erst Thema, dann Rhema. – Attribute können sich zu Attributsätzen auswachsen. Seit jeher leiden sie an Überlänge und einem Mangel an klarem Bezug zum passenden Substantiv. – Relativsätze, die mit Fragewörtern eingeleitet sind, bedürfen gesteigerter Sorgfalt, um den richtigen Zusammenhang zu erhalten und nicht ungewollt in niedere Sprachebenen abzusinken.

Der unendliche Satz

Alles, sagt man sich beruhigend, geht irgendwann einmal zu Ende. Auch bei manchen Sätzen könnten wir die Tröstung gut gebrauchen. Sie stellen sich breit vor uns hin, gehen weiter und weiter, wachsen zu unwahrscheinlichen Konstruktionen heran und hören spät, sehr spät, von ihrer eigenen Weiträumigkeit erschreckt, plötzlich auf. Als hätten die Autoren nur ein Ziel im Auge: den unendlichen Satz. Allerdings endet die Aufmerksamkeit des Lesers lange vor dem Abschluß dieser syntaktischen Großbauten.

Betrachten wir zur Einstimmung die Eskalation von Subjekt und Objekt zum langen, langen Nebensatz.

Haupt- und Nebensachen

Die klassische Stilkunde stellte ganz im Ernst die Regel auf: Hauptsachen gehören in den Hauptsatz, Nebensachen in den Nebensatz. Das war in seiner Striktheit Unfug. Ganz einfach deshalb, weil oft schon das Subjekt unseres Satzes kein Substantiv mehr ist (wie in »*Mann* beißt Hund«), sondern ein komplexer Gedanke. Und den können wir nun mal nur mit einem Nebensatz ausdrücken. Deshalb können wir dem folgenden Satz keinen Vorwurf machen:

> Daß es solche Tendenzen in den Parteien gibt, ist bekannt.

Sein Subjekt, nämlich das, was *bekannt ist*, läßt sich kaum noch mit einem Substantiv darstellen (außer durch ein Unding wie *Das Vorhandensein solcher Tendenzen*). Der schwierigere Sachverhalt verlangt unabweislich nach einem Nebensatz mit *daß*; trotzdem bleibt er für unser Verständnis eine »Hauptsache.« Der *daß*-Satz ist hier überdies erfreulich kurz und macht keine Verständnismühe. Leider werden wir nicht immer so gut bedient. Hier dieselbe Konstruktion noch einmal, jetzt aber länger und mit einem Attributsatz angereichert:

> Daß ein Volksbegehren eine langfristige Arbeit ist, die

von Information, Diskussion und Bürgeraktivität lebt, ist für R. nicht vorstellbar.

So etwas braucht schon etwas mehr Lese-Geduld. Unser drittes Leserbriefbeispiel eröffnet den Satz auf die gleiche Weise, schiebt allerdings die Kernaussage erheblich weiter hinaus:

> Daß der Kongreß der Volksdeputierten noch nach Regeln des alten Regimes gewählt worden ist, während der Präsident aus freien Wahlen hervorgegangen ist, verhindert nicht...

Es kommt noch schlimmer. Offenbar fallen die letzten Hemmungen, wenn der Subjektsatz nicht vor, sondern hinter dem Prädikat steht, als täte sich da hinten der unendliche Raum auf:

> Es ist unglaublich, daß die großen Parteien in einer Blitzaktion die gesetzlichen Krankenkassen gegen ihren Willen hartnäckig zwingen wollen, von den Rentnern, soweit sie unfreiwillig vorher zu Freiwilligen geworden waren und sich eine nennenswerte Firmenpension zur niedrigen staatlichen Rente dazuverdient haben (in meinem Fall durch eigene Beiträge), über 300 Mark höhere Beiträge zu verlangen.

Ein Meisterwerk der Verschlungenheit. Der Subjektsatz reicht von *daß* bis zum späten Punkt, ruft einen Infinitivsatz hervor, der enthält einen einschränkenden Nebensatz (*soweit*), und in diesen ist noch ein Klammerzusatz eingeschoben. Dem Verfasser sind natürlich die vorgetragenen Inhalte genügend vertraut und präsent. Aber das, wir wiederholen uns, ist noch lange kein Grund, dem unvorbereiteten Leser alles auf einmal ins Gesicht zu schleudern. Bei etwas Rücksicht hätte der *soweit*-Satz als eigener Hauptsatz beginnen, mit den *großen Parteien* fortfahren und mit der Bewertung schließen müssen. So eine Reparatur ist vielleicht mühsam, aber ihr Ergebnis nimmt den Leser für den Autor ein.

Man hat sich ja in der unübersichtlicheren Welt von heute schon an vieles gewöhnt, das sich nicht mehr einfach sagen läßt. So ist auch ein Satz wie der folgende durchaus noch zumutbar, obwohl jetzt nicht nur das Subjekt, sondern auch das Objekt zum Nebensatz geworden ist:

Wer sich intensiv auf diesem Gebiet informiert hat, weiß, daß die Entwicklungssatzung keineswegs ein Instrument zur Abschöpfung des Planungsgewinnes ist.

Das Prädikat wirkt zwischen den substantivreichen *daß*-Sätzen etwas eingeschüchtert. Die gesamte Äußerung ist nicht schön, überschreitet indes noch keine Grenze der Verständlichkeit. Aber auch bei den nachgestellten Objektsätzen herrscht die gefährliche Neigung, in die Breite oder sogar, wie in diesem Beispiel, in die Tiefe zu gehen:

Er wird kaum bestreiten können, daß es leichtfertig ist, aus der »schlichten Wahrheit, daß viel Gutes getan wird«, auf die globale Stabilität der Bundesrepublik schließen zu wollen.

Hier hängt von dem ersten *daß*-Satz ein Infinitivsatz ab, dem seinerseits ein *daß*-Satz als Attribut zu *Wahrheit* eingebettet ist. Letzteren nennt man fachlich einen Nebensatz dritter Tiefe, da er von einem Nebensatz abhängt, der von einem Nebensatz abhängt, der vom Hauptsatz abhängt. So häßlich, wie diese Beschreibung klingt, so umständlich ist auch der Weg für das Leseverständnis. Es muß eine erste Stufe hinunter (*daß es*), dann eine zweite (*aus der schlichten Wahrheit*), dann eine dritte (*daß viel Gutes*) und endlich zurück auf die zweite. So ein Treppab, Treppauf ist unruhig und schwer verständlich.

Wir vermuten, daß solchem Zusammenbau ein prinzipieller Fehler zugrunde liegt. Der Autor hat sich wohl etwas gedacht, als er den Satz konstruierte; etwas so Kompliziertes entsteht ja nicht von selbst. Schließlich steht das Produkt auf dem Papier, und der Autor sieht es mit Vergnügen an: Alles, was er sagen wollte, ist untergebracht. Er betrachtet es wie ein schönes Gemälde. Ganz anders jedoch der Leser. Ihm ist der ganze Satz zunächst einmal unbekannt. Er muß ihn Wort für Wort durcharbeiten, immer der Reihe nach. Während des Lesens bildet er sich Vorstellungen, wie der Satz wohl weitergehen könnte. Beginnt nun mittendrin ein Nebensatz, so muß der Leser den übergeordneten Satz im Kopf behalten. Er tut das in der Erwartung, daß er den Faden des Hauptsatzes bald wieder aufgreifen kann. Beginnt dann aber ein zweiter, so hat er schon zwei Fäden in der Hand, die er um Gottes willen nicht fallen lassen darf. Bei einem dritten Nebensatz – aber das müssen wir wohl nicht weiterspinnen. Mit anderen Worten: Der Leser erlebt den Inhalt niemals so, wie ihn der Autor sah, nämlich als Gesamtbild. Er muß sich das Gemeinte vielmehr Zeile für Zeile selbst herstellen. Für ihn ist nichts simultan, sondern alles erst einmal linear. Diesen Unterschied hat der schlechte Schreiber vergessen.

Der gute Autor dagegen gibt uns Sätze, die ein müheloses Vorgehen erlauben. Sie ermöglichen den schlüssigen Aufbau jenes Wissens, das der Autor bereits als Ganzes im Kopf hat. Sie bieten, wie ein guter Lehrer, den Inhalt in kleinen, aufeinander aufbauenden Portionen. Sie zwingen uns nicht zum Umbau des gerade Verstandenen, lösen keine überflüssigen Überraschungen aus, sondern erleichtern uns vielmehr das Leben mit einem Text.

Sehen wir uns dazu zwei harmlose, aber lehrreiche Beispiele an. Das erste soll vorführen, wie schon an einer Kleinigkeit die Rücksicht auf den Leser zu kurz kommt. Es lautet:

> Man hätte meinen sollen, man hätte aus der Zeit zwischen 1933 und 1945 gelernt.

Und jetzt sind wir mal streng: Dieses doppelte *man hätte* legt uns nahe, es handle sich um parallele Sätze, um eine Art Wiederholung oder einen zweiten Anlauf. Diese Annahme bilden wir etwa in der Mitte des Satzes, lesen mit ihrer Hilfe weiter und – werden getäuscht. Ganz am Ende müssen wir einsehen, daß das zweite *man hätte* etwas anderes ist als das erste, und zwar der Start eines Objektsatzes. Wie gesagt, eine Kleinigkeit. Aber schon eine so geringfügige Neukonstruktion unserer Lesererwartungen ist vermeidbare Mühe, die wir dem Autor unbewußt übelnehmen. Schon ab da lesen wir mit vermindertem Vergnügen weiter.

Das Gegenbeispiel zeigt, wie ein freundlicher Autor mit dem Leser umgeht. Er erspart uns vorsorglich jede Verwirrung:

> Wer das aufschiebt oder meint, alles sollte besser beim alten bleiben, der verliert an Glaubwürdigkeit.

Es beginnt mit einem ziemlich gestreckten Subjektsatz; er reicht von *Wer* bis *bleiben* und enthält seinerseits einen Objektsatz zwischen den Kommata. Danach wird das Subjekt mit dem eingefügten *der* wieder aufgenommen und mit seinem Prädikat verknüpft. Dieses *der* ist aus grammatischer Sicht unnötig, auch ohne das Wörtchen wäre der Satz korrekt gebildet. Es erfüllt hier aber eine wichtige Funktion: Es wiederholt das Subjekt. Die Wiederaufnahme des etwas lang gewordenen *daß*-Satzes hilft dem Leser, das Ganze ohne rückblickende Vergewisserung aufzunehmen. Interesse und Leselust bleiben erhalten. Auch hier: Es ist eine Kleinigkeit, nicht der Rede wert. Aber welch angenehmer Effekt!

und und und

Die bequemste Art und Weise, mehrere Gedanken in einem einzigen Satz loszuwerden, bevor man zu einem Schlußpunkt kommt, ist die sogenannte Reihung. Die Aussagen werden einfach hintereinandergestellt, eine nach der anderen, und miteinander verbunden. Das geschieht am häufigsten mit *und* oder anderen sogenannten Konjunktionen (gelegentlich auch ohne irgendein solches »Verbindungsstück«). Jenes schlichte *und* hat es aber in sich. Es verknüpft ebenso leicht zusammenpassende wie einander widerstreitende Hauptsätze.

Die einfachste, sinnfälligste Verbindung ist die zweier paralleler Aussagen wie etwa hier:

> Mit diesem Konzept wird die Umwelt geschont, und gleichzeitig werden die verschiedenen Energieträger flexibel eingesetzt.

Einen Schritt weiter geht das nächste Beispiel. Es schließt mit *und* einen fortführenden Gedanken an. Das lassen wir uns gefallen, da er mit einem rückweisenden Pronomen *damit* arbeitet und den ersten Satz als Begründung für die Aussage des zweiten aufgreift:

> Der Leiter des Gesundheitsamtes behauptet, die Hepatitis B spiele in der Touristik keine Rolle, und begründet damit seine Unterstellung, Touristen würden unnötige Impfungen angedient.

Nur am Rande: Der Satz enthält zwei Fehler, die uns noch beschäftigen werden, erstens die unschöne Wiederholung eines Wortteils, und zweitens einen »falschen Freund«, dieses *Touristen*, das wir beim Anlesen gutgläubig für ein Subjekt halten, bis wir damit überrumpelt werden, daß es ein Dativobjekt ist. Davon abgesehen und soweit wir nur die *und*-Verknüpfung betrachten, ist er richtig gebaut.

Auch bei dieser Konjunktion begegnen wir wieder der seltsamen Manier, sie durch Kommata hervorzuheben, meist in der Journalistik:

Wo bleiben die Tabus, und, müssen sie sein?

Das erste Komma ist korrekt, das zweite eine manchmal zu weit gehende Stilfreiheit. Immerhin verbindet das so betonte *und* auch hier noch zwei passende Gedanken.

Das ist im nächsten Beispiel nicht mehr der Fall. Was da miteinander zu einem Satz verbunden wird, wirkt sperrig:

Um die Bahnschulden in den Bundeshaushalt aufzunehmen, wäre wohl eine Steuererhöhung fällig, und die Anrechnung einer Lkw-Straßenbenutzungsgebühr auf die Kfz-Steuer ist unlängst am EuGH gescheitert.

Was die beiden Aussagen überhaupt in Zusammenhang bringen könnte, ist von hoher Abstraktheit. Im Kopf des Autors mag das alles durch gute Ideenassoziationen beieinanderliegen. Die werden uns Lesern aber verschwiegen. Da wir jedoch jede Sinnleere instinktiv ablehnen, müssen wir uns den Zusammenhang mühsam selbst herstellen: Es geht wohl um die Schwierigkeiten des Staates, zu Geld zu kommen. Wieder nehmen wir die leicht vermeidbare Mehrarbeit übel, und sei es durch stillen Unmut. Hier hätte der freundliche Autor nicht nur zwei eigene Sätze gebildet, sondern sie uns durch einen erläuternden dritten Gedanken verständlicher gemacht.

Noch störender wirkt es, wenn das nicht Zusammenpassende sogar ohne *und* aneinandergereiht ist, nur durch ein schwaches Komma verbunden. Das nächste Beispiel hängt gleich drei Gedanken aneinander, der zweite und der dritte sollen die Begründungen für den ersten leisten:

Dies ist, gelinde gesagt, eine Unverschämtheit, so notleidend sind unsere Ärzte nun auch wieder nicht, außerdem würde diese Vergünstigung einen Arzt eher zum »Nichttherapieren« bringen.

Man spürt, wie erregt der Autor beim Schreiben war. Er schafft es gar nicht mehr, seinen Zorn in ordentliche Sätze zu gießen. Aber eine aufgeregte Rede ist noch kein guter Text. Zumindest nach *Un-*

verschämtheit hätte ein Punkt hingehört, schon um das Kraftwort richtig einsinken zu lassen.

Wenn gar ein eklatanter Widerspruch dargelegt werden soll, verbietet sich die unverbundene Reihung vollends. Auch in diesem Beispiel macht jemand seinem Ärger Luft:

> Wenn wir Reiter in der Landschaft den Boden verstampfen, erteilen Behörden und Gerichte Reitverbot, wenn Panzer in der Natur den gleichen Boden zermalmen, ist das Naturschutz!

Wenn er wenigstens ein Gegensatzsignal eingefügt hätte, ein *aber*, *dagegen* oder ähnliches! Noch wirkungsvoller wäre es gewesen, nach dem ersten Satz einen Punkt, eine geradezu unheildrohende Pause zu setzen.

Zusammengefaßt: Eine durch *und* oder nur durch Komma verknüpfte Satzreihe ist in Ordnung, wenn die Inhalte der Einzel-Sätze miteinander verträglich sind. Sonst aber empfiehlt es sich, jedem Gedanken einen eigenen Auftritt, den selbständigen Satz zu gönnen.

Kleine Angabe, ganz groß

Die Adverbien in ihren überschaubaren vier Gruppen sehen wirklich nicht furchterregend aus. Auch als erweiterte Angaben nehmen wir sie noch mit Verständnis auf. Unheimlich werden sie erst, wenn sie, wie angedroht, zu Nebensätzen heranwachsen. Da kann es leicht geschehen, daß statt eines kleinen Wortes plötzlich eine schier endlose Wortschlange im Hauptsatzgefüge liegt.

Was sie so besonders unangenehm macht, ist jene typisch deutsche Eigenschaft, die wir schon beim zusammengesetzten Prädikat kennengelernt haben: die Endstellung des Verbs. Und zwar steht jetzt nicht nur das Prädikat II hinten, sondern das gesamte Prädikat ist dort versammelt. Immer wenn wir also einer Konjunktion wie *weil*, *obwohl* oder *falls* begegnen, dann ist erhöhte Aufmerksamkeit geraten. Es dauert nämlich eine Weile, bis wir das dringend benötigte, sinnstiftende Verb erhalten.

Fangen wir mit ein paar Sätzen an, die sich aus Zeitangaben entwickelt haben. Das folgende Beispiel ist einer Reportage entnommen; es ist richtig gebaut, da es nicht überfordert:

Man hat lange herumgezündelt, bis dann doch der erste Konflikt der jungen Republik mit ihrer ungarischen Minderheit ausgebrochen ist.

Sehr viel mehr Inhalt hätte aber auch nicht Platz in einem Temporalsatz.

Nur wenige Konjunktionen bieten uns die Möglichkeit, sie doppelt zu gebrauchen, also im Hauptsatz zu wiederholen. Schade, denn solche Wiederaufnahme ist oft eine willkommene Verständnishilfe. Sie wird uns im nächsten Beispiel geboten, obwohl sie wegen der Kürze des Nebensatzes eigentlich unnötig und grammatisch überflüssig ist:

Denn solange Kulturpolitik von der Konkurrenz der Städte profitiert, solange ist sie davon auch bedroht.

Die Wiederholung der Konjunktion verhindert überdies, daß die beiden Prädikate *profitiert* und *ist* hart zusammenstoßen. Die Konstruktion ist gut, weil leichter verständlich.

Ein etwas modischer Dreh scheint uns dagegen nicht so empfehlenswert. Ab und zu kommt einer auf die Idee, den Nebensatz einfach abzutrennen und als eigenen Satz zwischen Punkte zu stellen:

Da sind alle Mittel recht. Solange die Minister nicht selbst zur Verantwortung gezogen werden können.

Bei einem Temporalsatz wie hier nehmen wir das nur ungern hin. Die Zeitangabe sollte, ob als Adverb oder als ganze Satzperiode, doch lieber da bleiben, wo sie hingehört, im Hauptsatz nämlich. Etwas anders sieht es mit Nebensätzen aus, die den Inhalt des vorherigen Satzes zusammenfassend weiterführen. Sie beginnen immer mit einem »Fragewort«, hier mit *was*:

Kürzungen im Familienbereich werden beim Normalverdiener zu Einsparungen führen. Was sicher eine geringere Kaufkraft zur Folge hat, was der Wirtschaft wiederum verlorengeht.

Das ist aber immer ein Notnagel, Rettung in letzter Minute vor der erschlagenden Länge des Satzgebildes. Die Methode verrät einen gewissen Mangel an Disziplin und Formwillen. Selbst dort, wo sie zum ausgesprochenen Stilmittel wird, kommt sie uns affektiert vor. In dieser Rezension zum Beispiel maßt sich ein Kausalsatz überraschende Selbständigkeit an:

> Ein gutes Buch. Weil erzählt mit dem Blick des Außenseiters, der zur großen Gesellschaft gehören wollte, der es aber nicht schafft, die Ideologie vor die eigene Wahrnehmung zu stellen.

Ist der *weil*-Satz zu so energischem Eigenleben berechtigt? Wir erinnern uns, daß ein Kausalsatz die Stelle einer Kausalangabe einnimmt; er soll einem anderen Inhalt, dem Hauptsatz, nur eine Begründung hinzufügen, in der Regel aber nicht sich selbst derartig in den Vordergrund spielen. Tut er es doch, so erfüllt er seine Aufgabe eigentlich nicht mehr. Die Angabe des Grundes geht dann leicht im ausgebreiteten Wortreichtum unter. Der Autor des obigen Beispiels hat das offenbar in Kauf genommen. Sein Hauptsatz ist absichtlich zum reinen Subjekt verkürzt, während die Angabe des Grundes bis zu einem tiefen Nebensatz hinabsteigt. Es mutet ein wenig wie Spielerei an und ist kaum zur Nachahmung geeignet.

Akzeptabler ist der alleinstehende *weil*-Satz als Antwort auf eine Frage, wie sie auch in der spontanen Umgangssprache üblich ist:

> Ja, warum eigentlich nicht? Weil dieses Land der Welt größte Ölvorkommen kontrolliert, weil es im Ölkartell die Interessen einer Großmacht vertritt, weil das feudale Familienleben der Herrscher als Faktor der Stabilität gilt.

Das ist in Ordnung. Jedes einzelne *weil* gibt einen mühelos überschaubaren Grund an, spielt sich aber nicht als Hauptsache auf.

Eine neue »Doppel-Konjunktion« für solche Begründungssätze gewinnt allmählich Heimatrecht in der Sprache. Sie lautet *wo doch* und nennt einen stark einsichtigen, sich aufdrängenden Grund. Ein wenig haftet ihr immer noch die Herkunft aus der nur mündlichen Sprache an:

> Wie können wir unsere Kinder »verkehrsgerecht« erziehen, wo doch die Raserei schon für Erwachsene zum Überlebenskampf wird?

Bisher hatte ich den Minister für lernfähig gehalten, wo er doch schon einmal die Notbremse ziehen mußte.

Wir werden diesen Gebrauch nicht gleich verdammen, sollten uns aber eine gewisse Umsicht damit auferlegen. Dieses *wo doch* steht immer noch deutlich eine Stufe unter der hier üblichen Konjunktion *da*.

Nun gibt es, sagten wir, zudem Nebensätze, deren Funktionen über die vier klassischen Adverbien hinausgehen. Mit ihnen fügen wir eine Bedingung, einen Gegensatz, einen Zweck oder auch eine Einschränkung hinzu; die Grammatik nennt sie auch Konditional-, Adversativ-, Final- und Konzessivsatz.

Der üblicherweise mit *wenn* eingeleitete Konditionalsatz ist von allen der verführerischste. Zu oft überschwemmt er den Hauptsatz mit einer zu breit ausgeführten Bedingung, wird zu weit hinten angehängt und ist seinerseits von einem abhängigen Satz abhängig. In unserem Beispiel hängt an einem *wenn*-Satz ein Subjektsatz und an diesem ein zweiter *wenn*-Satz:

> Es genügt nicht, wenn gefordert wird, daß die Wärmewerte für Außenwände nur dann gelten sollen, wenn beim Altbau der vorhandene Außenputz abgenommen und ersetzt wird.

Das ist zwar noch immer verständlich, da die Nebensätze nicht ineinander verschachtelt sind; jeder erreicht sein Ende, bevor der nächste beginnt. Und doch ist das Ganze eine nicht unstrapaziöse Konstruktion. Der Leser muß fast zu viel im Kopf behalten, bis ihm die Atempause des Schlußpunktes gegönnt wird. Oft – besonders in Fachtexten – geht es nicht anders.

Der Beispielsatz aber hätte leicht mit *Die Forderung* beginnen können; damit wäre immerhin eine Nebensatzstufe weggefallen. Als besonders fein gilt offenbar der Konditionalsatz ohne *wenn*. Wie man ihn besser nicht einsetzt, zeigt das folgende Zitat aus einem Artikel über Computer:

> Doch während dieses Vorgehen vergleichsweise preiswert ist und ein hohes Maß an Flexibilität bietet, will man von einer der verschiedenen noch in der Erprobung stehenden Neuro-Strukturen auf eine andere wechseln,...

Nur bis hierher gelesen, ist gar kein Bedingungssatz zu erkennen, denn nach dem Komma des *während*-Satzes scheint mit *will man* der Hauptsatz anzufangen. Damit ist man aber schon in die Falle getappt. Denn statt der Pünktchen geht es noch weiter, und zwar mit *arbeitet so ein System leider langsam*. Und das erst ist der richtige Hauptsatz. Was wir bisher dafür hielten, ist in Wahrheit der Konditionalsatz ohne *wenn*. Beim ersten Lesen verleitet uns wieder einmal ein »falscher Freund« zu einem Mißverständnis. Der Fehler ist unvermeidlich bei der Plazierung des *wenn*-losen Konditionalsatzes hinter einem anderen Nebensatz. Da sollte man ihn also besser nicht hinstellen. Aber auch unmittelbar an den Beginn gesetzt wirkt er unter Umständen mißverständlich:

> Machen wir weiter wie bisher, entziehen wir uns unsere eigene Lebensgrundlage.

Diesen Satz rettet nur der späte Punkt. Bis zu ihm sehen sich die beiden Sätze fatal ähnlich, als würde zweimal ungefähr das gleiche gesagt. Mit anderen Worten: Sie sehen wie zwei parallele Konditionalsätze aus. Da hilft nur noch, den Beginn des Hauptsatzes mit einem Signal zu markieren, etwa mit *dann* oder dem gehobeneren *so*:

> Werden diese Flughöhen erheblich unterschritten, so steigen die Lärmimmissionswerte deutlich an.

Mit dieser Markierung erkennen wir leichter, wo der Nebensatz zu Ende ist und der Hauptsatz anfängt. Unsere Aufmerksamkeit wird nicht in Strukturanalysen verbraucht, sondern kann sich sofort auf den Inhalt richten.

Auch beim Adversativsatz treten oft Mißverständnisse auf. Er hat den Nachteil, daß er ohne eigene Konjunktion auskommen muß; wir haben dafür nichts als das eigentlich temporale *während* zur Hand. Wollen wir also damit einen Gegensatz ausdrücken, so geht das nur mit der verdeutlichenden Hilfe des Satzinhalts. Gelegentlich wird dann nicht recht klar, ob ein Gegensatz oder nur Gleichzeitigkeit gemeint ist:

> Es ist nicht einzusehen, warum wir ein Drittel hergeben sollen, während die übrigen Bundesbürger dies nicht tun müssen.

Während der Außenminister Friedenshoffnungen zu stärken versucht, eskaliert in Südosteuropa der Krieg.

Selbst im zweiten Beispiel mit dem starken Gegensatz *Frieden – Krieg* behält jenes *während* immer noch einen Rest temporaler Bedeutung. Das nimmt aber der Leser ohne Widerspruch hin, wenn es beabsichtigt scheint.

Die dritte Art der Nebensätze, der Finalsatz, dient dazu, eine Absicht auszudrücken. Er war lange Zeit das Lieblingskind der Stilkritiker. Früher wurde er nämlich gern anstelle einer zeitlichen Abfolge eingesetzt, etwa so: *Er ging nach Rom, um dort im Jahr darauf zu sterben.* Das war ebenso falsch wie makaber erheiternd. Solcher Brauch ist selten geworden, kommt aber noch vor:

> Mit ihm verließen drei weitere junge Männer eilig die Tram, um ihr anschließend verlegen lächelnd nachzusehen.

Das war selbstverständlich nicht die Absicht der drei Männer, obwohl der Nebensatz eigentlich eine Absicht signalisiert. Er hätte genauso gut und grammatisch richtig so lauten können: *um nicht vom Kontrolleur erwischt zu werden.* Aber wir sind in diesem Punkt tolerant geworden. Es lohnt nicht mehr, dagegen eine Lanze zu brechen.

In den meisten Fällen macht der Finalsatz dem Autor ja auch kein Problem. Ebenso hat der moderne Leser gelernt, sie richtig zu verstehen. Manches, was noch vor wenigen Jahren als Fehler galt, wird heute von ihm willig akzeptiert, wenn das leichte Verständnis gesichert ist. So auch der folgende, richtig gebildete Absichtssatz aus einem Leserbrief:

> Um in der Jugendarbeit etwas zu erreichen, braucht es eine langfristige Perspektive.

Der Fehler, den frühere Stilisten darin entdeckten, ist nur mit ein wenig Grammatikvokabular vorzuführen. Sie argumentierten folgendermaßen: Der Finalsatz selbst hat ja kein Subjekt, keinen Träger der Handlung; damit wir also diesen sinngemäß ergänzen können, muß er im übergeordneten Hauptsatz genannt sein; nur dann verstehen wir das Subjekt des Hauptsatzes als den Träger der Handlung des Finalsatzes. Hätte der obige Satz demnach anders gelautet, etwa *Um... etwas zu erreichen, brauchen wir...,* so wäre für diese

Kritiker alles in Ordnung gewesen: *Wir* brauchen eine Perspektive, damit *wir* etwas erreichen. Da der Hauptsatz aber, sagten sie, nur ein inhaltsloses *es* als Subjekt hat, fehlt dem Finalsatz sein Handlungsträger.

So beckmesserisch können wir heute nicht mehr sein. Wir lesen das gedachte, dem Finalsatz in der Tat nötige Subjekt ohne Schwierigkeit in den Satz hinein. Es ist ganz einfach ein allgemeines *man* oder ähnliches.

Anders sieht die Sache aus, wenn der Finalsatz wirklich beziehungslos in der Luft hängt:

> Auch hier muß nur ein Elternteil dänisch sein, um automatisch die Staatsangehörigkeit zu erhalten.

Es geht um die dänische Staatsangehörigkeit. Und die kann der genannte Elternteil nicht erhalten, er hat sie ja schon. Der Finalsatz meint als Subjekt das Kind, das im genannten Fall dänisch werden soll. Das Kind aber kommt im Hauptsatz nicht vor, auch nichts sinngemäß Ergänzbares stellt sich beim Lesen ein. Der Autor hätte den Satz nicht mit *um ... zu* konstruieren dürfen, sondern so: *damit das Kind ... erhält.* Noch so ein Beispiel:

> Hier sollen offensichtlich Emotionen geschürt werden, um sich politisch profilieren zu können.

Der gleiche Fehler: Man kann nicht erst ein bewußt täterloses Passiv bringen und dann einen Finalsatz, der dringend, aber vergeblich nach einer Person verlangt. Soll der Leser sie sich vielleicht irgendwie selbst zusammenreimen? Diesem Finalsatz fehlt tatsächlich jedes »Subjekt.«

Die letzte Sorte Nebensatz, der Konzessivsatz, ist besonderes Interesse wert. Zunächst: Was ist seine Funktion? Wir geben damit dem Diskussionspartner ein wenig recht, »konzedieren« ihm einen Punkt. Am einfachsten leiten wir dazu den Nebensatz mit *auch wenn* ein:

> Da können Politiker, auch wenn sie bessere Einblicke haben, nicht gegen die Mehrzahl ihrer Wähler handeln.

Das ist nicht zu beanstanden, nur klingt es oft zu sehr nach Umgangssprache. Dann stehen ersatzweise feinere Konjunktionen zur Verfügung: *obwohl, obgleich* oder *wenngleich*:

Dort sind die Bildwände wesentlich größer, wenngleich 16 x 22 Meter auch hier schon eine Superleinwand signalisieren.

Im allgemeinen sind jedoch diese Konjunktionen heute unbeliebt und zeichnen eher den hochbewußten Schreiber aus. An ihre Stelle tritt eine ganze Reihe anderer Konstruktionen, die alle mit konzessiven Hauptsätzen arbeiten. Das sieht dann so aus:

Ihr Bericht mag zwar vielen frustrierten Lesern aus dem Herzen sprechen, aber gerade das macht ihn so opportunistisch.

Zugegeben, solche Vorstellung scheint verrückt. Gleichwohl: Ein Stück mit vertauschten Rollen ist allemal lehrreich.

So machte er Negativ-Schlagzeilen. Den Rausschmiß hatte er allerdings nicht verdient.

In den beiden ersten Beispielen ist der Vordersatz durch *mag zwar* oder *Zugegeben* als taktisches Entgegenkommen markiert, gleich darauf folgt jedoch mit *aber* oder *gleichwohl* das dadurch oft verstärkte Hauptargument, sozusagen jetzt erst recht. Im dritten Beispiel wird das Zugeständnis erst im Folgesatz deutlich, und zwar durch *allerdings*. Ebenso gut und häufig erfüllen diesen Zweck Adverbien wie *freilich, natürlich, gewiß* und *sicher* im Vordersatz sowie *jedenfalls* oder das gewähltere *indes* im Folgesatz.

Durch diese verblüffende Ausdrucksvielfalt unterscheiden sich die Konzessivbeispiele wohltuend von vielen anderen Nebensätzen oder Angaben. Verblüffend ist das deshalb, weil uns die Sprache auch zu jeder anderen Angabe, zu jedem Nebensatz eine vergleichbare Vielzahl an Ausdrucksweisen bereitstellt, nur werden diese erheblich seltener benützt. Die hohe Banalität mancher Texte kommt dadurch zustande, daß eine Bedingung durchgehend mit dem *wenn*-Satz gebracht wird, ein Grund stur mit *weil*. Auf die erfrischende Abwechslung durch andere, ebenso leistungsfähige Ausdrücke wird fahrlässig verzichtet. Das ist unbedacht, denn oft bieten sie uns die freie Wahl zwischen einem Nebensatz und einer knapperen Konstruktion. Für den Fall, daß der Verzicht nur aus Unkenntnis geschieht, bieten wir im Anhang dieses Buches eine Liste all dieser Varianten an.

Darin kommen allerdings einige Mätzchen nicht vor, die manchen Nebensatz aufputzen sollen. Es sind ausgestorbene Uralt-Konjunktionen, aber einige Autoren nehmen sie her, um die bohrende Schlichtheit ihres Textes zu bemänteln. Aber auch ohne diesen ja noch einsehbaren Grund begegnen wir solchen Altertümeleien:

> die zu benutzen sich kein Student schämen muß, alldieweil das Rezensionsorgan ›Arbitrium‹ schon 1985 urteilte, daß...

Ein Blick in den Duden hätte ergeben, daß *alldieweil* höchstens noch »scherzhaft« gebraucht wird. Aber das war wohl kaum die Absicht des Schreibers. Warum also?

Nur noch peinlich wirkt eine derartige Wortwahl, wenn sie überdies grammatisch falsch ist. Wir haben nichts gegen die Wiederbelebung von *zumal*, dann aber bitte richtig. So etwas:

> Das Risiko eines militärischen Eingriffs ist uns zu hoch, zumal da er nicht von strategischen Interessen beflügelt wird.

lehnen wir umstandslos ab. Entweder *zumal* oder *da*, aber bitte nicht beide hintereinander! Milder sehen wir die Verwendung von *zumal* als Verstärkung außerhalb des Kausalsatzes:

> Das Motto ist gut gewählt und wirkungsvoll zumal, weil sich auch die eigene Volksgruppe damit in Erinnerung bringen kann.

Das mag angehen, obwohl das altmodische Wort der Aussage einen Charakter verleiht, den sie vielleicht gar nicht will.

Auch dem öfter vorkommenden *wenn denn* mögen wir nicht recht zustimmen, und sei es nur aus klanglichen Gründen.

> Das Gesetz wird sicher ein Fortschritt sein – wenn denn bis zu seinem Inkrafttreten von seinem Ziel noch etwas übrig ist.

Die Absicht ist klar: Hier soll nicht irgendeine, sondern eine ganz unwahrscheinliche Bedingung genannt werden. Aber dafür steht ja das zu Unrecht vernachlässigte *falls* oder *falls überhaupt* bereit. Die Doppel-Konjunktion ist demnach so unschön wie überflüssig.

In manchen Konzessivsätzen taucht neuerdings eine andere, ebenso barocke Ausdrucksweise auf, ein sehr gesuchtes *wiewohl*, vom Duden als »veraltend« bezeichnet.

> Das Konsolidierungsprogramm wird gleichgesetzt mit dem Solidarpakt, wiewohl es sich hierbei nur um einen Bestandteil desselben handelt.

Dieser Schreiber verrät schon durch das zopfige Fürwort *desselben* einen fragwürdigen Umgang mit der Sprache.

Und was soll man schließlich davon halten, daß ein Profi-Autor einen *wenn*-Ersatz aufgreift, den es gar nicht mehr gibt?

> So der deutsche Mensch den Blick über den eigenen Nabel erhebt, wird er sehen, daß die Malaise nicht ungewöhnlich ist.

Das kommt einem affektierten Altersstil schon recht nahe. Auch mit viel Wohlwollen erscheint es uns doch ziemlich gesucht und weit hergeholt. Vorbildlich ist diese Klopstock-Schreibe nicht; das Beste wird sein, wir vergessen sie gleich wieder.

Russische Puppen

Jetzt haben wir fast alles, was die stilistische Grammatik an Instrumenten benützt. Es mag dabei noch ein paar weitere Nebensatzsorten geben; aber sie sollen uns, da seltener und weniger problembeladen, erst dann beschäftigen, wenn wir zufällig auf sie stoßen.

Dieser Abschnitt behandelt Nebensätze deshalb unter dem besonderen Aspekt: Was passiert, wenn sie gehäuft auftreten? Das kann grundsätzlich auf zweierlei Weisen geschehen. Entweder folgt ein kompletter Nebensatz dem anderen, oder – komplizierter und schwerer verständlich – die Nebensätze sind ineinandergesteckt, wie Russische Puppen.

Zuerst die Nebensatzketten.

Wir haben uns hier schon weit entfernt von einem so einfachen Hauptsatz wie »Mann beißt Hund.« Die Substantive haben sich links und rechts Attribute zugelegt, ja ganze Attributsätze; Subjekt und Objekt, vor allem die Adverbien und Angaben sind zu umfangreichen Nebensätzen herangewachsen. Und an all diesen hängen wiederum die gleichen Nebensätze, an denen wiederum andere Nebensätze – und so fort. Eine unendliche Spiegelgalerie.

Die geschickte Kombination von Nebensätzen gilt längst nicht mehr als guter Stil. Heimliche Freude macht das nur dem Bastler-Autor, dem Leser bereitet es nichts als Ärger. Der muß sich das komplexe Gebilde Nebensatz für Nebensatz erarbeiten, und die Spannung, auf welche Weise – oft sogar: ob – jeder von ihnen ordentlich zu Ende geht, wächst ins Unerträgliche. Zwei oder drei noch unerledigte Sätze behalten wir ja gern im Kopf; aber was darüber geht, ist von Übel.

Noch einmal fragen wir: Wie lang sollte ein Satz sein? Wenn wir eine bestimmte Maximallänge angeben könnten, wären wir wenigstens vor den ärgsten Nebensatz-Labyrinthen sicher. Manche Organisationen, etwa Nachrichtenagenturen, haben für sich eine Höchstgrenze von 20 Wörtern als wünschenswert, 30 Wörter als absolutes Maximum festgelegt. Andere schreiben lieber Mittelwerte vor; nach ihnen soll der Satz im Schnitt 15 Wörter lang sein. Als starre Vorschrift sind diese Maße natürlich Unfug, als pädagogische Maßnahme jedoch ein Segen. Sie hindern uns nämlich, beim Aneinanderkleben von Sätzen sorglos zu werden.

Wir werden gleich Beispiele von vierter, ja fünfter Nebensatztiefe erleben. Spätestens hier und besonders, wenn diese Nebensätze noch wortreich aufgeschwemmt daherkommen, wird das Verständnis des Lesers überfordert und seine Sympathie für den Text verspielt. Gerade noch gut geht das bei Nebensätzen, die mit ihrem Prädikat abschließen, bevor der nächste beginnt. So etwas nennt man auch eine Satztreppe, weil man gewissermaßen stufenweise in die Tiefe der Nebensätze hinabsteigt. Sind diese aber vielfach ineinandergesteckt, in jeder Schachtel eine neue Schachtel, dann ergibt sich ein mühevolles Auf und Ab, bis wir sie alle richtig beieinanderhaben. Als Spielzeug sind Russische Puppen lustig, im Satzbau nicht mehr.[2]

Sehen wir uns zunächst die einfacheren Satztreppen an. Um die Stufen kenntlich zu machen, rücken wir jeden abhängigen Nebensatz ein wenig nach rechts ein, damit die Treppe sichtbar wird. Das sieht dann beispielsweise so aus:

2 Den Begriff geprägt hat Hans Jürgen Heringer in: Wege zum verstehenden Lesen, München 1978.

Unvollständig und den Gesamtzusammenhang nicht
korrekt gibt wieder,
  daß der Artikel nicht berichtet,
    daß ich die Rechtsordnung in der Gefahr ihres
    schleichenden Verfalls sehe,
      wenn der Staat von seiner Autorität nur zögerli-
      chen Gebrauch macht.

Was links am Rand beginnt, ist der Beginn des Hauptsatzes; an ihm
hängt ein Nebensatz, daran ein zweiter und daran ein dritter. Wir
sind drei Stufen nach unten gestiegen. Mit anderen Worten: Der
wenn-Satz ist ein Nebensatz 3. Tiefe. Man wird das nicht mehr
freundlichen Satzbau nennen. Denn bis in die letzte Tiefe müssen wir
alles vorher Gesagte im Kopf behalten, insbesondere den Hauptsatz
und seine gewichtigen Adjektive. Aber Klarheit war vielleicht gar
nicht mal die Absicht des Autors. Was wir da vor uns haben, ist nämlich das höchst clever formulierte Dementi eines Abgeordneten.
  Unser nächstes Beispiel führt uns noch eine Stufe weiter:

Bei der Frage nach den Ursachen für die rechtsradikale
Gewalt ist der Bericht in Ihrer Zeitung wichtig,
  in dem der Parteivorsitzende erschrocken berichtet,
    daß R. im Gespräch vom 29. Januar erklärt habe,
      man solle freiwerdende Kasernen nicht für die
      Unterbringung von Asylbewerbern zur Verfü-
      gung stellen,
        um den Druck in der Asyldiskussion aufrecht-
        zuerhalten.

Und doch ist das etwas leichter zu verstehen als das obige Beispiel.
Der Hauptsatz dient eher als Einleitung, und die wichtigste, die
schockierende Information kommt erst ganz zum Schluß. Nur mit
äußerster Mühe verständlich ist aber der folgende Leserbriefsatz:

Es ist also die Garantie der Gewissensfreiheit,
  die erst die Mehrheit im Rechtsstaat des Grundgesetzes
  legitimiert,
    verbindliches Recht für alle zu schaffen,
      weil sie die Entpflichtung dessen in Kauf nimmt,
        dessen Gewissen anders schlägt
        und der deswegen nicht soll auswandern müs-
        sen.

Das liegt allerdings nicht allein an der tiefen Satztreppe. Schuld daran tragen vor allem der Fachjargon und der Wirrwarr gleich am Anfang, wer wen legitimiert. Eine so komplexe Botschaft wäre dem juristischen Laien um vieles eingängiger, wenn der Autor sie nicht als vierstufige Treppe konstruiert hätte.

Die Gefahr eines zu langen Einschubs kennen wir bereits. Da ist es also zusätzlicher Unfug, in den Einschub noch einen Haufen Nebensätze zu stecken wie hier:

> Wer jedoch Mode und Marken berücksichtigt
> – und spätestens ab dem zehnten Lebensjahr ihrer Kinder müssen Eltern dies tun,
> um zu vermeiden,
> daß ihr Nachwuchs von Gleichaltrigen verlacht
> oder gar ausgeschlossen wird –
>
> muß mindestens das Drei- bis Vierfache berappen,
> selbst wenn er auf Sonderangebote und Schlußverkaufsartikel zurückgreift.

Die Satztreppe zwischen den Gedankenstrichen ist ein typisch nachgeschobener Späteinfall. Ein sorgsamerer Autor würde den Inhalt niemals hier anbringen, sondern ihm einen eigenen Satz vorher einräumen und nicht so ein Mammut hinstellen.

Unser letztes Beispiel ist eine Treppe mit fünf Stufen:

> Ich halte es für meine Pflicht,
> Sie darüber zu informieren,
> daß der Artikel des Herrn G. ferner ignoriert,
> daß der Verfassunggebende Kongreß,
> der das Ergebnis allgemeiner und freier Wahlen
> auf dem gesamten Territorium des Landes unter Aufsicht internationaler Beobachter ist,
> am 23. Februar dieses Jahres einen Beschluß verabschiedet hat,
> der besagt,
> daß es dort keine Menschenrechtsverletzungen gibt.

Das ist ein Weg von vier Stufen abwärts, dann zurück auf die vorherige Stufe und wieder zwei Stufen hinunter. Der Riesensatz hat scheinbar Angst vor seinem eigenen Ende. Wir müssen zugeben, daß er von einem ausländischen Diplomaten stammt; vielleicht war der Autor stolz darauf, solchen Gigantismus gemeistert zu haben. Warum sagt ihm niemand, daß so etwas allenfalls ein deutscher Satz ist, aber kein guter?

Nun zu den Russischen Puppen. Seit hundert Jahren schleppt sich dazu ein Beispielsatz durch die Stillehren, den irgendwer einmal erfunden und als authentisch ausgegeben hat. Der Kuriosität halber sei er auch hier zitiert: *Derjenige, der denjenigen, der den Pfahl, der an der Brücke, die an dem Weg, der nach Worms führt, liegt, steht, umgeworfen hat, anzeigt, erhält eine Belohnung.* So viel Bosheit, sechs Prädikate aneinander, trauen wir nicht mal einem Ministerialbeamten des 19. Jahrhunderts zu. Im übrigen ist diese Sorte Schachtelsatz tatsächlich veraltet.

Aber auch ihre heutigen Schwundformen sind erschreckend genug:

> Soweit ein Vorstandsmitglied der größten Bank dieses Staates,
>> bei der man zunächst einmal unterstellt,
>>> daß sie weiteren Eingriffen des Fiskus abhold ist,
>>>> gleichgültig welcher Art diese sein mögen,
>> den Klassenkampf von oben anheizen will,
> muß er sich vorhalten lassen,
> daß…

Brechen wir ab. Listigerweise fängt das Riesending nicht mit dem Haupt-, sondern einem Nebensatz an, und von dem aus geht es noch zwei Stufen tiefer, bevor er seinen Abschluß findet; dann aber kommt der Hauptsatz, der seinerseits einen Objektsatz nach sich zieht. So mit räumlichen Einrückungen dargestellt wirkt der Langsatz sogar noch relativ übersichtlich. Man stelle sich diese Überlänge einmal hintereinander in Zeilen vor: Nur ein in Latein-Analysen-Beschlagener stiege da noch durch.

Kein Wunder, daß manchem dieser Satz-Architekten unterwegs ein wesentliches Bauteil, das Prädikat, verlorengeht:

> Daß ausgerechnet im Kreisjugendring die Wirkung,
>> die die Gewalt,
>>> die im Fernsehen tagaus, tagein zur »Unterhal-
>>> tung« in die Kinderzimmer gelangt,
>> nicht in den Vordergrund gestellt worden sein sollte,
> erscheint mir unbegreiflich.

Vielleicht merken wir beim ersten Lesen gar nicht, wo da was fehlt. Das passiert uns aber nur, weil wir vor immer neuen Verschachtelungen längst den Überblick verloren haben. Warum hat der Schreiber nicht wenigstens mit dem Hauptsatz begonnen? So kommt der Wortschwall nur noch als dunkles Rauschen bei uns an, dessen Sinn wir nicht mal mehr erraten mögen. Also, wo fehlt hier etwas? Antwort: Der Attributsatz *die die Gewalt* hat kein Prädikat; nach *gelangt* müßte *ausübt* stehen oder ähnliches.

Ein letztes Horrorstück dieser Art:

> Somit wurde er,
>> da es sich um einen Provokateur,
>>> der möglicherweise den Tod von Grenzpolizisten
>>> und NVA-Angehörigen heraufbeschwor (welch in-
>>> fame Handlungslegitimation und Gedankenmani-
>>> pulation),
>> zum Abschuß freigegeben.

Der Satz enthält einen Nebensatz 1. Tiefe (*da es sich*...) und dieser einen von 2. Tiefe (*der möglicherweise*) samt Klammer-Einschub. Aber der erste dieser beiden ist nicht abgeschlossen; ihm fehlt, wie eben, ein Prädikat, in diesem Fall *handelte*. Hat es einer gemerkt? Oder ist auch bei diesem Wort-Vulkan eh schon alles egal? Dem Autor war offensichtlich nicht nur die Grammatik gleichgültig, sondern auch das Interesse seiner Leser. Und das ist allemal unverzeihlich.

An dieser Stelle soll aber auch wieder Schluß sein mit den Negativbeispielen. Einen pädagogischen Effekt haben sie sowieso nicht; im Gegenteil: Fast jeder genießt die Monstrositäten mit schönschaurigem Gruseln und der Gewißheit, selbst nie etwas so Abscheuliches getan zu haben. Dazu nur so viel: Solche Selbstgewißheit ist oft unberechtigt. Im übrigen kommen wir zu Satztreppen und Russischen Puppen später noch einmal.

Ergebnisse

Die Satzteile Subjekt und Objekt nehmen oft unvermeidlich die Form eines Nebensatzes (meist mit *daß*) an. Gefährlich lang und unübersichtlich werden solche *daß*-Sätze, wenn sie nach dem Prädikat des Hauptsatzes kommen. – Ein guter Autor vergißt niemals, daß dem Leser das schöne Satzgebilde nicht als Ganzes vor Augen steht, sondern daß es Zeile für Zeile, Wort für Wort abgearbeitet wird. Verständlich bleibt es also nur, wenn auf diesem Weg keine Stolpersteine herumliegen. – Zu oft werden durch *und* unverträgliche Sätze aneinandergereiht, die wir besser getrennt halten sollten. – Die adverbialen Angaben wachsen sich oft zu weiträumigen Nebensätzen aus und überschwemmen die Hauptaussage mit Nebensachen. Außerdem leiden sie unter der Möglichkeit, ihnen selbst weitere Nebensätze anzuhängen. – Kausalsätze ohne *wenn* werden lesefreundlicher durch ein Signal, das den Beginn des Hauptsatzes kennzeichnet. – Final- oder Absichtssätze sind nur mit einem ordentlichen Subjektbezug akzeptabel. – Viel zu wenig wird statt der Nebensätze von anderen, gleichwertigen Ausdrucksmitteln Gebrauch gemacht (siehe dazu die Liste im Anhang). – Der Versuch, die Schlichtheit des Gedankens mit preziösen Konjunktionen zu kaschieren, ist durchsichtig und eines guten Autors unwürdig. – Kurze Satztreppen, in denen jeder Nebensatz abgeschlossen ist, nehmen wir noch hin. Mehrfach verschachtelte Nebensätze aber, ungute Russische Puppen, sind schlechter Stil und eine Strapaze. Die segensreiche Faustregel dagegen: 20 Wörter pro Satz sind wünschenswert, 30 Wörter absolute Obergrenze.

Pausenzeichen

Das Auge des geübten Lesers, sagten wir, gleitet nicht den Text entlang, sondern es springt vorwärts, jedesmal ungefähr acht bis zwölf Buchstaben weit. Woher weiß es aber, wieweit genau es springen muß? Eine wundersame Einrichtung kommt ihm dabei zu Hilfe: Es nimmt nämlich außerhalb des angesprungenen Blickpunkts noch andere Dinge wahr, wenn auch nicht so scharf wie im Zentrum; und was es da sieht, bestimmt das Ziel des nächsten Augensprungs. Diese nur unscharfen Wahrnehmungen müssen für ihren Zweck leicht erkennbar sein. Es sind vor allem die Wortgrenzen, das Weiße zwischen den Wörtern. Dort findet die Lese-Arbeit sogar willkommene Ruhepunkte zwischen den Satzteilen und den Sätzen selbst. Und was markiert diese wichtigen »Haltestellen«? Meist das Komma, ein leider oft mißachtetes Satzzeichen, aber auch das fast ausgestorbene Semikolon sowie zwischen den Sätzen Frage- und Ausrufezeichen und der Punkt.

Gehen wir sie kurz der Reihe nach durch.

Am häufigsten ist die abschließende Grenze des Satzes der Punkt. Bis hierher, so lautet dessen Botschaft, sind alle Nebensätze ordentlich aufgeräumt, die ausgesponnenen Fäden wieder miteinander verknüpft, der ausgedrückte Gedanke beendet. Der Punkt ist die kurze Rast auf dem Weg durch den Text.

Noch auffälliger erscheint am Ende das Ausrufezeichen. Es signalisiert uns, daß den Satz mit besonderer Erregung geladen ist oder hohe Bedeutung erhalten soll. Gelegentlich ist das Ausrufezeichen aber auch deutlich kritisch gemeint:

So sollen zum Beispiel die Büroräume für Abgeordnete in Berlin doppelt so groß werden wie in Bonn!

Mäßig verwendet ist das durchaus wirksam, zu oft gesetzt jedoch ein Unding, denn eine Dauererregung verliert jede Besonderheit. Auch die Meinung, drei Ausrufezeichen

Toi, toi, toi!!!

seien irgendwie intensiver, irrt sich; es ist aufgeregter Kindergartenstil.

Schwieriger zu fällen ist ein Urteil über die Methode, das Ausrufezeichen, in Klammern gehüllt, als Zeichen des Unmuts oder besonderen Hinweis mitten in den Satz zu stellen:

Der soziale Nutzen des Autos beträgt wenigstens 225 Milliarden Mark, meint die von der Deutschen Bundesbahn (!) in Auftrag gegebene Studie.

Wir verstehen sofort, was dieses *(!)* bedeuten soll: »Wenn schon die Bundesbahn den Nutzen des Autos so hoch ansetzt, dann muß das wohl stimmen!« Das Satzzeichen an dieser Stelle leistet also genau das, was der Autor wollte, zudem mit äußerst geringem Platzaufwand. Das spräche für dieses Verfahren. Gegenargument: Das Ausrufezeichen in Klammern kommt in Reportagen oder Leitartikeln nicht vor, schon gar nicht in guten Sachbüchern, deren Stil höhere Objektivität anstrebt. Daran mag eines deutlich werden: Die Heimat des *(!)* ist das private Leben, das Tagebuch und der persönliche Brief. Von dort geht es nun in andere Textformen über, zum Beispiel den öffentlichen Leserbrief. Auch dort entfaltet es seine im guten Sinn »subjektive« Wirkung als verknappte Andeutung eines dem Autor wichtigen Aspekts. Zielt der Text jedoch auf objektive Sachlichkeit, so scheint dieses Mittel nicht so sehr am Platz. Dann ist es auf jeden Fall sicherer, den Hinweis nicht als typographisches Symbol zu setzen, sondern sprachlich auszuformulieren.

Bei zwei Satzzeichen hintereinander beginnt jedoch die Ästhetik zu leiden. Mit zu hoher Bedeutungslast beladen ist etwa die Kombination von Ausrufe- und Fragezeichen, und zwar in jeder Reihenfolge:

> Interessanterweise (welch neue Idee!?) kommen die Politiker immer wieder auf die Mineralölsteuer als Geldquelle.

> Hat man das je drastischer zu spüren bekommen als bei diesem Klamaukstückchen deutscher Justiz?!

Das erste Doppelzeichen soll dem Leser sagen: »Vorsicht, es handelt sich um Ironie!« Es bleibt aber zweifelhaft, ob das Fragezeichen hier überhaupt nötig ist; das Ausrufezeichen allein hätte wohl denselben Effekt gehabt. Vielleicht ist sogar der ganze Klammereinschub unnötig, nämlich dann, wenn der Satz seine Ironie von selbst verrät. Die Satzzeichenkombination im zweiten Beispiel soll die Äußerung zur rhetorischen Frage machen, das heißt zu einer Frage, die sich von selbst beantwortet. Das gelingt dem Satz aber schon in der vorliegenden Formulierung. Dieses *?!* ist überflüssig. Ganz allgemein: In keinem Fall ist es guter Stil, den Leser mit der Nase auf das Gemeinte zu stoßen.

Ganz Mutige stellen ein Fragezeichen auch mal mitten zwischen die Wörter, wie in diesem Zeitungsartikelsatz:

> Angeblich will der Verlag in den kommenden fünf Jahren 160? 250? 100? Millionen Mark, die Zahlen differieren ein bißchen, für die neue Zeitschrift bereitstellen.

Das scheint riskant, macht sich hier aber als leichte Unruhe recht
gut, da sie mit dem eingeschobenen Satz sofort erklärt wird.

Der Doppelpunkt ist bei Profi-Autoren erheblich beliebter als
bei Laien. Riskantes sei allerdings nicht zur Nachahmung empfohlen, wie etwa die Abtrennung eines Attributs von seinem Substantiv:

> Hoffentlich aber vergißt er in dem Geschützlärm nicht
> Amerikas historische Rolle: als Vorreiter des Freihandels
> seit 1945.

So etwas hält die Lektüre auf. Die Absicht des Autors ist erkennbar. Der Doppelpunkt legt in den Satz eine Pause, die spannungs-
fördernd wirken soll. Das ist wohl auch gelungen. Der Preis dafür – die Aufspaltung des Objekts in zwei Teile – ist manchem
Leser aber zu hoch. Günstiger steht der Doppelpunkt, wenn er
keinen Satzteil zerreißt, sondern einen Nebensatz mit *daß* ein-
spart:

> Nun ist es offiziell und bewiesen: Der amerikanische
> Aids-Forscher G. hat gelogen.

> ...zu zeigen, was Kinder und Greise gemeinsam haben:
> ihre Ohnmacht, die sie nur mit einer Mischung aus
> Naivität und Instinkt überwinden können.

Auch die berühmten drei Pünktchen werden von berufsmäßigen
Schreibern geschickter benützt als in Leserbriefen. Hier ein Beispiel für die richtige Verwendung:

> Und Künstler gibt's wie Sand am Meer. Sponsoren da-
> gegen...

Das gibt dem Leser im besten Sinn des Wortes zu denken. Er reagiert darauf etwa mit »Ja, so isses!«, einem inneren Kommentar.
Daß dieser Impuls auch bösartigen Zwecken dienen kann, sieht
man am folgenden Zeitungssatz:

> Zehn Tage später wurde ein anderer junger Nigerianer
> gefaßt, der fünf Asylanträge gestellt hatte, Sozialhilfe
> bezog und mit Autos handelte...

Hier wird so getan, als hätte der junge Mann noch ganz andere
Sachen auf dem Kerbholz. Die aber werden nicht genannt, son-

dern nur angedeutet. Solche Pünktchen sind üble Nachrede. Spätestens die Schlußredaktion hätte sie ersatzlos streichen müssen.

Die Funktion der Pünktchen als sittsame Verhüllung hätten wir gern für unmöglich gehalten. Es gibt sie aber noch, wenn zum Beispiel einem Leserbriefschreiber das Lutherzitat

Aus einem verzagten A… kommt niemals ein fröhlicher F…

ausformuliert zu drastisch erscheint. Aber dieser Gebrauch kommt uns ein wenig zu altmodisch verschämt vor. Wir leben in Zeiten, die aussprechen und ausschreiben, was sie zu sagen haben. Ein saftiges Stück Drastik wird heute eher hingenommen als früher, und wo wir etwas wirklich nicht mehr schreiben können, da sollten wir auch keine Pünktchen hinsetzen.

Zum Gedankenstrich haben wir uns schon bei den Nebensätzen eine Meinung gebildet. Als Wundermittel, für das Ausklammern von zu langen Attributsätzen etwa ist er von Haus aus nicht geeignet. Milder ist wohl die gelegentliche Heraushebung eines Attributs durch Einfassung in Gedankenstriche zu beurteilen. Nimmt dieses Strukturmittel jedoch überhand, sieht die Sache schon anders aus, wie zum Beispiel hier:

wenn von dieser – absurden und fast beleidigenden – Grundannahme aus die – notwendigen – Überlegungen angestellt werden.

Der Satz hat jeden ruhigen, übersichtlichen Fluß verloren; er wirkt hektisch. Warum der Gedankenstrich überhaupt so heißt, wird nicht mehr deutlich. Seinen Charakter, nämlich einen neuen, überraschenden Gedanken einzuleiten, besitzt er nur noch in Beispielen wie diesem:

Diese Menschen waren meist Katholiken – tiefer konnte man in der Achtung der Niederländer kaum fallen.

Es ist schade, daß der richtige Gebrauch dieses Satzzeichens allmählich zur Seltenheit wird. Allen umsichtigen Schreibern sei er also ans Herz gelegt.

Das Komma setzen wir im Deutschen reichlicher als andere Sprachen. Gewisse Auswüchse seiner komplizierten Regelung werden sicher der Rechtschreibreform zum Opfer fallen, und das wird auch gut sein. Vor dem abhängigen Satz aber sollte es bleiben. Dort markiert es dem Verständnis ein kurzes Innehalten, bevor es in die Nebenhandlung geht. Sein Fehlen macht sich ja auch störend bemerkbar:

> Ich habe da Probleme zu verstehen, was in der Praxis verbessert werden kann.

Das klingt so, als ob der Schreiber die »Probleme verstehen müßte«; das aber wäre widersinnig, wie wir im Weiterlesen erkennen. Nach *Probleme* hätte also ein Komma hingehört, und das Mißverständnis wäre vermieden.

Die stilistische Ergiebigkeit des Kommas ist im allgemeinen gering. Die wenigen Möglichkeiten, die es uns bietet, wurden oben, beim Attribut und beim Adverb, bereits angeführt.

Der Strichpunkt ist endgültig zum Kennzeichen für hochbewußtes Schreiben geworden, ein Satzzeichen für Fortgeschrittene. Es markierte einst die feine Grenze zwischen Sätzen, die zwar weitgehend eigenständig sind, aber nicht so sehr, daß sie durch einen Punkt getrennt sein dürften. Einen Beleg für diesen sensiblen Gebrauch haben wir gefunden:

> Die Ortskirche durfte ihren eigenen Konferenzmodus nicht finden, die freie Meinungsbildung wurde unterbunden, prophetische Gesten hat man verhindert; die Konferenz der lateinamerikanischen Bischöfe wurde römisch dominiert.

Man könnte darüber streiten, ob statt des ersten Kommas nicht ebenfalls ein Semikolon stehen sollte; falsch wäre es sicher nicht. Aber immerhin ist der Gedanke im letzten Satz durch das rare Satzzeichen vom Vorhergehenden getrennt. Ganz eindeutig unterlassen wurde das im nächsten Beispiel. Hier hätte auf jeden Fall der erste Satz von den folgenden stärker abgesetzt werden müssen:

> Selbst die Sonne wird nach vielen Jahrmillionen einmal erlöschen, ihre unermeßliche Energie gibt es dann zwar noch, aber sie ist zu einer nutzlosen Wärmesuppe geworden.

Obwohl die drei Sätze inhaltlich zusammengehören, sind sie nicht gleichrangig. Die beiden letzten stehen sich durch *zwar...aber* näher als dem ersten: Nach diesem sollte also besser ein Semikolon eingefügt werden.

Selten taucht es heute noch in Reihungen längerer Sätze auf, die ihrerseits Kommata enthalten:

> Wer Literaturausstellungen besucht, die er nicht mag; wer sich als erstes am Rechnungsbuch festhält, dessen Kuriosität nur darin besteht, daß es erhalten ist; wer sich in dieses Hauptbuch vergafft, der sieht keine anderen Kostbarkeiten.

So etwas ist dem Auge des Lesers willkommene Entlastung. Ein Hinweis für Feinschmecker: Statt des letzten Kommas könnte auch ein Doppelpunkt stehen. Aber das wäre so vollendete Zeichensetzung, wie fast nur noch das 19. Jahrhundert sie beherrschte.

Jetzt bleibt uns nur noch, den gegenwärtig grassierenden Mißbrauch der Gänsefüßchen anzuprangern. Richtig sind sie beim wörtlichen Zitieren, bei der Einführung eines neuartigen Begriffs oder bei ironischer Distanzierung. So mag einer »Berliner« und »Bonner« zu Anhängern und Gegnern des Regierungsumzugs umdefinieren:

> Die »Berliner« hauen den »Bonnern« überhöhte Baukosten um die Ohren.

Und ein Gegner der Gleichberechtigung kann sich, wenigstens sprachlich berechtigt, mit Gänsefüßchen über einen modernen Begriff lustig machen:

> Da hat er bei den »BürgerInnen« ins Fettnäpfchen getreten.

Er lehnt damit das Kunstwort für sich ab; es gehört nicht zu seiner Redeweise. Auch mit dem ausdrücklichen Zitat verdeutlichen wir oft eine dringend nötige Demaskierung oder die scharfe Anklage:

> Die Bundesrepublik soll damit offenbar nicht nur asylanten-, sondern nun auch noch »ausländerfrei« gehalten werden.

Nur hätte hier vorsichtshalber auch *asylanten-* in Gänsefüßchen stehen müssen, da der Autor sich diesen Begriff wohl nicht zu eigen machen wollte. Umgekehrt liegt das folgende Beispiel, hier sind die Gänsefüßchen einmal zu oft gesetzt:

Im Vergleich zu den Affären anderer Genossen ist seine »Lüge« wahrhaftig eine »Petitesse.«

Das Zitat »Lüge« ist korrekt gekennzeichnet. Was aber tun die Gänsefüßchen dem Wort *Petitesse* an? Will der Verfasser sich auch von diesem Begriff distanzieren? Wohl kaum! Ihn wollte er sicher wörtlich, als eigene Überzeugung und Gegenargument anführen. Da also müssen die Anführungszeichen gestrichen werden.

Nicht nötig sind die Anführungszeichen endlich bei allem, was geläufige Rede, allgemein bekannter Wortgebrauch ist. Dazu gehören selbstverständlich auch so alltägliche Redensarten wie zum Beispiel *unter die Lupe nehmen.* Dieses

Es ist doch stets Platz in Ihrer Zeitung, jedes kleine Skandälchen »unter die Lupe« zu nehmen.

ist also geradezu schädlich. Durch die Gänsefüßchen verliert nämlich die Redensart an Wirkung; sie tritt sozusagen zu schüchtern auf, als wäre sie gar nicht so gemeint. Ebenso unsinnig werden andere Redewendungen in Anführungszeichen versteckt: *eine Suppe auslöffeln*, der *Grüne Tisch*, die *heiligen Kühe* oder das *hohe Roß.* Vermutlich geschieht es aus Unsicherheit, jedenfalls unterschätzt der Autor die Bekanntheit der Redensart. Nur im äußersten Fall verdächtigen wir ihn, er wollte mit den Gänsefüßchen eine Originalität vorlegen, die der Ausdruck nun wirklich nicht besitzt. Es bleibt also ein wenig schleierhaft, weshalb um so Hausbackenes herum fortwährend Gänsefüßchen sprießen.

Ein abschließendes Wort: Daß fast alle Negativbeispiele hier aus Leserbriefen, die vorbildlichen meist von berufsmäßigen Schreibern stammen, ist bedauerlich. Auch der Laien-Autor täte also gut daran, den Satzzeichen höhere Aufmerksamkeit zuzuwenden. Sie sehen nur unscheinbar aus. Umsichtig gesetzt sind sie jedoch jedem Leser eine Wohltat.

Das Endprodukt

Graumasse

Der Zeitungsjargon bezeichnet mit diesem unansehnlichen Wort den Text, der auf einer Seite steht, im Unterschied zu den Fotos. Ein leider gut gewählter Ausdruck. Denn oft wälzt sich uns da ein echter Buchstabenteig entgegen.

Was soll ein Text? Im Normalfall erwartet der Autor, daß der Leser nach der Lektüre mehr weiß als vorher. Das geht zweifellos dann am leichtesten, wenn sich das neue Wissen ohne Mühe mit schon vorhandenem Wissen verknüpfen läßt. Das Prinzip klingt banal, und scheinbar rennen wir damit nur offene Türen ein. Aber wir haben gesehen, daß der Grundsatz nicht nur allgemein die Verständlichkeit betrifft, sondern bis in den Satzbau hinein praktisch wirksam ist. Wir kommen in diesem Abschnitt noch einmal darauf zurück. Als formlose Masse wäre tatsächlich jeder Text ungenießbar. Wir werden uns also zuerst damit beschäftigen, welche innere Struktur das Geschriebene haben sollte.

Baupläne

Warum wirkt Bambi anrührend? Weil wir, sagt die Psychologie, ein Kindchenschema im Kopf haben; durch das Rehbaby wird es aktiviert und löst Gefühle der Zuwendung aus. Und das ist natürlich nicht das einzige Schema, über das wir verfügen. Man nimmt an, daß unser gesamter Wissensvorrat in derartigen Schemata organisiert ist. Sind wir flexibel, so sind auch die Schemata für neue Erfahrungen offen; sind wir verbohrt, so denken wir nur noch »schematisch«. In jedem Fall erleichtern uns Schemata das Erfassen der Wirklichkeit. Wir wissen, was wir zu erwarten haben. Wir müssen nicht dauernd das Rad von neuem erfinden.

Auch beim Lesen aktivieren wir solche feststehenden Erwartungsbilder. Wir verlangen beispielsweise, daß ein Kochrezept wie ein Kochrezept gebaut ist, also etwa die gewohnte Abfolge (Zutaten, Zubereitung, Beilagen) einhält. Wir wären unangenehm überrascht, wenn es wie ein Shakespeare-Drama anfinge oder im griechischen Odenmaß geschrieben wäre. Man hat versucht, für jede Textsorte eine erwartbare, typische Struktur zu finden: mit gewissem Erfolg.

– Erzählungen haben meist einen zeitlichen Aufbau, Episode folgt auf Episode, Schema: Zuerst – und dann – und dann.

– Beschreibungen folgen eher einem räumlichen Vorgehen, Schema: Außen – innen, oder Unten – Mitte – oben.

– Erklärende Texte bevorzugen natürlich eine mehr begründende Darstellungsweise, Schema: Tatsache – Konsequenzen.

– Argumentationen kommen oft nicht ohne Dialektik aus, Schema: These – Antithese – Synthese.

– Handlungsanleitungen, etwa Gebrauchsanweisungen, bieten fast immer eine Liste der wissenswerten Einzelheiten, Schema: Erstens – zweitens – drittens.

Es versteht sich von selbst, daß solche Gliederungen in unseren Alltagstexten selten lupenrein vorkommen. Es ist aber gut, sie im Kopf zu behalten und je nach Lage der Dinge bewußt einzusetzen. Nur sollten wir eines nicht tun: Ohne Sinn und Verstand von einem zum anderen torkeln.

Es gibt außer den erwähnten noch ein spezielleres Textschema, das uns helfen kann, eine sachliche Darlegung recht gut zu ordnen. Man hat herausgefunden, daß Berichte über wissenschaftliche Experimente immer die gleiche Struktur aufweisen. Sie sieht folgendermaßen aus:

A. Untersuchung
  1. Problem
    a. Hintergrund
      – bisheriger Theoriestand
      – problematische Fakten
    b. Annahmen
      – Theorie, Hypothesen
      – Vorhersagen
  2. Problemlösung
    a. Experiment

- Untersuchungsaufbau
- Durchführung
b. Bewertung
- Diskussion
- Schlußfolgerungen
B. Anwendung

Selbst wenn wir dieses Schema bloß als Gliederungsvorschlag befolgen, ist oft schon gedankliche Klarheit gewonnen. Und wenn wir es als Schreibvorlage benützen, kann natürlich der eine oder andere Unterpunkt wegfallen; übrig bleibt immer noch ein gut strukturierter, also leicht verständlicher Text. Und ein weiterer, nicht zu unterschätzender Vorteil ist dabei: Wir schreiben mit Sicherheit nichts Überflüssiges.

In der Regel bietet sogar ein ziemlich naiv verfaßter Text hilfreiche Signale, die dem Leser erlauben, wenigstens etwas ähnliches wie eine innere Struktur zu erkennen. In unseren Beispielen sind das Numerierungen, Fragen und Absätze.

Gedanken mit Nummern zu versehen, ist offenbar das beliebteste dieser Mittel. Aber schon bei dieser einfachen Methode treten erste Pannen auf. Als Vorgeschmack eine kleine Unschönheit:

> Zum einen geht es wohl darum, die rechten Wähler zu halten und die Gegenpartei mit Demagogie zu verunglimpfen. Zweitens kann man ja das Volk mit Diskriminierungen auf seine Seite ziehen.

Nach dem einleitenden *Zum einen* sind wir auf die Entsprechung *Zum anderen* eingestellt; wir erwarten sie und halten beim Lesen unbewußt Ausschau nach ihr. Statt dessen wird uns dieses *Zweitens* geboten. Das stört ein wenig. Noch unschöner ist das Hereinschmuggeln einer Numerierung durch die Hintertür. Sie wird weder angekündigt, noch ordentlich mit irgendeinem *Erstens* begonnen, sondern ist plötzlich da. Ganz so, als wäre sie dem Autor erst unterwegs eingefallen. Das kann so aussehen wie in einem anderen Beispiel: Im ersten Absatz steht irgendwo mittendrin ein überraschendes *Zunächst*, der zweite Absatz beginnt mit *Das andere ist ...* und der darauffolgende mit *Zum dritten*. Es ist vielleicht nur eine Holprigkeit, aber sie ist lehrreich: Innerhalb der Ordnungssignale ist Variantenreichtum riskant. Angestrebt wird damit etwas grundsätzlich Positives, nämlich Abwechslung. Sie stellt sich aber nur

dann ein, wenn die numerierten Passagen kurz und leicht überschaubar sind. In allen anderen Fällen jedoch mindert die wechselnde Form der Signale den ordnenden Überblick.

Keinen Einwand haben wir gegen die Unterbringung der Zahlwörter in den Sätzen selbst, etwa so:

> Damit käme zum Ausdruck, daß erstens auch viele Mit-
> glieder des Philologenverbandes das Volksbegehren un-
> terstützen, daß zweitens in diesem Verband nur ein Teil
> der Gymnasiallehrer organisiert ist.

Hier ist nur etwas anderes schiefgelaufen: Vor dem zweiten *daß*
hätte natürlich ein *und* stehen müssen. So aber warten wir auf ein
drittens und kriegen es nicht. Wieder eine kleine, aber unnötige Enttäuschung des Lesers.

Selbstverständlich müssen die numerierten Textteile inhaltlich
zusammenpassen. Im folgenden Beispiel, dem Leserbrief eines
Journalisten, tanzt der Punkt vier aus der Reihe:

> 1. Herr J. behauptet, er habe den Bundeskanzler eine
> Stunde lang »freundlich« befragt, dann erst sei es »zur Sa-
> che« gegangen. Tatsache ist, ...
> 2. Herr J. behauptet, die Sendeversion sei »gegen mei-
> nen Willen« zustande gekommen. Tatsache ist, ...
> 3. Herr J. versucht, den Eindruck zu erwecken, er sei
> eine Art Opfer der Arbeitsweise unserer Gesellschaft.
> Tatsache ist, ...
> 4. Unsere Gesellschaft ist bereit, interessierten Journa-
> listen den Text des gesamten Interviews zur Verfügung
> zu stellen.

Es wäre leserfreundlicher gewesen, mit der Bezifferung beim dritten Dementi aufzuhören, denn was danach kommt, ist keines mehr.

Viel zu selten in Texten von heute finden sich Fragen, die den Inhalt gliedern helfen und zu diesem Zweck meist den Beginn eines
neuen Absatzes bilden. Jeder Dorfpfarrer kennt den erfrischenden,
die schläfrige Gemeinde wachrüttelnden Effekt solcher Leitfragen.
Viele Alltagsautoren glauben jedoch, mit der trockenen Darlegung
einer Tatsache nach der anderen genug getan zu haben. Wir müssen
schon froh sein, wenn eine direkte, absatzeinleitende Frage in einen
Aussagesatz eingebaut ist:

…Sie wurden, obwohl sie mit Auschwitz nichts zu tun hatten, 1946 hingerichtet.

Man wird mir entgegnen: Kann man mangelnden Mut zum Martyrium als Schuld anlasten?…

Der Hang des Zaren zu Mätressen interessiert wegen der »Anastasia-Frage«: Sollte sie seine natürliche Tochter gewesen sein?…

Derartige Moral- und Familienprobleme erzeugen ja von ganz allein eine gewisse Spannung. Daß Leitfragen aber auch bei einem gängigeren Sachthema eine gute Gliederung ergeben, zeigt dieses Beispiel:

…Von den alltäglichen Problemen der »wirklichen Welt« sei hingegen nicht die Rede.

Wirklich nicht? Lassen sich die Interessen der »Karrieristinnen« und der Alltagsfrauen so einfach trennen?

…Eigene Netzwerke zu bilden scheint mir demnach im Fall von Spitzenpositionen vernünftig.

Also »Schutzzollpolitik« für die Frauen? Für einen gewissen Zeitraum, ja: doch mit hoffentlich baldiger »Deregulierung.«

Der Text ist lebhaft, mit prägnanter Kürze vorgetragen, und die beiden Fragen weisen auf neue Gedanken hin, bieten sie dem Leser mit stimulierender Frische an. Aber wie gesagt, so gute Beispiele sind leider rar.

Jetzt zu den Absätzen selbst. Die »neue Zeile« wird immer nötig, wenn eine Gruppe zusammenhängender Aussagen ans Ende gekommen ist und eine neue Gedankenkette beginnt. Das klingt einfach. Aber es ließen sich zeitraubend lange Beispiele anführen, in denen ein Ideenkomplex übergangslos an den nächsten geklebt wurde, spaltenlang, ohne einen Ruhepunkt für das Auge und die angespannte Aufmerksamkeit. Die Kunst der richtigen Absätze beherrscht natürlich nur einer, der sich vor dem Hinschreiben klargemacht hat, welche Gedankengruppen er überhaupt bringen will. Dazu hilft eine Ideensammlung; aus ihr entstehen nach Hin- und Herschieben der Stichwörter zusammengehörige Komplexe und dann erst die absatzweise Niederschrift. Beinahe sehr gut ist diese ordnende Gliederung in diesem Leserbrief zu beobachten:

Der Beitrag strotzt von Irrtümern und Unterstellungen. Ich greife nur einige Beispiele heraus. Es ist völliger Unsinn (leider habe ich da keinen anderen Ausdruck zur Verfügung), wenn der Verfasser...

Die Behauptung, der neue Katechismus sei von oben verordnet worden, ist schlichtweg eine Entstellung der Wahrheit. ...

Der Angriff auf meine Aussagen über das jüdisch-griechische Erbe Europas zielt ins Leere. ...

Absurd ist auch die Rhetorik, mit der die Abwesenheit des Volkes Gottes bei der Verfasserschaft angeprangert wird. ...

Die Anklage, die wissenschaftliche Theologie sei »draußen vor der Tür« geblieben, ist in zweifacher Weise falsch: ...

Schlicht unwahr ist schließlich, was G. als Aussage des Katechismus über die Weltreligionen präsentiert. ...

Noch ein kleines Detail: Die Thomas-Zitate...

Die Note »Sehr gut« können wir dem Autor, es ist immerhin ein Kurienkardinal, nicht geben. Denn nach dem zweiten Satz, also mit seinem ersten Beispiel *Es ist völliger Unsinn*, hätte er auf jeden Fall eine neue Zeile anfangen müssen. Auch ist der ganze Text nicht frei von Koketterie (siehe den Klammersatz oben); und ob das *kleine Detail* am Ende einen markanten Schluß ergibt, kann man sich fragen. Ansonsten aber ist der Inhalt übersichtlich gegliedert.

Ein letztes, ein Gegenbeispiel. Wie man des Guten zuviel tun kann, zeigt dieser Textausschnitt aus einem Nachrichtenmagazin:

Tatsächlich aber gibt es weder ein Konzept noch ein Zentrum der Außenpolitik. Das Tauziehen um die außenpolitische Linie ist in vollem Gange.

Spionagechef P., dem beste Drähte zu arabischen Regimes nachgesagt werden, bereitet für den Staatspräsidenten dessen Indien-Besuch vor.

Parlamentspräsident C. knüpfte nach einer Mekka-Pilgerfahrt im Nahen Osten eigene Kontakte zur islamischen Welt.

Das Außenhandelsministerium vereinbarte in aller

Heimlichkeit mit dem argentinischen Verteidigungsminister die Lieferung von Militärsatelliten und Küstenschutzsystemen.

Der erste Absatz enthält immerhin noch zwei Aussagen; den übrigen geht schon nach einem Satz der Atem aus. Die Funktion des Absatzes wird hier mißachtet und der Zusammenhang in kleinste Trümmer zerhackt. Eine solche Groteske würde sich allerdings ein Alltagsschreiber wohl kaum einfallen lassen.

Fassen wir zusammen: Ein sichtbar gegliederter Text ist leicht aufnehmbar und wird damit verständlicher. Aus dem geplanten Inhalt ergibt sich meist von selbst, welche Gliederung sinnvoll ist. Aber der Autor sollte wenigstens wissen, daß es so etwas wie Ordnungsschemata gibt, die dem Leser Arbeit abnehmen.

Der Einstieg

Wir haben bereits oben den Grundsatz erwähnt: Erst das Bekannte, dann das Unbekannte. Er galt uns für den Satz, in dem vorne das stehen sollte, was der Leser aus der bisherigen Lektüre schon weiß, und weiter hinten die Neuigkeit dazu. Aus einem so gebauten Satz kann unser Kurzzeitgedächtnis die neue Information leicht behalten und in die bereits vorhandene Wissensstruktur einbauen.

Der schöne Grundsatz gilt natürlich auch für den allerersten Satz eines Textes. Woran soll der Autor hier aber anknüpfen? Er hat ja noch gar nichts gesagt! Er muß ja anfangen, ohne auf schon Gesagtes zurückgreifen zu können.

Eine der elegantesten Lösungen des Problems, dem Nicht-Fachmann ganz unbewußt, ist der klassische Märchen-Beginn *Es war einmal*: Das erste Wort ist ganz ohne Inhalt, das zweite entführt uns in die Vergangenheit, und das dritte sagt noch etwas genauer, daß diese Zeit weit zurückliegt. Erst danach wird Information geliefert, *ein König* zum Beispiel. Ohne ein Vorwissen zu aktivieren, schafft dieser Kunstgriff Einstimmung und Aufmerksamkeit. Ein idealer Eingangssatz.

Offenbar stand er Pate bei manchen Leserbriefanfängen. Die fangen zwar nicht bei Adam und Eva an, aber fast:

> Seit meiner frühesten Jugend verehre ich die Impressioni-
> sten und war schon in vielen Ausstellungen und Museen.
> Aber was ich am Sonntag, dem 25. April, in T. erlebte, ...

Das ist brav, aber ein wenig fad, weil nun mal nicht jede Biographie als Märchen abläuft. So ein weiter Rückgriff in die Vergangenheit ist heute nur noch als Verblüffungseffekt erlaubt wie in diesem Zeitungsartikel:

> Als ich vor zwölf Jahren den Verstand verlor und die
> DDR verließ, um in den Westen zu gehen, hätte ich wahr-
> scheinlich auf die Frage, was ich da suche und zu finden
> hoffe, geantwortet: die Freiheit.

Ein derartig schlicht beginnender, aber sofort ungewöhnlicher Einstieg erregt trotz der Kompliziertheit des Satzbaus unser Interesse. Leider erlaubt nicht jeder Inhalt einen so erstaunlichen Einstieg, auch dürften Überrumpelungen dieser Art nicht jedem liegen.

Da bleibt dann nichts anderes übrig, als zu Beginn auf ein Vorwissen zurückzugreifen, das wir beim Leser mit gutem Grund voraussetzen dürfen. Die frühere Aufsatzlehre schlug zu diesem Zweck gern vor, mit einem Zitat oder Sprichwort anzufangen, das jeder kennt. Und das gibt es auch heute noch:

> »Wenn zwei dasselbe tun, dann ist es nicht dasselbe«, die-
> ses alte Kabarettlied kommt einem in den Sinn bei der
> Lektüre ...

Ein solcher Beginn ist für den Laien-Autor allemal ein ungefährliches Vorgehen. Er sollte nur bei der Suche nach dem Einstiegszitat nicht gleich das erste nehmen, das ihm einfällt, sondern weitersuchen. Vielleicht findet sich ein noch geeigneteres, originelleres. Aber auch hier ist es wie mit einer Geldanlage: Die sicheren Papiere bringen nicht den größten Gewinn. Mit einem mutigen, aber einfachen Trick kann man so eine Zitat-Vorlage ein wenig verändern. Ein Artikel über eine nicht mehr junge Krimi-Figur beginnt zum Beispiel so:

> Dieser alte Mann ist ein D-Zug: Mit eiligem Greisen-
> schritt stapft Kommissar Klefisch in die Szene.

Hier wurde ein ziemlich abgegriffener Spruch benützt, die Verneinung herausoperiert, und fertig ist eine frappante Einleitung.

Der heute gängigste Anfang bleibt indes der direkte Einstieg, sozusagen mit einem Satz mitten in die Sache selbst. Auch solche Direktheit entspricht noch dem Grundsatz: Bekanntes vor Unbekanntem. Der Autor setzt nämlich stillschweigend voraus, daß sein Gegenstand schon in aller Munde und Tagesgespräch ist, eben ein »Thema.« Ihm fügt er nun ohne weiteren Aufwand die neue Information hinzu, die wir »Rhema« genannt haben. So elementar sich der direkte Einstieg gibt, so vielfältig ausgestaltet kommt er daher. Für einige Varianten haben wir gute Beispiele gefunden.

Da ist zuerst die einfache Ansage des Themas. Der Eingangssatz nennt sachlich das, worum es im weiteren gehen soll. Oft wird dabei, ganz wie in der Disputierkunst des Mittelalters, das Argument des Gegners wiedergegeben:

> Der Verfasser des Leserbriefs wirft dem Baureferat maßloses Verhalten vor, weil es die Kosten von Bauvorhaben entsprechend der allgemeinen Preisentwicklung fortschreibt. Diesen Vorgang muß jedoch jeder Verantwortungsbewußte vollziehen, wenn er nicht Schiffbruch erleiden will.

Das ist ein bißchen trocken, hat aber den Vorteil hoher Sauberkeit und Fairneß. Die Thema-Ansage kann jedoch auch richtig knackfrisch formuliert sein wie in einem Artikel, der den Leser mit dem ersten Satz zu einem überraschenden Perspektivenwechsel einlädt:

> Drehen wir die Geschichte um: Es sei nicht die DDR der Bundesrepublik beigetreten, sondern umgekehrt die Bundesrepublik der DDR.

Oder ein Artikelbeginn, der spielerisch aufgreift, was jedem von uns, angeblich, dauernd auf den Nägeln brennt:

> Die Katze hat Bauchweh und braucht einen Tierarzt? Der Hund hat einen Shampootermin um zwölf beim Friseur? Und Sie haben einfach keine Zeit, Ihr geliebtes Tier zu begleiten? Tokio hat die Antwort: einen Haustier-Taxi-Service.

Solche Fragen, ernst oder unernst, eignen sich erheblich öfter zum Einstieg in den Text, als der Durchschnittsautor es sich träumen läßt.

Als zweites haben wir die Variante »Selbstvorstellung.« Im

schlechten Fall beginnt sie mit *Als Beamter nach 25 Jahren Dienst-zeit erlaube ich mir die Anmerkung* oder ähnlich. Wir zitieren als gelungenes Gegenbeispiel einen Leserbrief:

> Ich bin Kapitän und Weserlotse i. R. Ihr Bericht ist sehr gut. Man hätte den Kapitän und fünf Mann an Bord lassen müssen. Alle Schlepperkapitäne und ihre Besatzungen sind gute Leute. Das Abschleppen wäre geglückt.

Wir sehen den Autor in seinen wortkargen Sätzen geradezu leibhaftig vor uns. Der Einstieg ist so zwingend, daß wir sogar eine kleine Unschönheit übersehen (der erste Satz endet mit einer Abkürzung, und wir erkennen nicht sofort, welche Funktion der zweite Punkt hat). Allgemeiner formuliert: Die Selbstvorstellung wirkt nur dann, wenn sie von einer starken Persönlichkeit gebracht wird.

Eine dritte Möglichkeit ist das Erzeugen von Spannung gleich im ersten Augenblick, gewissermaßen mit dem ersten Wort. Nicht immer gelingt das so gut wie in diesem Zeitungsartikel:

> Kaum haben sich die Nebelschwaden über Frankreichs »Kopftuch-Affäre« verzogen, da gibt die – selbst in der muslimischen Welt heftig umstrittene – Verhüllung auch hierzulande Anlaß zu einer höchst peinlichen Affäre.

Das Anfangswort *kaum* signalisiert, daß auch hier ein Unglück selten allein kommt, und der ganze Eingangssatz läßt den Leser vor lauter action kaum zu Atem kommen. Es kann zu Beginn aber auch langsamer und doch spannend zugehen. Dann wird zuerst scheinbar Nebensächliches geboten und die Nennung des Themas erwartungssteigernd hinausgeschoben:

> Der Leberkäse dampft. Es schäumt das Bier. Die Partei feiert. Ernst H., Abgeordneter im Deutschen Bundestag, wird fünfzig. Die Bläserfreunde Rain blähen die Backen, das Defilee ist lang, den großen Saal des Rathauses heizen dreihundert Leiber.

Obwohl so ein Zeitungsbericht schon an Literatur erinnert, mag er uns in vielem als Vorbild dienen. Die späte Thema-Ansage im dritten Satz ertragen wir gutwillig, weil die verzögernden Details nicht wortreich langatmig sind, sondern farbig, sinnlich, attraktiv. Man beobachte zudem die überlegte Füllung der Sätze: Eingangs drei sehr kurze, dann ein mittellanger Satz, danach erst eine Reihung aus dreien von wiederum abwechselnder Länge, und alle sind einfachste Hauptsätze. Das kostet natürlich gedanklichen Aufwand. Und ganz zu Unrecht erspart sich mancher Laie so stilsichere Feinarbeit an seinem Text.

Eine vierte Variante ist der persönliche, ja erregte Einstieg. Entweder mit einem indirekten Fragesatz, der auch Umgangssprachliches nicht scheut:

> Ich frage mich wirklich, wann die Gesetzgeber endlich kapieren, daß unsere Arbeitsämter mit ihrer Aufgabe der Stellenvermittlung hoffnungslos überfordert sind.

Oder durch die direkte Frage, in unserem Beispiel versehen mit starker Drastik in zitierenden Gänsefüßchen:

> Merkt denn keiner, welches Maß an Unmenschlichkeit für die »Geilheit nach dem Berg«, für das sogenannte Abenteuer hingenommen wird?

Oder noch spontaner als verzweifelter Aufschrei:

> Ja, wie kann man ein derart wichtiges Thema nur so leichtfertig verschenken!

Alle drei Anfänge sind gut. Sie appellieren an das Mitgefühl des Lesers, indem sie versuchen, ihn für das Thema emotional einzunehmen.

Welchen Einstieg der gute Autor auch immer wählt, er muß damit die Aufmerksamkeit des Lesers wecken. Er wird sie später, wenn er nicht aufpaßt, vielleicht wieder verlieren. Aber dieser Mangel sollte nicht gleich den Anfang verunzieren.

Kommen wir noch einmal auf die Absätze zu sprechen. Auch sie haben ja einen Einstieg, und eigentlich ist die Eröffnung des Textes nichts anderes als der erste Absatz. Was also für den Texteinstieg gilt, ist auch für die Absätze von Bedeutung – nicht nur, weil wir oft eilige Leser haben, die sich lediglich die eingerückten Zeilen anschauen und daran entscheiden, ob sie das Ganze überhaupt lesen oder beiseitelegen. Auch dem interessierten Leser sind die Absatzanfänge eine willkommene Orientierungshilfe. Findet er dort einen vorausschauenden Hinweis, so ahnt er früh, was auf ihn zukommt. Er stellt sich darauf ein und aktiviert seine Erwartungsschemata. Auch auf diese Weise sichern wir das gewünschte Textverständnis.

Führen wir uns an einem Beispiel vor Augen, wie man es eigentlich nicht machen darf. Wir zitieren fünf Absätze eines Leserbriefs, und ihre Eingangssätze lauten so:

> Nur halbherzig wird das Übel bei der Wurzel gepackt. ...
> Die Generation, die jetzt versucht, für die eigene Versorgung im Alter ihr Schäfchen ins Trockene zu bringen, war doch in der Vergangenheit an der Schieflage unseres Sozialsystems mitbeteiligt. ...
>
> Der Verdacht, daß die Pflegeversicherung in erster Linie denjenigen zugute kommt, die sich davor gedrückt haben, Kinder in die Welt zu setzen, ist doch nicht ganz unbegründet. ...
> Ohne das System der ehemaligen DDR zu beschönigen, zeigt doch der rapide Geburtenrückgang in den neuen Ländern nach der Wende, daß sehr wohl eine Abhängigkeit zwischen Qualität der sozialen Absicherung und Geburtenrate besteht. ...
> Als zweiter Schritt muß soziales Engagement – und das fängt nun mal bei den Kindern an – nicht mehr bestraft, sondern gefördert werden. ...

Das ist ein bedauerlich häufiges Beispiel. Kaum etwas daran können wir gutheißen. Allenfalls der erste Absatz wird lesenswert eingeleitet. Aber schon die Kernaussage des zweiten läßt viele Wörter lang auf sich warten, zusätzlich erschwert durch einen abhängigen Satz 2. Tiefe. Der nächste Absatz legt uns gar einen Nebensatz 3. Tiefe vor, bis wir erfahren, was mit dem *Verdacht* los ist. Ähnliches müßten wir dem vierten Absatz vorhalten. Und der letzte Absatzbeginn enthält ein plötzliches *zweitens*, ohne daß wir vorher an ebenso markanter Stelle einem *Erstens* begegnet wären.

Erinnern wir uns an den oben zitierten Brief des Kardinals: Wie begannen seine Absätze? Schon die ersten Wörter jeder eingerückten Zeile gaben jeweils klärende Hinweise; klug gesetzte Schlüsselwörter bereiteten den Boden für ein Vorverständnis der folgenden Inhalte.

Es mag ja sein, daß nicht jeder Text in solcher Listenform aufzubauen ist oder seine Absätze nicht klar inhaltlich zu etikettieren sind. Dann bleibt dem guten Autor aber immer noch die Möglichkeit, ja die Pflicht, am Beginn des Absatzes Wegweiser für den Leser aufzustellen, Signale, die auf das Folgende hinweisen. Solche Signale der Inhaltsstruktur sind zum Beispiel Adverbien, Angaben oder Konjunktionen für

– einen Gegensatz oder Widerspruch: *aber, jedoch, vielmehr, dennoch, im Gegensatz dazu*;
– einen gleichartigen Gedanken: *zusätzlich, außerdem, auch*;
– eine Erläuterung: *anders gesagt, nämlich, und zwar*;
– eine konzessive Einschränkung: *zwar… aber, immerhin, freilich, allerdings*;
– eine Begründung: *daher, weshalb, weswegen, demnach*;
– eine Bedingung: *ansonsten, sonst, andernfalls*;
– eine Konsequenz: *infolgedessen, mithin, also*.

All diese Struktursignale sind schon deshalb angenehm, weil sie sich nur in Hauptsätze einfügen lassen und damit der Tendenz zu Russischen Puppen entgegenwirken.

Dabei haben wir ausführlichere Ankündigungen noch nicht einmal erwähnt, beispielsweise *Nebenbei bemerkt*; *Entscheidender ist dabei folgendes*; *Leider muß man feststellen, daß*; *Völlig übersehen wird dabei ein Punkt* oder auch *Zusammengefaßt läßt sich sagen*.

Es ist eine jammervolle Beobachtung, daß der Alltagsautor solche Signale viel zu wenig, oft gar nicht benützt. Sein wertvoller Inhalt ertrinkt dann in formloser Graumasse. Und manchmal, vielleicht ganz zu Unrecht, erregt der Autor damit den Verdacht, er habe sich übernommen und sei dem Gegenstand nicht gewachsen. Die antike Regel »Halte die Sache fest, dann folgen die Worte« greift tatsächlich nur, wenn wir die Sache mit gedanklicher Klarheit zu fassen bekommen.

Ergebnisse

Ein Text ohne Struktur ist ein ungenießbar grauer Teig. Abhilfe schaffen einfache Gliederungsschemata (eine räumliche oder zeitliche Abfolge) oder raffiniertere (Beispiel: Experimentberichte). – Simpelstes Struktursignal ist eine sauber durchgeführte Numerierung. – Viel zu selten werden für die Gliederung des Themas Fragesätze benützt. – Auch die Absätze bringen Ordnung in den Text;

ein Absatz sollte eine zusammengehörige Gruppe von Gedanken enthalten, niemals mehr als das, aber auch nicht weniger. – Besonderes Augenmerk verlangt der Beginn des Textes, da er nicht an schon Gesagtes anknüpfen kann, aber die Aufmerksamkeit des Lesers wecken soll. – Klassische Einstiege, wie der Anlauf aus der Vergangenheit, ein Zitat oder Sprichwort, sind erheblich wirksamer, wenn sie mit einem Überraschungseffekt versehen sind. – Die direkte Themenansage als Anfang läßt sich ebensogut sachlich wie spielerisch oder stark persönlich gestalten. – Gut sind auch Einstiege, die Spannung erzeugen oder an die Gefühle des Lesers appellieren. – Sträflich unterschätzt wird der Beginn der Absätze im Text. Oft erfahren wir erst im dritten Nebensatz, wovon der Absatz eigentlich handelt. Auch hier wirken also deutliche Signale als Lese- und Verständnishilfen.

Die Textgestalt

Dieses Kapitel fangen wir mit einem Experiment an. Es soll beweisen, daß Verständlichkeit und Form etwas miteinander zu tun haben. Gegeben seien die Texte:

1. In dem Land Syndra trat der Ältestenrat immer dann zusammen, wenn ein Fremder kam. Wenn sich der Ältestenrat traf und der Fremde dem Rat ein angemessenes Geschenk überreichte, wurde er von den Eingeborenen nicht behelligt. Der Forscher Portemanteau kam ohne ein wertvolles Geschenk nach Syndra.

2. Die Ankunft von Fremden in dem Land Syndra, wie dem Forscher Portemanteau, der ohne ein wertvolles Geschenk kam, führte stets dazu, daß sich der Ältestenrat traf, um dafür Sorge zu tragen, daß der Fremde nicht behelligt wurde, wenn er dem Rat ein angemessenes Geschenk überreichte.

Jeder Text wurde einer Versuchsgruppe vorgelegt, dann einer zweiten. Im ersten Fall war die Lesezeit freigestellt, im zweiten beschränkt. Die Kontrollfrage hinterher lautete jedesmal: Wurde Portemanteau von den Eingeborenen behelligt? Ergebnisse: Text 1 wurde durchweg schneller gelesen als Text 2; bei beliebiger Lesezeit je Text ergaben sich zu beiden Texten ungefähr gleich viele richtige und falsche Antworten, bei beschränkter Lesezeit aber mehr falsche Antworten nach Lektüre des Textes 2 als nach Lektüre des Textes 1.

Sehen wir uns, ausgerüstet mit unserem gesammelten Wissen, die beiden Texte näher an.

Sie sind, erstens, gleich lang (45 Wörter) und geben die gleiche Information. Aber: In Text 1 finden wir drei Sätze; die beiden ersten bestehen jeweils aus Haupt- und Nebensatz (von geringer Tiefe 1); der letzte ist ein einfacher Hauptsatz. Text 2 hingegen ist eine Russische Puppe und endet mit einem Nebensatz 4. Tiefe. Es liegt auf der Hand, daß so etwas nicht nur längere Lesezeit erfordert, sondern schlimmer, daß es bei beschränkter Lesezeit öfter gar nicht mehr verstanden wird.

Ein zweites läßt sich daran beobachten. Die entscheidenden Informationen, das Geschenk betreffend, sind bei Text 1 im leicht verständlichen ersten Nebensatz und im letzten Hauptsatz untergebracht. Bei Text 2 jedoch verstecken sie sich geradezu in tiefgestaffelten Nebensätzen.

Und ein drittes: In Text 1 wird uns zuerst die allgemeine Regel geliefert, dann erst der spezielle Fall Portemanteau (so daß wir hier unser Vorwissen leicht auf ihn anwenden können). In Text 2 ist es gerade umgekehrt; für die Anwendung der späten Regel müssen wir, ganz unlogisch, eine lange Treppe zurück, also hinauf und wieder hinunter, bis wir zu Portemanteaus Geschenklosigkeit kommen.

Das Ergebnis des Versuchs kann uns also kaum überraschen: Die Verständlichkeit eines Inhalts hängt wesentlich von der Textgestalt ab. Das klingt nach einer Binsenweisheit – komisch, daß so viele Autoren sie in den Wind schlagen.

Der Vertrag des Autors mit dem Leser

Schon der Satzbau wie auch der Einstieg in den Text waren uns Anlässe, eine hilfreiche Regel aufzustellen: Erst das schon Bekannte bringen, dann das Unbekannte; erst Thema, dann Rhema. Bei dieser Anordnung wird im Gang durch den Text das Rhema des vorhergehenden Satzes meist zum Thema des folgenden Satzes, das eben noch Unbekannte zum nun Bekannten. So, in sicheren Schritten, baut sich die neue Wissensstruktur im Leser auf. Nun, beim Text selbst angekommen, fassen wir die Regel schärfer und sagen: Jeder Autor hat mit seinem Leser einen Vertrag geschlossen. Die größeren Pflichten liegen dabei auf der Seite des Autors.

Er verspricht nämlich folgendes: »Ich werde meine Aussagen so konstruieren, daß sie zu Beginn deutliche Hinweise auf schon Gesagtes oder Bekanntes enthalten, auf das sich meine neue Information bezieht. Der Leser kann damit dieses Neue auf ein Wissen beziehen, das er schon gespeichert hat, und es leichter mit diesem verbinden.« Die Verpflichtung des Lesers lautet: »Ich kann erwarten, daß der Text des Autors nur solche Kenntnisse und Konzepte voraussetzt, die bei mir auch vorhanden oder leicht herstellbar sind. Erst dann wird er mir die neue Information vorlegen. Ich werde daraufhin mein Gedächtnis nach passendem Vorwissen absuchen und die neue Information damit verknüpfen.«

Es scheint in der Natur des Menschen zu liegen, daß er als Leser seinen Vertragsteil fast immer erfüllt. Unverstandenes läßt uns keine Ruhe; wir lesen meist nicht weiter, bis wir dem Rätselhaften irgendeinen Sinn unterschieben können, auch wenn es uns Mühe kostet (oder im Endeffekt absurd ist). Autoren jedoch verletzen immer wieder fahrlässig den Vertrag. Weil ihnen ja schon vorher alles klar ist, nehmen sie beim Schreiben zu wenig Rücksicht auf den Leser, der sich das gesamte Text-Wissen erst allmählich, Satz für Satz zusammenbauen muß.

Machen wir derartige Verstöße an einigen Beispielen deutlich. Zuerst ein ziemlich einfaches. Dort wird weit hinten am Ende, wo also das Neue stehen sollte, etwas wiederholt, was wir schon gesagt bekamen und gespeichert haben:

> Die zwei großen Weltkriege in unserem Jahrhundert waren Rachekriege – und auch die vielen »kleineren« Kriege heute in allen Erdteilen sind immer wieder Rachekriege.

Das ist mehr als die unschöne Wiederholung eines Wortes oder ein matter Abschluß. Es ist eine Vertragsverletzung. Der Vordersatz vor dem Bindestrich ist noch richtig gebaut (Thema: *Weltkriege*, Rhema dazu: *Rachekriege*). Der Leser ist also mit Recht darauf eingestellt, auch am Ende des Nachsatzes etwas Weiterführendes zu finden. Statt dessen bekommt er aber bereits Bekanntes. Der Mangel hängt natürlich an der Parallelität der beiden Aussagen: *x = Rachekriege, y = Rachekriege*. Das ist, auch noch so ausformuliert, nicht sehr geschickt. Aber der Fehler ist nicht unumgänglich.

Ganz formal ließe sich der Satz so reparieren: Das Rhema des Vordersatzes, *Rachekriege*, zum Thema des Nachsatzes machen und diesen damit beginnen, etwa so: *Rachekriege sind auch die vielen »kleineren« Kriege in allen Erdteilen.* Nun steht das Weiterführende, das neue Rhema, schön am Satzende. Das wäre aber eine Reparatur mit dem Holzhammer, die Wortwiederholung würde vollends unzumutbar. Warum also nicht einfach darauf verzichten?

Die zwei großen Weltkriege in unserem Jahrhundert waren Rachekriege – wie auch die vielen »kleineren« Kriege heute in allen Erdteilen.

Da stimmt alles. Die Mitteilungsabsicht des Autors ist erfüllt, Thema und Rhema folgen richtig aufeinander, und der Leser fühlt sich nicht hereingelegt.

Nun ein eklatanteres Beispiel:

Wahrnehmung und Selbstwahrnehmung erscheinen mir dabei ähnlich verzahnt wie Henne und Ei. Persönlich sehe ich vor allem darin und weniger in der »Biologie« den Grund für den Frauenmangel in der Forschung.

Das liest sich nur mit einem ungutem Gefühl. Warum? Vergessen wir einmal, wie unanschaulich da Henne und Ei *verzahnt* werden. Der Fehler liegt am Anfang des zweiten Satzes. Sein erstes Wort, *Persönlich*, läßt sich an rein gar nichts mehr aus dem vorherigen Satz anknüpfen. Es ist ein Rhema an der Stelle des Themas! Dabei enthält der zweite Satz sogar den nötigen Hinweis auf schon Bekanntes, es ist das Wort *darin* oder verstärkt *vor allem darin*. Also muß dieser Ausdruck unter allen Umständen an den Satzanfang:

Wahrnehmung und Selbstwahrnehmung erscheinen mir dabei ähnlich verzahnt wie Henne und Ei. Vor allem darin und weniger in der »Biologie« sehe ich persönlich den Grund für den Frauenmangel in der Forschung.

Jetzt sind Thema und Rhema an ihren richtigen Plätzen. Der Satz liest sich ohne inneren Widerspruch. Und hat den weiteren Vorteil, daß nun *persönlich* näher an das dazugehörige *ich* heranrückt.

Ähnlich liegt der nächste Fall. Auch hier beginnt der zweite Satz mit neuer Information, also streng genommen falsch:

Ihre Pilotfunktion bezogen auf Osteuropa haben sie überhaupt nicht erkannt. Verheerend sind die außenpolitischen Auswirkungen.

Auch diesen Text verstehen wir zwar, aber er gefällt uns nicht ganz. Wieder liegt das an der falschen Stellung von Thema und Rhema. Es liegt allerdings eine objektive Schwierigkeit vor. Im zweiten Satz ist nämlich kein Wortmaterial zu finden, das sich für eine bessere Anbindung an den ersten Satz eignen würde. Sowohl *Verheerend* als auch *die außenpolitischen Folgen* sehen nach neuer Information aus. Was soll der Autor in diesem Fall zur guten Verknüpfung an den Anfang rücken?

Die Lösung des Problems liefert – der Leser, dessen Bereitschaft zur »Sinngebung« so oft unterschätzt wird. Er hat sich ja im Vertrag bereit erklärt, Sinnbezüge auch selbst herzustellen, vorausgesetzt, es wird ihm nicht zu schwer gemacht. Wenn er also im Vordersatz die Wörter *bezogen auf Osteuropa* gelesen hat, weiß er bereits, daß jetzt von Beziehungen zwischen Staaten die Rede ist. Er hat damit in seinem Vorwissen ein Schema »Zwischenstaatliche Beziehungen« aktiviert. Deshalb ist ihm die Wortfolge *außenpolitische Beziehungen* keine ganz neue Information. Sie eignet sich also recht gut als Beginn des zweiten Satzes. Darauf hätte nun der Autor zurückgreifen und so formulieren können:

> Ihre Pilotfunktion bezogen auf Osteuropa haben sie überhaupt nicht erkannt. Die außenpolitischen Auswirkungen sind verheerend.

Das Beispiel ist vielleicht etwas subtil, aber lehrreich. Es zeigt, wie der Leser beim Textverstehen dauernd mitarbeitet. Wir als Autoren müssen ihm nicht immer wörtliche Wiederholungen, rückverweisende Adverbien, Pronomen oder ähnlich Deutliches an die Hand geben. Auch ohne diese sichtbaren Hinweise konstruiert er die nötigen Thema-Rhema-Verknüpfungen fortwährend selbst, und zwar mithilfe seines »Weltwissens«. Und das ist auch gut so. Denn sonst müßten wir ja bei allem, was wir schreiben, immer bei Adam und Eva anfangen. Wir dürfen nur eines nicht: diese Bereitschaft des Lesers überfordern. Wir müssen ihm den schrittweisen Aufbau des neuen Wissens, das unser Text ihm liefern soll, erleichtern. Das tun wir nur mit Aussagen, die grundsätzlich die Thema-Rhema-Abfolge einhalten. Mit verkehrt herum aufgezäumten Sätzen erschweren wir ihm die Mitarbeit und verspielen seinen guten Willen.

Wie es richtig zugeht, sollen uns die folgenden Texte zeigen, und zwar sowohl einfachste als auch kompliziertere. Die offenkundig schlichteste Methode ist die Wiederaufnahme eines Wortes aus dem Rhema des Vordersatzes, wie es hier vorgemacht wird:

Ich zumindest vertraue darauf, daß letztlich die Verantwortung für künftige Generationen siegen wird über vielleicht kurzfristig populäre Forderungen, die letztlich
aber doch nur in die Sackgasse führen. In die Sackgasse,
weil die Realität nicht so ist, wie wir sie gerne hätten.

Man sieht: Das wiederholte Wort *Sackgasse* ist beim ersten Mal
neue Information (Rhema), beim zweiten Mal schon bekannt
(Thema). Das erste Mal steht es am Satzende, das zweite Mal am
Satzanfang. Das ist ordentlich durchgeführt und leicht faßlich, jedoch mit dem Nachteil der Wortwiederholung teuer bezahlt. Zudem wohnt diesem wörtlichen Wiederaufgreifen eine gewisse Feierlichkeit inne, die nicht jeder Text verträgt. Besser ist es da schon,
wenn es geht, nicht das Wort selbst, sondern statt dessen ein Fürwort, ein Pronomen zu benützen, etwa so:

Der uns zugrunde gelegte Stellenschlüssel deckt wirklich
nur das Allernötigste. Ihn als ausreichend zu bezeichnen,
ist eine Verhöhnung der Bewohner und der Mitarbeiter.

Hier ist, anders als bisher, das Thema des ersten Satzes (*Stellenschlüssel*) auch Thema des zweiten (*Ihn*), jetzt mit einem Pronomen
als Stellvertreter. Beide Male wird dazu etwas ausgesagt. Es muß
also nicht zwanghaft immer das Rhema über die Satzgrenze hinweg
zum Thema werden. Es macht dem Verständnis keine Probleme,
das Thema zweimal am Satzanfang zu haben, wenn sich dazu auch
zweimal etwas Relevantes sagen läßt.
   Die beiden Beispiele zeigen uns den häufigen Fall einer Thema-
Rhema-Verknüpfung, die durch den Satzbau zustande kommt. Die
höhere Kunst ist jedoch die inhaltliche Verbindung der Sätze miteinander. Dabei ist alles erlaubt, was erkennbar einen Zusammenhang herstellt. Auch so etwas:

Im Fernsehen ist für die Romantik kein Platz. Sportiv gehen die Geschichtenerzähler von heute zur Sache.

Der Beginn des zweiten Satzes, wo wir eigentlich das bekannte
Thema erwarten, ist stark und gut. Enthält er aber nicht, aller Regel
zum Trotz, ein Rhema, also neue Information? Ja und nein. Einerseits ja, denn *sportiv* ist tatsächlich eine hinzukommende Aussage
zu den weniger informativen *Geschichtenerzählern*; die machen uns

kaum Verständnismühe, wenn wir ohnehin vom Fernsehen reden. Andererseits fassen wir *sportiv* aber auch richtig als Thema auf, und zwar weil es sich als Gegensatz zum vorherigen Rhema *Romantik* präsentiert. Ein Thema muß also durchaus nicht die wörtliche oder umschriebene Wiederaufnahme eines bereits gebrachten Inhalts sein. Es kann ebensogut, sogar abwechslungsreicher als Widerspruch dazu auftreten, auch als Zeitbezug, logische Entfaltung, Begründung, Einschränkung, Bedingung oder Konsequenz. Das sind ziemlich genau die gleichen Beziehungen, für die wir im vorigen Kapitel jeweils Adverbien als Struktursignale kennengelernt haben. Und keineswegs ist das reiner Zufall. Alles, wofür wir ein solches Strukturwort haben, liegt nämlich auch in unserem Wissen als »Schema« bereit und läßt sich leicht als Hilfe zur Anknüpfung aktivieren. Auch die sogenannte Graduierung (manche sagen lieber »Steigerung«) gehört dazu, hier illustriert am Beginn des zweiten Absatzes:

> Wie stabil das System tatsächlich ist, wird sich erst in Grenzsituationen erweisen, die bisher zu unser aller Glück nicht eingetreten sind.
> Um so dringender notwendig ist der Vollzug der inneren Einheit.

Der erste Satz entläßt uns mit der klaren Aussage, daß die *Stabilität* im Augenblick kein vordringliches, nur ein womögliches Zukunftsproblem ist. Der anschließende Satz setzt mit der nun bekannten Dringlichkeitsskala als Thema ein und führt uns auf ihr mit schneller Bewegung in die Höhe, wo die Dinge sehr viel *dringender notwendig* sind. So geht es also auch.

Nicht ohne Grund haben wir die Thema-Rhema-Regel so ausführlich besprochen. Sie ist jedem beruflichen Schreiber wenigstens im Umriß geläufig, jedem Laien-Autor wildfremd. Dabei gibt nur die Abfolge »Erst das Bekannte, dann das Neue im Satz« jedem Text seinen Zusammenhalt, den berühmten roten Faden. Gleichzeitig ermöglicht die Regel-Einhaltung es dem Leser, ohne Mühe und in ruhiger Klarheit das neue Wissen aufzunehmen. Und wer jetzt eine Lektüre sucht, an der sich das wie am Modell beobachten läßt, dem sei Joh. 1, 1–13 empfohlen. Der Beginn lautet: »Im Anfang war das Wort, und das Wort war bei Gott, und Gott war das Wort. Es war im Anfang bei Gott. Alles ist durch das Wort geworden, und ohne das Wort ward nichts von alledem, was geworden ist. In ihm war das Leben, und das Leben war das Licht der Menschen, und das Licht leuchtet in der Finsternis, aber die Finsternis hat es nicht erfaßt.« Diese Sätze sind so klar gebaut, daß auch moderne Textgrammatiker sie gern zitieren.

Sauberkeitserziehung

Man muß natürlich etwas zu sagen haben. Ohne Inhalt hängt die schönste Ordnungsregel in der Luft. Und dieser Inhalt darf nicht nur irgendwo im Kopf des Autors herumliegen, er muß sich auch darstellen lassen. Aus dem inneren Spiel der Ideen und Assoziationen soll ja das geregelte Nacheinander des Textes werden. Das wiederum erfordert bereits vor dem Schreiben eine gewisse Arbeit, die zunächst in die Gedanken Ordnung bringt. Andernfalls liegen am Ende lauter schlecht zusammenpassende Brocken herum, an denen sich jede Thema-Rhema-Bemühung die Zähne ausbeißt.

Manche Autoren achten viel zu wenig darauf, ob ihre Gedankensplitter sich zu einer »guten Gestalt«, wenigstens schlüssig und nachfühlbar zueinanderfügen. In der Ideenwelt des Verfassers mag das alles noch ein Ganzes bilden, hingeschrieben wird daraus oft ein Sammelsurium. Es steht zu vieles dort, wo es einfach nicht hingehört. Der Text zerfällt in heterogene Bestandteile. Hier ist ein besonders schlimmes Beispiel dafür:

> Griechenland, treuer Verbündeter des Westens, Ursprung und Wiege westlicher Zivilisation und Kultur, soll gezwungen werden, die jugoslawische Teilrepublik als Staat Mazedonien anzuerkennen. Käme jemand auf die Idee, Alexander der Große wäre Jugoslawe gewesen, weil er Mazedone war? Mazedonien ist unweigerlich historisch mit dem Namen Griechenland verknüpft, als *die* griechische Provinz.

Auch nach wohlwollender Lektüre bleibt ein ungutes Gefühl zurück. Worauf will der Autor eigentlich hinaus? Insbesondere der Satz, in dem etwas plötzlich Alexander der Große auftritt, verblüfft uns. Was hat er im vorherigen Zusammenhang zu bedeuten? Wie kommt er überhaupt hierher? Der Text selbst gibt uns keine rechte

Antwort. Der *Alexander*-Satz steht seltsam verloren da, ein Außenseiter in der Gesellschaft der anderen Sätze.

Würden wir den Verfasser selbst fragen können, müßte er uns umständlich so weiterhelfen: »Ich wollte damit sagen, daß man die jugoslawische Provinz Mazedonien nicht als Staat anerkennen kann, weil damit Alexander der Große, der ja Mazedone war, zum Jugoslawen gestempelt würde. Und auf diese abstruse Idee kann wohl keiner kommen! Alexander war nämlich, obwohl er Mazedone war, immer noch Grieche, weil Mazedonien historisch zu Griechenland gehört.« Spätestens hier stellt sich dann die bissige Frage, warum der Autor nicht gesagt hat, was er sagen wollte.

Es genügt also nicht, von einem Inhalt so erfüllt zu sein, daß einem die Tinte von allein ausläuft. Der Leser hat einen Anspruch darauf, alle relevanten Zwischenschritte eines Arguments zu erfahren. Ihn raten zu lassen, ist grober Unfug.

In unserem nächsten Text ist das Auseinanderklaffen der Inhaltsteile nicht ganz so deutlich; wir erkennen immerhin schwach ihren Zusammenhang:

> Es ist damit zu rechnen, daß ein großer Teil der Wähler aus Protest rechts wählen wird, was eine Katastrophe wäre. Ich wüßte nicht, wie man diesen »Kindergarten« in Bonn anders zur Räson bringen könnte. Es wird Zeit, ganz gleich welche Themen zur Debatte stehen, daß klare Konzepte entwickelt werden, die auch konsequent durchgeführt werden.

Wir stellen fest, daß der zweite Satz nicht gut mit dem ersten verknüpft ist. Das Wort, das die rückverweisende Beziehung schafft, *anders*, kommt nämlich recht spät, lange nach dem zu weit vorne plazierten *»Kindergarten«*, das arg nach neuer Information schmeckt. Eine glatte Überrumpelung jedoch ist der letzte, auch noch mit einem überflüssigen Einschub beschwerte Satz. Wir würden ihn gerade noch akzeptieren, wenn damit ein neuer Absatz anfinge, der den Gedanken der Konzept-Entwicklung in Ruhe ausfaltet. Aber da? Er hängt höchstens ganz allgemein, auf sehr abstrakte Weise mit dem Vorherigen zusammen (schärfer: Er ist so trivial, daß er an jedem Stammtisch und in jedem Text Platz hätte). Vom Leser zu verlangen, er solle den unsauberen Zusammenhang eben mal selber klären, ist eine Unverfrorenheit.

Nur etwas weniger schlimm kommt uns das folgende Beispiel vor. Es geht um einen neuen, nach Ansicht des Autors unzeitgemäßen Katechismus:

»Historisch« sind die Ansichten dieses Sündenkatalogs auch im Blick auf die Bewertung der Homosexualität. Die Menschheit hat ein Anrecht auf die Freiheitsbotschaft des Evangeliums. Hier wurde eine Chance vertan.

Da ist etwas Kurioses passiert. Der dritte Satz enthält ein klares Verknüpfungselement, jenes rückverweisende *Hier*. Es bezieht sich aber nicht, wie es sein müßte, auf den Satz unmittelbar davor; auf die allumfassende Forderung des Mittelsatzes kann sich eine real *vertane Chance* gar nicht beziehen. Nein, das *Hier* soll über den Satz davor hinweg auf den vorvorigen hindeuten. So weit reicht aber seine Kraft niemals. Der Mittelsatz sieht sogar aus, als hätte er sich erst später (bei der Nachbesserung?) zwischen die beiden anderen gedrängt. Das Ergebnis ist unlogisch, ein Ideen-Chaos.

Kleiner Exkurs zur Herkunft des Wortes »Text«: Es kommt von einem lateinischen Wort für »weben«, das im Deutschen auch noch in »Textilien« lebendig ist. Der gute Text ist in der Tat wie gewebt, ein feines Netz. Wenn man daran zupft, reißt es, manchmal an unerwarteter Stelle. Man darf auch nicht, wie vermutlich im letzten Beispiel geschehen, an irgendeiner Stelle hinterher etwas zwischen die Fäden schieben, was das Webmuster stört. Ende des Exkurses.

Den nächsten Text zitieren wir mit etwas schlechtem Gewissen. Er scheint Unbeholfenheit zu verraten, und die sollte man nicht vorführen. Aber vielleicht scheint es nur so. Denn insgesamt gibt er sich recht mundfertig, und zwei Äußerungen sind mutig alleinstehende Nebensätze. Er lautet:

Und die Gewerkschaften mit ihren uniformen Lohn- und Gehaltsforderungen! Statt zu differenzieren zwischen hohem und niedrigem Einkommen und der Art einer Tätigkeit! Sie übersehen anscheinend, daß jemand mit gutem Einkommen durchaus bereit sein kann, zur Zeit auf eine Erhöhung zu verzichten. Ebenso wie man belastende Berufe, zum Beispiel Pflegetätigkeit oder polizeilichen Außendienst, nicht mit geruhsamer Behördentätigkeit gleichbewerten sollte.

Die beiden Eingangssätze kommen mit erregten Ausrufezeichen daher, mit Anspruch auf Gehör. Besonders der zweite nähert sich, man möchte sagen: erfrischend, spontaner Umgangssprache. Auch der dritte Satz *Sie übersehen anscheinend* läßt sich noch gut an *Die Gewerkschaften* anknüpfen. Er drückt die Verzichtbereitschaft der Besserverdienenden aus. Die Panne geschieht mit dem letzten Satz. Er ist durch *Ebenso* eingeleitet, so daß wir guten Gewissens erwarten dürfen, jetzt käme ein ähnlicher Gedanke wie eben, etwas Ähnliches also wie jene Verzichtbereitschaft. Aber falsch geraten! Was wirklich kommt, ist ein weiterer Fall mangelnder Differenzierung, von der viel weiter oben im Text die Rede war. Darauf, nicht auf den Satz vorher, soll dieses *Ebenso* verweisen. Dazu ist es aber, wie das *Hier* im vorigen Beispiel, nicht fähig. Verweiswörter deuten gewohnheitsmäßig nur auf das unmittelbar Vorhergehende hin.

Allmählich werden die Textproben dieses Kapitels besser. Die folgende klingt schon recht frisch, leidet aber trotzdem noch unter einem Mangel. Die Rede ist von der behaupteten Überlegenheit der Araber im Mittelalter:

> Keine rückständige Gesellschaft war je militärisch überlegen. Der Autor möge doch einmal arabische Berichte über die Ritter der Kreuzzüge lesen; er würde sich wundern, wie seine geliebten Muslime die Christen trotz aller verständlichen Vorbehalte bewunderten. Nicht zuletzt das hemmungslose Bewundern fremder Kulturen, teilweise völlig realitätsfern und verträumt, lenkt von tatsächlichen Problemen ab.

Und Ende des Gedankengangs. Auch hier registrieren wir, daß irgend etwas nicht stimmt. Der erste Satz bringt eine These, die das Überlegenheitsargument des Autors zurückweist. Der zweite hebt zum Beweis an, wird gut angebunden mit der Aufforderung *Der Autor möge doch einmal* und fortgesetzt mit der umgangssprachlichen Formulierung *er würde sich wundern*. Bis hierher ist alles in Ordnung. Aber jetzt kommt's. Wir haben nämlich erst den halben Beweis in der Hand; was noch fehlt, ist die praktische Schlußfolgerung aus der angeführten Tatsache. Was erhalten wir statt dessen im letzten Satz? Eine weitere allgemeingültige These. Daraus sollen wir uns das Gemeinte wohl so zusammenreimen: Da die Araber hemmungslose Bewunderer waren, ließen sie sich von ihren tatsächlichen Problemen ablenken. Aber immer noch fehlt ein Stück. Der Leser muß also seine Schlußfolgerungsarbeit noch weitertreiben und das Fehlende selbst ergänzen: Wer seinen Gegner so verträumt bewundert, kann ihm nicht überlegen sein; mithin waren auch die Araber den Kreuzrittern nicht überlegen. So viel Interpretationsmühe ist zuviel.

Der Autor ist nicht nur gebildet, er weiß auch gut mit einem Semikolon umzugehen. Das Beispiel ist deshalb ein bißchen tragisch. Der beanstandete Satz fängt so schön an; ziemlich am Anfang enthält er ein wiederaufgenommenes *Bewundern*, das die Verknüpfung mit dem Satz davor thematisch sichert. Und doch! Würde sich der Verfasser nur kurz in die Lage des Lesers versetzen, ginge ihm auf, daß der Gedankengang seines Beweises da noch nicht beendet und der Zeitpunkt für eine Schlußthese noch nicht gekommen ist. Diese Einsicht müßte ihm nahelegen, seinen Text nicht so dichtgedrängt abzufassen, daß viele für den Leser wichtige Einzelteile herausfallen.

Unser letzter Text ist zwar länger, dafür aber fast durchweg beanstandungsfrei, soweit es die Organisation der Gedanken betrifft. Er ist die Erwiderung einer Zeitung auf den Vorwurf, bei ihrer Spendenaktion nicht das Gütesiegel eines bestimmten Instituts zu führen:

> Für die Prüfung der Einhaltung der Leitlinien für das Siegel ist eine Grundgebühr von 500 Mark zu entrichten und ein Zusatzbetrag von 0,25 Promille der Einnahmen des Bezugsjahres. Hinzu käme für uns ein relativ hoher Verwaltungsaufwand der Verfahrensregelung und das für eine Laufzeit von jeweils zwölf Monaten.
>
> Vorstand und Mitglieder haben daher auf das Spendensiegel verzichtet. Das Spendenhilfswerk nimmt im Gegensatz zu anderen sozialen Organisationen eine Sonderstellung ein: Nicht um einen einzigen Pfennig wird das jährliche Spendenaufkommen geschmälert, denn alle Sach- und Verwaltungskosten trägt der Verlag.
>
> Das wissen unsere Leser. ... Sie waren es, die mit ihren Spenden die Millionenhilfen erlaubten.
>
> Auch ohne das Spendensiegel unterliegt der Spendenein- und -ausgang strengen Prüfungen und Kontrollmaß-

nahmen. Die Abschlußberichte gehen auch dem Deutschen Zentralinstitut für soziale Fragen zur Information und Auskunftserteilung zu.

Auch wenn wir auf das Spendensiegel verzichtet haben, so begrüßen wir die Bemühungen des Instituts, mit dem Siegel den umfangreichen Spendenmarkt transparenter zu machen.

Zwar bleiben ein paar leicht vermeidbare Unschönheiten (die lange Genitivkette zu Beginn und dreimal *auch* in den zwei letzten Absätzen). Aber davon abgesehen legt uns der Text in souveräner Ruhe und Übersichtlichkeit seine Aussagen vor. Jeder Absatz ist gut eingeleitet, ordentlich mit seinem Vorgänger verbunden und enthält jeweils nur eine zusammengehörige Aussagengruppe. Äußerst angenehm für den Leser ist die schlüssige Reihung der Absätze: Zuerst wird gesagt, was das Siegel kostet; dann, daß man eben deshalb darauf verzichtet hat; nun werden die Leser zu Zeugen aufgerufen; darauf folgt die Schilderung der ohnedies wirksamen Kontrolle; und schließlich werden die Bemühungen des Instituts gewürdigt. Da hat sich der Autor ganz offensichtlich vor dem Schreiben Arbeit gemacht und sie nicht achselzuckend auf den Leser abgewälzt.

Solche Ordnung wollen wir ohne Bedenken vorbildlich nennen.

Du mußt es dreimal sagen

Es klopft an der Tür des Studierzimmers. Faust ruft »Herein!«. Nichts geschieht. Beim zweiten »Herein!« kommt noch immer niemand, nur die Aufforderung: »Du muß es dreimal sagen.« Danach erst tritt Mephisto ein.

Den Rat des Teufels befolgen seitdem auch Autoren, und sie tun es öfter, als ihren Texten guttut. Da wird dieselbe Aussage schlicht wiederholt und noch einmal gebracht, umformuliert zwar, aber der gleiche Inhalt, ganz genau der gleiche Inhalt, nicht bloß zweimal, nein, teuflisch dreimal. Nur selten gewinnt der Text damit an Wirkung.

Besonders peinlich wird der Fall, wenn die wiederholte Aussage sich wortreich wichtig macht, in üppiger Konstruktion einherschreitet und doch nur Aufguß ist. Wie zum Beispiel hier, wo ein Mediziner die steigenden Gesundheitskosten rechtfertigen möchte:

Angesichts des wachsenden Bedarfs an ärztlicher Versorgung ist es geradezu fahrlässig, durch dirigistische Maßnahmen die Niederlassungsfreiheit von Ärzten einzuschränken und damit das Fundament der ärztlichen Betreuung unserer Bevölkerung massiv zu untergraben. ...

...Wer jetzt durch dirigistische Reglementierung der Kassenzulassung die Niederlassungsfreiheit der Ärzte aushöhlt und so etwa 80 Prozent hochqualifizierter Jungärzte von der Ausübung Ihres Berufes ausschließt, handelt verantwortungslos und gefährdet in Zukunft die ärztliche Versorgung unserer Bevölkerung.

Was für ein Imponiervokabular! Es ist, zugegeben, eine komplexe Materie. Gerade deshalb hätte der Autor sie wie ein guter Lehrer in kleinere Portionen zerlegen und diese für uns Laien leichter verständlich anordnen müssen. Aber uns die ganze massige Ladung vor die Füße werfen? Und das gleich zweimal kurz hintereinander? In phantasieloser Wiederholung der ohnehin zu vielen, zu langen Kernbegriffe?

Sollte der Autor etwa gemeint haben, eine leichte Variation zweier Wörter sei ausreichend, die pure Wiederholung zu verschleiern? Er hätte sich geirrt. Denn *ärztliche Betreung* und *ärztliche Versorgung* ist so ziemlich dasselbe. Erst recht *dirigistische Maßnahmen* und *dirigistische Reglementierung*: Tonangebend ist beide Male das schreckenerregende Attribut *dirigistisch*, und was danach kommt, steht in dessen Schatten, kann also keine Abwechslung schaffen. Derartiges raubt einem die Leselust.

Schauen wir uns ein Gegenbeispiel an. Auch hier wiederholt sich etwas, zweimal sogar; nur ist es weniger der Inhalt (-*betrüger*), sondern die Struktur der Sätze:

Wer in eine Datenverarbeitung eingreift, um sich zu bereichern, ist ein Computerbetrüger. Wer falsche Angaben macht und sich damit Subventionen erschleicht, ist ein Subventionsbetrüger. Wer beim Vertrieb von Wertpapieren falsche Angaben macht oder nachteilige Umstände verschweigt, ist ein Kapitalanlagebetrüger. Für alle hat das Strafbuch Paragraphen.

Das lassen wir uns eher gefallen. Die dreimal gleiche Satzstruktur wirkt nicht erstickend, weil die Inhalte, obwohl einander ähnlich, abwechslungsreich variieren. Außerdem hat der Verfasser darauf geachtet, daß die drei Sätze nicht völlig gleich gebaut sind. Auch ihre Länge ist nicht immer dieselbe, sondern beträgt zweimal zwölf, dann fünfzehn Wörter. Die Serie geht also vom kürzeren Satz weiter zum längeren. Ein solches Vorgehen überfordert unser Gedächtnis nicht, sondern leitet es pädagogisch zu gesteigerter Anspannung hin. Und schließlich faßt der letzte, wieder kurze Satz das Gesagte zu einem »Schema« zusammen, in das wir alles Vorherige passend einbauen können. Dieses Verfahren ist rundum nachahmenswert. Wenn wir schon etwas dreimal sagen wollen, dann bitte nur so.

Aber das allein garantiert nicht immer den Erfolg, wie das nächste Beispiel zeigt. Der Verfasser hat sich dabei immerhin einige Mühe gemacht. Drei parallele *Wer*-Fragen sind hübsch verschieden eingeleitet, wachsen von kleinem zu größerem Umfang an und führen vom Allgemeinen zum Besonderen. Das alles bleibt lobenswert. Und doch ist etwas nicht gut daran:

> Wer kann da noch dem interessierten Bürger klarmachen, daß alle Politiker vornehmlich dem Wohle der Allgemeinheit verpflichtet sind? Wer will da noch beweisen, daß eine Bundesstraße weniger stau- und unfallgefährdend sein soll als eine Autobahn? Wer beweist schlüssig, daß eine Bundesstraße weniger Verkehr abzieht und daß der dann verbleibende Schleichverkehr durch dichtbesiedeltes Stadtgebiet der Bevölkerung zuträglicher ist als eine nach neuesten Gesichtspunkten gebaute und mit Geschwindigkeitsbeschränkungen belegte Autobahn?

Den Lesefluß stören zumindest unbewußt ein versteckter und ein klarer Formfehler. Ersterer liegt in der Einleitung der Fragen. Zwar sind sie angenehm wechselnd (*Wer kann... klarmachen, Wer will... beweisen, Wer beweist*), aber so herauspräpariert wird deutlich, daß die beiden ersten ein Modalverb enthalten, die dritte aber keins. Die dritte Frage ist also spürbar weniger aufwendig gebaut und fällt damit gegen die früheren ab, statt sich als Schlußfrage hervorzuheben. Der andere Fehler springt einem ins Gesicht: Der letzte Satz ist mit 33 Wörtern einfach zu lang, überlastet mit Inhalt, schwer von Substantiven, die ihrerseits ächzen unter der Last substantivreicher Attribute. Der Autor hätte also erstens seine Fragen sorgfältiger variieren müssen, das heißt anfangs ohne, dann gesteigert mit Modalverb; zweitens hätte er das Wortfeld *beweisen* erheblich tiefer ausschöpfen können, da bieten sich ihm etwa *überzeugen, darlegen, begründen, erklären* und andere an; und vor allem, drittens, hätte er den Langsatz in mehrere Sätze zerlegen müssen, auch wenn damit nicht alles in einer einzigen, der dritten Frage untergebracht werden kann.

Nicht ganz so mißgeraten scheint der folgende Leserbrief:

> Kein Wort über den Besucheransturm bei der Eröffnung der Stefan-Zweig-Ausstellung am Abend des 20. Januar, kein Hinweis auf den mit allgemeinem Beifall aufgenommenen Vortrag des Schriftstellers Max G. über seine Begegnungen mit Zweigs Werk und – noch bedauerlicher – keinerlei Angaben über den reich illustrierten, von Sabine K. und Ellen P. herausgegebenen Ausstellungskatalog mit Beiträgen von …

So geht es noch eine Weile weiter. Das Ganze leidet unter dem fatalen Drang zu einer Totalität, die auch auf entlegene Details nicht verzichten mag. Andererseits: Sehr gut gelungen ist die sich steigernde Abwechslung in den drei Kritik-Einleitungen (*Kein Wort, kein Hinweis, noch bedauerlicher – keinerlei Angaben*).

Aber auch ganz ohne Variation, gerade durch die wörtliche Wiederholung kann ein Textteil Wirkung entfalten. Er sollte dann allerdings kurz und knapp auftreten, sloganartig. Wir haben ein gutes Beispiel dafür, in dem mehrere Satzteile gleich viermal wiederholt werden. Erst im Absatz danach setzen die Variationen ein, und am Ende wird alles sauber und mit einem Kraftwort zusammengefaßt:

> Seit 25 Jahren bin ich Lehrer und kann ich sehen: von kleineren statt größeren Klassen – keine Spur. Von mehr statt weniger gut ausgebildeten Lehrern – keine Spur; von mehr statt weniger Durchlässigkeit der Schulformen – keine Spur; von mehr statt weniger individueller Förderung des Schülers – keine Spur.
>
> Von Demokratisierung der Schulorganisation überhaupt nichts mehr zu erkennen. Pädagogisch-psychologische Supervision für Lehrer – Fehlanzeige. Ausbau der politischen Bildung – hierzulande unbekannt. Die

Mißachtung der Bildungsinteressen von Kindern und Jugendlichen wird immer unverschämter.

Man stelle sich nur mal vor, was passiert wäre, hätte der Autor des letzten Beispiels diesen Inhalt bearbeitet! Hier aber bekommen wir eine vergleichbar komplizierte Angelegenheit genießbar serviert, trotz aller Wortwiederholung. So geht es also auch: straff, unverschnörkelt, zwingend durchorganisiert. Nicht einmal die fehlenden Prädikate vermissen wir, so reich ist die Information der Satzreihe und unverbaut durchsichtig.

Wir müssen noch kurz auf eine andere Art der Reihung eingehen, die intensivierende Steigerung. Ohne Wortwiederholung sind dabei parallele Aussagen aneinandergereiht; sie haben ein Merkmal gemeinsam, eine Ausdrucksabsicht, die sich im Fortgang durch den Text immer stärker durchsetzt. Ein einfaches, aber gutes Beispiel dafür ist der Satz

> Wir fanden es ätzend, langweilig und eigentlich unverschämt, dafür auch noch Geld bezahlen zu müssen!

Die gemeinsame Ausdrucksabsicht ist »scharfe Kritik.« Sie kommt dreifach zu Wort: mit einem kurzen, einem etwas längeren und zuletzt einem durch Adverb und Infinitivsatz näher bestimmten Adjektiv. Das ist zum einen formal richtig, da die Elemente der Reihe zum Ende hin an Länge zunehmen (nebenbei: Früher nannte man so etwas das »Gesetz der wachsenden Glieder«; es läßt sich aber heute einfacher psychologisch erklären; man merkt sich eine Kette eben leichter, wenn man Zeit zum Training hat und nicht gleich mit ihrem schwersten Glied anfängt). Zum andern steigern sich die drei Ausdrücke auch inhaltlich, vom etwas unklaren *ätzend* über das deutlichere *langweilig* bis zum starken, ausführlich erläuterten *unverschämt*. So gut formuliert geht uns der Satz ohne Widerwillen ein und direkt ins Gedächtnis.

Ein achtloser Autor kann sich damit aber in eine Ecke malen, aus der er nicht mehr herauskommt. Dafür ein Beispielsatz:

> Nicht diese Organisation ist terroristisch, sondern die paramilitärischen Sondereinheiten, die unschuldige Zivilisten foltern, vertreiben und ermorden.

Da hapert es schon an der syntaktischen Harmonie, denn nach dem ersten Komma fehlt spürbar ein *sind* (das aber nur schwierig einzufügen ist). Wir haben es hier aber mit den letzten drei Verben zu tun. Ihr gemeinsames Merkmal, »Verfolgung«, wird zuerst stark, dann schwächer, zuletzt sehr viel stärker ausgedrückt. Die Anordnung ist ein Hin und Her ohne intensivierende Linie. Durch einfaches Verschieben läßt sich der Schaden aber auch nicht wiedergutmachen. Eine geänderte Reihenfolge, etwa *vertreiben, foltern, ermorden*, klingt falsch, so als sollten die schon Vertriebenen noch ermordet werden. Es bleibt also nur eins: vom Dreisprung Abschied nehmen und sich mit folgendem abfinden: *vertreiben, ja foltern und ermorden*. Damit bleibt wenigstens für die beiden letzten Verben eine Steigerung erhalten.

Die intensivierende Dreierreihe läßt sich natürlich nicht nur mit hintereinandergestellten Wörtern produzieren, sondern auch und öfter als Satzreihe. Dabei müssen wir allerdings die Gefahr im Auge behalten, daß die Teilsätze zu lang werden und die Reihung im massierten Wortmaterial unerkennbar wird. Recht gut gelungen ist diese Satzreihe, mit der die Diskussion von Staatsgrenzen angegriffen wird:

> Dann ist die Ordnung des heutigen Europa unwirklich, dann brauchen wir uns nicht einmal mit den Grenzen von 1937 herumzuschlagen, dann gelten die Grenzen des Deutschen Reiches vor Versailles.

Kaum spürbar ist der kleine Formmangel, daß die Länge der Sätze nicht zu-, sondern eher abnimmt (es sind erst acht, dann zwölf, dann neun Wörter). Er wird geschickt überlagert von der wachsenden Absurdität der drei vorgestellten Gedanken. Diese Intensivierung behalten wir also gern im Gedächtnis. Das glückt auch deshalb, weil die erfreulich kurzen Sätze unsere Aufnahmefähigkeit respektieren. Das nächste, hier unser letztes Beispiel sehen wir da schon etwas mißtrauischer an. Von einem Bühnenwerk wird gesagt, es

> zeigt lehrstückhaft, wie ein rechtsradikaler Terrorist vom Täter zum Opfer umgedeutet wird, wie Schritt für Schritt aus Zentralbegriffen der bürgerlichen Revolution rassistische Kampfparolen werden, wie aus scheinbar banalen Antipathien gegen Fremde die Bereitschaft erwächst, gegen diese Fremden mit brutaler Gewalt vorzugehen.

Das ist erheblich komplizierter zu lesen als eine Serie kurzer Sätze. Die Dreierreihe ist zwar gerade noch erkennbar, auch die Satzlänge wird akzeptabel erhöht. Aber mehrere inhaltsschwere, attributbewehrte Substantive und Komposita drängen sich vor (*rechtsradikaler Terrorist, Zentralbegriffe der bürgerlichen Revolution, rassistische Kampfparolen, banale Antipathien*), die in solcher Fülle einander die Wirkung stehlen. Den zu gewichtigen, zu langen Satz hätte ein leserfreundlicher Autor sicher entzerrt und beschnitten, etwa so:

> Es zeigt lehrstückhaft, wie ein rechtsradikaler Täter zum Opfer umgedeutet wird; wie aus bürgerlichen Schlagworten allmählich rassistische Kampfparolen werden; wie aus scheinbar banalen Antipathien die Bereitschaft wächst, gegen Fremde mit brutaler Gewalt vorzugehen.

Dabei hätte er, wie man sieht, vor das zweite und dritte *wie* ein Semikolon gesetzt und dem Leser zwei Atempausen gegönnt. Resultat so bescheidener Eingriffe: ein lesbarer, gut verständlicher Text.

Der Tanz der Sätze

Woher kommt die Monotonie so vieler Texte? Wie kommt es, daß die »Graumasse« oft wirklich grau dahertrottet, unansehnlich, lähmend öde, temperamentlos?

Zunächst liegt es natürlich am Inhalt. Wer etwas Erfrischendes zu sagen hat, kann es leicht erfrischend sagen. Manchmal ist an der Langeweile auch die Unordnung schuld, mit der ein Autor einfach nacheinander hinschreibt, was ihm so in den Sinn kommt. Häufig ist es aber noch etwas anderes.

Erinnern wir uns an den Satz, mit dem wir anfingen: *Mann beißt Hund*. Wir verstehen auf Anhieb, wer da gebissen hat, der *Mann* nämlich; er ist das Subjekt des Satzes. Das ist beileibe nicht selbstverständlich. Theoretisch könnte er auch das gebissene Objekt sein, das im Deutschen ja ohne weiteres am Satzanfang stehen kann. Aber nein, instinktiv unterstellen wir bei diesem kargen, artikellosen Satz *Mann* als Subjekt. Wir können offenbar nicht anders. Das Dumme ist jetzt nur, daß viele Autoren auch nichts anderes können, als jeden, aber auch wirklich jeden Satz mit dem Subjekt anzufangen. Ganz abgesehen von der dadurch schwierigeren Thema-Rhema-

Verknüpfung ist die Wirkung auf den Leser eine ermüdende. Wir werden nicht darum herumkommen, sie an einem Textauszug zu ertragen (nur zur besseren Übersicht sind jetzt die Sätze numeriert):

(1) Die Mitarbeiter der Staatsicherheit waren ja auch keine Monster, denen die Verworfenheit wie ein Kainsmal in die Stirn gebrannt war. (2) Sie gaben sich als Gefährten auf dem Weg zum großen Ziel aus. (3) Der Verrat wurde zur Information umgedeutet, auf die ein Staat, der sich fortwährender Angriffe von innen und außen zu erwehren hat, Anspruch erheben durfte. (4) Der Erkenntnisprozeß, der letztlich die angeblichen Gefährten als Gegner entlarven und die eigenen Verstrickungen ihrer Rechtfertigung entkleiden mußte, wurde immer wieder durch das Aufflackern von Hoffnung unterbrochen. (5) Das verzögerte den Prozeß, konnte ihn aber letztlich nicht unterbinden.

Es geht noch weiter so, aber das mag genügen. Fünf zum Teil viel zu lange Sätze, die schon als solche fehlerbehaftet sind – die zwei ineinandergeschachtelten Relativsätze in Satz 3 und der Relativsatz in Satz 4, grundverkehrt, weil er einen sinnfremden, aus dem Gedankengang hinausführenden Inhalt auftischt. Uns interessiert hier aber dies: Fünfmal steht derselbe Satzteil am Anfang, das Subjekt. Der Text ist eine Stechschritt-Parade an Eintönigkeit, eine aufmarschierende Kohorte. So etwas sollte niemand, auch kein Laie, seinem Leser antun.

Unser nächster Beispielautor hat sich dazu wenigstens hier und da eine Variation einfallen lassen. Aber immer noch nicht genug. Die sieben Sätze beginnen mit einem (nicht sofort erkennbaren) Objektsatz, dem Subjekt, dem Subjekt, dem Subjekt, einem Temporalsatz, dem Subjekt und dem Subjekt:

(1) Die Hauptursachen der gegenwärtigen Arbeitslosigkeit seien Management-Fehlleistungen und hohe Arbeitskosten, behauptet der Kommentar. (2) Diese Behauptung ist nur zum Teil richtig. (3) Meine empirischen Untersuchungen über zwei Jahrzehnte zu Produkt- und Verfahrensneuerungen zeigen Resignation bei den unternehmerischen Ingangsetzern, die der Motor sein könn-

ten, um auch risikoscheue und träge Manager in Fahrt zu bringen. (4) Die Gewinnsituation bei Banken und Versicherungen zeigt den Einfluß der staatlichen Regulierungskünstler, die dadurch innovatives Verhalten bestrafen. (5) Solange die unternehmerischen Rahmenbedingungen mit Holzhammermethoden gesetzt werden, wie nach der Regel »auf einen technologischen Neuerer einen staatlichen Regulierer«, werden neue Arbeitsplätze und Systeme die Ausnahme bleiben. (6) Die deutsche Wirtschaft scheint von dümmlichen Interventionisten in die Dauerkrise geführt zu werden. (7) Die Serie der unbedarften Männer in Bonn setzte sicherlich das Tüpfelchen auf das i.

Man mag einwenden, der Text sei allein durch Langsätze, massierte Attribute und informationsarme Einschübe eine Zumutung. Richtig. Auch die interne Verknüpfung liegt im argen; nur Satz 2 ist gut angebunden, in Satz 4 dagegen versteckt sich ein verlorenes Thema-Element *dadurch* sogar hinter falsch plazierten Rhema-Teilen. Hier müßte natürlich die dringend nötige Korrektur – nach rigoros straffender Kürzung – als erstes ansetzen. Gerade deshalb müßten aber auch die Satzanfänge variiert werden. So könnte zum Beispiel Satz 3 mit einem Widerspruchssignal beginnen (etwa *Vielmehr*), Satz 4 mit dem immerhin schwach rückverweisenden Objekt (*Den Einfluß*), Satz 5 mit einem Gegensatz-Etikett (*Solange aber*), Satz 6 mit einem Zeitadverb (*Gegenwärtig scheint jedoch*) und Satz 7 mit dem steigernden Objekt (*Das Tüpfelchen*). Ein Arbeitsgang, zwei Vorteile: Der Text gewinnt lesefreundlichen Zusammenhang und verliert diese ermattende Uniformität.

Merke: Sätze dürfen nicht marschieren, sie sollen tanzen.

Dafür bietet der deutsche Satzbau Mittel der Variation in einer Fülle, die anscheinend vielen Autoren unbekannt ist. Was sich bei Sätzen alles variieren läßt:

– die Länge (nicht dauernd gleichförmig lange Sätze, gelegentlich auch mal einen »unvollständigen« Satz),
– die Satzart (Aussage, Frage, Ausruf oder Aufforderung)
– die Satzteilstellung (auch mal mit dem Objekt anfangen, mit einem Adverb, einer Angabe),

- die Verschiedenheit der Einstiegs-Adverbien und –Angaben (zeitliche, lokale, begründende, der Art und Weise, einschränkende und einige mehr)
- die Hierarchie (mal mit dem Haupt-, mal mit einem Nebensatz beginnen) und
- die Art der einleitenden Nebensätze (da gibt es einerseits Subjekt- oder Objektsatz, andererseits die Nebensätze, die aus Adverbien herausgewachsen sind, also den Temporal-, Modal-, Konzessivsatz und so weiter).

Solcher Reichtum steht uns zur Verfügung, wenn wir einen Satz formulieren. Und das Schöne daran ist, daß sich manche Variationsarten nicht bloß einzeln, sondern sogar kombiniert einsetzen lassen. So kann etwa auf eine kurze Frage eine längere Aussage folgen oder nach einem temporalen Nebensatz ein durch Adverb eingeleiteter Hauptsatz. Solche Abwechslung gehorcht nicht nur leichter der Thema-Rhema-Regel, sie verschafft dem Leser darüber hinaus höhere Lesefreude.

Es gibt Autoren, die das können, sogar sehr junge. Der erste Beleg dafür stammt aus einem Schulaufsatz über die Geschwister Scholl:

> In einem sind sie ohne Zweifel Vorbilder: in der unerschrockenen, konsequenten Haltung, in der konsequenten Durchführung und im Einsetzen für ihre Ideen bis zum bitteren Ende: der Urteilsverkündung im Volksgerichtshof. Ansonsten? Schwierig. Ich bin der Meinung…

Eine angenehme Lektüre. Natürlich stecken darin ein paar Holprigkeiten, eine Wortwiederholung, ein doppelter Doppelpunkt. Vielleicht haben wir sie nicht einmal bemerkt. Denn die Variation der Sätze ist ungewöhnlich: Erst ein kurzer Hauptsatz, dann eine davon abgesetzte, sich steigernde Aufzählung, jetzt ein Ein-Wort-Fragesatz, der eine gewagte, ebenso knappe Antwort erhält, endlich als zweite Antwort ein längerer Hauptsatz, der erkennbar in einen Nebensatz mündet. Die Passage ist von bemerkenswerter Frische. Weil die Autorin noch nicht durch dröge Grau-Texte verdorben ist? Offenbar wird Geschriebenes, werden Sätze mit höherem Alter des Autors immer fader und wortreicher. Aber muß das so sein? Einige Erwachsene bewahren sich ein Stück jener frühen Formulierfreude, zum Beispiel der Verfasser dieses Textes:

Die Bundesanstalt für Flugsicherung sichert bis zur Wahl eines Betriebsrats zwar die Wahrung von Mitbestimmungsrechten zu; wie das rechtlich geschehen soll, ist aber völlig offen.

Soll der nach altem Recht gewählte Personalrat nunmehr die neuen Rechte aus dem Betriebsverfassungsgesetz wahrnehmen? Soll für eine Übergangzeit das alte Personalvertretungsrecht mit seinen rechtlichen Einschränkungen angewendet werden?

Der Gesetzgeber hat, wie leider häufig in den letzten Jahren, das Problem in der Eile übersehen.

Am Anfang steht ein Hauptsatz, nach dem Semikolon geht es mit einem kurzen Nebensatz weiter, und den Schluß bildet wieder ein Hauptsatz, diesmal mit einer Häufigkeitsangabe als Einschub. In die Mitte aber, das eben angerissene Problem verdeutlichend, sind schwungvoll zwei Fragen gesetzt. Hätte man sie nicht auch als Hauptsätze bringen können? Mit so umständlichen Hinführungen wie *Ungelöst ist etwa die Frage, ob…*? Sicher, aber es wäre nicht so abwechlungsreich wie hier in der Abfolge Aussage-Frage-Frage-Aussage. Damit behält der Text übrigens nicht nur unser Interesse, er ist auch knapper, macht weniger Worte um dieselbe Sache.

Noch munterer, fast schon zu sehr, gibt sich der folgende Text. Die Autorin ist sichtlich begeistert von ihrer Fähigkeit, ein Literaturrätsel zu lösen:

Und schon freue ich mich über den nächsten Treffer. »Das strenge Glück« ist für jeden, der Thomas Mann einigermaßen kennt, ein Schlüsselbegriff für den Roman »Königliche Hoheit«. Läßt sich noch etwas auf Anhieb erkennen? Die vorletzte Passage stammt aus Kafkas »Prozeß«. Aber ich greife vor. Sagt nicht Walter Faber etwas über die Liebe zum Leben? Aber das geschieht in Havanna und nicht am Ende. Ich hole mir »Mein Name sei Gantenbein« aus dem Bücherschrank und werde tatsächlich fündig.

Länge, Art und Einleitung der zierlichen Sätze variieren aufs lebhafteste (abgesehen von dem Patzer der *aber*-Wiederholung). Insgesamt bleibt der Text indessen sehr persönlich, nicht recht zur

Nachahmung empfehlbar und eher ein Kennzeichen von privatem Enthusiasmus. Bei einem ernsteren Gegenstand würden wir das wohl als exaltiert ablehnen.

Auch der nächste Leserbrief gewinnt unsere Aufmerksamkeit und hält sie bis zum Schluß fest. Das liegt vielleicht auch an der stellenweise originellen Wortwahl, zum guten Teil aber an der glücklichen Variation im Satzbau:

> Als Kind schon lernte ich es lesen: das Kursbuch. Da mein Vater ein führerscheinloser Geselle, aber trotzdem reiselustig war, reisten wir halt mit der Bahn. Wir legten später gemeinsamen Ehrgeiz darein, auch ausgefallene Ziele über noch ausgefallenere Wege, notfalls unter Zuhilfenahme des Omnibus-Kursbuches oder der Fahrpläne regionaler Verkehrsbetriebe, zu erreichen. Die Meisterschaft meines Vaters, der Fahrplannummern und gängige Verbindungen im Kopf hatte, habe ich zwar nicht erreicht, aber die diversen Hieroglyphen des Kursbuches kann ich ziemlich zuverlässig entschlüsseln.

Diese Sätze sind ausgezeichnet verknüpft und beginnen abwechselnd mit einer Zeitangabe, einem kausalen Nebensatz, einem Subjekt und einem Akkusativobjekt. Immer anders als der Vorgänger, jeder ein eigener Charakter. Die Satzlänge steigert sich langsam von neun über 16 und 25 zu 28 Wörtern. Auch der letzte, lange Satz ist gut verständlich, da er aus zwei Hauptsätzen besteht, dessen zweiter (*aber*) wieder anders anfängt als der erste (*Die Meisterschaft*). Wir wollen nicht übersehen, daß die hohe Wörterzahl an die Grenze des Zumutbaren kommt. Klugerweise setzt im Original hier ein neuer Absatz ein, und zwar mit einem Satz aus nur neun Wörtern. Es ist ein in jeder Hinsicht gut gelungener Text. Diese Sätze tanzen.

Auffallend ist, daß die guten Erwachsenen-Beispiele persönliche Themen behandeln. Das legt einen Verdacht nahe: Können Laien-Autoren nur dann so fesselnd schreiben, wenn sie Privates erzählen? Glauben sie bei der Erörterung von Sachthemen etwa, man dürfte nicht lebendig bleiben, müßte grau und bleiern werden, die ödesten Vorlagen imitieren? Wir können es nur schwer nachprüfen. Vielleicht liegt der Grund aber auch woanders. Das persönliche Erlebnis liegt dem Autor am Herzen, er kennt es in- und auswendig,

hat die Wiedergabe gar schon einige Male geübt; das Sachthema dagegen ist ihm nicht so nahe, die Beschäftigung damit weniger lustvoll und, wie er meint, strenger reglementiert. Damit aber wäre er
auf einem Irrweg. Auch das Sachthema muß ihm vertraut und überschaubar sein, nah am Herzen liegen, nur dann wird er es ebenso
packend in Worte bringen wie hier das Private.

Sehen wir uns zum Schluß eine beispielhafte Probe reinen Sachtext an. Er ist einem Nachrichtenmagazin entnommen, über dessen
Sprache oft gelästert wurde. Wie gut aber die Redakteure ihr Handwerk verstehen, soll dieser Ausschnitt belegen:

> Mit den Sprengstoffanschlägen im vergangenen Jahr auf
> Italiens hervorragende Kämpfer gegen die Mafia, die
> Richter Giovanni Falcone und Paolo Borsellino, hatte der
> Cosa-Nostra-Häuptling den Bogen überspannt. Die Re-
> gierung raffte sich zu einer Großoffensive gegen die Ma-
> fia auf.
>
> Das hatte sie nach spektakulären Morden an Staatsdie-
> nern zwar schon mehrfach getan, mit bald nachlassendem
> Eifer. Diesmal aber wurden Instrumente geschaffen, die
> schärfer wirkten: Neu eingerichtete Zentralbehörden zur
> Ermittlung und Strafverfolgung, die bereits von Falcone
> geplant worden waren, nahmen ihre Arbeit auf. Ein neues
> Anti-Mafia-Gesetz erweiterte die Möglichkeiten der Er-
> mittler, Verdächtige auszuspähen. Das Vermögen von
> Beschuldigten kann beschlagnahmt werden; sie müssen
> nachweisen, daß sie es legal erworben haben. Kronzeu-
> gen gegen die Mafia wurden goldene Brücken gebaut.

Mit dem Vorschußlob ist natürlich nicht Firlefanz wie *Cosa-No-
stra-Häuptling* gemeint, sondern der durchdachte Bau der Sätze. Es
lohnt sich, genauer hinzusehen.

Den ersten Absatz eröffnet ein ziemlich langer Satz mit einer Modalangabe (Art und Weise). Es folgt ein sehr viel kürzerer, der jetzt
aber mit dem Subjekt beginnt, *Die Regierung*. Die Anknüpfung ist
kühn, aber wir machen sie mit: Klar, wenn der Cosa-Nostra-Chef
den Bogen überspannt, muß als nächstes die Regierung aktiv werden.

Der zweite Absatz fängt wieder anders an, nämlich mit einem gut
rückverweisenden Objekt *Das*, und enthält eine Häufigkeitsangabe

(*schon mehrfach*). An diese knüpft das Eingangswort des folgenden Satzes an, die Zeitangabe *Diesmal*, mit *aber* zum Gegensatz verschärft. Und jetzt kommt der eigentliche Clou. Ab hier sind die Satzanfänge plötzlich, wenigstens auf den ersten Blick, gleich gebaut, lauter Substantive. Warum? Weil das jetzt nur eine erläuternde Liste zu den eben erwähnten *Instrumenten* ist, vier leicht abzuhakende Beispiele: *Zentralbehörden*, *Anti-Mafia-Gesetz*, *Vermögen*, *Kronzeugen*, sehr sparsam (nur die ersten zwei) mit Attributen versehen. Abwechslung aber auch hier: Drei der Beispiele setzen mit dem Subjekt ein, das letzte aber mit einem Dativobjekt. Die ersten beiden Prädikate stehen im Aktiv, die zwei anderen, es bietet sich an, im Passiv. Damit wird nämlich erreicht, daß in jedem Punkt der Liste das wichtigste Wort wie eine Überschrift am Anfang bleibt und nicht als Objekt nach hinten rutscht.

Dabei soll aber die nötige Kritik nicht schweigen. Der Satz mit den *Kronzeugen* enthält eine kleine Irreführung, einen falschen Freund. Nachdem die drei vorherigen Sätze mit dem Subjekt beginnen, erwarten wir es ebenso von diesem. Das erste Wort, sogar alles bis zum Prädikat I (*Kronzeugen gegen die Mafia wurden*), das sieht ja auch ganz so aus und geht, denken wir, etwa so weiter: *unter besonderen Schutz gestellt*. Aber weit gefehlt! Zu spät erkennen wir, daß wir auf dem Holzweg sind, und müssen unser Satzverständnis blitzschnell umbauen. Der sehr gute Autor vermeidet so etwas.

Aber das Vorbildliche an diesem Text überwiegt. Wir haben nicht bloß spannende Anknüpfungen und angenehm wechselnde Satzanfänge, sondern auch noch einen begründeten Wechsel zwischen verschiedenen und ähnlichen Satzanfängen. Wer sich fragt, warum so viele das jeden Montag so gerne lesen, findet hier eine Antwort.

Es geht also auch bei einem Sachthema. Und ist nicht mal so schwer, wenn auch wir uns vergegenwärtigen, was für ausgezeichnete Mittel für die Variation unserer Sätze bereitliegen. Noch einmal: Wir brauchen keinen Gleichschritt, wir brauchen Menuette!

Ergebnisse

Wer schreibt, hat dem Leser ein Versprechen gegeben. Es lautet: Ich gebe dir immer, in jedem Satz, zuerst etwas dir schon Bekanntes, dann erst meine neue Information. Also noch einmal die Thema-

Rhema-Regel: Jeder Satz sollte am Anfang einen Ausdruck enthalten, der sich auf vorher Gesagtes beziehen läßt. – Auch rein inhaltliche Anknüpfungen sind erlaubt, wenn sie einem aktivierbaren Schema zu entnehmen sind. Das kann ein Gegensatz, ein Zeitbezug, eine Begründung oder anderes sein, kurzum alles, was wir auch durch ein Adverb oder eine Angabe ausdrücken können. – Natürlich müssen die in Sätzen enthaltenen Gedanken auch in ihrer Abfolge zueinanderpassen. Der Autor darf keine relevanten Zwischenschritte seines Arguments einfach weglassen, nur weil sie ihm selbst schon klar sind. – Rückverweisende Thema-Elemente deuten nicht irgendwohin, sondern beziehen sich immer nur auf den unmittelbar vorhergehenden Satz. – Wenn einer etwas partout dreimal sagen will, muß er wenigstens jedesmal auch Neues sagen. Die simple Wiederholung ermüdet nur. – Besser ist es jedoch, wenn nur eine Satzstruktur wiederholt, dabei aber mit verschiedenen Inhalten gefüllt ist. – Noch wirksamer ist die wiederholte, intensivierende Formulierung derselben Ausdrucksabsicht. Dabei sollte sich sowohl die Satzlänge als auch die Intensität der Inhalte erhöhen. – Sätze immer nur mit dem Subjekt zu beginnen, ist temperamentlos und einschläfernd. Sätze sollen nicht marschieren, sondern tanzen. – Die Sprache bietet dafür Variationsmöglichkeiten in Fülle: Länge und Art des Satzes, Satzteilstellung, Haupt- und Nebensatz, einzeln oder auch kombiniert. – Abwechslung ist nicht nur bei privaten, sondern auch bei Sachtexten möglich. Gerade da verleiht sie dem Text Frische und Lesbarkeit.

Die beste Art, einen Text bündig vorzutragen, hat der Herzkönig in ›Alice im Wunderland‹ gegeben:

Das Weiße Kaninchen setzte seine Brille auf. »Wo bitte, Eure Majestät, soll ich anfangen?« fragte es.

»Fang am Anfang an«, sagte der König ernst, »und mach weiter, bis du zum Ende kommst: Dann hör auf.«

Weil das Rezept so überzeugend einfach ist, wird es gern dem jungen Autor mitgegeben. Allerdings steht die beherzigenswerte Regel in angelsächsischen Ratgebern erheblich öfter als hierzulande. Die meisten Deutschen haben nie davon gehört.

Jetzt könnte einer natürlich auf den Pferdefuß hinweisen: Wie soll ich wissen, wann ich zum Schluß komme, wenn ich noch gar keinen Schluß habe? Wiederholen wir uns: Der Autor muß seinen Plan so aufgebaut haben, daß er den Schluß nicht bloß irgendwo vor sich hat, sondern bereits im Kopf. Anhand einer Inhaltsskizze weiß er, wann er alle Ideen verarbeitet hat. An diese Stelle kommt der Schluß hin. »Dann hör auf.«

Frühere Stilisten meinten, das Ende des Textes sei noch viel schwieriger als der Anfang. Die Behauptung ist eine Bildungstradition. Der seit Cicero herrschenden Rhetoriklehre hatten wir es zu verdanken, daß noch lange danach »die Kunst des Schließens nur vom Standpunkte des öffentlichen Redners, besonders des Gerichtsredners, betrachtet« wurde (Eduard Engel). Dort, vor oft dazwischenschreienden Zuhörern, mochte es wohl auf das letzte Wort ankommen. Es hatte die klare Aufgabe, eine bleibende Wirkung zu festigen.

Geschriebenes jedoch tut sich da leichter. Es liegt ruhig vor uns und soll mit der Kraft des ganzen Textes wirken und nicht nur, weil er ein fulminantes Ende hat.

Trotzdem hätte man – und sei es nur aus Liebe zur schönen Gestalt – auch den Schluß gern passend und stilgerecht.

Das Versickern

Fangen wir mit zwei Schlüssen an, bei denen die Autoren sich offenbar Mühe gaben. Jedesmal wird ein deutlicher Endpunkt gesetzt, und zwar in Form einer Frage. Das eine Beispiel:

> Es wird derzeit oft gesprochen von Politikverdrossenheit, vom Vertrauensverlust in den Staat. Nachvollziehbar?

Daran ist zumindest eines lobenswert, nämlich die Stellung des Prädikats II, *gesprochen*. Es hängt nicht weit hinten nach *Staat* herum, sondern ist schön nach vorn gezogen. Auch hinter der ausklingenden Ein-Wort-Frage steckt deutlicher Stilwille. Und doch klappt der Schluß nicht recht. Vielleicht liegt es an *nachvollziehbar*, das bis zur Konturlosigkeit abgegriffen ist. Eher jedoch daran, daß die Kurzfrage zu plötzlich und überdies von zu weit hergeholt kommt. Sie ergibt sich kaum aus dem vorher Gesagten. Sie überrumpelt den Leser. (Übrigens: Was im Eifer wohl überlesen wurde: dieser *Vertrauensverlust in den Staat* ist eine »aufgelöste Klosterjungfrau.« Einen *Verlust in den Staat* gibt es nicht.)

Ganz so Überraschendes passiert nicht in unserem zweiten Beispiel:

> Der Aussage des Abgeordneten ist zu entnehmen, daß die Nachteile nicht ungelegen kommen, wenn sie nicht sogar gewollt sind, um den Wert einer Gewissensentscheidung prüfen zu können. Gleiches mußte herhalten, um die Diskriminierung des Zivildienstes zu rechtfertigen. Zufall?

Aber auch hier gefällt das abrupte Ende nicht ganz, obwohl die Ein-Wort-Frage diesmal sinnfälliger ist und nicht so abgenutzt. Auch dieser Aktschluß mutet uns karg an.

Der Grund liegt, wieder einmal, in der Thema-Rhema-Regel begründet. Sie besagt ja, daß alles Neue, Informative, also das Gewichtigere grundsätzlich nicht vorn, sondern hinten im Satz zu stehen hat. Wenn das schon beim Satz so ist, dann gilt es erst recht für den ganzen Text. Auch dort erwarten wir am Ende etwas Erinnernswertes, das wir mit nach Hause nehmen können. Das mag ruhig eine ausklingende Frage sein. Aber dann müßte sie, um nicht nur zu verblüffen, freundlicher formuliert werden: *Ist das so unverständlich?*, *Ist das purer Zufall?* oder ähnlich.

Immerhin sind das Beispiele für einen gewollten Schluß. Häufig begegnen wir jedoch Texten, die ganz darauf verzichten. Der Leser wähnt sich noch mitten in einem Gedankengang und steht im nächsten Augenblick am Abgrund des Textendes. Typisches Beispiel dafür sind kurioserweise viele Artikel von Computer-Journalisten (die sich sonst, wohl um ihren Gegenstand dem Laien annehmbar zu machen, eines übertrieben gewählten Stils befleißigen). Das geht dann so:

> Erstellt ein Unternehmen seine Produktunterlagen selbst, womöglich gar durch die Entwickler, besteht die Gefahr, daß sie mit betriebsblindem Technik-Kauderwelsch überfrachtet werden und so dem eigentlich zu erzielenden Effekt entgegenwirken. Doch der Rat von Fachleuten, diese Arbeit »Externen« zu überlassen, ist für kleine Unternehmen nur schwierig durchzuführen.

Und Schluß. Natürlich sieht der Leser, daß er bei diesen Sätzen allmählich am unteren Ende einer Zeitungsspalte ankommt. Gerade deshalb wartet er ja auf irgend etwas Besonderes, Abschließendes; es muß ja nicht gleich eine klärende Zusammenfassung sein. Statt dessen wird er jedoch auf immer weiter gehende Wege gebracht, dann plötzlich allein gelassen. Solche Irreführung ruft schon einige Zeilen vor dem Schluß stillen Ärger hervor. Hat der Autor das gewollt?

Noch unangenehmer wird es, wenn es so neckisch zugeht wie im folgenden Beispiel derselben Textsorte. Nur ein Schelm kann sich diesen Schluß einfallen lassen:

> Und da Entwicklungen der skizzierten Art überall vorangetrieben werden, kann man auch für die Zukunft eine breite Vielfalt an Kurs-Einschätzungen und Kauf-Empfehlungen erwarten. So daß das Geschehen an den Finanzmärkten trotz Konsultieren des Ratgebers Computer auch weiterhin spannend und lebhaft bleiben dürfte…

Die auch sonst riskanten drei Pünktchen sind das Ende des Artikels. Sie sind nicht gerade zwingend. Denn was im letzten Satz den Vorhang vor der offenen Zukunft aufziehen soll, wurde ja im vorletzten Satz schon ausgiebig dargelegt. Das schnucklig Aufgeputzte ist reine Zeilenschinderei.

Der tragischste Schluß ist aber einer, der eigentlich schon da ist, und der Autor merkt es nicht. Er fügt noch ein Satz hinzu und noch einen, aber sie rinnen ins Leere und versickern irgendwo.

Manchmal ist es nur ein Nebensatz, der das Ganze verpatzt:

> Ein schlüssiges Konzept liegt vor, der Weg in die Selbständigkeit des Pflegeberufes ist konstruktiv und berechenbar. Jetzt muß gehandelt werden, denn die Pflegekräfte haben ihre Ziele deutlich gemacht.

Man mag darüber streiten, ob statt des Kommas nach *liegt vor* nicht ein Punkt oder wenigstens ein Semikolon stehen müßte. Unbestreitbar ist jedoch nach *gehandelt werden* Schluß, sogar ein Ausrufezeichen akzeptieren wir. Was danach kommt, ist bloß Wiedergekäutes, also überflüssig, schlimmer: ärgerlich. Diese unerwünschte Wirkung tritt erst recht ein, wenn dem richtigen Schluß ein ganzer Satz folgt, ein ebenso entbehrlicher:

> Geben Sie auf, Herr H., Ihre Kollegen im Unternehmen R. und den P.-Werken haben begonnen, mit dem spitzen Bleistift zu rechnen. Machen Sie mit bei der beginnenden Koalition der Vernünftigen und Verantwortungsbewußten. Es ist keine Schande, einen Irrtum einzugestehen und an der Beseitigung seiner Folgen zu arbeiten.

Auch in diesem Text steht mit der *Koalition der Vernünftigen und Verantwortungsbewußten* ein prächtiger Schluß fertig da. Aber nein, es geht weiter: Wir bekommen noch eine etwas platte Moral nachgeliefert. Und wie leicht wäre der gute Schluß zu retten gewesen! Der Autor hätte lediglich den Platz der zwei letzten Sätze vertauschen müssen.

In unserem letzten Beispiel wird das Ende nicht so sehr übersehen, als vielmehr vertändelt. Der Schlußgedanke ist voll Phantasie, kommt jedoch durch schlechte Wortwahl und unklare Ausführung um seinen Effekt:

> Dann allerdings dürften wir uns in einer ähnlichen Situation wie die Römer in der Endzeit ihres Imperiums befinden. Die Deutschen werden mit Brot und Spielen eingelullt unter Ausbeutung der Länder der Dritten Welt, wie ehemals der römischen Provinzen, sowie der Gastarbeiter, wie ehemals der Sklaven.

Da wiederholt sich nicht nur etwas unschön (dieses leicht altjüng-ferliche *wie ehemals*), auch die von *Ausbeutung* abhängige Genitiv-kette ist durch ihre Zeitsprünge wenig übersichtlich und macht Ver-ständnismühe. Aber es wäre schade um den guten Kerngedanken. Wir können ihn (bei einigen Bedenken wegen *eingelullt*) mit einer Umstellung und ein paar beherzten Eingriffen durchaus retten:

> Dann allerdings befinden wir uns in einer ähnlichen Si-tuation wie die Römer am Ende ihres Imperiums: Wie die römischen Sklaven und Provinzen werden die Gastarbei-ter und die Länder der Dritten Welt ausgebeutet, die Deutschen mit Brot und Spielen eingelullt.

Wir könnten den Vordersatz um ein weiteres Wort entfetten; es fragt sich, ob dieses *ähnlichen* wirklich nötig ist. Indem es wegfällt, entsteht eine eindrucksvollere Gleichheit zwischen Spätrömern und heute.

Halten wir als Ergebnis fest: Auch wenn das gute Textende nicht mehr so wichtig ist wie für Cicero, vermissen wir etwas, wenn es fehlt.

Und damit Schluß mit den schlechten Schlüssen.

Pointen

Viele – und nur für Pessimisten überraschend viele – Autoren schaf-fen ihren letzten Satz mit Bravour. Sie schleifen ihn zu, bis der Text mit einer stichhaltigen Spitze, einer Pointe schließt. Dabei gehen sie auf ganz verschiedene Weise ans Werk.

Häufig unter den angeschärften Schlüssen ist eine vorgetäuschte Nachgiebigkeit in einer unangenehmen Lage, eine sarkastische, weil nur scheinbare Resignation. Etwa in dieser noch recht einfachen Form:

> Gelesen werden müßte der Artikel vor allem von denen, die etwas bewirken, sture Vorschriften flexibler gestalten können. Aber die lesen wahrscheinlich außer ihren Vor-schriften nichts anderes.

Wahrscheinlich ist die »Es-hilft-ja-doch-nichts!«-Haltung hier nicht einmal gespielt, sondern wirklich empfunden. Das hindert aber kaum die beabsichtigte stichelnde Wirkung des Schlusses.

Noch effektiver wird ein solcher Schlußsatz durch eine kurze Vorbereitung. Im nächsten Beispiel geht es um schmerzliche Einsparungen bei einer Uni-Bibliothek und eine kürzlich vor dem Gebäude aufgestellte Metallsäule. Und der Text endet so:

> Sie ist 13 Meter hoch und neun Grad geneigt und hat keine erkennbare Funktion, da es sich um Kunst handelt. Dafür hat sie so um die 500000 Mark gekostet. Wie viele Bücher man dafür wohl bekommen hätte?

Die vorbereitenden Sätze stecken voller Ironie (die präzise Beschreibung der Säule, die Ungenauigkeit bei den viel wichtigeren Kosten). Erst dann wird die Schlußfrage gestellt, die vor diesem Hintergrund erst recht Wirkung entfaltet.

Die Hinführung zur ironischen Pointe ergibt sich oft aus der Absurdität des Inhalts selbst. Da ist zum Beispiel der Bahnreisende, der zu spät bemerkt, daß der Zug am geplanten Zielort gar nicht hält. Der Autor schließt mit einem

> Fazit: Wer Geisterbahn fahren will, sollte besser bis zum nächsten Oktoberfest warten: Das ist billiger und macht mehr Spaß.

Ähnlich gut, dabei deutlich sarkastischer gibt sich das folgende Textende. Hier war vorher die Rede vom Supergehalt eines Dirigenten und der Unfähigkeit der Stadt, Poller aufzustellen, die das wilde Parken verhindern könnten. Abschließend heißt es dann:

> Ich jedenfalls werde in kein Konzert des Herrn S. mehr gehen. Man sollte sich vielleicht solidarisieren! Vier lumpige Eintrittskarten nicht gekauft, und schon kann man der notleidenden Stadtverwaltung einen Poller kaufen! Fußgänger und Radfahrer, wehrt euch – geht nicht zu S., kauft der Stadt Poller!

Der Unernst der letzten Sätze steht in gutem Kontrast zur Strenge der Formulierung. Die Wirkung des Aufrufs liegt auch darin, daß er ein leicht variiertes Zitat ist, dessen Original viele sicher nicht mehr kennen. Eine riskante Anspielung, aber wir folgen dem Autor ohne Widerwillen, weil die Zitatform ihren zynischen Widersinn von selbst enthüllt.

Es geht noch schärfer. Zur galligen Bosheit zugeschliffen ist ein Schluß, der mit nur wenigen Worten auskommt, wie etwa dieser:

> Wer den Film ›Tanz der Teufel‹ für einen »modernen Märchenfilm« hält, sieht in Kinderpornos wohl auch die moderne Version von Hänsel und Gretel oder betrachtet ›The Day After‹ als die ultimative postmoderne Weihnachtsgeschichte. In diesem Sinne: Frohes Fest!

Da endgültig Unvereinbares zusammengespannt: Kinderpornos und der gemütvolle Weihnachtsgruß. Die beabsichtigte Schockwirkung ist erreicht.

Die äußerste Möglichkeit schöpft das folgende Beispiel aus. In einem Zeitungsartikel kommentiert ein christliches Symbolwort höchst ironisch den Text. Es ist nicht nur das letzte Wort, es macht sogar ganz allein den letzten Absatz aus:

> Mein Gott, diese kleinliche Habsburg-Kritik – »Schaun Sie, das ist doch herrlich so als Nostalgie. Das ist doch für jeden Menschen eine Traumwelt, und wir müssen alle trachten, uns das zu erhalten.«
> Amen.

So ein verwaistes Einzelwort in der Zeile ist schon optisch reichlich gewagt. Erst recht seine Verwendung im vordergründig unpassenden Kontext. Dieses *Amen* gibt der vorhergehenden Äußerung scheinbar eine sakrale Weihe. Gleichzeitig aber entlarvt es, da so deplaziert, die hohle Ergriffenheit des Sprechers. Das gelingt hier vorzüglich, anders als bei den abschließenden Ein-Wort-Fragen weiter oben. Der Grund: Dieses Einzelwort bringt eine so kräftige Bedeutung mit, daß es die Aufgabe des sarkastischen Schlusses auch allein gut erfüllt. Ein Extrembeispiel bleibt es trotzdem.

Eine zweite, nicht ganz so leichte Methode, die Schlußpointe zu setzen, ist die knappe Komik. Auch dabei kommt Unzusammengehöriges zusammen, es fehlt jedoch die bittere Schärfe. Das folgende Beispiel dazu läßt uns bis zuletzt im Glauben an die Ernsthaftigkeit des Schlusses, dann erst springt das Teufelchen aus der Schachtel:

> Wir haben es gründlich satt, im Brennpunkt gesellschaftlicher Probleme die Kohlen aus dem Feuer zu holen, an die Grenze unserer Leistungsfähigkeit zu gehen und dann

in der Zeitung zu lesen, der Finanzminister schlage Mehrarbeit vor. Das Geschick, uns Lehrer in unserer Arbeit zu
motivieren, kennt keine Grenzen der Einfallslosigkeit.

Der biedere Autor hätte den Schlußpunkt sicher nach *Grenzen* gesetzt, auch damit bliebe die Ironie des Satzes gewahrt. Dieser Autor
aber fügt noch etwas hinzu, was allem Vorherigen einen neuen Beigeschmack gibt. Das läßt man sich gefallen, weil die Überraschung
nicht als Schock daherkommt, sondern mit listiger Sanftheit.

Ein ähnlicher Komik-Effekt tritt ein, wenn Wichtiges wie nebensächlich behandelt wird und umgekehrt. Dazu ein diesmal in Gänze
wiedergegebener Leserbrief; er stellt die Fehler eines Zeitungsartikels richtig:

Daß Herr K. den alten arabischen Stamm der Sarazenen
(Ptolemaios 6,7,21; Ammianus Marcellinus XIV,4) ausgerechnet mit Abrahams Sara, der Stammutter der Juden,
in abwegige Verbindung bringt (wenn schon, dann mit
deren Magd und Ersatzgebärerin des Erzvaters, der Ha-
gar, von deren Sohn Ismael die Araber sich mythisch her-
leiten – dann hießen sie aber – volksetymologisch – Ha-
garzenen), dies alles könnte man amüsiert resignierend ja
nachsehen. Daß er aber Charlton Heston den ›Spartacus‹
im gleichnamigen Hollywoodfilm spielen läßt, geht entschieden zu weit: Das war Kirk Douglas!

Wie man sieht, schreckt der Autor auch vor einem Kalauer (*Hagar-
zenen*) nicht zurück. Komisch wirkt das Ganze aber dadurch, daß
der eine Irrtum erst besonders ausführlich korrigiert, dann großzügig nachgesehen wird; der andere jedoch, eine Bagatelle, ist zur unerträglichen Entgleisung erhoben.

Der Autor folgte dabei dem Muster eines schon bestehenden
Witzes und variierte es für seine Zwecke. Glücklicherweise ist es ein
ziemlich unbekannter Witz, so daß wir die Methode nicht durch-
schauen. Mit ein wenig Phantasie läßt sie sich leicht nachahmen.
Man nehme ein gut gewähltes Witzmuster, entferne die geeigneten
Stellen, füge statt dessen andere, passende Inhalte hinzu – fertig ist
die witzige Wirkung.

Die dritte, etwas ältliche Möglichkeit, einen pointierten Schluß
zu finden, besteht in der Wiedergabe eines überraschenden Fremd-

zitats. Es muß sich dazu aber auch eignen, also dem Inhalt einen neuen, erfrischenden, andersartigen Aspekt hinzufügen. Andernfalls wäre es ja nicht komisch, sondern nur eine schlichte Erläuterung.

Etwas derartiges hatte wohl auch der Journalist im Sinn, der seinen Artikel über Marlene Dietrichs Grabinschrift (»Hier steh' ich an den Marken meiner Tage«) folgendermaßen schloß:

> Philosophieren, meinte der Seigneur de Montaigne, »c'est apprendre à mourir.« Marlene philosophe.

Da ist nur einiges fatal danebengegangen. Uns stört als erstes der bizarre Auftritt jenes Michel de Montaigne, den man nur mit argen Verrenkungen in einem Satz mit Marlene Dietrich nennen kann; zweitens die Wichtigtuerei mit dem Originalzitat (die deutsche Übersetzung gewinnt sogar an Dichte: »heißt sterben lernen.«); drittens aber der letzte Zwei-Worte-Satz, der uns im frankophonen Wortrausch ebenfalls fremdsprachlich serviert wird, keiner Struktur im Deutschen entspricht und keinerlei erkennbare Bedeutung entwickelt. Selbst was wir gutwillig hineingeheimnissen, ergibt kaum einen Sinn. Und das will ein Schluß sein?

Anders das folgende Beispiel. Da wird ebenfalls ein intellektuelles Spiel getrieben, diesmal mit Grundlagen-Physik, aber in verständlicher Sprache und nicht an den Haaren herbeigezerrt:

> »Auch nach Hiroshima waren 2 und 2 immer noch 4«, sagte Edward Teller. Die Welt bleibt in Ordnung. Sicher! Wenn nicht, »dann ist Schluß« (Carl Einstein).

Das ist noch aus einem anderen Grund geglückt: Das letzte Wort vor der Klammer nennt wörtlich seine Funktion; es steht nicht bloß zufällig da, es ist auch der Schluß. Klar, daß so etwas nur selten gelingt.

Der ausgeliehene Spruch am Textende muß also nicht geistlos wirken. Das tut er nur, wenn jemand sich schnell noch eine alte Feder aus dem Zitatenwörterbuch anstecken will. Bietet sich aber ein frisches Bonmot an, eine treffende Sentenz, ein originaler Gedankensprung – zugreifen! Und wer dabei ungern mit leeren Händen dasteht, hat sich längst seine eigene, eine moderne Zitatensammlung angelegt.

Höchst merkwürdig ist das Desinteresse, mit dem ältere Stillehren den Textschluß abhandeln. Da werden allenfalls die letzten Zeilen eines Schiller-Dramas vorgeführt (»Der Lord läßt sich entschuldigen, es ist zu Schiff nach Frankreich.«, ›Maria Stuart‹), vielleicht noch Goethe (»Kein Geistlicher hat ihn begleitet.«, ›Werther‹) und eine Bismarck-Rede, ein paar Hinweise zum Ausblick aufs große ganze oder in die Zukunft, und damit hat sich's auch schon. Kein Wunder, daß so lieblos verabreichte Ratschläge kaum noch befolgt werden.

Der Autor von heute entläßt uns lieber mit einer Aussage, die seine Thematik abschließend auf den Punkt bringt. Kein langatmiges Resümee, das gern in die Wiederholung abrutscht, sondern ein kurzer, zwingender, eindrucksvoller Kernsatz.

Man sollte sich dabei nur nicht von Plattheiten verführen lassen. Das passierte leider einem Abgeordneten bei diesem garantiert zustimmungsfähigen Briefschluß:

> Unsere Rechtsordnung muß sich nämlich auch daran messen lassen, wie sie mit den Schwächsten in der Gesellschaft umgeht: den Kindern.

Das ist natürlich richtig, aber banal, vorgestanzt und folgt zudem der zynischen Werbemaxime »Kinder gehen immer!« Ein bißchen mehr Gedankenarbeit darf der Leser schon verlangen.

Origineller, vor allem überraschender ist der nächste Schluß. Der Autor kommentierte einen politischen Korruptionsfall und endet stark, beinahe drastisch:

> S. hat nicht nur ein Amt niedergelegt, er hat bloßgelegt, was wir vom Verantwortungsbewußtsein der politischen Mehrheit zu halten haben: verdammt wenig.

Da stehen zwar, wie im Beispiel vorher, auch nur zwei knappe Worte nach dem Doppelpunkt. Aber diesmal kommen sie nicht wie das Amen in der Kirche daher, sondern springen uns unvermutet an, ein kräftiger Ausdruck der Verbitterung.

Manchmal, wohl eher selten, läßt sich auch der ganze Inhalt eines Textes in einem einzigen Schluß-Wort zusammenfassen. Wie etwa in einem Bericht über die Atmosphäre in der Hauptstadt eines totalitär regierten Landes. Die letzte Szene spielt in einer Imbißbude, und der Fernseher läuft:

Das präsidiale Porträt wird eingeblendet. Natürlich steht diesmal keiner auf. Aber auch keiner schaut hin. An einem Tisch beim Eingang sitzen zwei Herren in dunkelblauen Anzügen. Aufmerksam.

Mit diesem Wort endet der Bericht. Stellen wir uns nur mal vor, jenes *aufmerksam* stünde als Adverb im letzten Satz: Die Wirkung wäre dahin. So aber, als markanter Schlußton plaziert, entfaltet es eine Stimmung drohender Unheimlichkeit und bleibt dem Leser in Erinnerung.

Der gute Schlußeffekt verlangt aber nicht immer solche Knappheit. Im Gegenteil: Wenn das Thema etwa »Eintönigkeit« ist, ruft sogar eine gut geplante Wortwiederholung dieselbe Wirkung hervor. Der folgende Autor hat sich also erfolgreich Mühe mit seinem Schluß gemacht:

Die Kritik fährt inzwischen auf Schienen. Bestimmte Waggons braucht man bloß kurz anzuschubsen, und alles läuft ab – wie gehabt! Und Herrn Pawlows Hund tröpfelt und tröpfelt!

Wir bekommen ein klares, völlig neues Bild, die *Waggons auf Schienen*, und dazu die Anspielung auf das Pawlowsche Experiment mit dem Hund, der auf das gleiche Glockensignal mit immer gleicher Speichelabsonderung reagiert. Klugerweise wird *tröpfelt* nicht drei-, sondern nur zweimal gebracht, wodurch die Imitation eines alten Werbespruches vermieden wird.

Ein problemloser Schluß und sehr beliebt in Sachtexten ist das Ergebnisprotokoll. Oft besteht es in einer Forderung, einem Aufruf oder Appell an bestimmte Personen oder die Allgemeinheit. Das sollte aber wenigstens nicht gar zu schlicht aussehen:

Jetzt, da die Not grenzenlos ist, wird Afrika ins Abseits gerückt; doch wir haben eine moralische Pflicht, Hilfe zu leisten.

Ein solches Ende langweilt, es ist brav, konventionell, ein Gemeinplatz. Ein wenig besser scheint das nächste Beispiel, aber auch nur ein wenig:

Für einen Normalverbraucher sind diese Summen ein Alptraum! Das Gesetz wäre für sehr viele Bürger der finanzielle Ruin. Es gehört sofort in den Papierkorb!

Hier sind immerhin so abstrakte Allgemeinbegriffe wie eben umgangen, statt dessen ist von einem *Papierkorb* die Rede, und das *sofort* macht die Forderung hübsch drängend. Einen mittelguten Schluß dieser Art hatte vielleicht auch der nächste Autor geplant, aber heraus kam dies:

> Die Saat der Gewalt ist dabei, aufzugehen. Rostock und Mölln sind sicher erst der Anfang. Wie lange schlafen unsere Politiker noch?

Dieses *Wie lange noch?* blickt zwar auf eine vornehme Tradition zurück, auf Ciceros »Wie lange noch, Catilina, willst du unsere Geduld mißbrauchen?« Aber gerade die Größe des Vorbilds erschwert die Nachahmung. Nach dieser fragenden Einleitung müßte schon etwas Gewichtigeres kommen als *schlafende Politiker*, eine Formulierung, die sich kaum über die Banalität des Stammtischs erhebt. Eine mögliche Lösung: verstärkte, konkretere Sinnlichkeit, *Wie lange noch wollen unsere Politiker mit verschränkten Armen danebenstehen?* zum Beispiel.

Häufig wird am Ende die Zeitnot und Dringlichkeit der geforderten Maßnahme unterstrichen. Der arbeitsscheue Autor tappt da jedoch leicht daneben und setzt uns etwas vor, was eher Resignation ist als Antrieb zur Eile. So einfach kann er sich den Schluß also nicht machen:

> Daß die eigentlichen Verlierer bei dieser Reform die Patienten sind, wird sich erst zeigen. Doch dann ist es zu spät.

Das kann nicht klappen, weil diese Sätze die gerechte Sache des Textes zur wirkungslosen Jeremiade machen. Es scheint, als traute sich der Autor selbst keinerlei Wirkung zu. Er läßt den Schluß sinken wie ein Hoffnungsloser die Arme.

Besonders wirksam ist natürlich die Kunst, den zum Höhepunkt aufgebauten Schluß mit einer letzten Steigerung zu versehen. Das ist nicht immer leicht, geht aber öfter, als man denkt. Zum Beispiel auch in diesem Leserbrief:

> Das läßt einen nicht selten fragen, ob dieser Straftatbestand bei allen Verfolgungsbehörden bekannt ist. Man sollte sich nicht nur »wundern« – es gibt Grund zu Entsetzen und Empörung!

Vielleicht liegt der Einwand nahe, die beiden ausklingenden Substantive seien durch den politischen Sprachgebrauch bereits ausgeblutet. Da ist etwas dran. Und doch verfehlen sie hier nicht ganz ihre Wirkung. Sie folgen nämlich auf jenes *wundern*, das in abweisend zitierende Gänsefüßchen gestellt ist, und gewinnen in solchem Kontrast etwas von ihrer bewegenden Kraft zurück.

Noch schärfer wird die Antithese im folgenden Beispiel formuliert. Wahrscheinlich – und fast spürbar – überschätzt der Verfasser seine Einflußmöglichkeit, aber immerhin, er stellt sich hin und verlangt etwas:

> Ich wage nicht zu hoffen, daß aus dem trefflichen Essay von Gert H. ein Exposé für Aktionen wird. Aber ich fordere es.

Ein starker Abgang. Sehr gut ist der Gegensatz zwischen den beiden Sätzen. Der eine ist lang, enthält einen Nebensatz und gepflegtes Wortmaterial; der andere ist ein kurzer, sehr direkt gesprochener Hauptsatz.

Mit genau den gleichen Mitteln arbeitet auch der nächste Schluß. Sein letzter Satz schlägt sogar noch kräftiger zu und wird zur Anklage:

> Von dem, was die Autorin aus dem ihr zur Verfügung stehenden Material gemacht hat, kann man nicht mehr behaupten, es grenze an Rufmord. Es ist Rufmord.

Dazu eine Beobachtung, die uns noch beschäftigen wird: Dieses *ist* sticht so sehr aus dem Satz hervor, daß wir es geradezu hören können. Die Wirkung kommt ohne jede typographische Hervorhebung zustande, da ist weder Streichung noch Sperrung, auch kein Ausrufezeichen in Klammern. Den Effekt leisten allein sprachliche Mittel, also die Vorbereitung durch den Vordersatz, die Verschiedenheit der beiden Sätze und vor allem der Kontrast zwischen *grenze an* und *ist*. Deshalb vermindert auch die Wortwiederholung von *Rufmord* nicht den Gesamteindruck, im Gegenteil, sie verstärkt ihn noch. Ein mit so hohem Bedacht gesetzter Schluß ist perfekt.

Es bleibt eine dritte Methode, die schwierigste. Gemeint ist die ungeschnörkelte, allein durch die Persönlichkeit wirkende Selbstdarstellung. Aus natürlichen Gründen ist so ein Schluß selten; Menschen sind nicht alle in gleichem Maße hinreißend. Wir haben nur zwei Schlüsse dieser Art gefunden, von einem jungen Mädchen und einem älteren Mann. Das eine hat wohl seine naive Selbstgewißheit noch nicht verloren, der andere sie in weiseren Jahren wiedergefunden.

Beide Male sieht die Formulierung so aus, als hätte sie keiner Anstrengung bedurft. Hier der etwas ausführlicher zitierte Text des Kindes:

> Ich kann es einfach nicht fassen, daß es Menschen gibt, die einen nur umbringen, weil man einer anderen Religion oder Rasse angehört. Wenn die Täter erwischt werden, bekommen sie eine milde Strafe, mit der Begründung, sie seien betrunken gewesen oder sie waren sich nicht im klaren, was für ein Ausmaß ihr Vorgehen habe. Soll das Gerechtigkeit sein? Wenn ja, bin ich damit nicht einverstanden.
>
> Ich bin ein fünfzehnjähriges, in Deutschland geborenes türkisches Mädchen, besuche die zehnte Klasse Gymnasium und verstehe die Menschen nicht mehr.

Womöglich hat ein Erwachsener ihr ein wenig die Hand geführt. Aber auf sein Konto geht im letzten Satz wohl nur die korrekte Kommasetzung; die schmucklosen Inhalte und vor allem ihre ungewöhnliche Aufeinanderfolge sind sicher das Werk der Autorin selbst. Wie auch immer: Dieser letzte Satz hinterläßt selbst ohne den düsteren Hintergrund einen starken Eindruck. Ein solcher Schluß ist kaum zu planen, er gelingt eigentlich nur, wenn Gefühl und Wahrheit ihn erzwingen.

Noch überzeugender ist das zweite Beispiel. Der Schlußsatz wird nicht nur mit dem Wort *beenden* beendet, er ist vor allem ein furchtloser Blick auf gern Verdrängtes:

> Für wen soll denn da im alten Judenviertel von Berlin ein jüdisches Gymnasium eröffnet werden? Die deutschen Juden existieren doch gar nicht mehr. Die letzten, wie Herr N. und ich, sind dabei, ihren Lebensweg zu beenden.

So könnte auch ein alter Roman schließen. Hier wird der eigene nahe Tod als letztes Argument gebraucht. Ein hochriskantes Unternehmen. Es geht aber gut, weil der Verfasser seinen Satz mit größter Einfachheit formuliert und auf jede Überwältigung, jeden Gefühlsdruck verzichtet. Wir staunen, daß jemand so offen und ruhig über sein Ende schreiben kann, und glauben ihm deshalb um so bereitwilliger. Solche Lauterkeit setzt aber Reife voraus.

Auf diesem hohen Ton soll auch unser erster Durchgang von den Wörtern über die Sätze zum Text ausklingen.

Ergebnisse

Ein abrupter Schluß ist unbefriedigend. Wir haben lieber ein vorbereitetes Textende, eine Art Verabschiedung des Autors. Mit einer witzig hingeworfenen Kurzfrage ist es dabei oft nicht getan. – Wenn überhaupt kein Schluß da ist und der Text versickert oder wie abgeschnitten endet, kommt sich der Leser erst recht überrumpelt vor. – Manchmal hat der Autor schon einen guten Schlußsatz, verspielt seine Chance aber mit Langweiligkeiten, durch nachfolgendes Wiederkäuen von schon Gesagtem, oder er verstolpert seinen Abgang in neuen, verwirrenden Zusätzen. – Für den stärker pointierten Schluß bieten sich an: gespielte Resignation, ironisches Wichtignehmen unwichtiger Details, der gallige Sarkasmus und andere (nicht zu) plötzliche Schwenks und Sinn-Drehungen. – Wenn schon Zitate am Schluß, dann wenigstens frische und treffende. – Ein klassisches Finale ist das knapp zusammenfassende Resümee. Es sollte aber keine Gemeinplätze oder nur schlichte Moral enthalten, sondern die Angelegenheit mit einem schlagenden Satz auf den Punkt bringen. – Das Meisterwerk ist der kunstlose persönliche Schluß. Er verlangt jedoch Unschuld oder Weisheit (oder beides).

Stolpersteine

Irgendwann stehen die Sätze endlich so, daß der Autor zufrieden sagen könnte: Das wär's. Aber das ist es noch nicht ganz. Wer genau hinschaut, entdeckt sicher hier und da noch kleinere Unschönheiten.

Das ist sogar unvermeidlich. Wir können, auch beim Schreiben, unsere Aufmerksamkeit nicht auf mehrere Dinge gleichzeitig richten. Wenn die treffenden Wörter gefunden, sodann alle Sätze verständlich und abwechslungsreich gebaut und verknüpft sind, haben wir vor lauter Konzentration darauf kleinere Stilfehler übersehen. In den meisten Fällen sind es nur Stolpersteine: eine unbeabsichtigte Wortwiederholung, ein tückischer »falscher Freund«, ein schlechter Wortklang oder holpriger Rhythmus.

Die Wiederholung ist am leichtesten zu erkennen; in der Schule stand im Aufsatz an dieser Stelle immer das rote »Wh« am Rand. Versteckter, arglistiger täuscht uns der Falsche Freund (er kommt in früheren Stilkunden seltsamerweise nicht vor und wird uns deshalb intensiver beschäftigen). Diese beiden sind spürbare Leseklippen. Über Klang und Rhythmus dagegen läßt sich nicht so schnell ein klares Urteil fällen. Vielen, auch anerkannten Autoren sind solche Charakteristika in ihrer Prosa, oft mit Recht, herzlich egal. Wir werden jedoch sehen, wie durch Aufmerksamkeit auch an diesen Stellen aus einem guten ein sehr guter Text werden kann.

Bei derartigen Verbesserungen im kleinen ist allerdings Vorsicht angeraten. Es geschieht immer wieder, daß sich gerade durch die Korrektur ein ganz neuer Fehler einschleicht. Wir haben ein recht informatives Beispiel, dessen fehlerhafte Konstruktion sich wohl nur auf diese Weise erklärt:

> Wir wollen (sagt der Tagungsleiter) diese Schlüssigkeitslücke übersehen und, um so genauer, die Lücken der bundesdeutschen Strafjustiz zu betrachten.

Das hat der Tagungsleiter ganz sicher nicht gesagt. Eher lautete das Ganze ursprünglich so: *die Schlüssigkeitslücke übersehen, um um so*

genauer... zu betrachten. Die Doppelsilbe fiel dem Autor natürlich sofort ins Auge. Er korrigierte sie – und schon ist ein Gram-
matikfehler im Satz. Denn jetzt heißt es plötzlich neu und falsch
Wir wollen... die Lücken... zu betrachten. Der Autor hat nicht
mehr den ganzen Satz im Blick und vergißt die Streichung des hin-
teren *zu.* So leicht geht das; es passiert jedem Schreibenden immer
wieder.

Noch schwerer zu umgehen ist eine andere Korrekturpanne:
Angenommen, wir ersetzen in einem Satz ein Wort durch ein anderes. Dieses neue Wort haben wir aber schon einige Zeilen vorher
(oder nachher) benützt, nur wissen wir es nicht mehr. Ergebnis:
eine Wortwiederholung, die wir bis dahin glücklich vermieden
glaubten.

Es bleibt uns also nichts anderes übrig, als nach jedem Wegräu-
men eines Stolpersteins die nähere Umgebung noch einmal durch-
zugehen.

Zwillinge

Es gibt, in der Sprache, schöne und häßliche Zwillinge. Manche
Doppel- oder die seltenere Dreifachnennung hat der Verfasser
deutlich beabsichtigt:

> Alltag – purer, häßlicher Alltag aller berufstätigen Müt-
> ter.

> der Verwesungsgeruch dieser Regierung, die kein Ende
> und kein Ende und kein Ende nehmen will

Hier ist die Ausdrucksabsicht ja gerade die endlose Monotonie. Sie
wird nicht nur im Inhalt des Satzes genannt, sondern außerdem
durch die mehrfache Verwendung des immer gleichen Wortes zusätzlich dargestellt.

Andere Wiederholungen dagegen unterlaufen unabsichtlich, leider häufiger, als einem lieb ist. Eigentlich stechen sie so ins Auge,
daß sie schon beim Schreiben unangenehm auffallen müßten und
nicht erst bei der Lektüre.

Nehmen wir ein Beispiel, das dem Durchschnittsleser auf den ersten Blick vielleicht gar nicht mißlungen scheint:

Bemühungen sind da, auch in Gang kommende private Initiativen; ein Gang durch die Stadt beeindruckt und läßt hoffen.

Zweimal hintereinander kommt darin *Gang* vor; das eine Mal eher abstrakt, als Teil einer Redewendung, das andere Mal recht konkret gemeint als »Begehung«. Aber deshalb sind es noch nicht zwei verschiedene Wörter. Sie bleiben eine unschöne, ja verwirrende Wortwiederholung. Sie hängen nämlich in gar keiner Weise zusammen, obwohl sie durch den Gleichklang genau diesen Anschein erwecken. Für den aufmerksamen Leser stören sie sich damit gegenseitig.

Wie ein solches Spiel mit wechselnden Bedeutungen des Doppelworts geplant aussieht, zeigt dagegen dieses Beispiel, eine Prädikatwiederholung:

Weil man geschlagen war, durfte man sich nicht geschlagen geben.

Eine riskante, aber geglückte Formulierung und im besten Sinn ein »Wortspiel«. Hier hat die Wiederholung einen erkannbaren Sinn. Schon die Verneinung beim zweiten Wortauftritt sorgt für einen überraschenden Bedeutungsunterschied, und das einleitende *weil* (statt eines simpleren *obwohl*) gibt dem Satz spannungsgeladene Dichte. An dieser Formulierung wurde sichtbar gearbeitet.

Andere Prädikatsteile drängen sich dagegen unkontrolliert doppelt und dreifach in manche Sätze. Mit Vorliebe tun das Modalverben, wie in diesem Beispiel *kann*:

Die Frage kann jedoch nicht sein, wie kann sich die Frau der Norm anpassen, sondern wie kann sie darin bestärkt werden, daß sie sich so akzeptiert, wie sie ist.

Wohlwollend betrachtet ist diese Wortwiederholung vielleicht unvermeidlich; die Konstruktion mit *nicht... sondern* verlangt ja eine gewisse Parallelität, zwei wenigstens ähnliche Ausdrücke. Da wir aber die Abwechslung der Gleichförmigkeit vorziehen, empfinden wir auch hier die Wiederholung nicht als schön. Zweimal wäre das *kann* leicht ersetzbar, etwa *darf jedoch nicht sein* und *soll sich die Frau... anpassen*.

Selbst wenn sich die Wortwiederholung nicht im gleichen, sondern erst im nächsten Satz ergibt, wird der bedachtsame Autor sie

zu umgehen suchen. Auch bei einem so bescheidenen, in der Doppelung nun aber doch auffälligen Adjektiv wie *alle*:

> Das Ergebnis hat alle Erwartungen übertroffen. Doch bei
> aller Euphorie dürfen wir die Ursachen nicht vergessen.

Und falls wir weiterhin streng bleiben, dann müssen wir sogar die
Wiederholung auch nur eines Wortteils ebenfalls als unschön bezeichnen. Ein Beispiel: *Jenseits des politischen Tageskampfs gibt
es ein übergreifend zugreifendes Interesse der Parteien an Posten
und Geld.* Eine Weile überlegen wir vielleicht, ob sich der Autor
etwas dabei gedacht hat. Wir kommen aber nicht dahinter. Die
beiden Wörter *übergreifend* und *zugreifend* haben einander
nichts zu sagen; den auffallend gleichen Wortteil *greifend* tragen
sie ohne bedeutsamen Grund, die Wiederholung wirkt rein zufällig.

Noch fragwürdiger ist die Mehrfachnennung, wenn ein Wortteil
(hier: *über*) gleich dreimal in einem Satz daherkommt:

> nicht aber über die (eigentlich überfällige) Revision dieser
> übermächtigen Aufsichtsbehörde

Hier erinnern die beiden ersten Wörter auch noch an einen alten
Zungenbrecher (»Ob er aber über Oberammergammergau...«).
Das Echo der wiederholten Vorsilben ist auch in diesem Beispiel
ohne Inhalt und Absicht, es ist einfach leer. Und genau das verzeiht
kein Leser gern: Es wird ihm ein Gleichklang geboten, als handle es
sich um ein bemerkenswertes Leitmotiv, und in Wahrheit steckt
nichts dahinter.

Im Zettelkasten läge noch ein Dutzend anderer Fälle bereit (wie
die Frage nach der Verantwortung beantworten; *das vom Steuer-
zahler zu tragende Defizit betrug 13 Milliarden*; *sich eines Anlie-
gens annehmen*; *kann man sich hervorragend vorstellen* oder *Er ist
unentwegt unterwegs*). Wir brauchen sie wohl nicht mehr alle. Also
nur die Frage: Darf sich ein guter Autor solche Wortteilwiederholungen leisten? Antwort: Besser nicht. Denn jedesmal täuscht der
nur versehentliche Gleichklang eine besondere Bedeutung und einen Sinnzusammenhang vor, die beim besten Willen nicht zu sehen
sind.

Bis hierher hatten wir es mit bedeutungstragenden Wörtern zu
tun, Substantiven, Verben und Adjektiven. Bei ihnen fällt die Dop-

pelung natürlich besonders stark auf. Die Wiederholung anderer Wörter, die wir – sozusagen: nur – der Grammatik zuliebe gebrauchen, ertragen wir erheblich leichter, und oft sind diese »Strukturwörter« ja ganz unumgänglich. Aber der gute Autor vermeidet auch da eine allzu auffällige Monotonie. Denn selbst bei einem so schlichten Wörtchen wie *nur* unterstellt der Leser mit Recht, wenn schon keine Bedeutung, so doch irgendeine Beziehung, eine sinnvolle Funktion, einen bedeutsamen Aspekt. Wird ihm demnach so ein *nur* zweimal kurz hintereinander vorgeführt, dann darf er hinter dieser Doppelung wiederum einen Sinn suchen. Ist diese gutwillige Arbeit umsonst, weil lediglich eine übersehene Wortwiederholung vorliegt, so reagiert er mit der gleichen Enttäuschung wie bei den bedeutungshaltigen Wörtern. Sogar dann, wenn die beiden *nur* verschiedene Aufgaben erfüllen wie hier:

> Das ist nur eines der vielen Probleme, welche zur Zeit nur verwaltet und nicht gelöst werden.

Wie leicht wäre es gewesen, eines der beiden Doppelwörter durch *bloß* zu ersetzen; wenn es gar nicht mehr anders geht, durch *lediglich* oder – in letzter Verzweiflung – durch *ausschließlich*.

Gelegentlich scheinen derartige Wortteilwiederholungen geradezu erzwungen, wir entkommen ihnen sozusagen gar nicht mehr: wenn wir zum Beispiel das Wort *Mitleid* brauchen und eine Ergänzung hinzufügen, die von einem gleichlautenden *mit* eingeleitet wird. Dasselbe Dilemma haben wir bei *Nachfrage nach* oder *hinter etwas hinterherhinken*. Der Gleichklang ist grammatisch vorgeschrieben, aber ohne tiefere Bedeutung. Obwohl er stört, verzeiht ihn der Leser meist. Aber nicht immer. Nehmen wir einen solchen Fall: *Aber zu viele Leute haben dort zu ihnen Zutritt*. Er enthält den Ausdruck *Zutritt zu*. Die Ergänzung *zu ihnen* ist eigentlich überflüssig, da sie schon durch ein Lokaladverb *dort* ausgedrückt ist. Solche Überfülle eines schlichten *zu* geht uns bei allem grammatischen Zwang denn doch etwas weit. Ein Ersatz von *Zutritt* drängt sich auf; das Ganze ließe sich recht gut mit *Einlaß* oder *Eintritt* konstruieren. Und das dritte *zu* am Satzanfang stört auch nicht mehr, wenn wir beim Substantiv ein Attribut benützen:

> Aber zu viele Leute haben dort zu leichten Eintritt.

Denn jetzt macht die Wiederholung Sinn: Beide Male wollen wir ja maßlose Übertriebenheit kennzeichnen.

Ziehen wir jetzt auch noch die Konjunktionen heran, mit denen wir Nebensätze einleiten, so scheint die Sprache geradezu arm ausgestattet. Da klingt *auch wenn* gefährlich wie das Adverb *auch*, *während* ist gleichzeitig Konjunktion und Präposition, *um* hat gar dreierlei Aufgaben: Es leitet den Finalsatz ein (*um zu funktionieren*), außerdem bildet es eine Zeitangabe (*um drei Uhr*) und schließlich zusammengesetzte Verben (*ich formuliere um*).

Prallen auch nur zwei dieser Funktionen in einem Satz aufeinander, so ergibt sich schon wieder ein unschöner Zwilling. Er fällt zwar wiederum nicht so auf wie bei den bedeutungtragenden Wörtern. Aber er sticht seltsam heraus. Beispielsweise, wenn das gleiche Wort *als* Nebensatzkonjunktion und gleich darauf »Vergleichs-Präposition« sein soll:

> Der Einsatz war schon gescheitert, als die Großmacht als rettender Engel eingriff.

Das kann nicht gefallen. Wenn der Autor auf den *rettenden Engel* nicht verzichten mag, dann muß er ihn notgedrungen anderswo unterbringen, und zwar so weit weg von dem ersten *als*, daß wir die Wiederholung nicht mehr bemerken.

In eine ähnliche Zwangslage bringen uns Ableitungssilben, etwa *-ung* für Substantive oder *-lich* für Adjektive.

Die häufige Massierung derartiger *ung*-Wörter ist schon den frühesten Stilkritikern aufgestoßen. Seitdem hat sich viel gebessert, und doch müssen wir noch immer zu viele Sätze lesen wie diesen:

> Gute Verkehrsanbindungen sind eine wichtige Voraussetzung für die wirtschaftliche Entwicklung.

Dreimal fast derselbe Wortausklang – nicht einmal ein Behördenchef, dem am korrekten Inhalt mehr liegt als an der schönen Form, sollte so etwas unbeanstandet lassen.

Die in diesem Punkt ebenso gefährlichen Adjektive haben, wie gesehen, mehrere Funktionen im Satz. Sie können gleichzeitig als Adverb, Prädikatsteil oder Attribut auftreten. Enden zwei davon auf die gleiche Silbe (*-lich*), dann sieht das Ergebnis so aus:

Bedenklich ist schließlich:

> Der Verfasser hat sich sicherlich in seinem geschichtlichen Rückblick um Objektivität bemüht.

Im zweiten Beispiel kommen zu der schon verdoppelten Endsilbe zwei weitere *ich*-Laute; insgesamt haben wir, in einem einzigen Satz, sogar fünf davon. Obwohl drei dieser Silben unbetont sind, fällt die Häufung unangenehm auf. Dabei ist sie hier nun wirklich nicht von irgendeiner grammatischen Vorschrift erzwungen. Nur wer seine Sprache sehr nachlässig behandelt, läßt so etwas unkorrigiert in die Welt gehen.

Guter Rat zur Abhilfe ist jedoch nicht teuer: Wenn man die Doppelsilben beim Schreiben selbst nicht mehr bemerkt, genügt es, den fertigen Text sich selbst laut vorzulesen, besser noch einem aufmerksamen Zuhörer. Der wenigstens hört dann die häßlichen Zwillinge, die der Autor übersehen hat. Und allemal findet sich mit der Hilfe eines Synonymen-Wörterbuchs schnell ein besserer Ersatz.

Zum Schluß die gute Nachricht: Wortspielereien können wir uns mit derartigen Zwillingsformeln durchaus erlauben. Sie sind besonders leicht, wenn die Sprache selbst zum Thema wird wie in diesem Leserbrief:

> Es ist schwer verständlich, wie man »das« und »daß« verwechseln kann. Daß das aber geschieht, kann man fast täglich feststellen.

Über dem heiteren *das-daß*-Geklingel übersehen wir mit Sicherheit (wie der Autor selbst) die stehengebliebene *kann*-Wiederholung.

Falsche Freunde

Wie gutwillig Leser sind, läßt sich an diesem Beispiel demonstrieren:

> Im Bundestagswahlkampf 1953 hat die angebliche Existenz von »Schweigelagern« in der Sowjetunion eine große Rolle gespielt, in denen Hunderttausende deutscher Kriegsgefangener von der Außenwelt völlig isoliert gehalten wurden.

An diesem Satz, könnte man sagen, ist eigentlich nichts falsch. Wohl wahr. Aber verfolgen wir einmal, welche Arbeit der Leser bei der Lektüre geleistet hat.

Es geht um das Relativpronomen *denen* gleich nach dem Komma. Wenn der Leser an diese Stelle gekommen ist, hält er kurz inne und versucht, eine passende Beziehung des Relativpronomens zu einem vorherigen Substantiv zu finden. Da er gewohnt ist, es auf das zuletzt Gelesene zu beziehen, versucht er es kurz mit *Rolle*. Das paßt natürlich nicht, weil *denen* Plural ist und *Rolle* Singular. Also weiter zurück: *Sowjetunion* vielleicht? Geht wieder nicht, aus dem gleichen Grund. Noch einen weiteren Schritt zurück. Wie steht es mit *Schweigelagern*? Richtig, da haben wir es! Dieser Dreischritt findet sehr schnell und vor jedem Weiterlesen statt; einen sinnlos eingeleiteten Relativsatz tut sich niemand an. Fazit: Obwohl an diesem Satz kein Fehler zu entdecken war, verursacht er dem Leser Verständnisarbeit und bringt die Lektüre, wenn auch nur kurz, ins Stocken. Aber haben wir es bemerkt? Sicher nicht. So freundlich sind Leser.

Ein ähnlicher Fall ist der nächste, wenigstens auf den ersten Blick. Es geht dabei um

> die schwierige Situation von Vertretern der Treuhand, die über die Zukunft des Braunkohlereviers befinden.

Aber das machen wir schon nicht mehr ganz so wohlgesonnen mit. Das Relativpronomen *die* läßt sich nämlich mit Fug und Recht auf *Treuhand* beziehen; das tun wir denn auch, werden aber eines Besseren belehrt, und zwar erst ganz am Ende des Satzes. Stünde dort, wie wir erwarten, *befindet*, so hätten wir recht gehabt. Da es aber *befinden* heißt, müssen wir den vermeintlichen Sinn fallenlassen und einen ganz neuen akzeptieren: Es ist nicht die Treuhand, die befindet, es sind ihre Vertreter.

Solche Beziehungsfehler führen also den Leser nur auf Holzwege. Wobei die Zeitungsstilblüte wie die *Touristen in Turnschuhen, die vom Montblanc fallen* uns immerhin makabre Komik liefert. Derart mißverständliche Relativpronomen sind eine altbekannte Humor- und Fehlerquelle.

Viele Autoren machen sich einfach zu wenig Gedanken darüber, daß ein einzelnes Wort sehr verschiedene Aufgaben übernehmen kann. Und die sind nicht schon dadurch definiert und klargemacht, daß so ein Wort irgendwie in den Satz gestellt wird. Oft bleibt eine Mehrdeutigkeit stehen, die der gute Schreiber jedoch bemerkt und dem Leser durch Nachkorrektur erspart.

Fangen wir mit einem harmlosen Exemplar an. Wir nehmen als Beispiel eine schlichte Präposition, *bei*. Sie hat eine lokale Funktion (*bei Hamburg*), eine temporale (*beim Essen*), kann aber auch eine Bedingung ausdrücken (*bei höheren Temperaturen*) oder hat konzessive Bedeutung (*bei aller Liebe*). Welche Bedeutung aber hat jene vielgesichtige Präposition in einem Satz der so anfängt:

> Bei aller Medienschelte...

Bis hierher sieht es aus wie »bei aller Liebe«, also konzessiv, eine Kurzform etwa von *Obwohl wir dauernd die Medien schelten*. Mit dieser Erwartung im Kopf lesen wir weiter. Aber der Satz geht überraschend anders zu Ende:

> Bei aller Medienschelte wird stets vergessen, daß Fernsehen eine freiwillige Handlung ist.

Und jetzt sind wir verwirrt. Unsere Erwartung war falsch, muß geändert werden. Aber wie? Ist es eine Zeitangabe (»Immer wenn wir die Medien schelten«)? Eine Bedingung (»Falls wir ...«)? Oder doch irgendwie etwas Konzessives? Schon daß wir uns mit diesen Überlegungen aufhalten müssen, mindert die Erfreulichkeit der Lektüre; vollends, wenn wir gar nicht dahinterkommen, was es nun ist.

Unser nächster Fall ist schon tückischer. Er kommt durch die allzu preziöse Wahl einer Vergleichspartikel zustande, und zwar *denn* anstelle des einfacheren *als*. Nur: Genau das kann der Leser erst einmal nicht ahnen. Die Rede ist von der Erkenntnis,

> daß es allemal erstrebenswerter und profitabler ist, sich mit Diktatoren zu arrangieren und sie zu unterstützen, denn sich ihnen zu widersetzen.

Man versteht jenes *denn* zuerst als das Geläufigere, als kausale Konjunktion, und erwartet, daß der Satz mit einer Begründung zu Ende geht, etwa so: *denn sich ihnen zu widersetzen, ist gefährlich*. Überraschenderweise ist das Ganze aber schon vorher zu Ende. Der für die Lesererwartung zu frühe Satzschluß überrumpelt und zwingt zu einem mühsamen Neuverständnis dieses altertümelnden *denn*. Der Leser dieses Satzes darf sich getäuscht fühlen.

Wer als Autor nicht aufpaßt, dem wuchert dieses Übel wie ein Krebs durch alle Wortarten. Da sieht zum Beispiel ein Wort wie ein Adjektiv aus:

Woody Allen wird alt und weiß,

es ist aber keins, sondern ein Verb:

Woody Allen wird alt und weiß, daß Gegenwehr lächerlich ist.

Oder ein hinweisendes Fürwort *jenen* scheint zwanglos zum danebenstehenden Substantiv zu gehören:

N. zeigt sich schnell bereit, jenen Kredit einzuräumen,

aber auch das ist falsch, weil der Satz so endet:

jenen Kredit einzuräumen, die auf eine der kriegführenden Parteien gesetzt haben.

Und so weiter. Es gäbe Dutzende solcher Beispiele, die den Leser nur an der Nase herumführen.

Am schlimmsten verstellen sich in den Sätzen manche Substantive. Sie haben ja die Eigenheit an sich, daß sie gelegentlich ohne Artikel auftreten. Dann tun wir wiederum das Nächstliegende und halten sie für einen Nominativ, also für das Subjekt und das Zentrum des Satzes (falls nicht deutliche Signale etwas anderes nahelegen). Erst im nachhinein verblüfft uns der Autor mit der Enthüllung: In Wirklichkeit sind sie das gar nicht, sondern – ein Objekt. Wie in diesem Beispiel, das wir in drei Etappen zitieren wollen:

M.s Leitartikel in der Ausgabe vom 18. Dezember

So beginnt ein uns gewohnter, normaler Satz, und wir dürfen *Leitartikel* mit vollem Recht für das Subjekt halten. Die Überraschung folgt auf dem Fuß:

M.s Leitartikel in der Ausgabe vom 18. Dezember kann man nur

An dieser Stelle dämmert uns, daß die erste Annahme falsch war. Wir halten nun, eingeübten Lesegewohnheiten folgend, *Leitartikel* für ein Akkusativobjekt. Damit ist die Verständnisarbeit schon schwieriger geworden. Aber brav gruppieren wir innerlich das Ganze im Kopf neu und erwarten am Ende ein Verb wie *kritisieren* oder ähnliches. Das ist jedoch wiederum falsch, denn das Satzende lautet

> M.s Leitartikel... kann man nur zustimmen.

Erst jetzt löst sich das Rätsel. Das fragwürdige Wort war ein Dativobjekt. Genau wie in diesen Fällen:

> Die Bundesrepublik hat beantragt, zwei Neonazis die politischen Grundrechte abzuerkennen.

> Wie sollen Jugendliche Demokratie lernen, wenn Gewalt nur mit Ohnmacht begegnet wird?

Und das passiert nicht nur Leserbrief- und Zeitungsschreibern. Selbst ein Bundeskanzler ließ folgendes unter seinem Namen publizieren:

> Auch Historiker müssen manchmal Fortune haben, und Hans-Peter S. ist

Wie glaubt der Leser, daß es es wohl weitergeht? Etwa *Hans-Peter S. ist ein Mann mit Fortune*? Schon reingefallen. Es geht nämlich so weiter:

> und Hans-Peter S. ist sie zuteil geworden.

Jedesmal entpuppt sich ein trügerischer Nominativ oder Akkusativ erst nachträglich als Dativobjekt. Ein schwer verständliches Verwandlungsspiel, das uns da aufgeführt wird. Und immer ist der Leser mit seiner ersten Vermutung der Dumme.

Besonders gravierend ist es, wenn der wahre Sinn sehr, sehr lange auf sich warten läßt. Auch dafür haben wir ein Beispiel. Anfangs steht dort das Wort *Studenten*, das wir bis zum Ende des Nebensatzes als Subjekt verstehen müssen. Es vergehen genau zweiundzwanzig Wörter, bis wir wissen, was Sache ist:

> Da Studenten aus niedrigeren sozialen Schichten das Studium heutzutage nur mit Jobben (ca. 50 Prozent aller Studenten arbeiten nebenher, um ihr Studium zu finanzieren) möglich ist

Unser Erstverständnis war also wieder umsonst aufgebaut, jede vernünftige Erwartung zum Fortgang des Satzes vergeblich, die ganze Arbeit, die der Satz uns angetan hat, umsonst. Am Ende fangen wir wieder von vorne an mit der Sinnkonstruktion.

Das krasseste Beispiel, es stammt von einem Profischreiber, steht uns noch bevor. Darin findet sich am Satzanfang ein solcher falscher Freund, das Wort *Demokratie*, das sich erst im nachhinein als Dativ herausstellt. Im Satz darauf aber wird so getan, als wäre es doch ein Nominativ gewesen:

> Demokratie steht so was nicht. Braucht so was nicht.

Das Subjekt im zweiten Satz einzusparen, geht jedoch nur, wenn es im ersten ebenfalls Subjekt war. War es aber nicht. Das ist nun doch der Gipfel der grammatischen Dreistigkeit. Ein Wort verkleidet sich als Nominativ, wird vom Leser als Dativ enthüllt und behauptet dann trotzdem, die Verkleidung sei die Wahrheit.

Wie ist diesen unnützen Fehlurteilen vorzubeugen? Zuerst einmal sollten wir Namen und Substantive, die keinen Artikel bei sich haben, mißtrauisch überprüfen. Ganz besonders, wenn sie zu Beginn des Satzes stehen, wo uns noch lange kein Verb ihren Kasus verrät. Das geht am besten durch lautes Vorlesen mit einem Partner. Runzelt er dabei ungnädig die Augenbrauen, dann stimmt etwas nicht. An dieser Stelle ist eine Korrektur notwendig. Wir können dann dem artikellosen Wort vielleicht doch einen Artikel zur Verdeutlichung hinzufügen (etwa *Einer Demokratie steht so was nicht*) oder ein klärendes Adjektiv (*Da vielen Studenten... möglich ist*). Andernfalls müssen wir das Ganze umgruppieren, das heißt, Subjekt samt Prädikat vor das verkleidete Objekt plazieren (*und sie ist Hans-Peter S. zuteil geworden*). Wir könnten auch gleich ein anderes Verb nehmen, und zwar eines, das nicht den Dativ, sondern den Akkusativ verlangt. Oder aber, die sicherste Methode, wir machen den falschen Freund zu einem wahren, indem wir ihn als Objekt stehenlassen, wenn er so verstanden wurde (*Gewalt nur mit Ohnmacht zu bekämpfen* statt *zu begegnen*).

Lesertäuschungen können aber noch auf ganz andere Weise zustande kommen. Es sind ja nicht nur einzelne Wörter, die wir erst so, dann ganz anders verstehen müssen. Dasselbe kann auch mit einem Grammatikphänomen wie dem Konjunktiv II passieren.

Er drückt ja meist eine irreale Wirklichkeit aus (Beispiel: *er hätte*). Gelegentlich aber tritt er als Ersatz für den Konjunktiv I der indirekten Rede (*er habe*) ein, wenn sie besonders distanziert klingen soll (*Er sagt, er hätte die Grippe*). Im folgenden Beleg bleibt lange Zeit unklar, welche Funktion dieser Konjunktiv wirklich hat:

> Auf zwölf zu vier hätte das Abstimmungsergebnis gelautet, sagen Teilnehmer, wenn auf der Potsdamer Konferenz der sechzehn Ministerpräsidenten am Wochenende über die Einführung einer Ergänzungsabgabe schon zum 1. Juli dieses Jahres befunden worden wäre.

Wie lesen wir das? Wir erkennen den Konjunktiv *hätte*, bilden uns eine noch undeutliche Erwartung, was er wohl zu bedeuten habe; dann kommen wir zu der Stelle *sagen Teilnehmer*, und die Sache scheint klar: Es muß sich um eine zitierende Wiedergabe handeln, also Konjunktiv I; mit diesem Verständnis lesen wir beruhigt weiter; und müssen am späten Satzende wieder erkennen, daß wir uns getäuscht haben. Es war doch der andere, der irreale Konjunktiv II. Der Fehler ist schwerer zu beheben als ein Wortfehler, denn das Mißverständnis ist in das ganze Gefüge eingebaut. Aber wahrscheinlich ginge es so: Den gesamten *wenn*-Satz nach vorn, dann *sagen Teilnehmer*, dann *hätte das Abstimmungsergebnis ... gelautet*. Damit ist von vornherein klar, daß wir einen irrealen Bedingungssatz vor uns haben.

Auch die falschen Freunde zeigen uns, welche Mitarbeit der Leser auf sich nimmt. Er erträgt es nicht, über ein sinnloses Wort einfach so hinwegzulesen. Jedesmal bildet er sich eine ausreichend klare Meinung darüber, was es bedeuten muß. Dabei hilft ihm seine Kenntnis der Grammatik und der Welt. Aus dieser Meinung formt er Erwartungen und Hypothesen über den weiteren Fortgang des Textes. Es wird öfter vorkommen, daß er diese hier und da ein wenig ändern muß. Dann, sagen wir, hat er etwas dazugelernt. Wenn die Erwartungen aber ohne Sinn und Verstand grob getäuscht werden, ist das Ergebnis ein leichter, aber steigender Unmut und am Ende der verärgerte Abbruch der Lektüre. Das sollte schon aus Nützlichkeitserwägungen kein Autor riskieren, vom ruppigen Umgang mit dem Leser gar nicht zu reden.

Prosa gereimt?

Warum finden wir einen Reim »Liebe – Triebe« gefühlsmäßig besser als etwa »Liebe – Siebe«? Ganz einfach: Die beiden ersten Begriffe passen genauer zueinander, treten auch im Leben gemeinsam auf, was man von den beiden anderen nicht behaupten kann. Der Reim verbindet also Zusammengehöriges. Schärfer formuliert: Immer wenn wir einen Reim sehen, erwarten wir, daß die Reimpartner in irgendeiner bedeutsamen Beziehung zueinander stehen.

Während der Nichtfachmann unter »Reim« meist nur den Endreim versteht (*Liebe – Triebe* ist einer), unterscheidet der Philologe noch zwei andere Formen, und zwar den Gleichklang nur der Vokale (»Assonanz«) und den Stabreim, der mit gleichen Anfangskonsonanten der betonten Silben arbeitet (Beispiele: *Wind und Wetter, Haus und Hof*). Allen dreien werden wir hier begegnen.

Normalerweise kommt jedweder Reim nur in Gedichten vor, mit viel weißem Raum um das Gedruckte herum, nicht aber in Prosa. Treffen wir aber auch da auf Gereimtes, so fragen wir uns, oft unbewußt, was der Autor uns damit sagen will. Bleibt die Frage ohne Antwort, reagieren wir mit Unmut.

Vielleicht noch nicht an dieser Leserbriefstelle:

> nach dem Sieg im Kalten Krieg

Das ist nicht nur rhythmisch sprechbar, sondern auch ein reiner Endreim. Der satte Sound gehört zwar grundsätzlich nicht in einen Sachtext, hat aber hier einiges zu seiner Entschuldigung vorzubringen: Die beiden Wörter gehören ja auf einsehbare Weise zusammen; außerdem ist Ersatz so gut wie unmöglich. Da kann man also nicht anders. Trotzdem: Man läßt sich ungern von Lyrik überrumpeln, wo man Prosa erwartet. Nicht mehr ganz so freundlich wird der Leser dies hinnehmen:

> Stimmungen zu schüren und davon zu profitieren
> Die da aus der Deckung traten, taten es für die Namen-
> losen.

Diesen Reimen sehen wir an, daß sie nicht gewollt sein können. Absichtslos sprießen sie aus dem Satz. Aber die lyrische Form steht ohne Inhalt und Bedeutung da, für nichts verschwendet. Ein solcher Mißbrauch darf einem Autor, der mit wachen Sinnen schreibt, nicht passieren.

Daß die Verwendung von Lyrik in Prosa ihren komischen Effekt hat, können wir bei einem Profi-Autor beobachten, der seine Reime höchst bewußt einsetzt:

Ärzte blocken, Krankenkassen frohlocken, Patienten sind erschrocken.

So, kühl geplant und als Abwechslung zwischendurch, kann es in mal einer humorigen Zeitungsglosse stehen. Aber kaum sonst irgendwo.

Aus derselben Textsorte stammt auch unser Eingangsbeispiel für die zweite Reimart, den Vokal-Gleichklang oder die Assonanz. Es geht, ganz harmlos, so:

Seufzend streunten wir gestern durch die Fußgängerzone.

Auch das ist mit Bewußtsein gemacht. Wir nehmen es mit einem Schmunzeln auf und wissen, spätestens ab hier sind Tiefsinn und Bierernst ausgeschlossen. Ähnlich wirkt der nächste Satz, ebenfalls aus einer Glosse:

Wir fühlen mit, aus dunklem Busengrunde.

Hier sorgen die sogenannten Vokalwerte (die »tiefen« *us*), die rhythmische Betonungsfolge und dazu das altertümelnde Dativ-*e* für die nötige Klarheit: Das ist unernst gemeint.

Ohne Zweck und Absicht jedoch unterläuft er gelegentlich dem besten Autor. Der folgende Satz steht im Text eines sonst meisterhaften Prosaisten:

Die beiden Kaiser feilschten miteinander um die Einflußsphären.

Drei betonte, mit einem weiteren unbetonten, sogar vier *ei*-Laute folgen knapp aufeinander. Auch mit detektivischem Spürsinn ist nicht herauszufinden, was die wiederholten Doppelvokale bedeuten sollen. Es ist kurioser Klingklang ohne Sinn.

Ein paar Anmerkungen zur dritten Form der Reimbindung, dem Stabreim. Er war der einzige Reim, den die alten Germanen kann-

ten. Richard Wagner hat ihn wieder ausgegraben und bis zur Realsatire getrieben (»Dunstig Gedämpf, schwebend Gedünst!«). Erstaunlich ist nun, wie viele Alltagsautoren ihm heute noch auf diesem Weg folgen, wie zum Beispiel dieser:

> Endlich hat jemand meine Beklommenheit in wohlge-
> wählte Worte gefaßt.

Dahinter mag eine Absicht stecken. Aber welche? Der Stabreim
gibt dem Ausdruck steife Würde, ein zu schweres Kostüm, in dem
sich der Inhalt kaum noch rühren kann. Der Effekt beim Leser ist
also eher verwirrend als erhebend.

Auch dieser Leserbrief, in dem jemand

> ein Meister in der Münchner Mundart

genannt wird, löst eine ähnliche Wirkung aus. Das sollte erkennbar
ein Lob sein, und es ist nicht leicht anzugeben, mit welchen anderen
Worten es gleichbedeutend auszudrücken wäre. Es ist das Künstler-
pech des Autors, daß seine drei kaum ersetzbaren Wörter eben alle
mit demselben Buchstaben anfangen. Dadurch klingt der ganze
Ausdruck aber zu knarrend altfränkisch. Wenn der Autor das hätte
vermeiden wollen, wäre er mit einer völlig geänderten, wohl auch
wortreicheren Formulierung jedoch besser dran.

Ganz unverständlich bleibt der Stabreim, wenn er ohne Zwang in
den Satz gerutscht ist:

> Der Wettbewerb weitet sich auf das weltweite Terrain
> aus.

Reinster »Wigala-Weia!«-Wagner. Hier ist auch nicht mehr der
Schatten einer Absicht zu sehen; der Stabreim tritt mächtig auf, hat
aber nichts zu sagen. So ein Mißverhältnis zwischen Form und Bedeutung macht immer ein unangenehmes Lesegefühl. Noch einmal:
Ein inhaltsleerer Reim ist schädlich, weil er dem Leser eine ergeb-
nislose Sinnsuche aufbürdet.

Daß sich mit dieser Form geplant auch Richtiges anstellen läßt,
sollen noch zwei Beispiele zeigen. Das erste, aus einem Leserbrief,
enthält die abgeschwächte Art des Stabreims, da hier nicht betonte
Hauptsilben, sondern unbetonte Vorsilben mit dem gleichen Buchstaben anfangen. Es lautet:

Das pädagogische Personal wird mehr beaufsichtigt als
beraten und mehr gegängelt als gefördert.

Das ergibt einen klaren Sinn: Was hier zweimal durch den gleichen
Anfangsbuchstaben zusammengebunden ist, gehört auch deutlich
zusammen. Es sind gute Gegensatzpaare, die so »gereimt« länger im
Gedächtnis bleiben (im Vergleich zur denkbaren Alternative *mehr
kontrolliert als beraten*). Genau darin liegt ja auch die alte, aus noch
schriftlosen Zeiten stammende Aufgabe aller Reimbindung: Man
merkt sich das Gereimte leichter.

Das letzte Beispiel ist von einem Journalisten:

Ruhe ist die erste Bürgerpflicht: Ach, wie gut reimt sich
doch Bannmeile auf Biedermeier.

Die beiden Komposita »stabreimen« sogar auf recht kunstvolle
Weise. Sowohl Bestimmungswörter (*Bann-*, *Bieder-*) wie Grundwörter (*-meile*, *-meier*) beginnen mit dem gleichlautenden Buchstaben.

Es gibt ihn also doch, den guten Reim in der Prosa. Nur muß der
Inhalt sich dazu eignen. Aus Versehen sollte er keinem bewußten
Autor durchschlüpfen. Sonst entsteht zu schnell nur »Ungereim-
tes.«

Mißklänge

In diesem Abschnitt werden wir uns kurz mit dem Klang von Wörtern und Sätzen befassen. Der Einwand, das habe in der Prosa nichts
zu suchen, liegt nahe. Und in der Tat: Das Streben nach dem guten
»Klang« der Wörter ist, wie manches andere, wieder ein Erbstück
von Cicero. Nur wurde vor lauter Begeisterung für die Antike übersehen, daß der römische Redner eben das war: Redner, nicht Autor.
Ciceros Hauptwerk trägt ja den Titel ›Über den Redner‹. Er hatte
den vor Gericht auftretenden Anwalt im Auge; es ging ihm um den
effektivsten, überzeugendsten Stil im mündlichen Vortrag, gerade
nicht im schriftlichen Text. Und doch ist die alte Forderung, wenn
auch in Grenzen, noch immer aktuell.

Der Grund ist leicht zu verstehen. Wir lesen nämlich das Geschriebene nicht nur, wir »hören« das Gelesene auch, so als lauschte

ein inneres Ohr dem Klang der Worte auf dem Papier. Die Buchstaben lösen in unserem Gehirn freilich erst einen optischen, dann aber auch einen akustischen Reiz aus. Deshalb »klingen« selbst geschriebene Vokale anders als eine Sammlung von Konsonanten. In der fremden Sprache, wo uns die Wortbedeutung nicht so ablenkt wie in der eigenen, spüren wir es deutlicher. Das italienische Wort *huomo* (»Mensch«) bringt andere Saiten in uns zum Klingen als *Les Stroumpf* (»Die Schlümpfe«), die französischen Comic-Helden der 8oer Jahre.

Das ist nun aber auch für die Muttersprache von Belang. Alle paar Jahre findet irgend jemand unsere zehn schönsten Wörter heraus, und *Heimweh* und *Abendrot* sind immer dabei. Zweifellos spricht da auch ein sehr deutsches Gefühl mit. Aber die beiden Wörter haben von Natur aus etwas, das sie anziehend macht, noch vor jedem gemütlichen Inhalt. Sie klingen einfach schön. Woran liegt das? Einmal an der leichten Sprechbarkeit ihrer Konsonanten. Es sind keine explosiven Ballungen wie Karl Valentins Gegenbeispiel *Wrtzlpfrmpft*. Vor allem aber an den Vokalen; in beiden Wörtern kommt jeder Vokal (oder Doppelvokal) nur einmal vor, in *Abendrot* drei verschiedene. So abwechslungsreiche Vokalfülle bringt ein Wort zum Klingen.

Stoßen dagegen mehrere Konsonanten aneinander, wird es unangenehm. Nur in Ausnahmefällen sorgen die Sprachbenutzer selbst dafür, daß es nicht zum Schlimmsten kommt. So war es zum Beispiel noch vor gut hundert Jahren üblich und korrekt, *selbstständig* zu sagen und zu schreiben. Mittlerweile haben wir zwei Konsonanten aus dem Wort hinausgeworfen, was der Zunge und dem Hörer die Arbeit erleichtert. Das geht aber natürlich nicht immer. Was sollten wir etwa mit den vielen Zischlauten in *Selbstzweifel* anstellen, wie *Amtszeit* verbessern oder *Tiefsttemperatur*? Für ihre wenigen und recht schwachen Vokale haben sie viel zu viele Konsonanten. Sie geben einen schlechten Klang. Gewiß, manchmal brauchen wir solche Ungetüme halt. Wenn sie aber entbehrlich sind, vermeidet sie der gute Autor. Er ließe also auch nicht eine Mißbildung wie beispielsweise *Arbeitsmarktakteur* stehen. Die Wortteile *arkt* und *akt* sind schon von Haus aus nicht die klangsvollsten und so knapp hintereinander nur noch zungenbrecherisch.

Natürlich machen wir beim Schreiben nicht unbedingt Musik. Aber sehen wir uns einmal ein lehrreiches gutes Beispiel an. Da steht in einem Leserbrief, man dürfe nicht Verschiedenartiges zu einem

unausgegorenen Sammelsurium

vereinen. Der Ausdruck veranlaßt vielleicht einen Pedanten zur Kritik am Inhalt (kein Sammelsurium, könnte er mäkeln, ist je ausgegoren oder auch unausgegoren). Und doch gefällt uns der Ausdruck, und sei es nur als angenehme Tonfolge. Die beiden Wörter vermeiden nämlich nicht nur schwer sprechbare Konsonantengruppen, sondern schaffen es auch, alle fünf Vokale (*a, e, i, o, u*) und einen Doppelvokal (*au*) in sich zu vereinen. Das schafft dem mitlesenden inneren Ohr gute Klangfülle. Als extremes Gegenbeispiel bringen wir den erfundenen Satz eines frühen Stilkundlers. Er begnügt sich mit einem einzigen Vokal:

Helene Weber gedenkt des Strebens jenes edelsten Menschen, der je Dresdens belebte Wege betreten.

Dieses leidige, eher tonschwache *e* ist bedauerlicherweise der mit Abstand häufigste deutsche Vokal. Nie bleibt er, wie oft in manchen klangvolleren Sprachen, stumm; dauernd drängt er sich auch beim Lesen dem inneren Ohr auf.

Uns sind also ziemlich enge Grenzen gezogen. Wer aber den wirklich unguten Wortklang vermeiden will, dem ist doch einiges möglich. Er wird sich nicht mit dem erstbesten Wort zufriedengeben, sondern suchen. Gäbe es, beispielsweise, für ein so langes, konsonantenreiches, kaum wohlklingendes Wort wie *Schlußbetrachtung* nicht irgendeinen Ersatz? Vielleicht *Schlußwort*? Es wäre schon kürzer. *Rückblick*? Zu viele *ck* im Wort. *Nachtrag*? Nicht schlecht, aber zweimal *a*, und vielleicht stört das gurgelnde *ch* ein bißchen. *Nachwort*? Schon besser. Ein schönes Wort wäre ja *Abgesang*, aber paßt es zum Inhalt? Ginge eventuell ein Fremdwort: *Resümee*? Aber das ist voller deutscher *e*-Laute. *Fazit*? *Epilog*? Klingen beide gut, aber sind sie dem Vorwissen des Lesers gemäß?

Das sieht freilich mühsam aus.

Kommen wir zum Satz. Selbstverständlich lebt auch er, da er aus Wörtern besteht, von der Vokalmelodie dieser Wörter. Es kommt aber ein zweites hinzu: der Rhythmus. Die ältere Stilkunde machte es sich da leicht. Sie berief sich je nach Erscheinungsjahr entweder auf Klopstock, Bismarck oder Nietzsche, zitierte einen Absatz aus deren Schriften und sagte dann: So, das ist es. Wir haben zwei Argumente gegen das pauschale Imponierverfahren. Erstens: Die moderne Sachprosa stellt sich nicht mehr unter die Rhythmusforderung, sie erkennt sie nicht an. Der Prosarhythmus wird heute weder gelehrt noch gelernt. Er gilt als nicht machbar. Zweitens: Zu erheblich genaueren Resultaten kommen wir, wenn wir nicht vom Rhythmus eines Textes sprechen, sondern bescheidener von Wortgruppen, allenfalls vom Satz.

Was ist nun aber dieser geheimnisvolle Rhythmus? Man versteht darunter die geregelte Abfolge betonter und unbetonter Silben. In Gedichten ist sie meist festgelegt und wiederholt sich von Zeile zu Zeile, fast immer von Strophe zu Strophe. In der Prosa dagegen herrscht Regelfreiheit; es gibt keine Vorschriften, keine sogenannten »Versfüße«, keine Strophen. Brauchen wir uns um den Rhythmus demnach nicht zu kümmern? Im kleinen wohl doch. Denn auch in der Prosa empfinden wir Unbetontes als nebensächlich, Betontes dagegen als gewichtig und bedeutsam.

Wenn also in einer Wortkette zu viele unbetonte Silben aufeinanderfolgen, wenn wir sehr lange auf die nächste betonte Silbe warten müssen, ist das für unser Rhythmusgefühl unangenehm. Wir haben den Eindruck, lange Zeit nur Bedeutungsloses zu lesen. Das beginnt schon bei vielsilbigen Fremdwörtern, die erst auf der allerletzten Silbe betont sind (etwa *Amateur*, *Resignation*); wenn davor nun ein ebenfalls langes Wort steht, das auf der ersten Silbe betont wird, so kommt leicht ein Hürdenlauf über zu viele unbetonte Silben zustande, bis wieder eine betonte auftaucht. Also etwas wie *wirtschaftspolitischer Amateur* oder *unüberwindliche Resignation*, wo sieben und acht unbetonte Silben zwischen zwei betonten zu überbrücken sind. Das sind eindeutige Mißklänge. Der Abstand zwischen den akzentuierten Wortteilen ist einfach zu groß.

In diesem Sinne ungeraten ist denn auch der folgende Satz, genauer gesagt, der Nebensatz nach *sowohl*:

Dieses Plädoyer spricht mir aus dem Herzen, sowohl was die Finanzpolitik betrifft als auch bezüglich der wachsenden Aufgaben des Lehrers.

Da ist *Finanz-* betont, danach elf Silben lang fast nichts mehr, dann erst wieder das Adjektiv *wachsenden.* Das gesamte Wortmaterial dazwischen ist zwar durch die verhängnisvolle Konstruktion mit *betrifft* nötig. Aber es hält die Lektüre unendlich auf. Sinnhungrig, wie wir nun mal sind, lesen wir gewissermaßen hudelnd darüber hinweg, um möglichst bald wieder zu einem betonten, das heißt bedeutungsvollen Wort zu kommen. Dieser Nebensatz hat einen ins Auge fallenden unschönen Rhythmus.

Versuchen wir, eine Regel anzugeben: Drei unbetonte Silben hintereinander ertragen wir sicher noch ohne Ungeduld; was aber über fünf oder sechs hinausgeht, widerstrebt dann doch unserm Gefühl für Wohlklang und Sinnfülle.

Hier nun ein anderes Rhythmusbeispiel, ein gelungenes, obwohl es einer reinen Verszeile nahekommt:

> Wenn Frösche quaken, Kinder schreien, Glocken läuten

Stellen wir uns vor, statt der beiden Kommata stünde jeweils ein *und:* Der gute Klang wäre weg. Dieser Autor weiß aber auch, wann er mit dem regelmäßigen Wechsel zwischen betont und unbetont wieder aufhören muß; dreimal ist ihm mit Recht genug. Danach wird der Originalsatz nämlich im freieren Rhythmus weitergeführt.

Das folgende Rhythmusbeispiel (aus einem Zeitungsartikel) ist etwas ausführlicher. Wir spüren darin eine regelmäßige Abfolge betonter und unbetonter Silben, und den Schluß bildet ein Reim:

> Tadeln wir nicht nur den Autor, dessen Name auf den
> Büchern prangt. Man muß dem Autor seine Frechheit
> erst entreißen. Darum sei der Blattboß auch bedankt. Er
> hat sie ihm abverlangt.

Ein so festes Auf und Ab wird man kaum noch ein Beispiel für Prosarhythmus nennen. Es nähert sich schon bedenklich dem reinen Versmaß. Das ist, vielleicht aus Eitelkeit, hier aber gewollt: Der Text ist ein intellektuelles Spielchen, und zwar die Umdichtung der letzten Strophe von Bert Brechts »Laotse auf dem Weg in die Emigration«. Die Ersatzwörter (*Autor* für »Weisen«, *Frechheit* für »Weisheit« und dieses unschöne *Blattboß* für »Zöllner«) machen die ganze Sache aber nicht eigentlich amüsant, sondern eher undurchsichtig.

Wie man jedoch ein klassisches, nun ein Schiller-Zitat richtig benützt, es einfühlsam weiterführt und ein Ende voll Rhythmus und
Wohlklang erreicht, soll mit diesem Satz (aus einer Bismarck-Bio-
graphie) verdeutlicht werden:

> »Und drinnen waltet die züchtige Hausfrau, die Mutter
> der Kinder«, während der Mann hinausstürmt ins feindli-
> che Leben, um sich dann wieder am häuslichen Herd um-
> sorgt, umhegt, behutsam gepflegt zu erholen.

Das ist geradezu vollendet gut. Das Geheimnis liegt nicht so sehr in
dem Reim von *umhegt* auf *gepflegt*; den nimmt man so nebenbei
mit. Sondern im Rhythmus des Satzschlusses, und zwar genauer der
letzten fünf Silben, die wir so formalisieren können: –́ – – –́ –. Diese
Folge betonter und unbetonter Silben war bereits in der Antike und
noch im Mittelalter ein sehr beliebter Satzschluß und hatte sogar einen Namen (für Neugierige: Cursus planus; daneben gab es noch
den Cursus tardus, –́ – – –́ – –, und den Cursus velox, –́ – – – – –́ – oder
–́ – – –́ – – –). Die rhythmisch festgelegten Schlüsse gaben dem Satz,
nicht nur dem gesprochenen, besonderen Nachdruck. Uns Modernen käme so viel Sorgfalt überzogen vor. Aber wir dürfen nicht den
Nachteil übersehen, den wir uns durch diese Sorglosigkeit einge-
handelt haben: Viel zu häufig stolpern unsere Sätze ohne Wohlklang und Rhythmus ihrem Ende irgendwie entgegen. Dabei ist ja
gerade dort, wie wir wissen, der Platz für die wichtige neue Information, das Rhema. Gerade dem Satzschluß sollten wir nicht nur
inhaltlich, sondern auch rhythmisch etwas mehr Aufmerksamkeit
schenken.

Es ist wohl zu viel vom heutigen Autor verlangt, wenn er sich in
jedem Satz auch noch um geregelte Tonfolgen kümmern müßte. Er
sollte jedoch daran denken, daß Bedeutung und Betonung eng miteinander verbunden sind. Zu massiert Unbetontes verrät also immer auch viel Bedeutungsloses, und dieses leere Rauschen hat kein
Leser gern. Auf seine Weise ist also der Rhythmus des Satzes nicht
nur Kosmetik, sondern hochwillkommene Hilfe für das Verständnis.

Ergebnisse

Wortwiederholungen müssen gut geplant sein; nur als gewollte Monotonie sind sie richtig. Die aus Versehen passieren, sind nur unschön; ebenso die unbeabsichtigte Wiederholung auch nur eines Wortteils. – »Falsche Freunde« sind Wörter, die wir richtig zu verstehen glauben, während sie in Wahrheit etwas ganz anderes bedeuten. Ein Relativpronomen ertappen wir meist schnell bei einer irrigen Beziehung. Schlimm wird es aber, wenn nach einem scheinbaren Subjekt plötzlich ein zweites auftaucht und wir spät erkennen müssen, daß wir auf dem Holzweg sind: Das erste war gar keins, sondern ein Objekt. Sehr häufig geschieht die Panne bei Namen oder bei Substantiven ohne klärenden Artikel. – Unangebracht, oft rätselhaft bedeutungsvoll wirken in der Prosa alle zufälligen Reime. Und zwar nicht nur Endreime, sondern vor allem der Stabreim germanischen Angedenkens, der verblüffend oft übersehen wird. – Zu wenig Beachtung findet, daß auch Schriftliches gut klingen sollte. Harte Konsonantengruppen sprechen sich nicht nur schlecht, sie wirken häßlich auch im Schriftbild und für das innere Ohr. Angenehmeren Klang ergeben tönende, vokalreiche Wörter. – Vielleicht nur zu den schöneren Künsten gehört der sogenannte Prosarhythmus (sofern es ihn noch gibt). Aber auch der Alltagsautor sollte vermeiden, daß zwischen betonten Silben zu viele unbetonte stehen. Der Rhythmus einer Wortfolge ist überhaupt eine weit unterschätzte Verständnishilfe.

Feinschliff

Jeder Text, im ersten Anlauf fertiggeschrieben, ist immer noch ein Rohtext. Manche Formulierung, die für sich genommen nicht schlecht war, steht in der Gesellschaft aller anderen Sätze plötzlich unschön da. Auch die eine oder andere Äußerung gefällt uns im nachhinein nicht mehr so recht. Sie soll zwar bleiben, aber wir hätten sie an dieser Stelle gern ein wenig anders. Mit solcher Feinarbeit am Text befaßt sich dieses Kapitel.

Es soll uns zunächst vorführen, wie ein sonst grauer Satz farbige Sinnlichkeit erhält, wie wir mit Vergleichen, geflügelten Worten und Altertümeleien umgehen können (und wie nicht). Danach sehen wir uns Sätze an, die besonders witzig sind oder sein wollen, und untersuchen Eigenschaften wie Dichte und Hervorhebung. Der letzte Teil bringt sozusagen das Uneigentliche und absichtlich Negative: Verneinungen, Ironie, Boshaftes, Drastik und ein paar unsaubere Tricks.

Damit nun kein Mißverständnis dazwischenkommt: All diese Stilmittel sind nicht von vornherein empfehlenswert oder, wie etwa Drastisches, zu vermeiden (sogar gewisse Tricks sind manchmal das letzte Mittel gegen einen mächtigen Gegner, der sie selbst verwendet). Ob und wann wir etwas davon brauchen können, hängt immer vom Zusammenhang ab. Die Entscheidung treffen wir mit einem sicheren Gefühl dafür, wann Farbigkeit aufdringlich wird, Wiederholung langweilig, Dramatik peinlich. Abgesehen davon gilt, genau wie für gutes Essen, auch hier eine Goldene Regel: Vielfalt und Mäßigkeit.

Sinnlichkeit

Fünf Sinne hat der Mensch, mindestens. Nach der Lektüre vieler Texte jedoch möchte man glauben, er habe bloß Augen im Körper. Vielleicht ist der Gesichtssinn in unserer Kultur tatsächlich vorherrschend. Aber muß das gleich dazu verführen, daß andere Sinnesempfindungen so sehr vernachlässigt werden? Selbst gute Autoren bringen viel zu selten Eigenschaften ins Spiel, die uns die anderen vier Sinne vermitteln. Versuchen wir, einige Anregungen zu geben. Warum wird nicht öfter der Geschmack genannt und von einem *ekelhaften* oder einem *appetitlichen Vorschlag* gesprochen? Ebenso leicht ist es, den Geruch heranzuziehen (*ein miefiger Ausdruck*) oder das Gehör (*polterndes Auftreten, dröhnende Leere*). Der Tastsinn schließlich scheint vollkommen ausgeblendet, weshalb er sich besonders gut zum effektvollen Ausdruck eignet; er würde dann zum Beispiel einen widerwärtigen Vortrag *eine klebrige Rede* nennen.

Das sieht möglicherweise manchem zu gewagt aus. Und doch ist es ein uns allen geläufiges Mittel, etwas sonst nicht Sagbares zu sagen. Wir sind uns dessen nur nicht bewußt. Wir haben uns einfach daran gewöhnt, Geschmack oder auch Schall mit Adjektiven wie *rund* oder *spitz* zu charakterisieren (*das runde Bouquet* eines Weines, *ein spitzer Ton*). Wir merken nicht mehr, daß hier mit eigentlich Sicht- und Fühlbarem ganz andere Sinnesempfindungen ausgedrückt sind. Die Sprache erlaubt uns also, Töne zu spüren, Geschmack zu sehen, Farben zu hören. Und wenn wir einen Schritt weitergehen, heißt das, wir können sogar einem abstrakten Substantiv durch starke sinnliche Eigenschaften neues Leben einhauchen. Ein Beispiel: Die *langweilige Darstellungsweise* ist kopfig, blaß; wir können sie aber *lasch, schal, ledern, tönend* oder *knochentrocken* nennen, als müßten wir sie trinken, essen, hören oder anfassen. Und schon haben wir eine sinnliche Neuheit geschaffen.

Daß in unseren Belegen kein gutes Beispiel dafür vorkommt, ist schade. Der anspruchsvolle Autor hat hier ein freies, kaum bespieltes Feld vor sich. Er muß sich lediglich aus der Umklammerung des Augensinns befreien und kurz überlegen, ob er nicht auch schreiben könnte, wie sich etwas – mit Phantasie – anfaßt oder anhört, wie es schmeckt und riecht.

Farbigkeit läßt sich aber auch durch ganz unkomplizierte Mittel erreichen. Dazu gehören umgangssprachliche Einsprengsel, starke, sinnliche Attribute sowie konkrete (statt abstrakter) Ausdrücke.

Sehen wir uns zum ersten Verfahren dieses Beispiel an:

> Es ist erfreulich, daß endlich mal darauf hingewiesen wird.

Der Satz enthält das unauffällige Wort *mal*. Es gehört eindeutig in die Umgangssprache, und der sehr korrekte Autor hätte es womöglich durch *einmal* ersetzt. Damit wäre aber etwas verlorengegangen. Denn jenes *mal*, gerade weil es der spontanen Alltagssprache entstammt, verleiht der Äußerung einen höheren Grad von Echtheit. Fast scheint sie dadurch glaubwürdiger.

Außerdem ist das kleine Wort ein erfreulicher Beleg dafür, wie die Umgangssprache die Schriftsprache belebt, auch heute noch, da eine schier erdrückende Masse an Gedrucktem die Sprache scheinbar für alle Zeiten in immergleicher Schriftform fixiert. Das hat den natürlichen Sprachwandel fast zum Verschwinden gebracht. Was davon bleibt, sind diese gelegentlichen umgangssprachlichen Einsprengsel.

Ihnen verwandt sind kurze Anleihen bei einer Sprachschicht, die nur für den Pedanten im Schriftlichen nichts zu suchen hat: beim Dialekt. Wir meinen damit nun nicht einen Wortschatz, der außerhalb des Dialektgebiets unverständlich wäre. Das wäre nur Volkstümelei. Geeignet sind vielmehr regional übliche Konstruktionen, die sich dem Schriftdeutschen problemlos einbauen lassen. Sparsam gebracht, ohne großes Zeremoniell, vor allem ohne Gänsefüßchen, dafür mit souveräner Selbstverständlichkeit, können sie einem Text angenehme Frische geben. Wir haben leider nur zwei passende Beispiele. Sie beeindrucken nicht durch Folklore, sondern durch sanfte Ungewöhnlichkeit (aus einem Profi-Text und einem Leserbrief):

> Wenn die Erinnerung nicht ausläßt, tauchten die Begriffe nach der sogenannten Wende auf.

> Da muß man sicher suchen, bis man so etwas findet.

Jedesmal sind die Vordersätze im gängigen Schriftdeutsch ungebräuchlich. Trotzdem fügen sie sich gut in den Text, und er gewinnt aus ihnen freundliche Lebendigkeit.

Die Besprechung des zweiten Mittels, der sinnlichen Attribute, beginnt mit einer Klage, die fast zur Entschuldigung für manche Unzulänglichkeit wird. Es scheint heutzutage unausweichlich, daß vieles nur noch in vorgestanztem Deutsch gesagt werden kann, etwa wenn es um Verwaltungsangelegenheiten geht. Offenbar und leider steckt dieser bürokratisierte Sprachgebrauch auch bisher blühende

Wort-Landschaften an. Selbst wenn der Inhalt ihn gar nicht verlangt, drängt sich dieser allgegenwärtige Stil allenthalben in den Vordergrund. Wieder sieht es so aus, als wäre jenes Polit-Deutsch, die Sprache der Mächtigen, unwiderstehlich verführerisch. Unentwegt quillt es aus dem Fernseher, selbst der schnoddrigste Moderator ist wehrlos dagegen. Erst recht der sogenannte kleine Mann, der sich von dieser Graumasse bald erschlagen fühlt oder sie gar für vorbildlich hält. Da wird dann jede *Frage* zur *offenen Frage* und jeder *Raum* zu dem *Raum*, in dem die *Frage* unvermeidlich *steht*. Und wenn schließlich einfacher Inhalt und geschraubter Stil nicht mehr zusammenpassen, ergibt sich zu allem Überdruß der Eindruck, der Autor schreibe vielleicht »über seine Verhältnisse«, sei dem Gegenstand nicht gewachsen.

Aus all diesen Gründen ist hier gegen das Aufgeputzte, Oftgehörte, vor allem gegen das Allzugeläufige dringend Widerstand geboten.

Der gute Autor gibt sich jedenfalls Mühe mit seinen Attributen. Er muß ja nicht gleich so mutig wortschöpferisch vorgehen wie dieser, der über den Balkankrieg schreibt, es gehe dort zu

nach der Devise: »Wo ich bin, mußt du weg.« Auf diesem blutglitschigen Parkett findet der Diplomat keinen Halt.

Hier variiert das Adjektiv zudem eindrucksvoll die Redewendung vom *diplomatischen Parkett*. Das Wagnis ist gelungen. In der Hand eines leichtfertigeren Autors kann so eine Veränderung aber auch zum schiefen Bild werden. Wenn einem etwa zu *wütend* die Variante *schäumend* einfällt und gleichzeitig *Feder* zu *schreiben*, dann wird das Ergebnis leicht komisch: *die schäumende Feder*.

Noch gefährlicher aber sind die leeren, inhaltsarmen Adjektive. Man kann gar nicht oft genug von ihnen abraten. Sprungbereit lauern sie, immer begierig, aufgegriffen zu werden, obwohl bis zum Überdruß gewöhnlich (wenn etwa vom *hilflosen Zorn der Betroffenen über die verantwortlichen Politiker* die Rede ist). Derartige Attribute sind völlig wirkungslos. Man hat sie einfach zu öft gehört und liest über sie hinweg.

Wie es auch anders gehen kann, zeigen die nächsten Beispiele. Besonders lehrreich ist dieses:

Angesichts der Verflechtungen von Partei- und Staatsinteressen ist es ein demokratischer Lustgewinn!

Das wurde nämlich mit einem besonderen Dreh gemacht. Wir erkennen ihn nur, wenn wir genau hinsehen. Das Adjektiv *demokratisch* ist von einem eindeutig abstrakten Begriff abgeleitet, *Lustgewinn* mit beträchtlicher Sinnlichkeit geladen. Es muß also nicht immer das Attribut sein, das die Farbigkeit schafft, es klappt auch oft genau andersherum: abstraktes Attribut, sinnliches Substantiv.

Ein wenig sieht das schon wie höchste Feinarbeit aus. Und sicher hat nicht jeder Autor Lust, sich zu überlegen, ob er lieber *ökonomisches Übergewicht* oder *übergewichtige Ökonomie* schreiben soll und welchen Ausdruckswert das jeweils hat. Wer sich jedoch solche Experimente zutraut, wird manchmal mit einem überraschend guten Fund belohnt.

Beim folgenden Beispiel fällt die Bewertung nicht so leicht. Hier ist das Attribut einer feststehenden Redewendung zu einer Art Wortspiel ausgebaut:

> Bar jeder wissenschaftlichen Grundlage wurde versucht, die Geschichte des schwarzen Kontinents weißzuwaschen.

Durch das Wort *weißzuwaschen* gewinnt das Adjektiv bei *Kontinent* plötzlich und im geradezu wörtlichen Sinn seine Farbigkeit zurück. Bedenkt man die traurige Geschichte des schwarzen Kontinents, so mag ein Kritiker die Wortspielerei für unangemessen halten. Das Risiko ist aber bei der »guten Absicht« des Satzes nicht groß. Das Positive überwiegt: Ein kaum noch sinnliches Attribut wurde durch einen geschickten Zusatz zu neuem Leben gebracht.

Die erwünschte Konkretheit, das dritte Verfahren, erlaubt gleich eine ganze Reihe von Mitteln.

Ein Leserbriefautor will zum Beispiel sagen, wie sehr ihn eine bestimmte Lektüre amüsiert hat, und schildert zu diesem Zweck anschaulich seine innere Körpertätigkeit:

> Die Grundthese des Verfassers, »Marx faßte die Gesellschaft wie eine Einzelperson auf«, hat stimulierend auf die Bewegung meines Zwerchfells gewirkt. Ich habe gelacht wie lange nicht.

Dabei ist nur ein kleiner Einwand angebracht: Der zweite Satz ist eigentlich unnötig. Das hätten wir uns nach der erwähnten *Bewegung des Zwerchfells* schon denken können. Aber weil das Ganze originell klingt, nehmen wir die inhaltliche Wiederholung nicht übel. Noch erfinderischer gibt sich diese plötzliche Konkretheit:

> Als ich das neueste Buch von F. las, fiel mir der Kaffee um.

Weil auf den ersten Blick kaum Zusammengehöriges dasteht, gerät der Satz fast in die Nähe des guten Witzes. Die Schreckensgeste des Frühstück-Lesers wird überlegt weggelassen, nur noch die Folgen werden genannt. So wird der Schreck auf überraschende Weise sinnlich erfahrbar.

Im nächsten Beispiel ist die lebendigere Ausdrucksweise möglicherweise nur aus Versehen passiert. Sollte sie jedoch Absicht sein, muß man sie um so höher loben, so unaufdringlich scheint sie:

> Längs der Städteachse Erlangen–Forchheim–Bamberg–Coburg werden derzeit die Planungen der DB heftig und kontrovers diskutiert.

Stellen wir uns nur einmal vor, der Verfasser hätte nicht *Längs* geschrieben, sondern *Hinsichtlich*. Damit wäre der Verwaltungssatz perfekt. Die konkret lokale Präposition aber ruft ein sichtbares Bild hervor, nämlich die am Bahndamm, ja auf den Geleisen diskutierenden Menschen.

Nicht immer glückt die sinnliche Zutat mit einem so schlichten Mittel. Der folgende Briefautor geht deshalb auch ganz anders vor. Er beginnt einen ziemlich abstrakten Satz, gibt dem Inhalt aber zuletzt Fülle, indem er eine nachempfindbare Erinnerung hinzufügt:

> In klarer Sprache wird die Berechtigung jener inneren Dankbarkeit bestätigt, die mich noch jedesmal beim Anblick der Kreidefelsen von Dover angekommen ist.

Die Ausdrucksweise *angekommen ist* wird von manchem Leser vielleicht als zu hoher Stil gewertet. Aber im ganzen muß man den Satz gelungen nennen. Zuerst ist von *Berechtigung* und

Dankbarkeit die Rede, gegen Ende von einem konkreten *Anblick*. Gedankliches und sinnlich Vorgestelltes sind in schönem Gleichgewicht.

Noch eine Könner-Stufe weiter führt uns ein drittes Beispiel. Es stammt aus einem Artikel, der etwas Kompliziertes untersucht, und zwar die emotionale Kühle der Demokratie. Und doch vergeht kein hoher Gedankenflug, ohne daß der Autor uns dazu konkrete Details liefert:

> Das Pathos der Demokratie … gibt's nicht. Ein demokratisches Gegenstück zum »Triumph des Willens«, Verfassungs-hurra-Patriotismus von der gleichen Kraft wie der Revolutionspatriotismus des »Panzerkreuzer Potemkin« – unmöglich.

Der erste Satz nimmt eine Anleihe bei der Umgangssprache (*gibt's nicht*), die in spannungsreichem Gegensatz zu den einleitenden Fremdwörtern steht. Danach wird als *Gegenstück* ein berühmt-berüchtigter Film aus der Zeit des Dritten Reiches genannt, das schwierige Wort *Verfassungspatriotismus* durch einen frechen Einschub, einen Ausruf (ohne Ausrufezeichen) unterbrochen und schließlich ein zweiter, ebenso kräftiger Filmtitel als Paradebeispiel für *Revolutionspatriotismus* angeführt. Der ganze Satz – ohne Prädikat, energisch hingeschrieben, nachdrücklich wirksam. Hier war erkennbar einer am Werk, der mit Sprache lustvoll umzugehen versteht. Vielleicht sollten wir aber auch zur Vorsicht mahnen: Gehäuft geht so etwas daneben. Man kann den Leser nicht dauernd in Erregung halten.

Dafür ein letztes Zitat, das wir uns fast nicht zu bringen trauen. Erstens ist es lang, und zweitens ist der Inhalt nicht ohne Anteilnahme zu lesen. Aber er zeigt, mit welch lebhaftem Schwung etwas beginnt und am Ende doch zu weit gehen kann. Es wird des eigentlich Guten zu viel getan. Wir lassen den Absatz im ungekürzten Wortlaut:

> Wer selbst nicht nur mit schönen, beschwörenden Worten, sondern tatsächlich immer wieder unentwegt den vollen Hintern wäscht und cremt, den dampfenden Schieber im Wechsel mit dem Nachtstuhl entleert, Wäscheberge bezwingt, den allein gehunfähigen Schlagan-

fall-Patienten jeden Schritt führt, ihn ermuntert und trö-
stet, unterhält, gegen sich und die Welt aufbringt und
wieder versöhnt, seinen Wahnvorstellungen behutsam
beizukommen versucht, tiefes, tiefes Mitleid verspürt mit
dem altersschwachen, langsam verlöschenden Leben –
des Menschen Kreatürlichkeit –, nie frei ist von nagenden
Schuldgefühlen, weil er ja eigentlich noch viel mehr tun
müßte, um eine optimale Versorgung zu gewährleisten,
selbst allmählich schwermütig zu werden droht beim Anblick dessen, wie wenig vom Menschen zuletzt doch üb-
rigbleibt... ein solcher wird fast nicht mehr imstande
sein, den nächsten Angehörigen dermaleinst die Last seiner Pflege aufzubürden (einmal ganz abgesehen davon,
daß die Leute der jungen Generation tunlichst davon ver-
schont bleiben wollen!).

Ein einziger, erlebter, sehr eindringlicher Satz, in jedem seiner Teile
von mitfühlbarer Konkretheit. Sein spürbarer Mangel liegt jedoch
in der Übertreibung. Zwar steigert sich die Aufzählung von der allgemeinen Sauberkeit bis zur eigenen Schwermut. Trotzdem: Es
wird zu viel gesagt. Die Autorin wendet sich an Menschen, die sie
überzeugen, deren guten Willen sie hervorrufen will. Gerade deshalb hätte sie ihre guten, ja ausgezeichneten Mittel besser auf mehrere Sätze verteilt oder überhaupt sparsamer eingesetzt.
    Fazit also: Sinnliche Adjektive, erlebt und erlebbar Konkretes –
beherzt, aber mit Augenmaß.

Bildergalerie

Das sprachliche Bild, auch Metapher genannt, ist ein Liebling der
Sprachwissenschaftler. Sie stellten nämlich fest, daß eigentlich die
ganze Sprache »aus erstarrten Metaphern« besteht. Bei einem Wort
wie *Gerüchteküche* spüren wir das Bild ganz deutlich, bei *Atom-
kern* vielleicht noch ein bißchen, bei *Stuhlbein* nur, wenn wir uns
sehr anstrengen und beim *Wasserhahn* (der einmal wirklich die
Form eines Gockels hatte) gar nicht mehr.
    Auch Stilisten haben die Metapher ins Herz geschlossen, weil da-
mit die komischsten Fehler passieren. Auch dieses Kapitel kann sich

dem oft unfreiwilligen Humor kaum entziehen. Wir werden jedoch versuchen, es nicht bei der Schadenfreude bewenden zu lassen, sondern bewußt zu machen, weshalb ein sprachliches Bild manchmal daneben geht.

Wie kommt es zum offenbar unausrottbaren Bildbruch?

Machen wir das Problem an Beispielen deutlich. Wenn wir von einer Sache sagen wollen, sie sei besonders stark oder intensiv, dann benützen wir dafür gern ein Bild aus der Geographie. Die Sache ist, stellen wir uns vor, so gewaltig wie ein hoher Berg. Eingebürgert hat sich dafür der Ausdruck *Das ist der Gipfel*, dem wir die zu charakterisierende Sache als Genitiv nachstellen. Heraus kommt am Ende zum Beispiel *Das ist der Gipfel der Niedertracht*. Es stört uns offenbar nicht, daß hier zwei scheinbar widersprüchliche Gedanken vereint sind, der »hohe« Gipfel und die eher bei den niederen Instinkten anzusiedelnde Niedertracht. Der Ausdruck *Gipfel* hat hier fast jede Bedeutung von räumlicher Höhe verloren und kann deshalb ohne weiteres mit allem möglichen, auch Niederem, verbunden werden. Hier läge also noch kein Bildbruch vor.

Ein solches Urteil wird der besonders Sprachbewußte allerdings nicht unterschreiben. Erinnern wir uns kurz an ein anderes Beispiel, die Feststellung eines Bundeskanzlers, bei der Veröffentlichung eines Nachrichtenmagazins handle es sich um einen *Abgrund von Landesverrat*. Der Ausdruck ist genauso gebaut wie *Gipfel der Niedertracht*, wirkt aber um einiges kräftiger. Die Ursache ist leicht zu sehen: Der Abgrund ist eher als der Gipfel ein Ort, an dem wir Unangenehmes oder Böses, überhaupt Negatives vermuten. Wenn also der *Abgrund* als Metapher für Negatives benützt wird, ist das Bild nicht nur stimmiger, sondern zudem noch kraftvoller, weil der bildliche Ausdruck seine konkrete Bedeutung nicht verloren hat.

Viele Bildwörter unserer Sprache haben, wie der genannte *Gipfel*, ihre alte Bedeutung seit langem eingebüßt. Das kann so weit gehen, daß sogar ein klassisch schiefes Bild, das früher als abschreckendes Beispiel zitiert wurde, ganz im Ernst in einem Leserbrief auftaucht: *Das schlägt dann doch dem Faß die Krone ins Gesicht*. Der Autor beabsichtigt damit keinerlei komische Wirkung, obwohl hier – nach älterer Auffassung – ein eindeutiger Bildbruch passiert ist. Durch häufige, anfangs wohl noch humoristische Verwendung haben die Einzelwörter jedoch ihre Bedeutung verbraucht; der Ausdruck wird als Ganzes schwächer, aber deshalb auch einsatzfähiger. Unter unseren Augen geschieht hier dasselbe, was einst mit *Wasserhahn* passiert ist: Die Metapher erstarrt zu einer schlichten Benennung.

Wie ist nun so ein Beispiel zu beurteilen: *Die Wirtschaft hat unüberhörbare Signale gesetzt*? Es kommt jetzt sehr darauf an, wie sinnhaltig wir jedes Wort verstehen. Angenommen, das *Signale setzen* hat schon alle konkrete Bedeutung verloren, so ist der Satz richtig. Für den jedoch, der dabei noch an »Flaggen setzen« oder ähnliches denkt, ist das Ganze ein schiefes Bild.

Noch erkennbarer auf der Kippe steht der Satz *Im Schwitzbad des Preisverfalls schwindet der Wohlstandsspeck der PC-Industrie.* Der wie in einer Sauna *schwindende Wohlstandsspeck* einer Industrie ist natürlich ein glücklicher Fund. Aber ist der *Preisverfall* ein *Schwitzbad*? Die beiden haben zu wenige Eigenschaften gemeinsam, als daß wir sie zu einem Bild zusammenfügen dürften. Das kommt also einem Bildbruch schon recht nahe.

Riskant wird es, wenn die Metapher überhaupt nicht mehr in den Zusammenhang des Satzes passen will, ihm knirschend widerspricht. Auch dazu erst ein noch harmloser Beispielsatz. Es ist davon die Rede, mit welchen Kosten kommende Generationen belastet werden. So abstrakt ausgedrückt, wäre alles in Ordnung, aber der Autor wählte statt dessen ein anschauliches Bild. Es habe etwas zu geschehen, sagt er, *bevor unsere Regierung in die Taschen der Bürger künftiger Generationen langt.* Streng genommen ist es unmöglich, einer künftigen Generation in die Tasche zu langen. Vielleicht wollte der Autor aber gerade das schildern, den langen Arm des Staates. Gleichwohl kann man auch der Meinung sein, dieses Bild sei schon etwas gedehnt, vielleicht überzogen.

Die endgültige Nichtübereinstimmung zwischen dem Bild und seiner Umgebung kennzeichnet diesen Satz: *Man könnte sicher auch die von Ihnen apostrophierte Achillesferse ausführlich ausdiskutieren.* Hier haben wir nun doch das sichere Gefühl, daß das Bild nicht mehr paßt. Mit diesem Körperteil läßt sich vieles anstellen; nur ausdiskutieren kann man ihn wahrlich nicht.

Mit den folgenden Beispielen geraten wir allmählich in den Bereich der unfreiwilligen Komik. Wenn etwa jemand schreibt, es gebe immer noch Politiker, *die die Gräben zwischen den Ländern* möglichst tief am Leben erhalten wollen, stiftet er vielleicht nur Verwirrung (Gibt es ein tiefes Leben? Tote Gräben?). Der humoristische Effekt tritt spätestens dann ein, wenn sich durch die mißglückte Metapher ein ungeplantes neues Bild ergibt, unübersehbar und in schreiendem Widerspruch zum Inhalt. Das kommt beispielhaft so zustande: Ein Autor plant für den Ausdruck der Weltferne den Ausdruck *Elfenbeinturm*; er will nun damit bestimmte Politiker charakterisieren, fügt aber noch hinzu, daß sie sich von realen Bedürfnissen der Menschen immer weiter entfernen; nur sagt er es nicht mit diesen Worten, sondern ein wenig anders: *Die Regierenden bauen an ihrem Elfenbeinturm, der sich von den Wünschen der Bevölkerung immer weiter entfernt.* Damit ist unfreiwillig ein neues Bild geboren: Wir sehen ihn förmlich davonwackeln, den dicken Turm. Und die Lektüre erheitert uns (was der Verfasser sicher nicht wollte).

Ein letzter, ein Musterfall von Unverträglichkeit: *Die Firma bietet einen Klassesenf an, von dem sich viele westliche Hersteller eine Scheibe abschneiden könnten.* Mit großem Wohlwollen könnten wir zugestehen, dieses *sich eine Scheibe abschneiden* habe vielleicht schon keine Bildbedeutung mehr. Aber selbst dann funktioniert es nicht. Denn im Zusammenhang mit dem eßbaren Gegenstand *Senf* gewinnt die Redewendung ihren konkreten Inhalt mit einem Schlag zurück. Und der Leser bleibt ein wenig ratlos: Wie schneidet man Senf in Scheiben?

Ganz Mutige haben an einer einzigen Metapher nicht genug und bauen gleich zwei davon in den Satz hinein. Auch hier kommt es sehr darauf an, ob eine der beiden noch mit bildlichem Gehalt gefüllt ist oder nicht mehr. Nicht ganz leicht ist dieses Beispiel zu beurteilen: *Nachdem B. mit seinem Trockenschwimmer-Zionismus in Israel Schiffbruch erlitt, kehrte er klammheimlich nach Deutschland zurück.* Hat der Ausdruck *Schiffbruch erleiden* noch einen konkreten Inhalt oder ist es schon zur abstrakten Bedeutung »scheitern« verblaßt? Im ersten Fall hätten wir nur eine Metapher im Satz, nämlich *Trockenschwimmer*. Im andern Fall jedoch behindern sich die beiden wäßrigen Bilder gegenseitig, da wir nicht recht sehen, wie ein Trockenschwimmer, da ohne Fahrzeug, Schiffbruch erleiden sollte. Im Zweifel (den ein guter Autor erst gar nicht hervorruft) wird man den Satz aber noch durchgehen lassen.

Im folgenden schien das Doppelbild dem Verfasser sogar passend konstruiert, da beide Male von einer Kuh die Rede ist. Leider sind es aber zwei verschiedene Tiere: *Die heilige Kuh »Autonomie der Hochschule« muß vom Eis.* Ganz klar: Die *heilige Kuh* ist eine Sache, dagegen *die Kuh, die vom Eis muß*, eine ganz andere. Man kann darüber streiten, aber die beiden Bilder lassen sich wohl nicht ohne weiteres übereinanderblenden. »Vermischte Metaphern« nennt man so etwas, und sie gehen nie ohne komischen Rest auf.

Wir sollten jetzt aber nicht auf die mißratenen Bilder fixiert bleiben. Es gibt daneben fast ebenso viele gute, treffende, überzeugende.

Der folgende Autor spricht von unsinnigen Bestimmungen, die wir Europa zuliebe auf uns nehmen, womit wir also ein Opfer bringen. Weil es ihm dabei um Bananen geht, dachte er sich ein schönes Kompositum aus: *Bananen-Opfer.* Wo, fragte er sich, bringt man ein Opfer dar, bildlich gesprochen? Natürlich auf einem Altar, in unserm Fall auf dem Altar Europas. Geschrieben hat er also dies: *das Bananen-Opfer auf dem Pseudo-Altar Europas.* Das schöne Bild schwebt allerdings ein wenig in der Gefahr, verwischt auszusehen. Warum? Weil der *Altar* übergenau und kleinmütig zum *Pseudo-Altar* herabgemindert wurde. Der Zusatz enthüllt das Bild als unwirklich, nicht vorhanden. Auf einem Altar jedoch, der gar keiner ist, kann man kaum ein Opfer bringen. Es wirkt so, als ob der Verfasser sein eigenes Bild wieder zurücknehmen wollte. In der Fassung *das Bananen-Opfer auf dem Altar Europas* ist das Bild jedoch rundherum gelungen. Ganz sicher war dies auch eine ursprüngliche Version; sie hat lediglich durch den unnötigen Zusatz an Wirkung verloren.

Einfacher konstruiert ist das folgende Beispiel. Da soll gesagt werden, daß jemand eine hinterlistige Lockung ausgelegt hat, einem Vogelfänger ähnlich, und einer fällt darauf herein:

> Damit ist er aber auf die Leimrute des Ministers gekrochen.

Das Bild ist erfreulich lebendiger als die Redewendung *auf den Leim gegangen* oder ähnliches, bei dem wir die anschauliche Bedeutung kaum noch spüren. Durch die Varianten *Leimrute* und *gekrochen* wird jedoch die alte Metapher wiederbelebt und gut mit anschaulicher Bildlichkeit gefüllt (auch wenn vielleicht *geflogen* noch etwas passender gewesen wäre, dem Vogelfänger-Bild angemessener).

Manch fruchtbare Metapher eignet sich auch dazu, entfaltet und gedanklich weitergeführt zu werden. Die Bedingungen dafür sind natürlich, daß es ein stimmiges Bild und ohne Zwang ausbaufähig ist. Wie hier, wo die Autorin das frauenfreundliche Quotensystem verteidigt:

> Die Quoten sind Krücken – na und, soll ich mich als einzige freuen, weil ich ohne Krücken gehen kann, wenn die vielen um mich herum auf die Nase gefallen sind?

Die Ausweitung der Metapher gefällt, weil sie sich wie von selbst ergibt. Außerdem weiß die Schreiberin genau, wann sie damit auch wieder aufhören muß. Das Bild gibt ein, zwei Zusatz-Bilder her, nicht mehr, und das im gleichen Satz.

Damit eine Metapher sich nicht zu wichtig nimmt, sich nicht ins Endlose entfaltet oder gar einen ganzen Absatz füllt, sollten wir grundsätzlich solcher Zurückhaltung im Ausbau den Vorzug geben. Das nächste Beispiel scheint durch Überlänge gegen dieses Prinzip zu verstoßen. Dort wird das Bild vom *Steuermann* und seiner *Kommandobrücke* etwas breiter ausgemalt. Bevor es jedoch langweilig wird, findet der Autor rechtzeitig noch einen originellen Abschluß, einen anderen Vergleich:

> Immer wenn das Staatsschiff »Bundesrepublik« schlingert, weil der Kapitän und seine Mannschaft nicht Herren der Lage sind, ertönt von der Kommandobrücke der Ruf nach »härteren Gesetzen.« Solche Rufe sind fast so grotesk, wie wenn ein echter Kapitän bei stürmischem Wind und rauher See von Neptun oder Newton bessere physikalische Gesetze einfordern würde.

Ein Mehr an Seefahrtsmetaphern wäre auch zu viel geworden (wenn der Autor etwa noch etwas gebracht hätte wie *Ahoi!* oder *klare Kommandos geben* oder *das Ruder fest in die Hand nehmen*, würde der Leser irgendwann müde abwinken).

Auch das nächste Bild ist gut geglückt, dazu von überraschender Anschaulichkeit. Es geht darin um ein Urteil des Bundesverfassungsgerichts, das den Abgeordneten ein Druckmittel gegen die Regierung in die Hand gibt. Für diese recht trockene Materie hat der Autor eine überzeugende, auf Anhieb klare, ja körperlich spürbare Metapher gefunden:

Das Gericht hat der Bundesregierung ein Korsett umgelegt, und die Parlamentarier halten die Schnüre in der Hand.

Wie findet man so etwas Schönes? Leichter, als mancher denkt: durch Nachdenken und Nachschlagen. Man überlegt sich zuerst, welcher vertraute, alltäglich verständliche Gegenstand so etwas Ähnliches ausdrücken könnte wie das abstrakte Wort *Druckmittel*; hat man ihn gefunden und paßt er möglicherweise noch nicht ganz, schlägt man unter diesem Stichwortbegriff im Synonymenwörterbuch nach, wo man sinnverwandte Wörter dazu findet, und garantiert ein passenderes.

So etwa ist sicher auch der Autor des nächsten Beispiels vorgegangen. Er kritisiert die Berichterstattung der Medien über den deutschen Einigungsprozeß; er ist sogar überzeugt, daß sie falsch, ja zum Scheitern verurteilt ist. Derart blasse Ausdrücke ersetzt er nun aber durch das dramatischere Bild von einem Autounfall, und selbst dies wird noch durch bewußt flapsige Wortwahl zugespitzt:

> Merkt denn keiner, wie sehr diese journalistische Einheitsbewältigung vor den Baum geht?

Der umgangssprachliche Ausdruck *vor den Baum geht* ist mit Umsicht hinter zwei erheblich längere, komplizierte Wörter gesetzt. Nur in solcher Abwechslung gleitet er nicht in Stammtischgerede ab, das hier unpassend wäre.

Die feineren Bilder brauchen sogar nur ein schlankes Attribut, das einem sonst blassen Substantiv gesteigerte Sinnfülle gibt. Unser Beispiel: *Denkmuster*. Ein abstraktes Wort, aber schön griffig wird es damit:

> Die Schulpolitik muß ihre eingespurten Denkmuster verlassen.

Der Autor ließ sich wahrscheinlich von Assoziationen wie *eingefahren* und *Geleise* anregen, fand sie aber mit einigem Recht nicht gut genug. Heraus kam ein treffendes Wort und insgesamt ein Ausdruck von erfreulicher Neuheit. Ähnlich ist ein anderes Beispiel gebaut, bei dem zu einer schon gut gewählten Metapher noch ein Adjektiv hinzukommt:

das im gemütlichen Korridor der Theorie betriebene Tribunal

Damit wird sehr passend der Eindruck verstärkt, daß sich das alles weit entfernt von unbequemer Praxis abspielt.

Diese Metaphern-Konstruktion mit einem Genitivattribut ist nicht selten. Hier das Rezept: Wenn wir sagen können, daß etwas so ähnlich ist wie etwas anderes, können wir die beiden oft mit einer Genitivkonstruktion verbinden. Auf diese Weise sind auch die meisten der heute gar nicht spürbaren Metaphern entstanden (Das – noch umständlich formuliert – untere Ende eines Berges etwa ist so ähnlich wie ein Fuß; wir nennen es also den *Fuß des Berges*). Oder jemand hat ein Geschmacksempfinden, dessen Fadheit der Langeweile eines Gummibaums ähnelt; als kurze Metapher ausgedrückt:

der Filialleiter mit dem musikalischen Geschmack eines Gummibaums

Diese Vorlage muß oft für ironische Bosheiten herhalten, so etwa beim *Charme eines Gebrauchtwagenverkäufers* oder dem *Flair einer Einbauküche* (was dann noch zum *Einbauküchenflair* verkürzt werden kann). Das Muster ist leider in Mode gekommen, sein Unterhaltungswert ein wenig im Schwinden.

Auch mit knappen bildlichen Zusätzen oder Einschüben lassen sich gute Metaphern herstellen. Wenn etwa eine Autorin die schnelle Verfügbarkeit staatlicher Haushaltsdaten kurz mit einem Befehl aus der Hundedressur kennzeichnet:

Es wird umgeschichtet, sagen die Bürokraten vom Rechnungshof (Zahlen bei Fuß). Unglaube, Bestürzung, Entrüstung bei den Betroffenen (reale Bedürfnisse im Kopf).

Bemerkenswert: Die Metapher wird nicht hochgespielt, sondern großzügig-bescheiden in Klammern gesetzt; zudem ermöglicht sie den parallel gebauten Gegensatz in einer zweiten Klammer. Sie ergibt starke Wirkung bei äußerster Ökonomie der Mittel. Und die *Betroffenen* sind hier wörtlich und richtig die Betroffenen.

Resümee: Bilder bringen versteckte Bedeutungen zum Blühen. Aber nur, wenn sie stimmen und knapp sitzen.

Gleichnisse

Wir reden nicht oft, wie die Bibel, in Bildern und Gleichnissen. Aber ohne das nun zu behandelnde Stilmittel, den Vergleich, wären wir wirklich arm dran. Er ist die Vorform der kompakten Metapher, sozusagen das sprachliche Bild des Anfängers. Die Struktur ist einfach. Sie lautet: »Das ist so wie jenes.« Dabei steht »das« für das Verglichene, das wir verdeutlichen wollen, und »jenes« für das Bekanntere, also den Vergleichsmaßstab. Beiden gemeinsam ist eine bestimmte Eigenschaft, das sogenannte »tertium comparationis.« Wo es fehlt, werden sprichwörtlich Äpfel mit Birnen verglichen. Dann kommt so etwas heraus wie ein absurder Witz (*Nachts ist es kälter als draußen*).

Mit dieser Kurztheorie im Werkzeugkasten gehen wir an die ersten, derzeit besonders häufigen Beispiele. Darin tauchen Vergleiche einer neuen Art auf. Es wird kaum noch etwas zu Erläuterndes mit Bekanntem verglichen, sondern von zwei Eigenschaften wird gesagt, daß sie in gleichem Maße anzutreffen sind. Das kann so aussehen: *Die Behauptung ist ebenso lächerlich wie unwahr*. Es klingt intellektuell und zeitgemäß. Dabei werden aber eigentlich keine Eigenschaften mehr, sondern nur noch Abstufungen, Stärkegrade, Intensitäten verglichen.

Zur Verteidigung der Konstruktion läßt sich anführen, sie sei ja gar nicht als Vergleich gemeint, sondern nur als Umschreibung von etwas anderem, etwa *(in gleicher Weise) lächerlich und unwahr*. Das Argument ist stichhaltig. Und doch: Die Struktur des Vergleichs (*so... wie*) schimmert immer noch durch den neuen Wortlaut hindurch. Es wird so getan, als wäre es eine bekannte Tatsache, daß die Behauptung unwahr ist; damit ist der Maßstab etabliert, mit dem jetzt die Lächerlichkeit verglichen werden kann. Den Nachweis der Unwahrheit hat man sich jedoch erspart. Obwohl der Vergleich vielleicht keiner sein will, gibt er sich wie einer und bezieht daraus seine Erklärungs- und Überzeugungskraft. Aus diesem Grund erfreut sich diese Form des Vergleichs in allen möglichen Varianten so hoher Beliebtheit (etwa *so überflüssig wie geschmacklos*, *so sinnlos wie falsch* oder gar *Das Rezept ist simpel wie der Erfolg billig*).

Manchmal geht der Trick jedoch zu weit, und zwar dann, wenn wir nicht mal mehr den Schatten eines Vergleichsmaßstabs geliefert bekommen, zum Beispiel in dem Satz *Das war so unvermeidlich wie vorhersehbar.* Oder, noch schlimmer, wenn die Adjektive gar keiner graduellen Steigerung fähig sind, also selbst der Vergleich der Intensitäten unmöglich wird. Das ist zum Beispiel bei vielen verneinten Eigenschaftswörtern der Fall, auch bei diesen: *Die Studie blieb so unveröffentlicht wie folgenlos.* Es gibt eben nur eine absolute, keine größere oder kleinere Folgenlosigkeit. So etwas lassen wir also besser sein. Hier wird der Vergleich nur noch verwässert zum schlechten Ersatz für eine Anknüpfung mit *und* oder ähnlichem.

Einige Vergleiche sind durch zu langen Gebrauch so abgenutzt, daß sie unter keinen Umständen mehr amüsant sind. Der Autor müht sich mit ihnen ab, aber umsonst, da die Wirkung ausbleibt. Ein so verbrauchter Vergleich wird selbst dann nicht effektiver, wenn er speziell zitiert und mit kunstvollem Satzbau umgeben wird. Das folgende ist also trotz aller Anstrengung nicht gut: *Mir scheint, daß hier der Vergleich mit des Kaisers neuen Kleidern angebracht ist.* Dazu ist prinzipiell zu sagen: Wer einen Vergleich bringen will, sollte ihn auch bringen und nicht bloß davon reden, daß er jetzt »angebracht« sei.

Unterhaltsamer ist natürlich der funkelnagelneue Vergleich, aus dem kreativen Kopf des Autors frisch in den Text. Da nehmen wir es sogar hin, daß zur Erklärung etwas mehr Worte gemacht werden:

> Wenn aber jeder Wirtschaftsstandort in Europa mit dem Mittel von Personal- und Sozialabbau seine Wettbewerbsposition verbessern will, dann ist das wie im Kino, wenn einer aufsteht, um besser zu sehen. Die hinter ihm werden dann auch aufstehen, sonst sehen sie schlechter oder gar nicht mehr. Am Ende stehen alle, und keiner sieht besser.

Das ist wirklich mal was Neues. Es dauert zwar eine Weile, bis wir zum Vergleich kommen. Aber der etwas schwierige Start des doppelten *wenn*-Satzes wird gegen Textende durch immer knappere und genauere Sätze abgefedert. Und da steht der originelle Fund.

Eine andere Variante, den irrealen Vergleichssatz mit *als* oder *als ob*, haben wir schon beim Konjunktiv ausführlich besprochen. Deshalb hier nur noch ein besonders knuspriges Beispiel (aus einem Zeitungsartikel):

Der Operndirektor hat im Publikum eine Erregung provoziert, als wäre ein Wiener Sängerknabe an einer Mozartkugel erstickt.

Das ist professionell gemacht. Der Vergleichsmaßstab (*Wiener Sängerknabe*, *Mozart*kugel) wird aus derselben Sphäre genommen wie das Verglichene (*Oper*, *Publikum*), und der konstruierte Unglücksfall mit der Süßigkeit ist makaber, aber zugleich erheiternd.

Schon nahe der Metapher steht der »absolute Vergleich.« Er nennt kein *wie*; auch das Verglichene fehlt und muß sich aus dem Zusammenhang erschließen. Allein ein Hinweis auf den Vergleichsmaßstab bleibt im Satz. Das Ganze kann dann etwas mutig so aussehen:

Das horizontale Gewerbe kann man in M. nur mit dem Geigerzähler finden.

Gemeint ist etwas wie »so schwer wie mit der Lupe.« Wobei ein Geigerzähler, erfreulicherweise wenig bekannt, ein besonders feines Meßgerät zur Anzeige von Radioaktivität ist. Unter der geringen Vertrautheit des Durchschnittslesers mit dem Instrument leidet dieser Vergleich denn auch ein wenig. Aber lobenswert daran ist die frische Formulierfreude des Verfassers.

Zusammenfassung: Es gibt allerhand Sorten Vergleiche, nur versprochene, daneben hochtrabende, aber auch starke neue. Der gute Autor nimmt nur frische, originelle Ware.

Zum endgültigen Schluß ein Nachwort, das sich aber nur an Humorlose richtet: Es ist kleinkrämerisch, gegen harmlose sprachliche Vergleiche im Betroffenheitsjargon vorzugehen. Leider gibt es dafür Belege. Ein Leserbrief lehnte den Vergleich *niedergeschrien wie in einem Kindergarten* ab mit der todernsten Begründung, dort würde doch nur die Demokratie eingeübt. Und wer einen vielbesuchten Ort leichtsinnig ein *Mekka* nennt, hat sofort die islamischen Fundamentalisten auf dem Hals. In einem dritten Fall trat ein Elternpaar mit dieser Abmahnung auf: »Die Verwendung der Begriffe ›Stiefkind‹ oder auch ›stiefmütterliche Behandlung‹ im negativen Kontext bedeutet die unqualifizierte Behandlung der Stieffamilie und aller in ihr lebenden Erwachsenen und Kinder. Wir möchten Sie deshalb dringend bitten, in Zukunft in Ihrer Zeitung auf diffamierende ›Stief‹-Wendungen zu verzichten.« Es erinnerte, wäre nicht der ehrenwerte Hintergrund, an autoritäre, »politisch korrekte« Sprachregelung. Da könnte mit gleichem Recht der Hersteller von Mozartkugeln protestieren, an seinem Produkt sei noch kein einziger Wiener Sängerknabe erstickt.

Sogenannte geflügelte Worte

Sentenzen, Motti, Maximen, Sprichwörter, Sinnsprüche, stehende Redewendungen – kurz alles, was auch nur entfernt einem geflügelten Wort ähnelt, ist heute ziemlich außer Gebrauch (lebendig bleibt allerdings der Aphorismus, also der frappante Kurzsatz, der nach Karl Kraus' Definition keine Wahrheit enthält, sondern eine halbe oder anderthalb).

Das ist in den meisten Fällen auch ganz gut so. Selbst jüngere Wendungen wie *ins Abseits stellen* haben durch hektische Überbeanspruchung ihren Reiz verloren, und dem *Griff in die Mottenkiste* passiert bald dasselbe. In einem Artikel über eine Theaterschule finden wir vielleicht noch *die Bretter, die die Welt bedeuten.* Aber dann war der Journalist mit Sicherheit Berufsanfänger. Der heutige Leser hat sich an so abgetragenen Kleidern sattgesehen.

Eine Überlebenschance hat das alles nur noch als Schnittmuster für Neues, als Vorlage für originelle Variationen. Da ist einiges möglich.

Wir können beispielsweise zwei Redewendungen, die sonst gar nichts miteinander zu tun haben, kombinieren wie dieser Leserbriefschreiber (sein Thema ist der in Kriegszeiten steigende Goldpreis):

Gold ist im Aufwind, wenn die Luft bleihaltig wird.

Das ist unübertrefflich. Es ist aber selten so knapp und schlagend hinzukriegen.

Einfacher ist ein anderes Verfahren. Es besteht darin, eine Redewendung mit eigenen Worten weiterzuentwickeln. Aber auch hier, wie schon bei der Metapher, muß sich die Entfaltung dem Original ohne Bruch und Kante anschmiegen. Vertraut, für sehr guten Stil fast zu vertraut ist uns die Redensart von der *Spitze eines Eisbergs.* Sie ist jedoch mit einem leichten Mittel aufzufrischen. Wir müssen ihr nur ein neues Attribut hinzufügen. Konstruieren wir einmal: Die ins Auge gefaßte *Spitze* ragt ja (aus dem Wasser) hervor; was würde passieren, wenn wir diese Eigenschaft als Adjektivattribut davorstellten? Etwa so:

> die hervorragende Spitze eines Eisbergs

Wenn wir mit diesen Worten beispielsweise einen politischen Skandal aufspießen, gewinnt die Redensart schärferen, sogar noch ironischen Biß. Der Autor eines Leserbriefs hat in diesem Fall ein ebenso geeignetes Verfahren gewählt, indem er an *Eisberg* ein Genitivattribut anhängte:

> Das Kieler Schurkenstück von 1987 gilt als die Spitze eines Eisbergs aus Macht und Geld.

Es klingt etwas riskanter, denn dieser *Eisberg aus Macht und Geld* ist im ersten Augenblick nicht recht vorstellbar. Aber da wir auch von der *Kälte der Macht* sprechen können, wird die anfängliche Sperrigkeit des Ausdrucks am Ende doch noch zum Gewinn.

Es geht aber auch viel schlichter und immer noch ergiebig. Die Zusätze brauchen sich gar nicht so eng mit der Redensart zu verbinden. Sie können ebensogut erst im Nachhinein, gar im nächsten Satz genannt werden. Ein Beispiel: Der Autor beklagt, bei der Grundgesetzänderung sei etwas passiert,

> nämlich, daß mit Zweidrittelmehrheit die Katze im Sack gekauft wurde. Oder war es ein Hase, oder gar ein dicker Hund?

Das sieht zwar ein wenig handgestrickt aus, hat jedoch den klaren Vorteil des Neuen und Unmittelbaren.

Ein berufsmäßiger Schreiber beherrscht das natürlich noch perfekter. Die früheren Bücher des Schriftstellers, sagt ein Kritiker, ließen schon ahnen, daß der Held der Geschichte

> auch die letzten beiden Jahre nicht auf der faulen Haut lag, jedenfalls nicht auf seiner.

Eine so überraschende Wendung kommt dem eigentlich Wortwitz schon ziemlich nahe. Man muß oft nur genau hinhören, die Redensart ein wenig abtasten, um ihre versteckten Erweiterungsmöglichkeiten herauszufinden.

Ein letztes, schwierigeres Verfahren: Wir können das geflügelte Wort nicht nur entwickeln, sondern den Wortlaut selbst nach eigenen Absichten ändern. Natürlich muß das Produkt als Ganzes stimmig bleiben, die Einzelteile dürfen nicht auseinanderfallen.

Wie es nicht geht, soll ein Beispiel zeigen. Man kennt das Zitat aus Goethes ›Faust‹: *Die Botschaft hör ich wohl, allein mir fehlt der Glaube.* Wir erkennen hier deutlich den Gegensatz von *(froher) Botschaft* und dem mangelnden *Glauben.* Das hat sich nun ein Autor als Vorlage für eine Variation gewählt und geschrieben: *Die Botschaft hörn wir wohl, allein uns fehlt der Wille.* Das kommt uns aber eher seltsam vor, denn der genannte *Wille* hat mit der frohen *Botschaft* eigentlich nichts zu tun. Hören kann man eine Botschaft lange ohne jeden Willen. Hier fügen sich die geänderten Einzelteile nicht mehr zu einer verständlichen Gesamtaussage zusammen.

Ein anderer Leserbriefautor war beim gleichen Verfahren erfolgreicher. Er nahm die Redensart vom *Fuchs im Hühnerstall* und formte sie weitgehend um:

> Politik erzeugt nur noch Lärm und Nebel, damit der Dieb im Gänsestall bei der Selbstbedienung nicht gestört wird.

Von der Vorlage sind eigentlich nur noch Struktur und tiefere Bedeutung übrig. Und die Umformulierung hat sich gelohnt, denn die neue Aussage illustriert eindrucksvoll die *Selbstbedienung* der sogar ungenannt bleibenden Politiker.

Den Weg zu einer mehrfachen Variante zeigt uns wieder eine Profi-Schreiberin. Sie gibt sich, zu Recht, mit der Redensart *ein Unterschied wie Tag und Nacht* nicht zufrieden und erfindet an ihrer Stelle drei handfeste Variationen:

> Primitive Anmache und Flirten ist ein Unterschied wie Leberkäs und Auster, wie »Schulmädchenreport« und »Club der toten Dichter«, wie Naabtal-Trio und Eric Clapton.

So viel auf einmal mag dem strengen Sprachkritiker übertrieben vorkommen. Die drei genannten Unterschiede sind ja auch nicht alle in gleicher Weise zwingend. Vielleicht hätte der Satz sogar durch Verknappung auf eine Variation an Treffsicherheit gewonnen.

Überhaupt ist die Abwandlung eines geflügelten Wortes um so wirkungsvoller, je unaufwendiger sie ist. Zwei gute Leserbriefbeispiele haben wir dazu gefunden. Das eine spielt mit der Doppelbedeutung von *links* (*links liegenlassen*, die politische *Linke*), was einen Ersatz durch *rechts* nahelegt:

> War das die Rache des Professors, nachdem die 68er schon vor langer Zeit sein konformopportunes Feuilleton unbeachtet rechts liegengelassen haben?

Wir sehen: Weil das politisch gemeinte *rechts* nicht mehr die Bedeutung »als Nebensächlichkeit« trägt, wird diese durch das neu eingefügte Wort *unbeachtet* wiederhergestellt. Zwei neue Wörter nur, und ein beachtlicher Überraschungseffekt.

Die Meisterschaft gebührt aber einem anderen Autor, der sich auf das Auswechseln eines einzigen Buchstabens beschränkt. Er schreibt über einen Politiker und dessen achselzuckenden Umgang mit Korruptionsvorwürfen. Dabei kam ihm das kirchliche *Ego te absolvo* in den Sinn (»Ich spreche dich von deinen Sünden frei«). Und diesen Spruch schiebt er dem Politiker in den Mund, aber so:

> Ego me absolvo.

»Ich spreche mich frei.« Knapper und anspielungsreicher ist unchristliche Selbstgerechtigkeit kaum noch darzustellen. So müßte es halt immer gehen.

Schlußempfehlung: Vorsicht mit geflügelten Worten und ihren Verwandten! Variationen – ja, aber knapp, umsichtig und einfühlsam!

Antiquitäten

Einige Wörter altern zu feiner Kostbarkeit heran, wie guter Portwein. Es kommt aber darauf an, wie man sie serviert.

Auch ein grammatisches Kennzeichen gehört zu diesen Dingen, das einstige Dativ-*e*. Um die letzte Jahrhundertwende herum wurde es nur noch nach Geschmack und Belieben verwendet. Dann verschwand es beinahe. Seitdem bleibt es einerseits in feste Ausdrücke eingenistet, wo es uns gar nicht mehr auffällt (*zu Hause*) oder höchstens noch ein wenig (*im Laufe meines Lebens*, *im wahrsten Sinne des Wortes).* Andererseits liegt die Antiquität immer noch bereit, aber nur für den ausgesprochen feierlichen Auftritt. Wenn wir lesen:

Dabei meldete sich ein pastorales Anliegen zu Worte,

dann ahnen wir, fast ohne das *pastorale Anliegen* zu verstehen, das kann nur Hochwürden geschrieben haben. Ein solcher Rückgriff in die gute alte Zeit ist gerade *in diesem unserem Lande* beliebt. Um gerade bei dem Beispiel zu bleiben: Eben war es noch ein kennzeichnendes Zitat, und schon setzt es sich im allgemeinen Sprachgebrauch fest, mit leichter Änderung als selbständige Formel. Vermutlich deckt sie einen Bedarf an Feierlichkeit. Sie kann jetzt ohne jede Anspielung auf den Erfinder, nur leicht geändert, in einem Leserbrief stehen:

Den Glauben an den Rechtsstaat kann man angesichts der jüngsten Ereignisse in unserem Lande wohl mehr und mehr verlieren.

Natürlich ist so etwas immer Altertümelei, Nostalgie und manchmal nicht ganz freiwillige Komik. Der Autor tut also gut daran, aufzupassen, bei welcher Gelegenheit er den altväterlichen Schmuck anlegt. Fehl am Platz ist er zum Beispiel bei einer so nüchternen Feststellung wie dieser: *Am Zuge ist jetzt der Bundestag.* Der Autor mißtraute offenbar dem gängigen *am Zug*, als könnte das vielleicht mißverstanden werden (»am Bahnhof«?).

Anders hingegen und besser macht sich das Dativ-*e*, wenn ein Aufruf mit hoher Feierlichkeit ausgestattet sein soll:

Ich halte es für Unrecht, daß einem Manne, der unter unserer gemeinsamen deutschen Geschichte schwer gelitten hat, heute die Mitarbeit am demokratischen Aufbau unmöglich gemacht wird.

Und doch ist auch so etwas gewagt. Es geht hier gut, weil die zeremonielle Formel von bedeutsamen Zusatzinformationen begleitet und gestützt ist. Aber selbst hier sollte sich der Autor fragen, ob der erhabene Ton nicht doch zu veraltet wirkt, gar gegen den erwünschten Effekt arbeitet. Was hat er davon, wenn der Leser bei der feierlichen Einstimmung nicht mitgeht?

Auf keinen Fall sollten wir des Guten zu viel tun, also nicht gleich eine ganze Raritätensammlung anbieten; zum Beispiel so: *Wer wollte gegen diese Anwendung des hehren Grundsatzes zu Felde ziehen?* Sowohl das Attribut *hehr* als auch dieses *zu Felde ziehen* haben sichtbar Patina angesetzt und haben ihren richtigen Platz eigentlich nur noch im barocken Kirchenlied. Sie verraten zwar, daß der Autor über einen ausgedehnten, feinen Wortschatz verfügt. Aber mehr leisten sie nicht. In einem sonst kühlen Sachtext lassen so überlebte Ausdrücke den Leser immer ein wenig ratlos. Da er nicht auf Feierlichkeit eingestimmt ist, machen sie ihn sogar verlegen.

So hohe Sprache verlangt in erster Linie einen hohen Inhalt, nicht nur einen Brokatmantel. Die bloße Verkleidung wird sonst unangenehm offenbar. Und was dann zum Vorschein kommt, ist um so peinlicher, je gewählter der Wortschatz ist. *Ich bin eine Rentnerin aus bajuwarischen Gefilden*, schreibt beispielsweise die Autorin eines Leserbriefs. Warum hat sie den einfachen Inhalt nicht entsprechend einfach ausgedrückt (*Ich bin eine bayerische Rentnerin*)? Statt dessen *Gefilde* und ein nur noch ironisch verständliches Adjektiv dazu? Wir kennen die *Gefilde der Seligen*, der Dichter mochte von *heimatlichen Gefilden* schwärmen. Hier aber ist das Feiertagswort unpassend. Es macht den Eindruck, als hätte die Autorin der schlichten Aussage nicht getraut, sie für zu brav und simpel gehalten. Wir sollten ihr Mut machen: Wenn sie, was sie sagen will, geradeheraus sagt, ungekünstelt, mit ihren eigenen Worten, ohne Schnörkel und Umschweife, ist die Wirkung auf den Leser erheblich größer.

Wir haben immerhin einige Schmuckstücke, die nicht ganz so neckisch oder gefährlich falsch im Satz liegen, etwa *Was ficht ihn das an?*, *ein Bubenstück der Spitzenpolitiker* oder ähnlich mittelalterliche Redewendungen, die der Wiederbelebung fähig scheinen:

Der Begriff »Stamm« täuscht vor, daß in Afrika alles ganz anders ist als in Europa. Aber ist dem wirklich so?

Das ist zwar doppelt gemopppelt, weil ja *täuscht vor* schon klarlegt, daß *dem nicht so ist*. Die zusätzliche Frage kann einem überflüssig vorkommen. Aber trotzdem mag sie hier durchaus ihren absichtsvollen Platz haben. Als um einiges kühner empfinden wir dies:

Der Ministerpräsident fordert die »Rückverlagerung der Allgemeinbildung an die Schule« (halten zu Gnaden: »Rück«verlagerung woher?).

Dabei tut sich eine ganze Theaterszene auf. Wir können die fordernde Majestät geradezu sehen, zu ihren Füßen die scheinbar untertänige Verbeugung mit einer Frage, die jene Forderung hinterrücks als realitätsfern entlarvt.

Der Satz ist noch aus einem anderen Grund lehrreich. Dieses *halten zu Gnaden* wird nicht einfach wiederbelebt, nicht mit seiner alten Wortbedeutung benützt, sondern offensichtlich unernst, genauer: mit ironischem Hintersinn. Dieselbe Ironie läßt sich mit den meisten antiquierten Wörtern unserer Sprache ebensogut herstellen. Sogar mit biblischem Alt-Deutsch, wenn etwa ein vorgetäuscht bitterer Prediger-Ton angestrebt ist:

Wahrlich, die Bonn-Lobby leistet ganze Arbeit.

Es geht also. Man darf eben auch hier nicht sorglos oder, noch gefährlicher, eitel sein. Nicht alles, was der Autor unwiderstehlich findet, muß auch jedem anderen gefallen. Und die Binsenweisheit, daß es vom Erhabenen zum Lächerlichen nur ein Schritt ist, gilt noch immer. Die Trennlinie ist haarfein, aber zu sehen.

Merke: Feiertagsschmuck verlangt den richtigen Anlaß. Im Zweifel hält man die Preziosen lieber verschlossen.

Witzig?

Des öfteren hatten wir nun schon Gelegenheit, vor der Fehlerquelle des Unzusammenhängenden, Unpassenden, Disparaten zu warnen. Manchmal jedoch konstruieren wir absichtlich scheinbar Sinnloses, nur um ihm sofort eine überraschende Auflösung nachzuschieben. Aus Erleichterung darüber, daß alles plötzlich doch wieder Sinn hat, lacht der Zuhörer. So funktioniert der klassische Witz. Er zieht den weihevollen Schleier beiseite, stürzt das Tabu um, kehrt das Unterste zuoberst, eine Sekunde lang steht die Welt Kopf. Und jedes Lachen ist eine kurze Anarchie.

Das muß aber von leichter Hand kommen und schwerelos fliegen. Plump und gewichtig ist das Leben schon von allein.

Der ideenloseste ist natürlich der auf der Hand liegende Namenwitz. Wenn man nicht Herbert Wehner heißt und den Ruf der Galligkeit zur Perfektion getrieben hat, ist es nicht besonders originell, einen Abgeordneten namens Wohlrabe »Übelkrähe« zu nennen.

Ergiebiger ist es auf jeden Fall, nicht mit Namen, sondern mit dem Doppelsinn von Wörtern zu spielen. Witzbolde freilich helfen dem Wort zur angestrebten Zweideutigkeit etwas gewaltsam nach. Sie verändern daran ein paar Buchstaben, so daß alte und neue Bedeutung gerade noch gleichzeitig erkennbar sind. Wir reden vom Kalauer.

Er genießt nur geringes Ansehen bei uns. Franzosen und Engländer dagegen lieben ihn als geistreich. Die höhere Bewertung dort hat ihren Grund. In der englischen, mehr noch in der französischen Sprache werden nämlich viele Wörter ganz verschiedener Bedeutung (und Schreibung) zum Verwechseln ähnlich oder gleich ausgesprochen. Dadurch ergeben sich die überraschenden Doppelbedeutungen und Wortspiele fast von selbst, und zwar nicht nur in der Literatur, auch im Alltag. Das Deutsche hat es da schwerer, denn hier folgt die Aussprache brav der unterschiedlichen Schreibweise, und die versteckten »Zweideutigkeiten« liegen uns nicht so gebrauchsfertig auf der Hand. Deshalb unsere oft ein wenig gewalttätigen Nachhilfen durch die Manipulierung des Schriftbildes.

Eines der seltenen guten Beispiele eines witzigen Wort-Kalauers ist der leider sattsam bekannte, dem Philosophen Schleiermacher zugeschriebene Ausspruch:

Eifersucht ist eine Leidenschaft, die mit Eifer sucht, was Leiden schafft.

Sonst aber bewegen sich derartige Wortspiele eher auf recht niedrigem Niveau. Zur Kennzeichnung ein von Ludwig Reiners zitiertes Schauerbeispiel: *Warum legt man um die Kiefern Ringe? – Damit man Ober- und Unterkiefer besser unterscheiden kann.* Das ist sicher die Untergrenze des Erträglichen. Die typische Reaktion auf so quälende Kalauer ist denn auch ein mißbilligender Schmerzensschrei.

Gelegentlich ist der Kalauer gar nicht zu hören, sondern zeigt sich nur im Schriftbild. So etwa, wenn Nachrichtenmagazine in Artikeln über auch nur entfernt sexuelle Themen statt *Fall* mit erwartbarer Regelmäßigkeit *Phall* schreiben. Die kleine Anzüglichkeit kennt man nun schon. Nur wenig humorvoller ist die Verwendung von Gänsefüßchen, die den unscheinbaren Kalauer hervorheben sollen, Beispiel eine Artikelüberschrift: *Endlosärger mit den Post-»leid«zahlen.* Die Veränderung eines Buchstabens reichte dem

Journalisten nicht, also mußten typographische Zeichen als Krükken her. Aber der etwas zu deutliche Hinweis macht den Wortwitz nicht gerade eleganter. Unschön machen sich auch Klammerausdrücke, mit denen der Doppelsinn des Wortes beigebracht werden soll: *Aaah, Austria, deine Ku(h)ltur!, der europäische Bi(e)n(n)enmarkt, die Arroganz des Vor(die Nase)gesetzten.* Im ersten Beispiel ist ein Buchstabe hinzugefügt, im nächsten scheinbar zwei (aber verwirrend, mal muß einer raus, mal einer rein), im dritten gleich ein ganzes Substantiv mit Artikel. Es ist fraglich, ob dies alles noch erheitert. Die *Ku(h)ltur* lassen wir uns vielleicht gerade noch gefallen. Aber je umständlicher manipuliert, je mehr mit Buchstaben gepropft wird, um so schwerer fällt uns das Schmunzeln. Im Vergleich dazu scheint es uns unterhaltsam, wenn einer, der noch nie von den *Epikureern* gehört hat, sie ganz im Ernst die *happy Kureer* nennt. Es ist das seltene Muster eines unfreiwilligen Kalauers.

Vergnüglicher wird es aber erst, wenn wir den Doppelsinn nicht konstruieren müssen, sondern wenn er sich wie von selbst ergibt. Ein Paradebeispiel dafür ist, was der Kabarettist Werner Finck den mitschreibenden Gestapobeamten im Publikum zurief:

> Meine Herren, spreche ich langsam genug, kommen Sie mit? Oder soll etwa ich mitkommen?

Und welche Wortspiele sich beispielsweise mit *Fortschritt* anstellen lassen, wenn man den Begriff sensibel abklopft, belegen eine Zeitungsglosse und ein Leserbrief:

> Von der Satire zur Verwirklichung genügt oft nur ein kleiner Schritt, der sogenannte Fortschritt.

> … der einst Mitglied der Kirche war, seit seinem Austritt aber ein wirklich Fortgeschrittener sein will, im Gegensatz zu den nur Fortschrittlichen, die es nicht übers Herz bringen, der Kirche den Rücken zu kehren.

Dem eigentlichen Witz, wenigstens dem Wortwitz, kommen wir dann näher, wenn wir durch eine leichthändige Hinzufügung der bis dahin harmlosen Rede einen verblüffend neuen Sinn unterstellen (wieder ein Profi-Modell: Nietzsches Ausspruch *Man verschiebe nie auf morgen, was man ebenso gut – auf übermorgen verschieben kann*). Das geschieht entweder durch eine längere Vorbereitung wie in diesem Leserbrief, der einen Standardwitz variiert:

Autovertreter verkaufen Autos. Versicherungsvertreter verkaufen Versicherungen. So weit ist mir das klar. Aber was verkaufen eigentlich Volksvertreter?

Oder der neue Sinn kommt durch in den Satz selbst Eingefügtes zustande. Wenn etwa ein Journalist über die Jogging-Ausflüge des amerikanischen Präsidenten schreibt und die Freiwilligkeit seiner Begleiter mit einem hinterhergeschobenen Modalverb unglaubwürdig macht:

Minister und Gouverneure dürfen ihn dabei begleiten müssen, um im fahlen Frühlicht keuchend Politik zu diskutieren.

Solche Verdrehungen lassen sich natürlich besonders leicht mit allbekannten Sprichwörtern anstellen (Vorlage: *Spinne am Morgen, dann hast du's hinter dir*). Als John Lennon seine Frau auf Platten singen ließ, kommentierte ein unzufriedener Kritiker, das sei der Beweis,

daß Liebe nicht nur blind macht, sondern auch taub.

Eine vergleichbare Sinnverschiebung durch unerwartet Hinzugefügtes ist auch bei alltäglichen Redewendungen möglich. Sie gewinnen damit sogar ein wenig Neuheit zurück, wie dieses Beispiel aus einem Leserbrief zeigt:

Die Deutschen haben in diesem Jahrhundert für die Weltgeschichte schon eine Menge getan – nur nichts Positives.

Auch da ist es die Ungewöhnlichkeit des Nachfolgenden, das dem vermeintlich schon Verstandenen eine neue, im Idealfall eine überraschend neue Bedeutung gibt. Und schließlich gibt es noch das Verfahren, in einem vom Leser bereits zu Ende gedachten Ausdruck den Schluß verblüffend abzuwandeln:

Ich habe mich so recht von Herzen über diesen reaktionären Artikel geärgert.

Resultat aus alldem: Der lahme Kalauer ist in deutschen Sachtexten häufig, Witziges seltener anzutreffen. Man sollte sich und die Sprache auch nicht dazu zwingen. Wenn der Wortwitz aber von selbst kommt, sollten wir ihn aufblitzen lassen, kurz und leicht.

Zweifellos ist der kurze, entschlackte Satz verständlicher als der überladene. Andererseits: Streben wir nicht oft eine Aussage an, die besonders eindringlich, dichtgefügt, kompakt sein soll? Sozusagen die Welt auf einer Handfläche? Kein leichtes Programm, denn wie schnell werden dann doch wieder Unnötigkeiten in Satz und Nebensatz gepreßt. Aber das hohe Ziel, mit wenigen Worten viel zu sagen, ist verlockend.

Das geht natürlich nur unter einer Bedingung: Man muß auch etwas zu sagen haben.

Dann stehen uns prinzipiell zwei Wege offen. Wir können die geballte Bedeutung in ein einziges Wort legen oder in einen Satz.

Zum ersten: Wenn ein Wort allein den gewichtigen Inhalt transportieren soll, kann es nicht ohne Vorbereitung auftreten. Bevor es so weit ist, muß also die Inhaltsfülle aufgebaut und das Wort damit aufgeladen werden. Dieser Vorgang ist natürlich erleichtert bei einer Vor-Aussage, die schon von sich aus hohe Bedeutungsschwere mitbringt. Das ist zum Beispiel der Fall, wenn ein Autor ein Grundrecht aus der Verfassung zitiert. Um nun anzumerken, daß er da so seine Bedenken hat, fügt er lediglich ein Wort hinzu:

Alle Staatsgewalt geht vom Volke aus. Wirklich?

Die knappe, lakonische Ein-Wort-Frage reicht hier tatsächlich für den schlagenden Ausdruck des Zweifels. Der Gegensatz zwischen dem edlen Grundsatz und der Wirklichkeit könnte nicht nachdrücklicher sein.

Nur fast so gut sieht dasselbe im nächsten Beispiel aus. Da geht es nicht mehr um so hohe Dinge wie Verfassungsrechte, sondern um alltägliche Parteiarbeit. Da ist man schon nicht mehr so sicher, ob der verknappte Abschluß noch die nötige Sinnfülle gewinnt:

Natürlich frage ich mich auch, was meine Partei mit der lange Zeit wirklichkeitsfremden Haltung in dieser Problematik erreicht hat. Nichts!

Wäre die Frage explizit als Frage formuliert und von größerer Dringlichkeit, dann hätte das einsame *Nichts!* eine noch bessere Chance, Schrecken auszulösen. Und doch kann man den Ein-Wort-Satz nicht mißlungen nennen. Denn der Leser hat an dieser Stelle womöglich etwas wie eine abwägende Gesamtdarstellung erwartet, eine Liste von Erfolgen und Versäumnissen. Geliefert wird ihm stattdessen die fatale Abschlußbilanz in einem kurzen, negativen, niederschmetternden Wort.

Ein letztes Beispiel dieser Art. Der (professionelle) Autor kritisiert den geringen Nachrichtenwert eines neueren Nachrichtenmagazins. Zu diesem Zweck zitiert er einige Meldungen und kommentiert sie dann mit einem einzigen Wort:

> Erwachsene verfallen dem Spielcomputer? Frauen droht Gefahr durch fremdes Sperma? Der Wirtschaftsminister wird es schon schaffen? B. inszeniert nichts lieber als Wagner? Wahnsinn!

Das ist aus drei Gründen gut: Das Schluß-Wort hat dadurch höheres Gewicht, daß es klar ironisch gemeint ist; schon der Gegensatz zwischen den aufgeblasenen Nachrichtenzitaten und dem Kurzkommentar spricht eine Kritik aus; und am Ende wird absichtlich ein durch Dauergebrauch entwertetes Modewort benützt und damit die inhaltliche Leere der Nachrichten noch einmal unterstrichen. Wenn so günstige Umstände zusammenkommen, dann sagt ein Wort wirklich mehr als eine ganze Seite.

Die zweite Möglichkeit besteht nun darin, einen ganzen Satz möglichst dicht mit Bedeutung zu füllen. Überflüssig anzumerken, daß wir das nicht schaffen, indem wir nur Aussage nach Aussage hineinschieben.

Dem folgenden Autor aber ist es im Ansatz gelungen. Er hat ein unbeliebtes Thema, »Gewalt von Frauen«, und gibt sich darum besondere Mühe. Aber auf ganz einfache Weise, indem er nämlich seinen Kernsatz als möglichst konkrete, dichte Beschreibung bietet:

> Ich denke an eine andere Familie, in welcher der Mann nicht nur das Geld ranschafft, sondern auch noch den Haushalt besorgt, sich trotzdem aber regelrechter Haßtiraden seiner furienhaften Frau ausgesetzt sieht und dessen 14jährige Tochter schon die Tage zählt, bis sie sich endlich von daheim lösen und sich ein eigenes Apartment leisten kann.

Darin liegen vielleicht ein paar Unschönheiten. Und doch fügen sich alle Einzelaussagen zu einem beachtlichen Gesamteindruck zusammen.

Wenn es auf diese Weise nicht geht, bietet sich die Methode an, das Wesentliche mehrmals zu sagen. Sie ist allerdings nicht ungefährlich, weil statt der nötigen Steigerung möglicherweise nur monotone Wiederholung herauskommt. In diesem Beispiel scheint das Risiko gerade noch umgangen:

> Gilt da schon wieder die Standardbegründung: »Da könnte ja jeder kommen!« – »Das haben wir ja noch nie gemacht!« – »Wo kommen wir denn da hin?«

Etwas unbefriedigend, aber auch unvermeidlich, ist daran die Flut von Satzzeichen und Gänsefüßchen. Der angestrebte Zweck wird jedoch erreicht. Da alle denkbaren Ausflüchte, dicht hintereinandergesetzt, angeführt sind, muß sich jeder Gemeinte tatsächlich getroffen fühlen.

Noch stärkere Wirkung erzielt eine Aufzählung, mit der Außerordentliches oder Gewichtiges wiederholt wird. Sie ist also möglich bei einem so hohen moralischen Nachdruck wie hier:

> Beamte müssen schon beim Anschein der Parteilichkeit, Anschein der Eigennützigkeit, Anschein der Vorteilsannahme gehen.

Das dreimalige *Anschein* erhebt im besten Litanei-Ton zwingend seine Forderungen. In diesem Fall ist die Wortwiederholung außerordentlich wirksam. Ähnlich im nächsten Leserbriefsatz, der mit wenigen Strichen eine schreiende Ungerechtigkeit zeichnet:

> Keine Übergangsregelung, kein Bestandsschutz, keine Chance für Engagement, für Leistung, nichts… einfach Tür zu.

Hier sorgt der umgangssprachliche Satzschluß noch wörtlich für den Eindruck der Ausweglosigkeit.

Noch ein etwas anderes Beispiel. Auch die christlichen Gebote »arbeiten« ja mit dem Mittel der Wortwiederholung (für den, der sie nicht mehr in Erinnerung hat: Alle zehn beginnen mit *Du sollst*). Nicht zuletzt daraus schöpfen sie ihre besondere Eindringlichkeit. Wenn es der ernste Inhalt erlaubt, dann steht dieser Weg auch dem

Alltagsautor offen. Dann dürfen auch mehrere Sätze hintereinander auf gleiche Weise anfangen, allen Regeln für die angenehmere Abwechslung zum Trotz. Das kann beispielsweise so aussehen:

> Wir haben auf unserer Jugendversammlung über Rechtsradikalismus und Ausländerfeindlichkeit diskutiert. Wir sind uns einig in der Empörung über die Angriffe auf unsere ausländischen Mitbürger. Und wir sind sehr besorgt, daß gerade so viele junge Menschen auf rechtsradikale Parolen hereinfallen.

Von dem abschließenden *Und* abgesehen, wird dreimal mit demselben Wort, dreimal ohne jedes Anknüpfungssignal mit dem Subjekt begonnen. Die Wirkung ist nicht Monotonie, sondern eine feierliche Unangreifbarkeit. Aber wie gesagt, das kann nur gutgehen, wenn ein geeigneter Inhalt es gestattet.

Die höchste Kunst bestünde natürlich darin, wirklich alles mit einem Satz zu sagen. Dafür bräuchte es eine Äußerung, in der sehr viel mehr steckt, als die einzelnen Wörter hergeben. Die aber ergibt sich fast nie ohne Glück und Können. Ein Autor müßte schon lang an so einem Satz arbeiten, auf äußerste Kürze achten und seine Worte so umsichtig wählen, daß sie sich gegenseitig zu Höchstleistungen steigern. Ein solch seltenes Beispiel haben wir, einen Journalistensatz. Die Rede ist von einem männlichen Mitglied des britischen Königshauses. Es soll gesagt werden, daß er sich schon als Jugendlicher recht formell und gezwungen bewegte und jetzt als Erwachsener erst recht nicht amüsant wirkt. Das ließe sich natürlich so und in noch mehr Sätzen sagen. Oder aber so:

> Die Steifheit seiner Jugend ist zur ausgewachsenen Langeweile herangereift.

Ein kurzer, bemerkenswert dynamischer Satz. Die eingesetzten Mittel: ein abstrakter Begriff (*Steifheit*) als Träger eines lebendigen Geschehens; gute Steigerung (von *Steifheit* zu *Langeweile*); knappe, wechselnde Attribute: ein Genitiv, ein Adjektiv; das Attribut *ausgewachsen* weist diskret auf das Prädikat *herangereift* voraus; keine entbehrlichen Zutaten; und eine einfache, völlig durchsichtige Konstruktion. Aber so einen Satz kriegt man nicht geschenkt.

Was ist demnach zu tun, wenn wir eine besonders dichte Aussage erreichen wollen? Entweder ein schlagendes Kernwort, aber nur nach gewichtiger Vorbereitung, die vom Thema her erlaubt sein muß. Oder die inständige, konkrete, wechselnde Wiederholung einer zwingenden Aussage. Oder aber die immer mühsame Feinarbeit an dem einen Satz, der alles sagt.

Höchstmaße

In den Zeiten der Schreibmaschine gab es vier typographische Möglichkeiten, ein Wort aus dem Text hervorzuheben: Man schrieb es entweder g e s p e r r t, **fett** (dazu mußte man es zweimal übereinander tippen), <u>unterstrichen</u> oder in lauter GROSSBUCHSTABEN. Ab und zu schlich sich derartiges sogar in den Buchdruck ein. Und dort sah es genau so unruhig und häßlich aus wie hier. Erstaunlich, daß nicht alle vier ausgestorben sind: Die Großbuchstaben haben überlebt. Sie stören, wenn sie ein einzelnes Wort aus dem Satz hervorheben, in einem Buch ebenso wie in diesem Leserbrief:

> Sie versuchten zwei Dinge in einem: M.s Bredouille festzustellen UND gleichzeitig über die Technik der Debatte zu reflektieren.

Das ist schon mächtig aufdringlich, geradezu mit dem Holzhammer geschrieben. Immerhin trifft man heute, im Zeitalter der Computer-Texte, auf eine weitere Methode, die nicht so klobig anmarschiert, nämlich die Schräg- oder *Kursiv*schreibung (sie wird auch in diesem Buch benützt, mit Ausnahme der nächsten drei Belege jedoch nur, wenn ein Wort als Untersuchungsobjekt dasteht). Diese Schreibweise muß nun ihrerseits für alles und jedes herhalten. Ein erster Beispielsatz sieht dann so aus: »Tschechien war eine gängige Bezeichnung, *weit* vor der Reichsschrifttumskammer.« Das ist höchst angreifbar. Die Betonung des zeitlichen Abstands wäre ebenso eindrucksvoll durch ein Wort wie *lange* möglich gewesen, bei erheblich ruhigerem Schriftbild. Das nächste Beispiel ist eine Frage und lautet: »Ist *Auschwitz* vergessen?« Hier ist die kursive Hervorhebung glatt überflüssig, sie wirkt geradezu aufgesetzt. Denn das Wort wird schon von selbst nicht nur geographisch verstanden, vielmehr verbindet sich mit ihm unabweislich der Inbegriff eines grauenerregenden Verbrechens. Das dritte Beispiel muß von einem besonders ängstlichen Autor stammen, da er der Kursiv-schreibung allein nicht vertraut, sondern den zweiten hervorzuhe-benden Ausdruck zusätzlich in Gänsefüßchen setzt: »Die Empfeh-lung muß natürlich eine *Werbeaussage* sein, die eine ›*Stange Geld*‹ kostet.« Man kann sich fragen, ob die beiden Kursivschreibungen als Zitate einer Fremdäußerung gemeint sind. In diesem Fall müß-ten sie jedoch beide in Gänsefüßchen stehen, nicht aber kursiv ge-schrieben werden. Mit der nachträglichen Akzentuierung eines sonst etwas matten Wortes wird die Schrägschrift aber fast immer überfordert.

Die Flucht in die auffällige Typographie bleibt ein Zeichen der Unbeholfenheit. Nur der Kleinmütige, der seiner Sprache nichts zutraut, begibt sich auf diesen Ausweg. Es liegen indessen Dut-zende anderer, rein sprachlicher Mittel für alles bereit, was Steige-rung, Verstärkung, Gewicht und Nachdruck verlangt. Um sie zu finden, braucht man nur im Synonymen-Wörterbuch nachzuschla-gen, unter »besonders«.

Damit würde man zweifellos auch Blaßheiten umgehen wie diese: *Für uns steht die Verwirklichung echter Demokratie ganz im Vordergrund.* Dieses *ganz* hat den Reiz eines Gesundheitsschuhs oder nicht einmal das. Es wirkt außerdem viel zu bescheiden, was der Autor sicher nicht beabsichtigte. Weit schlagkräftiger sähe der Satz dagegen so aus: *Für uns steht die Verwirklichung echter Demo-kratie entschieden im Vordergrund.*

Auch andere sprachliche Unterstreichungen wie *unverrückbar*, *unabweislich* oder *unabänderlich* könnten dabei ähnlich gute Dien-ste leisten. Oder auch, ein anderes Beispiel, ein viel zu selten be-nütztes Verstärkungswort:

Was mich schier in den Wahnsinn treibt, ist die Ohn-macht gegenüber dieser allmächtigen Flut des Drecks.

Reichlich Alternativen gäbe es auch für *schlicht* oder gar *schlichtweg*, die zur Zeit besonders beliebt zu sein scheinen (*Der Vergleich ist hin-sichtlich der Kosten schlichtweg nicht möglich*). Diese Steckenpferde sollten wir besser modernen Wichtigtuern überlassen. Warum nicht öfter mal *rundweg*, *geradezu*, *glatt*, die neben einer Handvoll ande-rer unter dem Stichwort »rundheraus« zu entdecken wären?

Dem stilbewußten Autor stehen darüber hinaus aber noch wei-tere Verfahren zu Gebote.

Das eine ist die Wiederholung des zu betonenden Satzteils. Er wird zu diesem Zweck aus dem Satz herausgeholt, in die Spitzenstellung nach vorn gebracht und später erneut aufgegriffen, nämlich so:

Aber Boris, Boris durchschaut das Gerät.

Der Autor legt in diesem Satz nach der ersten Nennung des Namens eine wirkungsvolle Pause ein, danach wiederholt er ihn und bringt damit erst die Aussage zum Ende. Dieses Beispiel stammt zwar zufällig von einem Sportjournalisten, aber auch ein Leserbriefschreiber wagt erfolgreich ähnliches:

Für die Kosten, die dadurch entstanden sind und noch entstehen werden, wer kommt dafür auf?

Auch hier ist das Betonte heraus- und nach vorne gestellt; später muß der Autor nur mit einem einfachen *dafür* wieder anknüpfen. Noch wagemutiger ist die Wiederholung des Wesentlichen zusammen mit einer Partikel, beispielsweise in einer verneinenden Aussage:

Also – gewußt haben wir alle irgendwie, daß etwas nicht stimmt, nur beweisen, nein beweisen konnte man nichts.

Und was diesem *nein* billig ist, soll seinem positiven Gegenstück nur recht sein. Als Beispiel dafür eine waghalsige, aber gut gelungene Konstruktion:

Sieht denn keiner, daß hier eine gewaltige Perestrojka in Gang gekommen ist, ein grundstürzender Umbau des Obrigkeitsstaates in den, ja, in den Rechtsstaat?

Dieses auftrumpfende *Ja* erspart es dem Autor sogar, das wichtige Substantiv zu wiederholen; einmal genügen da schon Präposition und Artikel. Auch bei einer Zeitangabe schafft die Verdoppelung plus Verstärkungswort denselben Eindruck gesteigerter Bedeutsamkeit:

Das geschah 1939, ausgerechnet 1939, als in Europa Mussolini und Hitler und Stalin und Franco triumphierten.

Wir erkennen: All dieses sprachlichen Mittel sind zu Betonungsleistungen fähig, von denen die Typographie nur träumen kann. Ein letzter Tip für Sammler und Neugierige: Im Duden, Band 8 (Sinn- und bedeutungsverwandte Wörter) stehen unter dem Stichwort »sehr« sage und schreibe 82 Synonyme, dazu sechs Verweise auf weitere Stichwörter.

Das zweite Verfahren benützt eine Hervorhebung, die ihre Heimat eigentlich in der Verneinung hat, und zwar *aber auch*:

> Der alte Lastenausgleich hat mit der Rückgabe von Eigentum in der ehemaligen DDR aber auch nicht das geringste zu tun.

Normalerweise steht dieses Doppeladverb immer vor *nicht* oder einer anderen ausdrücklichen Negation (und gelegentlich vor *jeder*: *Er tritt in jedes, aber auch jedes Fettnäpfchen*). Das *auch*, mit *nur* kombiniert, läßt sich jedoch ebenso wirksam bei Worten heranziehen, die bloß »wenig« oder »Winzigkeit« bedeuten. Das zeigen recht gut diese Beispiele:

> Leider vergißt er, auch nur mit einem Wort auf diese prekäre Lage einzugehen.

> Auch nur der Gedanke, so etwas zu formulieren, ist absurd.

Alles, was beide Male auf *auch nur* folgt, ist unabweislich hervorgehoben, ja hörbar betont.

Halten wir also fest: Wir brauchen keine auffälligen Schreibweisen. Eleganter und zugleich effektiver leisten vielfältige sprachliche Mittel die gewünschte Hervorhebung.

Verneinung

Da uns die Vergangenheit im Nacken sitzt, können wir die Tafel unseres Lebens nicht immer wieder abwischen und von vorn anfangen. Das kann, scheint es, nur die Sprache. Ein störender Sachverhalt wird einfach verneint (fachlich: negiert), und schon ist die Welt offen für Neues. Die Negation verschafft uns unverstellte Freiräume. Das ist es denn auch, was sie so attraktiv macht.

Kein Wunder also, daß der Werkzeugkasten der Verneinung übervoll ist. Wir haben dazu spezielle Wörter (*Mangel*, *fehlend*),

Vorsilben (*ungut, mißverständlich, desinteressiert*), Nachsilben (*fraglos*), negative Artikel und Pronomen (*kein, niemand, nichts*), Präpositionen (*ohne, außer*), satzverbindende Konjunktionen (*ohne daß, weder... noch*) und außerdem eine Unzahl Adverbien (*niemals, nirgends, keineswegs*).

Das reiche Instrumentarium wird aber lange nicht so häufig verwendet wie die simple Negationspartikel *nicht*. Man versteht leicht, warum: Dieses Wort ist nämlich äußerst flexibel einsetzbar. Es negiert nicht nur einen ganzen Satz, sondern auch jeden beliebigen Satzteil.

Vielleicht liegt da auch die Ursache, daß dieses bewegliche *nicht* in manchen Sätzen gleich mehrmals auftaucht. Das trägt aber selten zum guten Verständnis bei, besonders wenn ein Satz schon von Haus aus recht kompliziert klingt, zum Beispiel so: *Der Liberalismus versteht das »Laisser-faire« ja nicht in dem Sinn, daß gesellschaftliche Freiheit nicht stetiges Bemühen brauchte.* Es bleibt nach einer ersten Lektüre ein wenig unklar, was der Liberalismus nun eigentlich braucht und was nicht. Wir wissen zwar, daß eine doppelte Verneinung eine Bejahung sei. Aber wir sollten es uns überhaupt verbieten, einer ersten Verneinung im Vordersatz eine zweite in Nachsatz hinterherzuschieben, die die erste aufhebt. Und wenn schon, dann wenigstens keine gleichlautende zweite Verneinung. Mehr Klarheit in den Beispielsatz brächten wir schon damit: *Der Liberalismus versteht das »Laisser-faire« ja nicht in dem Sinn, daß gesellschaftliche Freiheit ohne stetiges Bemühen auskäme.* Das ist zwar immer noch eine doppelte Verneinung, aber immerhin ist sie ein wenig durchsichtiger.

Wenn das *nicht* einen ganzen Satz verneint, steht es ordentlich und normalerweise am Ende oder unmittelbar vor dem Prädikat II (*Ich gehe nicht, Ich gehe nicht weg, Ich gehe nicht nach Hause*). Das scheint keinerlei Schwierigkeit zu machen. Wir kommen aber oft nicht um kleine Verschiebungen herum. Angenommen, der Satz ist insgesamt recht lang; dann erfahren wir die Verneinung erst, nachdem wir bis dahin alles für »positiv« halten durften. Der folgende Satz zum Beispiel wäre eigentlich korrekt gebildet: *Dies schmälert das günstige Bild, das sich aus den Verhältnissen ergibt, nicht.* Man wird ihn kaum als zu lang bezeichnen; der Relativsatz hätte sich auch viel breiter machen können. Und doch steht die Negation am späten Ende etwas beziehungslos da. Wir haben nun zwei Möglichkeiten der Reparatur. Die erste ist der Ersatz des schwachen *nicht* durch ein kräftigeres, buchstabenreicheres Wort wie *keineswegs.* Wenn wir jedoch den »negativen« Überraschungseffekt ganz ausräumen wollen, nehmen wir besser die zweite Möglichkeit zur Hand und ziehen die Verneinung nach vorn. Dann sieht der Satz so aus: *Dies schmälert keineswegs das günstige Bild, das sich aus den Verhältnisse ergibt.* Hier muß der Leser die Aussage nicht mehr von hinten her umstülpen. Er weiß gleich am Anfang, wie er sie zu verstehen hat.

Unser zweites Beispiel einer Satznegierung ist etwas ungewöhnlich. Ausgangspunkt war vermutlich der Satz *Der Lehrgang kann die Ausbildung im Unternehmen nicht ersetzen.* Das ist eine vollkommen korrekte Verneinung; das *nicht* steht ordentlich vor dem Prädikat II. Aus Gründen des Zusammenhangs sollte das nun aber an den Anfang des Satzes rücken, also das »Thema« und nicht Rhema sein. Und dabei nimmt der Autor die Negationspartikel gleich mit nach vorn, so daß der Satz lautet:

Nicht ersetzen kann der Lehrgang die spezielle Ausbildung im Unternehmen selbst.

Die Spitzenstellung sieht stark aus. Die Negation an diesem Platz ist aber nur gerechtfertigt, wenn vorher davon die Rede war, was der Lehrgang alles ersetzen kann. Nur dann ist dieses *Nicht ersetzen* der richtige thematische Übergang mit der Bedeutung »im Gegensatz dazu.« Wurde aber zuvor lediglich von diversen anderen Ausbildungsmöglichkeiten gesprochen, dann fiele der Gegensatz weg und der Autor müßte trotz des schönen Prädikat-Einstiegs das *nicht* am Satzende stehen lassen. Wie im vorigen Beispiel wäre die Stellung zumutbar, weil der Satz keine Überlänge hat. Aber auch hier können wir eine Umstellung der Negation nach vorn versuchen: *Ersetzen kann der Lehrgang nicht die spezielle Ausbildung im Unternehmen selbst.* Wieder haben wir damit durch das frühe Setzen der Negativmarkierung die Verständlichkeit des Satzes erhöht.

Häufiger negiert das *nicht* statt eines ganzen Satzes aber nur einen Teil davon. Vor dem richtigen Satzteil steht es in diesem Beispiel:

Nicht Hermann F. wurde als H.s Nachfolger 1961 Generalinspekteur, vielmehr sein Bruder Friedrich F.

Hier wird sowohl sinngemäß als auch grammatisch richtig nur das erste Subjekt verneint (und dann das zutreffende nachgereicht).

In einem so einfach gebauten Satz gelingt das meist problemlos. Die Kalamitäten fangen erst an, wenn wir uns in Nebensätzen verheddern. Ein Leserbriefautor spricht etwa vom guten *Beispiel*, das die Regierung geben müßte; sie sollte die Sparsamkeit nicht nur im Munde führen, sondern selbst praktizieren. Das Wort *Beispiel* muß also einen Attributsatz erhalten, der genau dies aussagt, genauer zwei Attributsätze: einen negierten und einen positiven. Das könnte im ersten Entwurf so lauten: *das Beispiel, nicht nur von der Sparsamkeit zu reden, sondern sie auch selbst anzuwenden.* Damit kann der Autor aber nicht zufrieden sein. Es klingt bis zum Komma so, als ob die Politiker nicht nur von der Sparsamkeit, sondern auch von ganz anderen Dingen reden sollten. Die Negation steht also nicht an der richtigen Stelle, erst wenn sie vor *zu reden* plaziert wird, stimmt die Aussage: *das Beispiel, von der Sparsamkeit nicht nur zu reden, sondern sie auch selbst zu praktizieren.* Jetzt ist der letzte Rest von Mißverständlichkeit bereinigt. Es geht eindeutig darum, nicht nur zu reden, sondern auch etwas zu tun.

Betrachten wir einen ähnlichen Fall. Der Autor schildert zwei persönliche Reaktionen, ein Ekelgefühl und das Bewußtsein des eigenen Versagens. Richtig muß der Satz demnach so gebaut sein:

> Da wird es mir schon heute nicht nur übel, sondern auch bewußt, daß ich nichts dagegen unternommen habe.

Das ist die einzige Stelle, an der das *nicht nur* stehen kann. Hätte der Autor es weiter nach vorn gezogen (*Da wird es mir nicht nur schon heute übel*), so dürften wir eine völlig andere Fortsetzung des Satzes erwarten (*sondern auch morgen*).

Auch das folgende Beispiel ist richtig gebildet:

> Inflation ist zwar ein nicht sofort, aber im Lauf der Zeit tödlich wirkendes Gift für die Marktwirtschaft.

Damit haben wir zwar ein langes Attribut zwischen *ein* und *Gift*. Aber wenigstens steht die Negation da, wo sie stehen sollte.

Ein Wort zu einer etwas tückischen Verneinungsform, und zwar zu Adjektiven wie *fehlend* oder *mangelnd*. Wenn sie als Attribut bei einem Substantiv stehen, geschieht etwas Bizarres: Das Substantiv, seiner Eigenart gemäß, tut ja so, als ob das damit Ausgedrückte tatsächlich oder in einer vorstellbaren Welt existiert (im Fachjargon heißt das »Existenzbehauptung«); das davorstehende Adjektiv jedoch leugnet gerade diese Existenz. Heraus kommt seltsam Widersprüchliches. Meistens fällt es uns nicht weiter auf:

Aufgrund mangelnder Organisation müssen Fahrgäste trotz Platzreservierung stehen.

So etwas nehmen wir anstandslos hin. Wir sind mittlerweile auch in der Alltagssprache ein so hohes Abstraktionsniveau gewöhnt, daß wir da keinen Widerspruch empfinden. Das ändert sich aber, wenn von einfachen Alltagsdingen die Rede ist. Dann bildet sich zum genannten Substantiv eine konkrete Vorstellung heraus, die aber von dem negierenden Attribut sofort kassiert wird. Und das kann für den aufmerksamen Leser störend wirken. Ein wenig auf der Kippe steht dieses Beispiel: *Die Planung ist wegen des fehlenden Radweges zu beanstanden, der trotz gewichtiger Eingaben zahlreicher Anlieger nicht verwirklicht wurde.* Die Anmerkung, man könne nicht etwas als Grund anführen, was es gar nicht gibt, ist wohl pingelig. Aber der Satz rutscht ein wenig in die Nähe der Lehrer-Stilblüte »Ich sehe schon wieder einige Schüler, die nicht da sind.«

Eine Spur deutlicher ist dieses Beispiel: *Er beklagt sich über die mangelnde Motivation der Dozenten.* Würde man den Satz grammatisch abfragen, käme der Widersinn zutage: Über wen oder was beklagt er sich? Über die Motivation (sie existiert also). Was für eine Motivation? Die mangelnde (jetzt existiert sie nicht mehr).

So achtsame Untersuchung, wird man einwenden, sei feinsinnig, nur etwas für Spitzenschreiber. Mag sein. Vielleicht aber gibt es auch manchen Laienautor, der seinem Stil Liebe zuwendet, die ja nichts anderes ist als »leidenschaftliche Aufmerksamkeit« (Marcel Proust).

Fassen wir zusammen: Wird eine ganze Aussage verneint, so steht die Negation vor dem Prädikat II oder am Schluß des Satzes, bei Negierung nur eines Satzteils aber unmittelbar vor diesem. Im übrigen steht uns eine – leider zu wenig benützte – Überfülle an Möglichkeiten zur Verfügung (eine lange Liste dazu findet sich im Anhang).

Ironie

Wenn wir die Überschwemmung im Badezimmer eine »schöne Bescherung« nennen, ist das Ironie: Wir meinen eigentlich nicht, was wir sagen. Vom bloßen Lügen unterscheidet sich die Ironie dadurch, daß der Sprecher keine Täuschung beabsichtigt, sondern die Wahrheit durch seine Worte hindurch erkennen läßt. Soweit die Definition.

Manche Ironie ist zur festen Redewendung erstarrt. Wenn bei einer Autofahrt nach anderen Pannen auch noch das Benzin ausgeht, sagen wir möglicherweise: »Das hat gerade noch gefehlt!«, ohne die Ironie darin weiter zu bemerken.

Im Deutschen hat die Ironie einen verhältnismäßig schweren Stand. Ältere Stilkunden stellen sie gern als schwierig hin oder auch gefährlich, weil leicht verletzend. Häufig wird sie an seitenlangen Auszügen aus Romanen von Thomas Mann vorgeführt; aber das übergroße Vorbild bewirkt nur, daß der Alltagsautor eingeschüchtert die Feder sinken läßt. Die antiken Schriftsteller gingen mit der Ironie zupackender um: Für sie gehörte sie ganz einfach zu den rhetorischen oder Stilfiguren, die jeder leicht nachmachen konnte. So ähnlich wollen auch wir es versuchen.

Kehren wir zur Definition zurück: Ironie ist uneigentliche Sprache. Ihre Feinheit ist um so höher, je undeutlicher die Wahrheit hindurchschimmert. Liegt diese derart sichtbar vor Augen wie bei *Schöne Bescherung!*, so empfinden wir diesen Ausdruck kaum noch als ironisch (und selbst dann wäre es eine relativ schlichte Ironie). Die Wahrheit hinter der ironischen Formulierung soll sich also erraten lassen, nicht aber grob aufdrängen.

Man hat die Ironie ein »Sprechen in Gänsefüßchen« genannt. Eine gefährliche Definition. Sie könnte nämlich den Anfänger zur Vermutung führen, es genügte, tatsächliche Gänsefüßchen um ein Wort zu legen und schon hätte es ironische Wirkung. Die Vermutung ist unzutreffend. Wenn einer schriebe *die »Sachverständigen« in manchen wissenschaftlichen Beiräten*, so ist das keine Ironie, sondern nur der glasklare Hinweis, daß diese Leute sich selbst zu Experten ernannt haben. Der Autor distanziert sich davon durch das Mittel der direkt zitierenden Rede. Überhaupt sollten wir, es wurde schon gesagt, typographische Zeichen nicht über Gebühr mit Bedeutung und Inhalt befrachten.

Wie sieht das Herstellungsverfahren nun praktisch aus?

Die schlichteste Ironie arbeitet beispielsweise mit einem Adverb wie *offenbar* oder *offensichtlich*. Es gehört eigentlich zum nächsten Abschnitt (Bosheiten), wirkt aber auch gern ironisch. Und zwar immer dann, wenn der Inhalt des Satzes ohnehin zweifellos unwahr ist. Zum Beispiel: Politiker haben ganz sicher keine göttlichen *Eingebungen*, es ist sogar fraglich, ob es so etwas überhaupt gibt. Das Adverb gibt ihnen jedoch einen spielerischen Anstrich von Möglichkeit:

> Offensichtlich hat er eine höhere Eingebung gehabt, und zwar von der Art, wie sie nur Politiker haben können.

Das ist jedoch nicht gerade die allerfeinste Ironie. Dieses *offensichtlich* steht wie ein Schild »Vorsicht, Ironie!« am Eingang. Geschickter ist es auf jeden Fall, ohne ein derartiges Warnsignal auszukommen. So können wir etwa Mitleid oder Lob ausdrücken, ohne es wirklich zu meinen:

> Armer Finanzminister!

> Es ist sehr schön, daß Herr B. eine Hoffnung für den Frieden sieht. Mir ist nur nicht klar, worauf sie sich begründet.

Im ersten Fall ergibt sich das Uneigentliche aus der bekannten Tatsache, daß ein Finanzminister für das, was er zu tun hat, nie wahres Mitleid erntet. Im zweiten liegt die Ironie vielleicht schon in der gespielten Schulmeisterlichkeit des Lobes. Im Nachsatz legt der Autor den Unernst des Satzes andeutungsweise bloß. Auch dies geschieht mit einer gewissen Ironie: Er sagt nicht direkt, daß die Hoffnung unbegründet ist; er tut so, als wäre er zu dumm, den Grund zu begreifen. Das ist schon ziemlich gute uneigentliche Sprechweise.

Schwieriger zu erkennen ist die Ironie des Klammerausdrucks in diesem Satz:

> Ein privater Hausbesitzer (pfui über ihn!) hat sein Haus renoviert.

Ein bißchen verräterisch wirkt die geschickt altertümelnde Redeweise *über ihn*. Zum vollen Verständnis brauchen wir aber unsere

»Kenntnis der Welt« (Hausbesitzer, sagen manche, sind Kapitaleig-
ner, Ausbeuter, unbeliebt). Nur damit sehen wir, die Beschimpfung
kann nicht erst gemeint sein, ja vermutlich schreibt da ein solcher
Hausbesitzer selbst und wehrt sich gegen sein schlechtes Image.
Das ist also noch etwas feiner als in den vorigen Sätzen.

Ebenfalls ohne überflüssige Erklärung sind die vier nächsten Iro-
nie-Beispiele konstruiert. Zuerst noch ein recht schlichter Text,
dem eine Kritik an der Kürzung von Sozialausgaben vorhergeht.
Dann heißt es:

> Aber zum Ausgleich haben sich die Abgeordneten ja eine
> Erhöhung der Diäten bewilligt – rückwirkend zum
> 1. Juli. So stimmt dann die soziale Symmetrie wieder.

Wir zögern ein wenig, das noch Ironie zu nennen. Es steckt etwas
zu viel Bitterkeit darin und grenzt schon an Sarkasmus. Das nächste
Beispiel gibt sich dagegen humoriger. Die Autorin schreibt einem
Politiker einen mitfühlenden Brief:

> Sehr geehrter Herr Ministerpräsident,
>   wir haben Sie gestern vermißt bei der Demonstration.
> Ach so, Sie wären auch gern gekommen, aber es war ter-
> minlich nicht möglich. O ja, das verstehen wir natürlich.
> …

Hier erkennen wir die ironische Absicht an der übertrieben ver-
ständnisvollen Haltung (spätestens an den Ausrufen *Ach ja* und *O
ja*). So ein Schein-Brief liest sich also durchaus mit einem Schmunzeln, in seiner Breite geht ihm aber ein wenig die Leichtigkeit ab, die
wir bei guter Ironie erwarten.

Das dritte Beispiel kommt dem Ideal ein Stück näher. Der Autor
befaßt sich, lange Zeit scheinbar ganz ernsthaft, mit der frauenpolitisch korrekten Bezeichnung für Personen eines Stadtrats. Wie
erwähnt, hatte ja das Wort *Mitglied* sittlich Anstoß erregt. Dazu
schreibt unser Autor nun:

> Die Vorschläge von Herrn L. scheinen mir praktikabel,
> aber ich möchte einen weiteren, recht einfachen Vor-
> schlag hinzufügen, damit diejenigen Damen im Rathaus,
> die sich mit der weltbewegenden Frage der Mit-Glieder-
> Beseitigung befassen, die Qual der Wahl haben.

Da schöpfen wir bei dem bizarren Bindestrichwort einen Anfangsverdacht, vielleicht schon bei *weltbewegend* (das immer nur ironisch benützt wird). Im Original, aber erst einige Sätze später, wird der Unernst erkennbar, nämlich dort, wo der Autor als Kombi-Bezeichnung für beide Geschlechter »das Frann« anbietet.

Das letzte Beispiel ist das beste. Daß die Sätze nicht ernstgemeint sein könnten, wird einem nicht sofort klar, so verfeinert ist die Ironie darin:

> Das »Drachenkopf-Rezept« werde ich leider erst in einem Jahr nachkochen können, da mein Balsamico-Essig erst neun Jahre alt ist. Oder haben Sie einen Tip, wie man den Reifeprozeß beschleunigen kann?

Die Verzweiflung über eine zu junge Rezept-Zutat sieht auf den ersten Blick täuschend echt aus. Wir brauchen schon ein kurzes Nachdenken, um zu erkennen, daß ein Jahr Altersunterschied bei einem Essig nicht ausschlaggebend sein kann (oder für den wahren Feinschmecker vielleicht doch?). Stilistische Bewertung: Ironie für Kenner.

Wenn der Unernst des Inhalts zwar zu erkennen ist, trotzdem aber immer weiter und weiter geführt wird, scheinbar ganz so gemeint, dann spricht man nicht mehr von Ironie, sondern von Satire. Während also die Ironie einen leichten Tupfer setzt, ist die Satire ein durch den gesamten Text gehendes Stilmittel. Auch sie kommt durch kleine Zusätze zustande oder aber durch breiter angelegtes Material. Ein Beispiel für das erstere (beschrieben wird der Anschluß eines Videorecorders anhand der Gebrauchsanweisung):

> Bereits nach einer Stunde stehen wir auf Seite 7, wo vom AV-Kabel die Rede ist, mit dem man Recorder und Fernseher verbinden kann.

Allein das Wort *Bereits* enthüllt uns das Erreichen der siebten Seite als Satire. Andernfalls wäre es nur die Schilderung einer besonders mühseligen Suche. Aber auch mehr oder dichteres Wortmaterial leistet den satirischen Effekt. Dabei ergibt gewissermaßen eine absurde Vorstellung die andere, wie in diesem Leserbrief:

> Den Rechtsradikalen den Wind aus den Segeln nehmen, das will diese Partei. Aber warum nur in der Asylfrage?

Inzwischen greifen Neonazis auch Behindertenheime an. Deshalb ein Vorschlag unter Ausländerfreunden, Herr Ministerpräsident: Hinlangen bei der Grundgesetzänderung und mit den Flüchtlingen gleich die Behinderten aus Deutschland schaffen. Sie bieten dem rechten Mob eine Angriffsfläche und gefährden damit den Rechtsstaat, oder?

Das schüchtern fragende Schlußwort hätte der Autor gar nicht gebraucht. Es relativiert eigentlich nur das Vorgeschlagene und nimmt damit die Wirkung zurück. Aber möglicherweise war er geschockt durch die Erfahrung deutscher Satire-Blätter, daß nämlich sogenannte Betroffene eine unverstandene Satire gern vor Gericht bringen.

Ein letztes Beispiel. Sein Verfasser ist spürbar verärgert über ungerechte Sparmaßnahmen. In einer bissigen Satire lobt er die Regierung folgendermaßen:

Recht so, Herr Minister! Warum müssen die Kinderreichen auch noch 50 Prozent Ermäßigung für Bahnfahrten bekommen? Erziehungs- und Kindergeld stehen schließlich auch zur Disposition. Das eingesparte Geld brauchen wir doch für so unheimlich wichtige Dinge wie Olympia 2000 oder Straßenbau.

Da ist jeder Satz unernst gemeint, pure Ironie. Und der gesamte Text kommt ohne alle Hinweise auf die eigentlich gemeinte Wahrheit aus. Sie springt den Leser satirisch von alleine an.

Was folgt aus all dem? Ironie ist machbar. Sie sollte nur leichtfüßig bleiben und ohne vergröbernde Hinweise auf die Absicht. Satire ist die über den ganzen Text gebreitete Ironie. Auch die Satire verlangt die trockene, todernste Miene. Aber Vorsicht: Unverstandene Ironie wird manchmal übelgenommen. Gegen Schwächere sollte man sie nie in Stellung bringen.

Es sieht so aus, als wäre überhaupt das Negative in der Sprache recht
üppig ausgestattet. Ebenso reich entwickelt wie die Verneinungen
ist auch das Sprachmaterial, mit dem wir von der kleinen Spitze bis
zur offenen Bosheit alles vortragen können.

Die einfachste Form ist die mißtrauische Frage. Der moderne
Enthüllungsjournalismus hat sie bis zur reinen Unterstellung wei-
terentwickelt. Mittlerweile aber sickert dieses Vorgehen auch in den
Schreibstil von Alltagsautoren. Noch einigermaßen schüchtern
wagt sich dieser Leserbrief aus der Deckung: *Ist das schon Erpres-
sung oder ist es nur nahe daran?* Das scheint sogar juristisch unangreifbar. Einen Schritt weiter geht dieser Verfasser mit seiner wü-
tenden Formulierung: *Beugt sich der Rechtsstaat der Nazi/SED/
Stasi-Mafia?* Solche Kraftfragen sind gewissermaßen mit Schaum
vor dem Mund geschrieben. Wir können die ganze Form nicht
rundweg gutheißen. Sie ist halbherzig, zu leicht bei der Hand, und
das Rezept ist von brutaler Schlichtheit: Erst etwas Wildes behaupten und dann flink ein Fragezeichen dranhängen, als hätte man es
nicht gesagt. Im Extrem verkommt diese Frageweise zur Doppel-
züngigkeit.

Akzeptabler klingt es schon, wenn der Vorwurf ausdrücklich
formuliert, zur Absicherung jedoch ein milderndes Adverb hinzugefügt wird, etwa *anscheinend, offenbar* oder *offensichtlich*:

> Die heutzutage bedeutend höhere Spanne reicht den Leu-
> ten offenbar bei weitem nicht aus.

> Man muß nur wissen, wovon man spricht. Der Herr Pfar-
> rer wußte es offensichtlich nicht.

Auch damit wird das Gesagte wieder ein wenig zurückgenommen
(genauer: Der Autor zieht sich darauf zurück, daß es »für ihn« eben
so aussieht). Aber es bleibt noch genug Vorwurf übrig, um den anderen zu einer schwierigen Entgegnung zu zwingen.

Eine andere, etwas einfallsreichere Methode ist das boshafte
Spiel mit Namen und Anreden. Besonders boshaft ist die Nennung
einer bekannten Person, als ob sie völlig unbekannt sei (*ein gewisser Roosevelt, ein Herr Lenin*). Dem verwandt: die Anrede
nicht mit der korrekten Amtsbezeichnung, sondern mit dem blo-

ßen Namen, gar einschließlich akademischer Titel, so zum Beispiel

> Dann, Herr Dr. Kohl, wird es peinlich

statt *Herr Bundeskanzler*. Aber auch umgekehrt funktioniert das Verfahren. Dabei wird eine streng genommen überflüssige Berufsbezeichnung, in der die boshafte Spitze steckt, ausdrücklich vor den Namen gestellt:

> Herr Journalist S. ist also der Meinung, unserem Ministerpräsidenten widerfahre großes Unrecht.

Wobei hier noch dazu dieses bissige *Herr* dasteht, das ja nicht nötig wäre, da es sich um keine Anrede handelt. Zur Demaskierung der angeführten Meinung trägt auch bei, daß ein altertümlicher, also unglaubwürdiger Wortschatz herangezogen wurde.

Schließlich läßt sich die Anrede *Herr* auch ohne jede Hinzufügung anbringen, um die erwähnten Personen nicht mehr als Berufsausübende, sondern gewissermaßen nackt darzustellen:

> Die 18 Herren beklagen die Einschränkung des Gesamtproblems auf wenige Parameter.

Alles Bisherige ist aber immer noch ein recht grober Strich. Es gibt feinere Vorgehensweisen.

Da hätten wir einmal jene Zusammensetzungen vom Typ *Einbauküchenflair*, über die wir schon gesprochen haben. Es gibt ein Leserbriefbeispiel für die Vorstufe dazu:

> Ob nun ein Abgeordneter die Verpflichtung hat, bei jeder Gartenzaun-Streiterei oder Gemüsebeetbegradigungs-Diskussion als Anwalt zu fungieren, sei dahingestellt.

Die beiden Komposita mögen hier noch ganz wörtlich gebraucht sein, mit ernstgemeinter Bedeutung und ohne Bissigkeit. Im Hintergrund der langen Wörter lauert jedoch schon die boshafte Spitze.

Solche Wörter selber zu basteln, ist nicht allzu schwierig. Man nimmt ein hoch angesehenes Grundwort und fügt es mit einem herabmindernden Bestimmungswort zu einem Kompositum zusammen. Beispiel: *Tiger* ist ein Wort für Stärke, *Papier* aber etwas im Vergleich dazu lächerlich Biegsames; die Kombination ergibt den *Papiertiger*. Ganz ähnlich gebaut sind *Duodez-Fürst* (dabei bedeutet *Duodez* ein winziges Buchformat), *Gummilöwe*, *Stammtisch-philosophie*, *Strickjackendiplomatie*, *Westentaschen-Napoleon*, oder auch so etwas:

S. nannte J. einen pathetisch artikulierenden Schrumpf-tribunen

Sogar noch verkehrt herum klappt es, obwohl nicht ganz so gut (*Heldenkretins*, *Charakterliliputaner*). Derartige Komposita aus Großartigem und Lächerlichem werden von einigen Autoren auch gern entzerrt und in ein Substantiv mit Genitivattribut umgewandelt. So kann ein Journalist statt *Wortparvenü* auch von einem

hochtalentierten Parvenü des Wortes

schreiben, wobei das lobende Adjektiv den boshaften Gegensatz zum Schimpfwort noch verschärft.

Als zweites erwähnen wir ein Verfahren, das etwas umständlich unterbrechender Redekommentar heißt. Er schiebt sich, in geeignete Satzzeichen eingeschlossen, als kritisierende Bemerkung in den Text. In der einfachen Version stellt der Kommentator sich zu dumm, um den Text zu verstehen. Die übliche und deshalb bekannte Formel dafür lautet etwa *was immer X darunter versteht* oder auch knapper *was immer das sei*:

Steril soll die Digitaltechnik sein, eindimensional (was immer das auch sei).

Das mag manchem, nicht ganz zu Unrecht, abgegriffen vorkommen. Der Selbstkommentar sollte sich deshalb auch zu höherer Originalität aufschwingen, darf ruhig einen längeren Satz bilden und so auch als Klammerausdruck auftreten:

Da steht: »Dieser Zug hält in München-Pasing und dann erst wieder in Frankfurt.« (Man sollte froh darüber sein, daß der ICE wenigstens an seiner Endstation noch hält.)

Oder ebensogut zwischen Gedankenstrichen:

Meinen die Gesetzesmacher – was sind das bloß für Leute! – die Rentner müßten ihre verdiente Strafe tragen?

Kommentierende Einschübe lassen also das eben Gesagte, das dabei oft ein Zitat ist, in einem neuen, kritischeren Licht erscheinen.

Vor der dritten Methode, nämlich den Gänsefüßchen, ist wieder eine deutliche Warnung nötig. Nicht alles, was wir in Anführungszeichen setzen, wird dadurch automatisch als unzutreffend kritisiert. Oft, wie gerade bei den »*Sachverständigen*« gezeigt, wirken sie bloß unbeholfen. Einen Schuß mehr an Originalität erhält der Trick, wenn mit dem so markierten Wort ein weitergehendes Spiel getrieben wird. Hier ein Beispiel dafür:

> Das entspricht wohl auch dem Konzept der »freien« De-
> mokraten: freie Fahrt für die Bevorzugten!

Das ist zwar ein naheliegendes Wortspiel, und die Gänsefüßchen stoßen uns ein bißchen mit der Nase drauf. Wenn es dem Autor aber auf die Doppelbedeutung von *frei* ankommt, kann er hier kaum anders vorgehen: Er kann die beiden Adjektive nicht gleich behandeln; das erste muß als angemaßt oder gar irreführend gekennzeichnet werden. Und dafür eignen sich die Gänsefüßchen hier sogar besser als irgendwelche sprachlichen Mittel.

Die vierte Art schließlich ist, weil sie mit dem geringsten Aufwand auskommt, die eleganteste. Dabei wird dem Satz nur ein knappes Wort, ein Adverb etwa, hinzugefügt, das die Hochtrabendheit des Inhalts absichtsvoll enthüllt. Als Muster fallen uns dabei als erstes solche Adverbien ein wie *schon wieder* oder *wieder mal*. In einem ansonsten bedeutenden Satz geben sie uns zu verstehen, daß etwas mit wiederkehrender Monotonie geschieht und keinerlei Interesse verdient. Ähnlich wirkt auch das Wort *allerhand*, wenn es bei Ausdrücken steht, mit denen sich jemand zu ernst nimmt; in unserem Beispielsatz (von einem Profi-Schreiber) sogar zusätzlich zu einem der erwähnten Adverbien eingefügt:

> Für die Bilanz nach zweijähriger Amtszeit hatte sich R.
> wieder einmal mit allerhand Zahlenmaterial bewaffnet.

Die schärfere Version hätte *allerlei* gelautet. Beide drücken gut und wie nebenbei das Beliebige, Wertlose des dazugehörigen Inhalts aus.

Ergebnis: Unterstellungen, wie zeitgemäß auch immer verpackt und formuliert, sollten wir lieber sein lassen. Auch das Wortspiel mit Namen und Titeln ist noch nicht der Gipfel der Phantasie. Einfallsreicher sind der originelle Selbstkommentar und, schwieriger, die Einfügung eines knappen abschätzigen Einzelworts.

Von wem ist wohl dieses Zitat: »Je mehr der Geschmack abstumpft, je korrupter die Geister werden und je mehr man der Erzählungen, Romane und Komödien überdrüssig wird, desto notwendiger wird es, stärkere, krassere Dinge darzustellen, wenn man Erfolg haben will«? Es könnte, tatsächlich und leider, von einem Zeitgenossen stammen. In Wahrheit aber ist es 200 Jahre alt, und geschrieben hat es Donatien Alphonse François Marquis de Sade, ein Fachmann also.

Wir betreten allmählich vermintes Gelände. Was darf man, was nicht? Die Allerweltsregel, nur das zu schreiben, was man auch öffentlich sagen kann, greift ja nicht mehr. Alles, aber auch alles, das Hinterletzte wird heute bedenkenlos ausgesprochen und hingeschrieben. Es gilt gar als besonders unverklemmt, eben noch Anstößiges locker in Rede und Schreibe einfließen zu lassen. Ob es auf Dauer ein sprachlicher Gewinn ist, soll dahingestellt bleiben.

Nichts gegen das sogenannte Kraftwort. Von Zeit zu Zeit sehen wir es gern, es klärt die Situation, legt Fronten offen, kämpft mit offenem Visier. Etwa in dieser Art:

> Was Sie über das Baseball-Turnier für Oberschüler geschrieben haben, ist Quatsch.

> Marode und verlogen ist unser Schulsystem geworden!

Wenn es so ist, soll man es auch so sagen. Mit aller wünschbaren Deutlichkeit, ganz ohne Ironie und verkappte Bosheit. Der Leser weiß jetzt, womit und mit wem er es zu tun hat. Auch gegen grell ausgemalte Bilder können wir kaum Einwände erheben. Im Gegenteil, die zwei folgenden Beispiele sind saftig ausgeführte Verdeutlichungen:

> Die Deutschen sind wie ihre Köter: Wirft man ihnen einen abgenagten Knochen vor die Nase, fangen sie aus lauter sabbernder Freßgier an, sich untereinander zu zerfleischen.

> Es ist ein Tritt ins Gesicht all der Menschen, die sich für den Erhalt der natürlichen Lebensgrundlagen einsetzen.

Nur eins geht dabei ganz und gar nicht: unterwegs den Mut verlieren und das kraftstrotzende Wort dann in ängstliche Gänsefüßchen setzen, als benützte man es selbst niemals, hätte es nur schnell von einem anderen geliehen. Also nicht aus falscher Scham »saumäßig« oder »die Hosen herunterlassen«, sondern geradeheraus:

Warum ist Ihre Berichterstattung über die neuen Bundesländer so saumäßig schlecht?

Wohl unbewußt hat H. bei diesem Auftritt die Hosen heruntergelassen.

Es braucht heute wahrhaftig kaum noch großen Mut, solche Ausdrücke selbst zu verantworten.

Ganz sicher ist auch *Scheiße* aus der Alltagssprache nicht mehr einfach wegzuwünschen. In linguistischer Hinsicht hat es sich sogar als recht fruchtbar erwiesen und ohne großen Formwandel ein Adjektiv aus sich hervorgetrieben, wie dieser schriftliche Seufzer eines Jugendlichen belegt:

Scheiß Ego, Scheiß Geltungssucht!

Bei all dem bleibt es aber selbstverständlich, das explizite Fäkal-Vokabular mit, sagen wir mal, Fingerspitzengefühl einzusetzen. Nicht überall ist es in gleicher Weise passend.

Stärker durch sprachliche Schamgrenzen tabuisiert bleibt alles Sexuelle, einigen zum Ärger, anderen zur genießerischen Freude.

Als kuriosen Einschub zitieren wir hier das Beispiel eines Wortes, das seine noch vor wenigen Jahren gängige Bedeutung »sexuelle Erregung« so ziemlich aufgegeben hat: *geil*. Es hat vor allem in der Jugendsprache seinen Platz. Nun kommen aber manche Erwachsene auf den Gedanken, sich durch die tollkühne Verwendung dieses Wortmaterials sozusagen zu verjüngen. Sie glauben dann, die Sprache der Jugend zu sprechen. Das klingt etwa so:

Als Grufti mit Kindern werfe ich gerne einen neugierigen Blick in das Jugendmagazin ihrer Zeitung. Megageil: Unter anderem immer wieder Artikel, die das vermitteln, was unsere Kinder gar nicht früh genug lernen können: nachdenken. Echt cool!

Wir sehen zwar, wie umstandslos sich das durch *mega-* noch überhöhte Adjektiv in den Satz einfügt. Wenn wir es aber recht bedenken, kommen uns gewisse Zweifel, ob sich der Autor mit diesem Text einen wirklichen Gefallen getan hat. Es wäre kaum überraschend, wenn der Text auf Jugendliche den Eindruck machte, der selbsternannte »Grufti« wolle sich bei ihnen nur einschmeicheln. Abgesehen davon droht beim Aufgreifen dieses Vokabulars noch eine zweite Gefahr. Viele Wörter der Jugendsprache haben eine außerordentlich kurze Lebensdauer. Kaum gefunden, kaum eine Weile im festen Gebrauch, wird ein Wort schon wieder fallengelassen, wenn seine provokante Frische verbraucht ist. Der Erwachsene ist aber in der Szene nicht daheim. Er bekommt das Wort meist erst dann zu Gehör, wenn es dort schon keiner mehr in den Mund nimmt. Er erreicht mit der Verwendung also gerade nicht seine Absicht, eher ihr Gegenteil: Er spricht eine schon wieder veraltete Sprache. Zurück zur sexuellen Drastik im eigentlichen Sinn.

Von wenigen Ausnahmen abgesehen, taucht der Wortschatz der expliziten Sexualität in Alltagstexten nicht auf. Die zwei Leserbriefbeispiele, die wir gefunden haben, stellen somit Extreme dar. Dabei sind für das erste sogar gute Gründe anzuführen. Es lautet:

> Den Exekutionsbeauftragten ist es herzlich gleichgültig, ob sie einem Linken oder einem Mörder, der nicht gestehen mag, eine Schnur um die Hoden knüpfen und daran ziehen.

Das ist Drastik in Reinform. Dem Autor kam es darauf an, das Unmenschliche nicht einfach abstrakt, sondern mit äußerster Konkretheit vor Augen zu führen. Er hat, muß man anerkennen, sein Ausdrucksziel erreicht. Der Satz schmerzt, aber es ist ein notwendiger Schmerz.

Nicht so im zweiten Beispiel. Hier empört sich eine Frau gegen sexuelle Belästigungen am Arbeitsplatz. In ihrer Wut tappt sie jedoch in die Falle der Maßlosigkeit. »Kinderkriegen«, meint sie eingangs, »ist sowieso die letzte Scheiße.« Wir nehmen es zur Kenntnis. Dann schlägt sie endgültig zu, wörtlich:

> Liebe Schwestern, sollte irgendeiner dieser Schwanzträger auf die Idee kommen, eine miese Bemerkung auf euer Geschlecht loszulassen, dann haut ihm eine in die Fresse, so daß er durchs ganze Büro fliegt.

Dieses *Schwanzträger* geht, als Stilmittel, zu weit. Es ist rundheraus überflüssig und klingt aufgesetzt. Es soll der Autorin lediglich prompte Auffälligkeit sichern.

Schließen wir das Kapitel mit einer Anmerkung zum Beherzigen. Es ist vielleicht gerade noch modern, allenthalben Tabus umzustürzen. Wenn jedoch keine Grenze mehr ist zwischen dem Sagbaren und dem eher zu Verschweigenden, dann haben wir nicht nur die Chance der Drastik vertan. Schlimmer, alles Ungewöhnliche verkommt zur platten Normalität. Die Sprache wird so geheimnislos wie ein leergegessener Teller. Also lieber nicht. Abenteuer brauchen Verbotenes. Daran sollten wir uns auch beim Schreiben erinnern.

Unsaubere Tricks

Fast immer argumentieren Schreiber mit höherer Fairneß als Redner. Der Grund ist einsichtig: Mit dem nur mündlich Dahingesagten kommt man leicht ungestraft davon (es wird dann halt nicht »auf die Goldwaage gelegt«); Geschriebenes dagegen ist fixiert, verbindlich, nachprüfbar.

Was sind unsaubere Tricks? Manche scheinen so durchsichtig, daß sie sich schon deshalb verbieten. Dazu gehören etwa Unsachlichkeiten, Wortverdrehungen oder absichtliche Mißverständnisse. So offenkundig Plumpes führt aber meistens nicht sehr weit. »Trick« nennen wir ja auch eher den nicht sofort durchschaubaren Kunstgriff. Unsauber ist er, wenn er eine Wirkung erzielt, die nicht mehr mit sachlichen Argumenten zurückzuweisen ist. Der Leser hat das unangenehme Gefühl, da stimmt irgendwas nicht, es geht nicht mit rechten Dingen zu. Um sich zu wehren, muß er also das diskutierte Thema einen Augenblick beiseite legen und etwas ganz Anderes abklopfen, nämlich die Machart, die Struktur des gegnerischen Arguments. Das kann er natürlich nicht ohne die nötigen Kenntnisse. Wir wollen versuchen, sie ihm zu liefern.

Jeder Autor kann aber auch in die Lage kommen, die eine oder andere Praktik selbst anzuwenden, sogar ohne schlechtes Gewissen dabei. Manchmal hilft wirklich nichts anderes weiter als ein absurder Vergleich (Trick 5 der folgenden Liste). Und wenn ein Gegner tatsächlich vom Hölzchen aufs Stöckchen kommt, sich in tausenderlei Details verzettelt, dann ist der Verweis aufs große Ganze

(Trick 1) berechtigt, ja dringend nötig. In diesem Fall würden wir sogar zögern, den Hinweis eine Flucht ins Allgemeine zu nennen. Außerdem brauchen wir das eine oder andere Verfahren oft als einzig noch mögliche Widerlegung eines wirklich unfairen Diskussionstricks.

Die Aufzählung ist nach Ruchlosigkeit geordnet. Anfangs kommen die akzeptableren Tricks, zum Ende hin die durchtriebenen. Fangen wir an:

1. Die Flucht ins Allgemeine. Sie wird gern dann ergriffen, wenn die Beschäftigung mit dem Einzelargument mühsam oder wenig erfolgversprechend ist. Signalwörter sind hier etwa *überhaupt* oder *auf der ganzen Linie*. Oder auch so etwas:

> Rassismus gibt es überall auf der Welt.

So wird der Einzelfall zur Lappalie. Damit verwandt ist das sogenannte Pauschalisieren. Dabei wird sehr Verschiedenes in einen Sack gepackt und dann nur noch dieser hergezeigt. Ein eher sanftes Beispiel:

> Die Darstellung des Sachverhalts ist entweder schlampig recherchiert, von einem absonderlichen Demokratieverständnis geprägt oder böswillig – wie auch immer, sie ist auf jeden Fall falsch.

Die Wirkung beider liegt in der Entlastung von vorgeblichem Kleinkram. – Widerlegung: Siehe Trick 2.

2. Die Flucht ins Detail. Sie ist das genaue Spiegelbild zum vorigen, oft begleitet von empörtem Widerspruch gegen jede Verallgemeinerung. Schlüsselausdrücke: *Da muß man doch differenzierter vorgehen*, *Das kann man nicht so pauschal betrachten*. Irgendein Detail bietet dann immer einen passenden Nebenkriegsschauplatz, oft sogar einen glatten Themenwechsel. – Widerlegung: Trick 1.

3. Das Zerreden. In seiner verwerflichsten Form rührt es alle Einzelheiten so lange durcheinander, bis keiner mehr durchblickt. Sehr geeignet dafür sind überlange, fachwortreiche Sätze und Nebensätze fünfter Tiefe. – Widerlegung: Das Problem neu definieren (siehe Trick 8).

4. Aus dem Zusammenhang reißen. Gerade hier sollte der Autor aufpassen, daß ihm das nicht etwa versehentlich passiert. Der Trick

wird jedoch viel öfter vorgeworfen, als er tatsächlich vorkommt. – Widerlegung: einfach die Notwendigkeit des Zusammenhangs wiederherstellen.

5. Der absurde Vergleich:

Man stelle sich vor, Hitler wäre in die Hände der Bundesrepublik gefallen.

Harmloser sind den Gegner überwältigende Redeblüten wie *sich kaputtsparen, zu Tode sanieren*. Dem Vergleich ähnlich ist das Vorbringen eines absurden Beispiels:

G. schreibt, wir könnten »Konflikte humanisieren.« Meint er damit unsere gegenwärtige Jugoslawienpolitik?

Gefahrenzeichen sind auch Ausdrücke wie *Dann könnte man ja ebensogut* (folgt das scheinbar Logische, tatsächlich Absurde). – Widerlegung: am besten ein abschreckendes, noch absurderes Gegenbeispiel.

6. Das Umdrehen des Arguments. Dem Gegner wird zum Teil recht gegeben, daraus aber eine ganz andere Schlußfolgerung gezogen. Das geschieht regelmäßig mit *Gerade deshalb* oder *Eben zu diesem Zweck*. Eine Variante dazu: Ursache und Wirkung umdrehen. Beispiel:

Nicht die Politik ist ein Spiegelbild der Gesellschaft, sondern die Gesellschaft eines der Politik.

Andere Variante: Logische Nußknackereien, die hieb- und stichfest scheinen, nach dem Muster *Das Leben ist nicht alles, aber alles ist nichts ohne das Leben*. Leicht abzuwandeln (etwa mit *Gesundheit* oder so), aber nur bei eher undurchsichtigen Themen möglich. Die Verwirrung wird dann komplett. – Widerlegung: schwierig; mehrere Schritte zurückgehen und ganz langsam alles nochmal entwickeln.

7. Der wahre Sinn des Wortes. Eigentlich nur ein Strohhalm, aber leider beliebt. Man nimmt einen Begriff und schält seine angeblich ursprüngliche (also »wahrere«) Bedeutung heraus. Unser Beispiel ist ein Leserbrief zu einem Artikel »Mediation – der neueste Gag aus den USA?«:

Ein »Gag« ist laut Duden ein »bildwirksamer, witziger Einfall.« Weder ist Mediation bildwirksam, noch ist sie witzig.

Fachlich heißt das, die Etymologie (Herkunft) eines Wortes nachzeichnen. – Widerlegung: unproblematisch; Wörter entwickeln ihre Bedeutung dauernd weiter. Etymologie ist kein Beweis; sonst müßte *Garten* immer noch »befestigter Platz« bedeuten.

8. Die Fragestellung in Frage stellen. Sehr wirksam, häufig bei Politikern vorkommend und anderen, die sich »Definitionskompetenz« zuschreiben, das heißt die alleinige Macht, das Problem zu definieren. Formen: die überraschende »Gegenfrage« oder gleich eine Serie von Gegenfragen, außerdem Wendungen wie *Da liegt das Problem doch gar nicht, Das Entscheidende ist doch etwas ganz anderes.* – Widerlegung: um Gottes willen nicht darauf eingehen; entweder auf den Punkt zurückkommen oder selbst die Definitionsmacht beanspruchen.

9. Die Fangfrage. Der Dreh dabei: In der Frage ist eine Behauptung versteckt, die der Gefragte nicht akzeptieren kann. Musterbeispiel (»Antworten Sie ganz einfach mit Ja oder Nein!«): *Haben Sie aufgehört, Ihre Frau zu schlagen?* Damit verwandt sind die Suggestivfrage (*Das wird doch niemand bestreiten können, oder?*) und die falsche Alternative (wie man trinkunwillige Kinder fragt: »Willst du den Kakao lieber in der grünen oder in der roten Tasse?«). – Widerlegung: Die Antwort verweigern, die verdeckte Behauptung behandeln und unnachgiebig auf dem Kernproblem beharren.

10. Die Einschüchterung. Der Autor stellt sich als unschlagbar hin oder als Mitglied einer mächtigen Truppe. Diese Imperativsätze beginnen meist mit *Wer wie ich* oder *Wer jemals (auf den Seychellen war)*. Mit einer kaum freundlicheren Variante wird ein etwa Widersprechender aus dem Kreis aller anständigen Menschen ausgeschlossen:

Das weiß jeder, der sich auch nur halbwegs objektiv mit dem Vorgang beschäftigt.

Nur jemand, der in einem vollkommen wertfreien Raum argumentiert, kann die beiden Dinge auf ein Niveau stellen.

Widerlegung: umständlich; zuerst die Ausgrenzung zurückweisen, dann auf das Argument zurückkommen.

11. Der Appell ans Gefühl. Besonders häufig dort, wo jedwede »Betroffenheit« schon das halbe Argument ist. Kennzeichen: das öffentliche Darstellen der eigenen Seelenregung. Älter ist das beschwörende Anrufen hoher Werte (etwa »Gemeinsamkeit«: *Das wollen wir schließlich doch alle!*). – Widerlegung: anerkennen und den Kernpunkt wiederaufgreifen.

12. Die persönliche Frage. Ziemlich effektiv, da oft mit einer moralischen Forderung verbunden. Beispielsweise Fragen mit *Wo, Herr X, waren Sie, als* oder ähnlich:

> Wo bitte bleiben Sie, Herr S., mit Ihrer Verurteilung der rechtsradikalen Verbrechen? Wollen Sie sich nicht öffentlich distanzieren oder können Sie es nicht?

Widerlegung: keine (wenn man die Forderung nicht mit noch Imposanterem überbieten kann).

13. Das Argument ad personam. Der giftigste Pfeil, weil er an jedem Argument vorbei direkt auf die Person zielt. Meistens trifft er. Die noch kaum erkennbare Masche:

> womit er – typisch Politiker – so ganz nebenbei seine eigenen Qualitäten herausstreicht.

Diese wie nebenbei eingestreute Typisierung läßt keinen Ausweg mehr. Die fiesere Spielart greift nicht mehr den Ball an, sondern direkt den Mann oder die Frau. Am liebsten mit Hilfe der Motivforschung; dabei ist Thema nicht mehr die Sache, sondern ein unterstelltes, natürlich niederes Interesse des Gegners: *Wir wissen ja, warum er das sagt*; *Das sagt er ja nur, weil.* – Widerlegung: abtropfen lassen. Oder Bismarck zum Vorbild nehmen: »Ich könnte ein noch viel üblerer Mensch sein, als ich bin, und trotzdem recht haben.«

Und Schluß. Ganz sicher gibt es mehr als dreizehn faule Eier zum Werfen. Aber empfehlenswert ist keines davon, nicht einmal für Wahlkämpfe.

Ergebnis

Manches in diesem Kapitel sah so aus, als sollte es dazu beitragen, ein sehr altes Ideal zu verwirklichen: den schönen Text. Erste Antwort darauf: Der Eindruck täuscht. Zweitens: Und wenn?

Zum einen: Wir hatten uns vorgenommen, nicht über die Miesität deutscher Schreibart zu jammern. Sie hat uns ja auch ebensoviel Vorbildliches wie Fragliches an Beispielen geliefert. Aber man wird doch sagen dürfen: Es gibt immer noch eine Menge Texte, denen ein paar Anregungen dieses Kapitels guttäten. Und selbst wenn dieses Buch plötzlich ungeahnte (wenn auch erhoffte) Wirkung entfaltete, dann würden diese Texte noch lange nicht auf das Stilniveau einer idealen, rundherum gelungenen Schreibkunst gehoben. Es wäre schon etwas erreicht, wenn der eine oder andere Schreibende sich Gedanken macht: Kann ich dem Ausdruck nicht kräftigere Farben verleihen? Hängen dieses Bild und jener Vergleich schief oder stimmen sie? Kommen Witz oder Ironie in schweren Stiefeln daher oder mit der nötigen Leichtigkeit? Ist die Spitze an dieser Stelle zu grob oder vielleicht noch zu schwach? Kurzum: Wer schreibt, sollte wissen, was er tut. Sich bewußt sein, daß er mit einem oft unterschätzten, höchst ergiebigen, schier unerschöpflichen Material umgeht, mit dem sich mehr anstellen läßt, als er in der Hitze des Schreibens ahnt. Besonders der Laienautor soll sich davon ermuntert fühlen. Auch er kann einmal Neues in seiner Sprache wagen, ihre verborgenen Bedeutungen entdecken, ihre Schmiegsamkeit auf die Probe stellen.

Zweitens: Was Schönheit ist, wird wohl umstritten bleiben. Aber das macht sie ja noch nicht zum Wegwerfartikel. Die alltäglichsten, vertrautesten Dinge wünschen wir uns schön, die Wohnung, den Arbeitsplatz, den Urlaub, wenn's geht auch den Partner, die Partnerin. Und nicht, was wir schreiben? Das kann doch nicht wahr sein. Keine Angst, wir fallen nicht mehr zurück in die barocken und wilhelminischen Überschwänge des Redeschmucks. Uns soll die bewußt gepflegte, die im Idealfall schöne Sprache einfach das sein, was sie in ihren besseren Zeiten immer war: ein Stück Lebensqualität.

Schlußredaktion

Das Feilen am Satz

Was uns zum guten Ende noch zu tun bleibt, ist die Feinarbeit am Satz und am Text selbst. Da schon die obigen Kapitel mehrere Verbesserungen empfehlen, können wir uns hier auf einige ausgewählte Beispiele beschränken.

Solche Stilkorrekturen haben leicht etwas Peinliches, Besserwisserisches an sich. Und zwar deshalb, weil sie hinter dem Rücken des Autors vorgenommen werden, ohne sein Einverständnis. Er bekommt keine Chance, zu erklären, warum er es so und nicht anders formuliert hat. Manches im folgenden ist zwar eindeutiger Unfug, anderes aber ließe sich unter Umständen diskutieren. Sicher erraten wir beim Verbessern eines fremden Textes nicht immer alle Absichten des Verfassers. Versuchen wir es trotzdem. Ganz umsonst wird die Demonstration schon nicht sein, und im übrigen sind wir bei ähnlicher Arbeit am eigenen Text ja gleichzeitig als Autor und Korrektor dabei.

Beginnen wir, in Anknüpfung an den vorigen Abschnitt, mit einem »falschen Freund«:

> 1867, das Jahr, mit dem der vom Buchautor behandelte Zeitraum offenbar abschließt, das Jahr auch, in dem die Verfassung des Norddeutschen Bundes das allgemeine Männerwahlrecht einführte, wuchs der Anteil der britischen Wahlberechtigten auf 13 Prozent der Bevölkerung.

Dieses *1867* bekommt hier zwei Zusätze, die beide mit *das Jahr* einsetzen. Das legt uns nahe, *1867* werde nun wohl das Subjekt des späteren Hauptsatzes sein. In Wahrheit aber und im Gegensatz zu den beiden Einschüben ist es eine Zeitangabe. Wir tun also gut daran, diese Funktion gleich zu Anfang deutlich zu machen (und lösen auch das zu lange Attribut vor *Zeitraum* auf):

Im Jahr 1867, mit dem der Buchautor den behandelten Zeitraum offenbar abschließt, dem gleichen, in dem die Verfassung... einführte, wuchs... auf 13 Prozent der Bevölkerung.

Ein entschiedenerer Eingriff wäre es gewesen, daraus überhaupt zwei Sätze zu machen, einen der Gegenwart über den Autor und einen anderen über die historischen Rückblicke.

Der nächste Beispiel ist sogar mit einer Minimalkorrektur zu verbessern. Er lautet:

> Die am Krankheitskonzept orientierte Medizin vermittelt den jungen Ärzten den Eindruck, daß die Alterungsprozesse Krankheiten seien und die Hoffnung, sie könnten grundsätzlich behandelt werden.

Vielleicht ist die Panne nur dem sehr aufmerksamen Leser aufgefallen. Er darf nämlich annehmen, daß den Ärzten nur eine Sache vermittelt wird, nämlich *ein Eindruck*, und daß dieser eine doppelte inhaltliche Füllung erhält: *die Alterungsprozesse* und *die Hoffnung*, da ja beide ganz offenkundig von jenem *daß* nach *ein Eindruck* abhängen. Diese Annahme wird allerdings durch das abrupte Satzende gestört. Da sehen wir dann: In Wirklichkeit will der Autor sagen, daß zwei Dinge vermittelt werden, und zwar *Eindruck* und *Hoffnung*. Schuld an dem Mißverständnis ist ein unscheinbarer Satzzeichenfehler: Stünde nach *seien*, nach dem Relativsatz zu *Eindruck*, ein korrektes Komma, dann wäre der Satz auf Anhieb so zu verstehen, wie er gemeint war.

Ab jetzt werden unsere Korrekturen indes stärker in den Text schneiden müssen. Der folgende Satz etwa ist gleich mit mehreren Mängeln behaftet. Er ist erheblich zu lang geraten, vor allem durch einen Klammereinschub, aber auch durch allerlei Füllsel, die etwas wie Zurückhaltung signalisieren (*möchte ich*, *meist*, *fast*) und viel zu dicke Attribute:

> An diesem Beispiel tritt aber überdeutlich zutage, daß es höhergestellte Personen (hier möchte ich neben vielen Politikern auch die Vorstände einflußreicher Verbände nicht ausnehmen) kaum mehr gewöhnt sind, zur Aufbesserung ihres sowieso schon meist überdurchschnittlichen Lebensstandards in die eigene Tasche zu greifen, sondern

es fast als selbstverständlich ansehen, eigene Vorteile mit Hilfe oder auch auf Kosten anderer zu bestreiten.

Wie gehen wir vor? Erstens beseitigen wir das komisch klingende *aber über*. Zweitens lassen wir den abstrakten Ausdruck *höhergestellte Personen* weg und nehmen statt dessen die zwei konkreteren Personengruppen aus dem Einschub, den wir damit auflösen. Drittens werden die Attribute abgeschlankt. Viertens: Vorteile kann man nicht bestreiten, sondern nur ergattern oder so. Und fünftens, immer ein gutes Mittel, machen wir aus dem einen Satz zwei:

> An diesem Beispiel tritt aber deutlich zutage, daß es Politiker und Verbandsvorstände kaum mehr gewohnt sind, zur Aufbesserung ihres ohnehin überdurchschnittlichen Lebensstandards in die eigene Tasche zu greifen. Sie sehen es vielmehr als selbstverständlich an, eigene Vorteile mit Hilfe oder auf Kosten anderer zu ergattern.

So steht die Anklage wirksamer in einem eigenen Satz und kommt nicht nur als bloßer Anhang daher.

Auch der nächste Satz enthält einen hinderlichen Einschub, behandelt aber eine schwierigere Materie. Er steckt voller langer, komplizierter Wörter, mutet uns ein überlanges Attribut zu und ist so dicht gebaut, daß wir seinen Inhalt kaum noch erfassen:

> Von den 27 verschiedenen Zusatzversorgungen, mit denen (neben der für jedermann zugänglichen freiwilligen Zusatzversicherung) trotz der niedrigen Beitragsbemessungsgrenze der Sozialversicherung von 600 Mark eine den auch damals steigenden Lebenshaltungskosten äquivalente Altersversicherung geboten werden sollte, gilt für die Bezieher von elf Zusatzversorgungen der sogenannte Fallbeileffekt.

Wenn das ohne Mühe durchsichtig werden soll, muß es in drei Sätze gebracht werden, die ordentlich, fast möchte man sagen: pädagogisch aufeinander aufbauen. Das heißt, wir müssen den Einschub aus seiner Klammer befreien, die Wortkette zwischen *eine* und *Altersversorgung* zu einem Attributsatz entzerren und schließlich die im Materialrausch verlorene Beziehung von *elf* zu *27* wiederherstellen. Vielleicht ginge es so (obwohl der zweite Satz immer noch recht komplex erscheint):

Außer der allgemein zugänglichen freiwilligen Zusatz-
versicherung gibt es 27 weitere Zusatzversorgungen. Mit
ihnen sollte trotz der niedrigen Bemessungsgrenze der
Sozialversicherung (600 Mark) eine Altersversorgung geboten werden, angepaßt an die auch damals steigenden
Lebenshaltungskosten. Bei elf dieser 27 Zusatzversorgungen gilt für die Bezieher der sogenannte Fallbeilef-
fekt.

Auch für den Nichtfachmann müßte damit wenigstens etwas mehr
Klarheit eintreten.

Auch wenn mancher Satz verständlich ist, bleibt er dennoch unschön und mißbehaglich. Angenommen, wir haben eine Konstruktion nach dem Muster *Das ist jenes*, nur steht sowohl für *Das* als
auch für *jenes* jeweils ein längerer Satz. Dann wird das schmächtige
Prädikat *ist* zwischen den beiden Nebensätzen richtiggehend einge-
klemmt wie hier:

Was allerdings sich unzweideutig aus der Statistik ablesen
läßt, ist, daß die Einkommen der Anwälte im Durch-
schnitt drastisch gesunken sind.

Die Kritik daran fühlt sich ein wenig gehemmt. Denn eigentlich ist
es ja gut, daß wir hier Sätze haben und nicht nur abstrakte, mit
schweren Attributen bestückte Substantive. Aber wahrscheinlich
sollten wir entweder den Vordersatz auflösen oder den Nachsatz
mit einem Substantiv wiedergeben. Und so könnten die beiden
Möglichkeiten aussehen:

Allerdings läßt sich aus der Statistik unzweideutig ablesen, daß die Einkommen... gesunken sind.

Was sich allerdings aus der Statistik unzweideutig ablesen
läßt, ist das drastische Sinken des Durchschnittseinkommens der Anwälte.

Oder auch, wenn wir auf jeden Nebensatz verzichten wollen:

Das drastische Sinken des Durchschnittseinkommens der
Anwälte läßt sich allerdings aus der Statistik unzweideutig ablesen.

Welcher Variante wir den Vorzug geben, hängt natürlich mit der Umgebung des Satzes (also wieder mit Thema und Rhema) zusammen.

Jetzt ein längeres Textbeispiel, das zwar seine Meriten hat, aber seine dunkle Herkunft aus der Verwaltungssprache doch nicht verleugnen kann. Es schreibt die Leiterin eines städtischen Sozialdienstes:

> Jeder Mensch kann im Alter hilflos, verwirrt und verwahrlost werden. Eine Aufklärung über mögliche Ursachen von Verwahrlosung, wie z.B. Krankheit, soziale Faktoren (z.B. Einsamkeit, Isolation) oder schlichtweg mangelnde Fähigkeit im Hinblick auf Haushaltsführung, könnten sicherlich mehr Verständnis und auch persönliche Hilfe durch das Umfeld bewirken.

Man muß zugeben, der Text hätte weit schlimmer ausfallen können. Er bemüht sich immerhin um konkrete Lebendigkeit. Aber zwei verräterischen Floskeln sind stehengeblieben: *im Hinblick auf* und *Umfeld*. Beide werden wir also ersetzen. Aber noch anderes ist ausgesprochen häßlich: diese doppelte Abkürzung *z. B.*, die gerade hier recht lieblos wirkt, oder auch das vollkommen überflüssige *schlichtweg*. Seltsam schief klingt jenes *verwahrlost werden*, als wäre da ein anonymer »Verwahrloser« am Werk. Schließlich enthält der Satz einen Kongruenzfehler. Das Subjekt heißt *Aufklärung*, das Prädikat I dazu aber falsch *könnten*. Wie immer, entsteht der Patzer durch aufwendigen Wortreichtum. Wir werden also zu allem übrigen deutlich straffen müssen:

> Jeder Mensch kann im Alter wirr und hilflos werden. Eine Aufklärung über mögliche Ursachen von Verwahrlosung könnte aber oft Verständnis und persönliche Hilfe durch Bekannte und Freunde bewirken. Solche Ursachen sind etwa Krankheit, soziale Faktoren wie Einsamkeit sowie die mangelnde Fähigkeit, den Haushalt selbst zu führen.

Schon wieder haben wir dabei aus einem Satz zwei gemacht. Man müßte sich nur einmal darüber klarwerden, was alles passieren kann bei der Sucht, alles in einem einzigen Satz sagen zu wollen. Dann wäre schon vieles vermieden, was dem Leser das Leben schwermacht.

Die nächsten zwei Beispiele, pures Verwaltungs- und Juristendeutsch, seien deshalb zur Abschreckung zitiert:

> Das ist um so notwendiger, als die nun schon seit mehr als zehn Jahren fast ausschließlich auf Luftschadstoffe und deren Deposition ausgerichtete Waldschadensforschung trotz eingehender statistischer Analyse der Schadensverteilung weder einen räumlichen noch einen zeitlichen Zusammenhang zwischen den in den alten Bundesländern herrschenden Schadstoffkombinationen und den sogenannten neuartigen Waldschäden feststellen konnte.

> Richtig ist, daß ich gemäß der Genfer Konvention und Art. 16 GG die im Beschluß des Sonderparteitags aufgeführte »sexuelle Orientierung« als solche für asylrechtlich unerheblich halte, weil, wenn eine fremde Rechtsordnung aus gesundheitlichen und sittlichen Gründen insoweit rechtsstaatlich erträgliche Sanktionen vorsieht, dieses für sich allein weder eine politische Verfolgung nach Art. 16 GG begründet, wie umgekehrt es ebenso unerheblich ist, welche Orientierung ein tatsächlich Verfolgter hat.

Beides sind Leserbriefe. Besonders der zweite leidet darunter, daß er diesen 66-Wörter-Satz absolut wasserdicht haben will, von keiner Seite angreifbar. So schreibt keiner, der von seinen Mitmenschen noch verstanden werden will. Es sind rücksichtslose Texte. Und darum sind wir jetzt mal boshaft und korrigieren sie nicht. Wir geben sie den Autoren zurück mit der Aufgabe, das Ganze noch mal zu schreiben, und zwar in mindestens fünf Sätzen von jeweils maximal 15 Wörtern (und ohne *weil, wenn*).

Sehr viel leichter fällt es uns dagegen, das folgende Beispiel zu verbessern:

> Was geschieht mit dem klimafreundlich hergestellten Atommüll, der noch 30000 Jahre weiterstrahlen und Hunderte von Generationen nach uns dazu verleiten wird, uns für die verantwortungslosesten Menschen zu halten, die je auf Erden gelebt haben – zu Recht, wie ich finde. Diese Tatsache steht leider eindeutig fest.

Das wurde einfach in der Erregung herausgeschleudert, sonst wären die weithin sichtbaren Fehler kaum passiert. Was ist daran falsch? Der zweite Satz nennt *diese Tatsache*, von der wir nicht erkennen, was damit gemeint ist. Die Verantwortungslosigkeit? Die aber wurde nur als Werturteil erwähnt, nicht als Faktum. Das Weiterstrahlen? Das ist jedoch, syntaktisch gesehen, hier nur ein Attribut zu *Atommüll*, also eine Eigenschaft, keine Tatsache im grammatischen Sinn. Überhaupt enthält eine Frage nie eine Aussage, auf die man sich im folgenden als Tatsache beziehen könnte. Wahrscheinlich meinte der Autor die Nicht-Entsorgtheit des Atommülls, die tatsächlich leider feststeht. Um sich aber ordentlich auf diese Tatsache berufen zu können, hätte er sie kurz vorher nennen müssen, etwa mit *Nichts geschieht damit* oder ähnlichem.

Und der erste Satz? Er beginnt als Frage, endet aber als bewertende Aussage. Es ist recht einfach, die beiden zu ihrem je eigenen Recht kommen zu lassen. Wir brauchen dazu nur ein Fragezeichen zu setzen, und zwar nach *weiterstrahlen*, das zu diesem Zweck eine passendere Endung erhält. Gleichzeitig lassen wir jenes viel zu indirekte *verleiten* weg und fassen die Aussage direkter:

> Was geschieht mit dem klimafreundlich hergestellten Atommüll, der noch 30000 Jahre weiterstrahlt? Hunderte von Generationen werden uns für die verantwortungslosesten Menschen halten, die je auf Erden gelebt haben – zu Recht, wie ich finde. Wir lassen den Müll einfach liegen. Diese Tatsache steht leider eindeutig fest.

Der Satz mit der *Tatsache* nimmt sich nun doch etwas mickrig aus. Vielleicht streichen wir ihn, dann natürlich auch den vorletzten Satz, den wir jetzt auch nicht mehr brauchen.

Jetzt aber zu einem Satz, der nur mit einschneidenden Änderungen zu verbessern sein wird. Er ist ein Musterbeispiel unlebendiger Schreibe, ärger noch, er ist seltsam inhaltsleer:

> Die Beseitigung der herrschenden kollektiven Denkblockaden ist eine unverzichtbare Voraussetzung, um Bewußtseinslagen zu schaffen, die es überhaupt erst möglich machen, ernstzunehmende langfristige Strategien zur Bekämpfung der weltweiten wirtschaftlichen und ökologischen Krise zu erstellen und umzusetzen.

Was sind seine Hauptmängel? Uns fallen als erstes mehrere sehr abstrakte Begriffe auf (*Beseitigung, Voraussetzung, Bekämpfung, erstellen und umsetzen*) sowie massige Substantive (*Bewußtseinslagen*) und Attribute, die zudem wenig originell, ja wichtigtuerische Klischees sind (*kollektive Denkblockaden, unverzichtbare Voraussetzung, langfristige Strategien*). Hinzu kommt eine unschöne Satztreppe bis zu einem Nebensatz dritter Tiefe hinunter. Schließlich ist die ganze Äußerung von bauschiger Allgemeinheit, so zustimmungsfähig wie etwa »Seid nett zueinander!«. Lohnt es sich überhaupt, eine Reparatur vorzunehmen? Wir wollen es trotzdem versuchen.

Als erstes beseitigen wir die Satztreppe, indem wir aus dem Wortmaterial bis zu *schaffen* einen ersten Satz bilden, dann einen zweiten. Dabei wird aus dem Substantiv *Beseitigung* ein lebhafteres Prädikat, *Bewußtseinslagen* und das Attribut zu *Denkblockaden* kürzer, und auf *unverzichtbare Voraussetzung* verzichten wir ganz:

> Die herrschenden Denkblockaden müssen beseitigt werden, um ein neues Bewußtsein zu schaffen.

Ähnlich sehen dann auch die Eingriffe beim Rest aus. Wieder werden ausladende Attribute zurückgeschnitten, diesmal aber als Material für knappere Komposita benutzt (*Ökokrise*); eine gute Idee ist es auch, den etwas unverbindlichen Plural *Strategien* in einen schlagkräftigeren Singular umzuwandeln; *Bekämpfung* ersetzen wir durch die Präposition *gegen*; den Nebensatz mit *erstellen und umsetzen* ersparen wir uns; und der ganze Satz wird neu mit dem vorigen verknüpft:

> Nur damit wird eine ernstzunehmende Strategie gegen die weltweite Wirtschafts- und Ökokrise möglich.

Wenn wir das Ergebnis dem Autor vorlegen könnten, würde er uns hoffentlich sagen: Genau das habe ich gemeint. Warum, fragen wir, hat er es dann nicht so geschrieben? Es kommt uns vor, als sei er gefangen in einem gewissen Respekt vor angeblich »hohem Stil.« Er glaubt, lange Wörter seien eindrucksvoller als kurze, übergewichtige Attribute effektiver als schlanke, tiefe Nebensätze nachdenklicher als ein Hauptsatz. Er schreibt, wie schlechte Politiker reden, wenn sie nichts sagen wollen. Man möchte ihm zurufen: Vergiß das alles! Besser ist, er setzt sich hin und feilt solange an dem Satz, bis die Kontur scharf ist und jedes Wort trifft.

Nun das Gegenbeispiel dazu; es überschlägt sich förmlich vor Eigentümlichkeit, und nicht zu seinem Vorteil:

> Hier wird wie an vielen Stellen eine Grenze übersprungen, jenseits deren anscheinend bewußt und absichtlich ein denkbares und notwendiges Vertrauensverhältnis zwischen denen, die politische Verantwortung tragen, und denen, die ihnen diese Verantwortung zugewiesen haben, gestört oder gar zerstört wird.

Der Makel liegt zweifellos an dem zu großen Abstand zwischen *Grenze* und dem Satzende, so daß wir erst spät erfahren, was jenseits dieser Grenze eigentlich vor sich geht. Der Abstand hat aber seine Ursache in den komplizierten Personenangaben nach *zwischen*; zweimal steht da *denen, die*, und jedesmal mit einem Nebensatz (und das alles wurde in den Nebensatz von *jenseits derer* eingebettet, eine echte »Russische Puppe«). Störend ist auch die Parallelität der Doppeladjektive *bewußt und absichtlich* zu *denkbar und notwendig*; sie bringt außerdem nichts, ebensowenig der Einschub *wie an vielen Stellen*.

Ein Adjektiv (*absichtlich*) läßt sich ohne weiteres streichen und der Einschub vielleicht nach vorne plaziert, aus dem Satzinneren heraus:

> Wie an vielen Stellen wird auch hier eine Grenze übersprungen, jenseits deren anscheinend bewußt ein denkbares und notwendiges Vertrauensverhältnis zwischen denen, die politische Verantwortung tragen, und denen, die ihnen diese Verantwortung zugewiesen haben, gestört oder gar zerstört wird.

Damit ist schon etwas gewonnen. Können wir bei *denkbar und notwendig* ein zweites Adjektiv weglassen? Sie drücken nicht dasselbe aus. Andererseits bringen sie durch ihren philosophischen Habitus Unruhe in den ohnehin komplizierten Satz. Da wir gelernt haben, daß wir nicht alles auf einmal sagen müssen, üben wir also Verzicht und begnügen uns mit einem Adjektiv. Welches wird geopfert? Vorschlag: *denkbar*. Und dazu gleich noch eine Änderung: Wie wäre es, wenn wir jetzt statt des unbestimmten Artikels *ein* den schärfer zupackenden bestimmten Artikel *das* (*Vertrauensverhältnis*) nähmen:

> Wie an vielen Stellen wird auch hier eine Grenze übersprungen, jenseits deren anscheinend bewußt das notwendige Vertrauensverhältnis zwischen denen, die politische Verantwortung tragen, und denen, die ihnen diese Verantwortung zugewiesen haben, gestört oder gar zerstört wird.

Was aber machen wir mit dem zweifachen *denen, die*, den so wortreich genannten Personengruppen? Kann man wenigstens eine davon knapper, ohne Nebensatz ausdrücken? Ja, und zwar die erste, indem wir aus dem Relativsatz *die Verantwortung tragen* ein Substantiv bilden, ein Kompositum. Damit hätten allerdings wir die Entfernung des Nebensatzes mit einem umständlich langen Wort bezahlt:

> Wie an vielen Stellen wird auch hier eine Grenze übersprungen, jenseits deren anscheinend bewußt das notwendige Vertrauensverhältnis zwischen den politischen Verantwortungsträgern und denen, die ihnen diese Verantwortung zugewiesen haben, gestört oder gar zerstört wird.

Fragt sich außerdem, ob wir mir *politische Verantwortungsträger* nicht versehentlich eine falsche Beziehung, eine »warme Würstchenbude« konstruiert haben. Zur Sicherheit formulieren wir also noch mal um und schreiben lieber *den Trägern politischer Verantwortung*. Es macht zwar mehr Wörter um dieselbe Sache, ist aber sauberer.

Immer noch bleibt aber in dem Nebensatz ab *jenseits* ein sehr großer Abstand zwischen Subjekt und Prädikat, eine zu weitgespannte Satzklammer. Wir könnten überlegen, die ganze Verbgruppe nach vorne zu ziehen, vor das Wort *zwischen*. Das Unangenehme daran ist nur, daß sie so umfangreich ist (*gestört oder gar zerstört wird*) und die Operation einen tiefen Graben zwischen *Vertrauensverhältnis* und den dazugehörigen Personengruppen ergäbe:

> jenseits deren anscheinend bewußt das notwendige Vertrauensverhältnis gestört oder gar zerstört wird zwischen

den Trägern politischer Verantwortung und denen, die ihnen diese Verantwortung zugewiesen haben.

Das sieht tatsächlich ungut aus. Ein letzter Ausweg bleibt uns jedoch. Wir schreiben zuerst nur, daß »etwas« gestört wird, sagen an dieser Stelle aber noch nicht, was es ist. Damit wäre immerhin das Prädikat versorgt. Dann setzen wir einen spannungsgeladenen Doppelpunkt und verkünden jetzt erst in einer Anfügung, was da gestört wird, nämlich das Vertrauensverhältnis, nun ohne die lästige Prädikatgruppe:

> jenseits deren anscheinend bewußt etwas Notwendiges gestört oder gar zerstört wird: das Vertrauensverhältnis zwischen den Trägern politischer Verantwortung und denen, die ihnen diese Verantwortung zugewiesen haben.

Mehr ist wohl nicht zu machen, wenn man die Substanz des Textes erhalten will. Umwerfend elegant ist er bei all der Mühe kaum geworden, aber er ist doch nicht mehr so kraus und unverständlich wie zu Beginn.

Nehmen wir uns eine letzte Satztreppe zur Korrektur vor (wir verdeutlichen jede Nebensatzstufe mit einer Einrückung):

> Denn es wäre fatal für unseren Rechtsstaat,
>> wenn das Vertrauen in diesen dadurch erschüttert würde,
>>> daß der Gesetzgeber selbst zu erkennen gibt,
>>>> daß es ihm an der Bereitschaft fehlt,
>>>>> schlimmstes Unrecht – die konfiskatorischen Raubzüge in der DDR waren ja schließlich keine Enteignungen im Sinne einer demokratischen Bodenreform – nach Möglichkeit wiedergutzumachen.

Sein auffallendster Schönheitsfehler ist natürlich der überlange Einschub zwischen den Gedankenstrichen, ein ganzer Satz als Parenthese. Er muß auf jeden Fall aus der Konstruktion heraus, vermutlich hinter den Satz. Übrig bleibt dabei aber die vierstufige Nebensatztreppe mit den beiden *daß*. Wahrscheinlich sollten wir die insgesamt fünf Gedankenstränge neu gruppieren. Das Dumme ist aber, daß sie fast unauflöslich ineinander verhakt sind. Wir werden also tiefer schneiden müssen als bisher.

Folgende Überlegung (etwas trocken, der Leser kann also notfalls gleich zum nächsten Satz springen): Im Hauptsatz, ziemlich am Anfang, steht jenes *fatal*, eine Bewertung all dessen, was in den vier Nebensätzen gesagt wird. Wenn es uns gelänge, diese Bewertung ans Ende zu stellen (was ja gar nicht unlogisch wäre), hätten wir bereits eine Stufe weniger. Dort, am Satzende wollten wir jedoch den Einschub unterbringen. Nach diesem stünde die Bewertung aber sinnlos herum; sie muß sich ja auf den Inhalt der Nebensätze beziehen, nicht auf die Parenthese. Versuchen wir also, diese nicht hinter, sondern vor den ganzen Satz zu stellen, um hinten Platz für die Bewertung zu schaffen. Zur Verdeutlichung greifen wir zusätzlich ein Wort aus dem vierten Nebensatz auf, nämlich *Unrecht*, und fügen es dem nach vorn gezogenen Einschub hinzu. Dieses Wort greifen wir später wieder auf. Jetzt könnten wir auch noch die Sache mit dem *erschütterten Vertrauen* weiter hinten unterbringen; dieser Gedanke ist ja die Folge der fehlenden Bereitschaft (im dritten Nebensatz), kann also gut danach stehen.

Damit ergäbe sich diese Reihenfolge: erst der Einschub als eigener Satz, dann das Zu-erkennen-Geben des Gesetzgebers, dann seine mangelnde Bereitschaft, dann das erschütterte Vertrauen und als Abschluß und wieder als eigener Satz die Bewertung. Ausformuliert:

> Die konfiskatorischen Raubzüge in der DDR waren ja keine Enteignungen im Sinne einer demokratischen Bodenreform, sondern schlimmstes Unrecht. Wenn der Gesetzgeber nun zu erkennen gibt, daß es ihm an der Bereitschaft fehlt, dieses Unrecht nach Möglichkeit wiedergutzumachen, wird das Vertrauen in den Rechtsstaat erschüttert. Und das wäre fatal für ihn.

Das ist zwar schon etwas übersichtlicher, und die Satztreppe hat nur noch drei Stufen. Es klingt aber noch holprig. Wir können jetzt dieses *zu erkennen gibt* aus einem Prädikat in ein Adverb verwandeln, in etwas wie *offenkundig* (verstärkt mit *ganz?*), und damit einen weiteren Nebensatz einsparen. Zweitens schreiben wir nicht *jemandem fehlt es an etwas*, sondern knapper *jemandem fehlt etwas*. Drittens verzichten wir, wenn wir schon anklagen, auf jenes zu

freundliche *nach Möglichkeit*. Und viertens ziehen wir die Schluß-
bewertung als Angabe in den Satz hinein. Das Ergebnis sieht so aus:

> Die konfiskatorischen Raubzüge in der DDR waren ja
> keine Enteignungen im Sinne einer demokratischen Bo-
> denreform, sondern schlimmstes Unrecht. Wenn dem
> Gesetzgeber nun ganz offenkundig die Bereitschaft fehlt,
> dieses Unrecht wiedergutzumachen, wird das Vertrauen
> in den Rechtsstaat auf fatale Weise erschüttert.

So könnten wir es vielleicht stehen lassen. Aber wenn wir schon mal
beim Auflösen von Nebensätzen sind, kippen wir einen letzten, und
zwar den von *Bereitschaft* abhängigen (*dieses Unrecht wiedergutzumachen*). Wir ersetzen das Substantiv *Bereitschaft* durch ein Prädikat (*bereit ist*) und *fehlt* durch eine andere Verneinung (*nicht*);
Gesetzgeber wird dabei zum Subjekt und *wiedergutzumachen* zu
einem substantivierten Objekt mit Präposition:

> Wenn aber der Gesetzgeber zur Wiedergutmachung die-
> ses Unrechts offenkundig nicht bereit ist, wird das Ver-
> trauen in den Rechtsstaat auf fatale Weise erschüttert.

Nun hat sich die tiefe Satztreppe zum einfachen *wenn*- plus Hauptsatz mit gut überschaubaren 22 Wörtern gemausert. Die Aussage ist
aufs Wesentliche verdichtet und hat erkennbar an Stoßkraft gewonnen. Die Mühe hat sich gelohnt.

Textarbeit

Im vorigen Abschnitt haben wir mehrmals Langsätze in kleinere
Einheiten zerlegt. Deutlich wurde dadurch die Verständlichkeit, oft
sogar die gewünschte Wirkung gesteigert. Das ist aber kein Allheil-
mittel.

Wir präsentieren zur Demonstration einen Text, der aus nichts
als kurzen, sehr einfachen Sätzen besteht und doch unbefriedigend
ist (für die folgende Diskussion sind die Sätze numeriert):

> (1) Wir brauchen mehr Zivilcourage für den Widerspruch
> gegenüber dem Nachbarn und im Vereinsheim. (2) Wir
> brauchen die Bereitschaft zum Informationsaustausch

vor der Lust am Meinungsaustausch. (3) Politische Gegner haben bei uns einfach unterschiedliche Informationen, tauschen diese aber nicht aus, weil sie dann nicht mehr unterschiedlicher Meinung sein dürften. (4) Wir müssen zuhören lernen, wenn einer Tatsachen mitteilt, und den ablehnen, der nur seine eigene Meinung hören will, ohne für ihn neue Fakten anzunehmen. (5) Wir brauchen Neugier auf Daten und Zahlen und Verzicht auf Weltbilder. (6) Die Welt ist in Bewegung geraten, wir aber noch nicht. (7) Wir müssen aufwachen und mitspielen im Konzert der Völker.

Sehen wir uns zunächst die Satzanfänge an: Ausnahmslos beginnen alle Sätze mit dem Subjekt. Das muß auf die Dauer monoton wirken. Aber der Autor hat sich wohl etwas gedacht dabei. Geplant war eine Aufzählung dringender Appelle, eine Art Liste all dessen, was jetzt erforderlich ist. Und da ist der erste Fehler geschehen: Der beeindruckende Gleichklang wird nicht eingehalten. Satz 1 und 2 setzen mit dem feierlichen *Wir brauchen* ein, Satz 3 und 4 nicht, Satz 5 dann doch wieder und die beiden letzten wieder nicht. So kommt die gewünschte Wirkung nicht zustande. Schlimmer noch: Eine zweite Parallelität schiebt sich störend dazwischen, nämlich der gleichlautende Beginn *Wir müssen* bei den Sätzen 4 und 7. Was soll nun beim Leser hängenbleiben, das eine oder das andere? Also verbessern, aber wie? Wir trauen uns eigentlich nicht, nun gleich alle Sätze mit *Wir brauchen* beginnen zu lassen. Erstens ginge es schlecht, und zweitens wäre ein Katalog von sieben Forderungen um einiges zu lang. Wahrscheinlich werden wir sie auf drei beschränken (und die Wiederholung von *Wir brauchen* zugunsten von *Wir müssen* aufgeben). Alle übrigen Sätze werden wir dann aber neu miteinander verbinden müssen. Offen ist noch die Frage: Bringen wir die Forderungen am Anfang oder am Ende? Eher letzteres, so daß der Leser sie leichter mit nach Hause nimmt.

Es kommt noch etwas hinzu: Die Sätze 3 und 6 sind gar keine Appelle, sondern Erläuterungen zu dem, was drum herumsteht. Auch dieser plötzliche Kostümwechsel muß den Leser irritieren. Er weiß nicht mehr, ob er sich nun auf knappe Forderungen oder längere Erklärungen einstellen soll. Da muß auch etwas geschehen, ist aber wahrscheinlich schon dadurch erledigt, daß wir die Zahl der Forderungen vermindern.

Die übrigen Schnitzer sind demgegenüber Kleinigkeiten: Das *Vereinsheim* in Satz 1 ist sicher nicht jedermanns Sache (Ersatz durch *Freunde*?); daß man etwas *vor* etwas anderem braucht, Satz 2, ist nur bei zeitlich fest geregelten Abläufen üblich, nicht hier, wo es besser *statt* heißt; *dürften* in Satz 3 drückt, sicher unbeabsichtigt, eine Vermutung aus, *dürfen* oder *können* ist entschieden klarer; aufhaltsam und unnötig ist *für ihn* vor dem Attribut in Satz 4, wenn nicht sogar der ganze Relativsatz; im gleichen Satz kommt *unterschiedlich* doppelt vor; und in Satz 5 sieht es so aus, als ob wir Neugier auf drei Dinge bräuchten: *Daten und Zahlen und Verzicht*, weshalb das zweite *und* besser durch *sowie* (plus einen unterscheidenden Artikel) ersetzt wird.

Letzte Frage: Welche drei Forderungen scheinen uns bedeutsam genug, um sie als solche beizubehalten? Eine Antwort ohne Rücksprache mit dem Autor geht sicher an seinen Absichten vorbei. Also nur beispielhaft wählen wir die Zivilcourage (Satz 1), das Zuhören (Satz 4) und das Aufwachen (Satz 7), geben ihnen eine andere Reihenfolge, und die übrigen werden umformuliert.

Wenn wir nun alle Verbesserungsideen im Kopf behalten haben, könnte der Text nach der Korrektur etwa so aussehen (die Ziffern entsprechen der Original-Numerierung):

(3) Politische Gegner haben nun einmal verschiedene Informationen; sie tauschen sie aber nicht aus, weil sie dann nicht mehr ihre eigene Meinung behalten können. (2) Deshalb ist der Informationsaustausch nötiger als der bloße Meinungsaustausch. (5) Erforderlich ist dazu Neugier auf Daten und Zahlen sowie der Verzicht auf Weltbilder, denn (6) die Welt ist in Bewegung geraten, nur wir noch nicht. (7) Wir müssen endlich aufwachen und mitspielen im Konzert der Völker. (4) Wir müssen wieder zuhören lernen, wenn einer Tatsachen mitteilt, und den ablehnen, der nur seine eigene Meinung hören will. (1) Vor allem müssen wir Zivilcourage im Widerspruch gegen Nachbarn und Freunde beweisen.

Wir sind uns bewußt, daß ein derartiger Umbau schon ein massiver Eingriff ist. Aber wenn wir die einzelnen Inhalte erhalten und gleichzeitig die Forderungen vermindern und präzisieren wollen, dann ist dieser Lösungsvorschlag nicht der schlechteste.

Im nächsten Beispiel wird es nicht nötig sein, gleich die Reihenfolge aller Sätze umzustellen. Es ist ein Text, der ähnlich plakativ aufmarschiert. Er führt eine kritikwürdige Tatsache nach der andern vor, mit einer Ausnahme (Satz 6) in unverbundenen Sätzen, von denen wiederum zu viele und zu monoton mit dem Subjekt beginnen, ohne Rücksicht auf Thema und Rhema. Da der Text aber nicht als Litanei, Liste oder Katalog auftritt, wirkt diese Unverknüpftheit allmählich kurzatmig und ermüdend:

(1) Die neue Hauptstadt des wiedervereinigten Deutschlands existiert weitgehend nur auf dem Papier. (2) Die Bundesregierung, die Ministerien und die Gesetzgebungsorgane sind noch immer vollzählig in der provisorischen Hauptstadt Bonn ansässig. (3) Die Gegner des Umzugsbeschlusses argumentieren mit den immensen Kosten und verrechnen sich dabei gewaltig. (4) Dringend benötigte und bereits geplante Investitionen werden auf Grund der Unentschlossenheit der Politik zurückgehalten. (5) Die gerade in Zeiten wirtschaftlicher Flaute benötigten Impulse bleiben aus. (6) Statt dessen werden Pläne eines schrittweisen Umzuges beschlossen. (7) Einige Ministerien werden in Bonn sein, andere in Berlin.

Wie können wir die Sätze sinnvoller miteinander verbinden, so daß sie wirklich einen Textzusammenhang bilden?

Satz 1, den Einstieg, lassen wir stehen. Satz 2 bringt einen Gegensatz zu *auf dem Papier*, also bietet sich etwas an wie *In Wirklichkeit aber*; wir könnten dort sogar alle Artikel weglassen, um die Aussage zu verdichten. Satz 3 führt einen neuen Gedanken ein, die Argumente der Beschlußgegner; eine Möglichkeit ist die konzedierende Anbindung mit *Zwar*, dem gleich darauf ein *aber* und eine leichte Umformulierung folgen würde; um einen häßlichen Zwilling zu vermeiden, müssen wir dann allerdings das in Satz 2 eingefügte *aber* in *jedoch* umwandeln. Danach scheint uns Satz 5 angebracht, da Satz 4 wie eine Begründung dazu aussieht; also stellen wir die Sätze 4 und 5 um; den einen leiten wir mit *Zudem*, besser *Zu allem Übel* ein, den anderen mit *Und warum? Weil*; gleichzeitig verbessern wir das zweifache *benötigten*. Satz 6 wird leicht verknappt und Satz 7 nach einem Doppelpunkt angehängt, da die beiden als Behauptung und Beweis gut miteinander harmonieren. Die neue Fassung lautet ausgeschrieben so:

> (1) Die neue Hauptstadt des wiedervereinigten Deutschlands existiert weitgehend nur auf dem Papier. (2) In Wirklichkeit aber sind Bundesregierung, Ministerien und Gesetzgebungsorgane noch immer in Bonn ansässig. (3) Zwar argumentieren die Gegner des Umzugsbeschlusses mit den immensen Kosten, aber ihre Berechnungen sind fehlerhaft. (5) Zu allem Übel bleiben die gerade in Zeiten wirtschaftlicher Flaute erforderlichen Impulse aus. (4) Und warum? Weil dringend nötige und sogar bereits geplante Investitionen aus Unentschlossenheit zurückgehalten werden. (6) Statt dessen wird der nur schrittweise Umzug beschlossen: (7) Einige Ministerien sollen in Bonn sein, andere in Berlin.

Wir könnten natürlich weitere Schönheitskorrekturen vornehmen, etwa den letzten Satz umschreiben zu *Einige Ministerien sollen in Bonn bleiben, andere nach Berlin gehen* (dann müssen wir allerdings das *bleiben... aus* in Satz 5 durch *fehlen* oder ähnliches ersetzen). Auch wäre in Satz 6 *kleinschrittige* eindrucksvoller als das eher gewöhnliche *schrittweise*. Mit beidem würde der Text gewinnen. Aber darauf kam es hier nicht an, sondern auf seine innere Struktur. Ein haltbares Gewebe wird er nur, wenn seine Sätze gut miteinander verknüpft sind. Das kann, wie im vorletzten Beispiel, auch einmal in Form der »Litanei« geschehen, aber wohl selten. Für die meisten Texte wird man lieber eine sinnvolle und lesefreundliche Anbindung der Sätze wählen wie hier.

Bringen wir zum guten Schluß einen besonders haarigen Fall. Dabei folgen hier die Sätze recht hübsch aufeinander: Jeder verweist mit einem deutlich rückbezüglichen Signal auf seinen Vorgänger. Sein Mangel ist jedoch ein eklatanter Thema-Rhema-Fehler, der beim gutgläubigen Leser ein verständnisloses Kopfschütteln auslösen muß:

> (1) Dabei fällt auf, daß die Tätigkeit der Lotsen stark von jener Art von Fahrstil geprägt ist, der an Land den Fahrern großer Limousinen mit dem Stern oder dem weiß-

blauen Logo zugeschrieben wird. (2) Auch die Lotsen gehören ja zu unserer Gesellschaft, die z.B. über 10000 Tote und Hunderttausende von Verletzten im Straßenverkehr mit einem Achselzucken hinweggeht und den Vorschlag z. B eines Tempolimits als Zumutung empfindet. (3) Dieses spiegelt sicher zum anderen Teil die Notwendigkeit wider, den Seeverkehr nicht nur sicher, sondern auch zügig abzuwickeln, wie es dem gesetzlichen Auftrag entspricht. (4) Auch die Lotsen als freie Gewerbetreibende können nur verdienen, wenn ein großes Verkehrsaufkommen auch großen Umsatz mit sich bringt.

Deutlich erkennbar sind die Verknüpfungswörter *Dabei*, *Auch*, *Dieses* und ein zweites *Auch*. Formal wäre demnach alles in Ordnung. Inhaltlich jedoch leisten nicht alle diese schönen Signale, was sie versprechen. Die Anbindung von Satz 2 akzeptieren wir gerade noch, obwohl unwillig. Wir müssen dort nämlich sehr vieles, was nicht so dasteht, erraten, ja eine waghalsige Schlußfolgerung durchführen: Die autoverrückte Gesellschaft geht über 10000 Leichen; Lotsen sind Teil dieser Gesellschaft; also sind auch Lotsen rücksichtslose Fahrer. Das ist nicht unbedingt pure Logik. Dieses fragwürdige Fazit aber soll, Satz 3, eine »Notwendigkeit widerspiegeln«? Entsprechend einem »gesetzlichen Auftrag«? Da setzt auch das gutwilligste Verständnis aus. Es kann doch wohl nicht sein, daß ein achselzuckendes Leichen-Übergehen oder die Ablehnung eines Tempolimits in irgendeinem Gesetz festgeschrieben wurde. Wieso kam dieser offensichtliche Unsinn in den Text?

Vermutlich deshalb, weil der Verfasser uns mehrere gedankliche Zwischenschritte vorenthält. Dieser Text ist also nicht wie viele andere zu füllig geraten, sondern ausnahmsweise zu kurz. Zwischen den Sätzen 2 und 3 liegt ein Sprung, fehlen einige nachgehbare, für den Leser notwendige Schritte, und das scheinbar überleitende *Dieses* in Satz 3 deutet ins Leere.

Versuchen wir also eine Rekonstruktion der fehlenden Gedanken: Obwohl dies eine Gesellschaft von Autorasern ist und obwohl das zu verdammen ist, muß man vielleicht doch anerkennen, daß Geschwindigkeit auch ihr Gutes hat, ja notwendig ist, gerade im Verkehr (schneller Transport = hoher Verdienst), also auch im Schiffsverkehr, der deshalb nicht bloß sicher abgewickelt werden soll, sondern ebenso notwendigerweise schnell und zügig, denn beides steht ja auch so im Gesetz. Ungefähr das könnte es sein, was dabei im Kopf des Autors lag. Daß er es uns nicht mitgeteilt hat, müssen wir ihm ankreiden.

Wie aber läßt es sich in passende Worte fassen? Wir nehmen dazu einen kleinen Anlauf und fangen mit der Verbesserung in Satz 2 an, der ja ziemlich wacklig angehängt war. Ihn sollten wir sicher nicht mit *Gesellschaft* einleiten, da dieses Wort keinerlei thematischen Bezug zum Rhema des vorhergehenden Satzes bildet. Dort war ja vielmehr von Autofahrern die Rede. Daran anzuschließen, erscheint sinnfälliger. Können wir nicht *auch die Lotsen* zu Autofahrern machen oder, wenn schon nicht alle, wenigstens *auch Lotsen*? Dann müßten wir nur noch den Übergang zur autofahrenden Gesellschaft finden, wobei wir das Ganze ein wenig straffen und zur besseren Steigerung umstellen:

Auch Lotsen sind ja Autofahrer und damit Teil einer Gesellschaft, die jedes Tempolimit als Zumutung empfindet und über 10 000 Verkehrstote und Hunderttausende von Verletzten achselzuckend hinweggeht.

Dabei haben wir uns jedoch den Übergang zu Satz 3 zugemauert. Das gewichtigere Rhema in Satz 2 heißt jetzt »Tote und Verletzte«, nicht mehr »Tempolimit«; dieses brauchen wir aber, um thematisch zur Notwendigkeit der »zügigen Abwicklung« in Satz 3 überzuleiten. Wohl oder übel müssen wir also auf die gute Steigerung verzichten, mildern den Verlust aber dadurch, daß wir dem »Tempolimit« durch einen eigenen Satz und zugespitzte Formulierungen höhere Bedeutung geben:

Auch Lotsen sind ja Autofahrer und damit Teil einer Gesellschaft, die über 10 000 Verkehrstote und Hunderttausende von Verletzten achselzuckend hinweggeht. Selbst der bescheidene Vorschlag eines Tempolimits wird als unzumutbar abgelehnt.

So könnte es gehen. Jetzt zu Satz 3. Da macht uns immer noch ein logisches Schlingern zu schaffen. In Satz 2, das heißt den eben neu gefaßten Sätzen brandmarkt der Autor die »gesellschaftliche« Raserei mit bitteren Worten, während er plötzlich in Satz 3 für die gleiche Unmenschlichkeit ein gewisses Verständnis zu zeigen scheint.

Es fragt sich, ob dieser überraschende Schwenk einfach unlogisch oder doch noch mit rein stilistischen Mitteln aufzufangen ist. Unterstellen wir dem Autor indes einen vernünftigen Zusammenhang seiner Ideen. Dann könnte Satz 3 (wie auch der folgende Satz 4) als verärgerte Resignation gemeint sein: »So ist es leider nun mal überall!« Das muß dann aber auch deutlich ausgedrückt werden. Mit einem schlichten *widerspiegeln* ist das nicht zu machen, eher mit so gewichtigem Wortmaterial wie *leider, fatal, tragisch, bedauerlich, verhängnisvoll, unglücklicherweise*. Einiges davon würde in unserem neuen Sinn recht gut zu *Notwendigkeit* passen. Was noch stört, ist diese Berufung auf das Gesetz. Sie kann jetzt nicht mehr entschuldigend gemeint sein, sondern höchstens zusätzlich als bitterer Hinweis oder deutliche Mißbilligung. Also müssen dazu die kennzeichnenden Ausdrücke her: *selbst (im Gesetz), ja sogar, obendrein, zu allem Unglück, zu allem Überfluß*, am besten durch einen Punkt vom Vorhergehenden abgesetzt. Und wenn schließlich das unselige *widerspiegeln* eine Art Gleichheit ausdrücken sollte, dann können wir vielleicht auch mit einem Adjektiv in diesem Sinne arbeiten. Ungefähr so:

> Die gleiche fatale Notwendigkeit besteht beim Seeverkehr, der nicht etwa nur sicher, sondern auch zügig abzuwickeln ist. Zu allem Unglück steht das sogar im Gesetz.

Das enthält aber einige häßliche Stellen. Erstens klingt es nicht gut; an der Satzgrenze stoßen zu viele Zischlaute aufeinander (*zügig abzuwickeln. Zu*), und *besteht* ist reichlich blaß. Zweitens sieht dieses *abzuwickeln ist* noch zu sehr nach einer objektiv richtigen Forderung aus; da sollten wir ruhig mehr Distanz anbringen (vielleicht sogar mit *vor allem zügig*, obschon hart an der Grenze der Wahrheit). Und drittens ist *Notwendigkeit* ein äußerst unklarer thematischer Rückverweis auf die Sache mit dem Tempolimit. Aber das können wir überbrücken, indem wir einen kurzen, vermittelnden Satz als Übergang voranstellen. Jetzt sähe es so aus:

> Ohne Raserei kann diese Gesellschaft offenbar nicht leben. Die gleiche fatale Notwendigkeit regiert auch den Seeverkehr: Er beansprucht nicht etwa nur eine sichere, sondern vor allem eine zügige Abwicklung. Zu allem Unglück steht das sogar noch im Gesetz.

Im Satz nach dem Doppelpunkt mißfällt uns aber dieses *nicht etwa nur eine, sondern vor allem eine*. Das sind zu viele Wörter und Stolpersteine, bevor die Aussage zum Wesentlichen kommt (*sichere, zügige Abwicklung*). Wenn wir jedoch eine *zwar-aber*-Konstruktion nähmen und statt eines Prädikats (*beansprucht*) zwei (ein bewußt schwaches *kennt* und ein herrisches *verlangt*), kämen wir treffender und unaufgehalten zum Ziel:

> Er kennt zwar eine sichere, beansprucht aber vor allem die zügige Abwicklung.

Das können wir allmählich so stehenlassen. An den Original-Sätzen 1 und 4 nehmen wir nur noch kleine, zuspitzende Straffungen vor. Der gesamte Text lautet dann so:

> Dabei fällt auf, daß die Lotsen stark von jenem Fahrstil geprägt sind, der an Land den Fahrern mit dem Stern und dem weißblauen Logo zugeschrieben wird. Auch Lotsen sind ja Autofahrer und damit Teil einer Gesellschaft, die über 10 000 Verkehrstote und Hunderttausende von Verletzten achselzuckend hinweggeht. Selbst der bescheidene Vorschlag eines Tempolimits wird als unzumutbar abgelehnt. Ohne Raserei kann diese Gesellschaft offenbar nicht leben. Die gleiche fatale Notwendigkeit regiert auch den Schiffsverkehr: Er kennt zwar eine sichere, beansprucht aber vor allem die zügige Abwicklung. Zu allem Unglück steht das sogar noch im Gesetz.

Es ist freilich nicht ganz makellos (zum Beispiel steht vor dem *10 000* noch immer ein falscher Freund, ein *über*, das wir unter Umständen mißverstehen: »mehr als 10 000«, was ja auch stimmen würde, wenn es am Satzende etwa *hinnimmt* hieße). Aber wenigstens ist der Text erheblich lesbarer, und wir verstehen, was der Autor uns vermutlich sagen wollte, ohne langes Rätselraten. Und das Wundersame dabei ist, daß der Text trotz aller Beifügungen nicht länger geworden ist, sondern kürzer. Der Arbeitsaufwand dafür war allerdings unverhältnismäßig hoch. Manche Änderung wäre uns erspart geblieben, wenn der Autor vor dem Schreiben seine Gedanken gesammelt, geordnet und dann erst ausformuliert hätte. Und ganz besonders hätte er nicht voraussetzen dürfen, seine Leser wüßten schon, was er sich so dachte beim Schreiben.

Mit diesen exemplarischen Beispielen schließen wir das letzte Kapitel. Wir haben sicher erkannt, daß erfolgreiche Textarbeit eine ganze Reihe persönlicher Qualitäten verlangt: Geduld, Rücksicht, Sensibilität, gedankliche Sauberkeit, Selbstdisziplin. Lauter angeblich altmodische Tugenden.

Schlußwort

Bis jetzt haben wir uns um eine Stil-Definition herumgedrückt. Aber wissen wir jetzt, glücklich am Ende, was das ist: guter Stil?

Natürlich gehört grammatisches Handwerk dazu. Man sollte wenigstens ahnen, was ein Genitiv ist, ein Subjekt oder ein Nebensatz. Ebenso hilfreich ist jede vorbereitende Ideenplanung. Das alles macht indes noch nicht den perfekten Autor.

Es braucht wohl auch die lustvolle Jagd nach der richtigen, der einzig treffenden Formulierung und die stille Freude, wenn die Wortfindung gelungen ist. Schreiben ist immer ein öffentlicher Auftritt. Wie wir uns vor anderen präsentieren, kann uns auch hier nicht gleichgültig sein.

Leser sind meist entgegenkommende, lernwillige Menschen. Unablässig suchen sie bei der Lektüre unserer Texte nach sinnvollen Neuigkeiten und sind sogar bereit, dafür Mühe aufzuwenden. Ein freundlicher Autor wird diese Gutwilligkeit nicht enttäuschen. Er hält sie vielmehr lebendig durch einen verständlich geschriebenen Text.

Der gute Autor ist nicht eitel oder maßlos. Er ist aufmerksam, gewissenhaft, rücksichtsvoll, ein geduldiger Arbeiter »im Weinberg des Textes.« Er weiß, was er will und was sich gehört. Seine Sprache ist nie selbstgefällig, ja nicht einmal nur zweckdienlich, sondern vor allem die geziemende, sorgsam angemessene, geradezu schickliche Form für einen Gegenstand von Bedeutung.

So wäre guter Stil also Feingefühl, Liebenswürdigkeit und freundlicher Umgang mit unserem Leser. Kein leichtes Projekt, aber ein Ziel, aufs innigste zu wünschen. Und für den Leser dieses Buches jedenfalls erreichbar.

Anhang

Stilfiguren

Die sogenannten Rede- oder Stilfiguren können ihre Ahnenreihe bis in die Antike zurückverfolgen, daher oft auch ihre altertümlichen Namen. Einige haben heute nur im gehobenen Prosastil ihren Platz, andere benützen wir alltäglich, ohne zu wissen, daß schon die Rhetoriker Quintilian und Cicero sie empfohlen haben.

In unserer Liste stehen insgesamt 32 Stilfiguren (Fachleute meinen, es gibt noch viel mehr). Zur besseren Übersicht wurde nicht eine Einteilung nach der grammatischen Form, sondern nach der Wirkungsabsicht gewählt, und zwar Anschaulichkeit, Eindringlichkeit, Spannung, Ästhetik und Kommunikation mit dem Leser. Einige Figuren, speziell die der ersten Gruppe, sind in den Kapiteln des Buches ausführlich besprochen. Andere seien je nach Lust und Laune dem experimentierfreudigen Autor durchaus ans Herz gelegt.

Anschaulichkeit

Zu dieser Gruppe gehören das verdeutlichende Beispiel, außerdem der Vergleich und die Metapher (der bildliche Ausdruck). Alle drei sind in eigenen Abschnitten behandelt. Als vierte Figur läßt sich hier noch die Erzählung nennen, das heißt zum Beispiel eingestreute Anekdoten oder persönliche Erlebnisse, die durch ihren erzählenden Ton den sachlich-elogischen Fortgang des Textes auflokkern sollen.

Eindringlichkeit

Zu dieser Gruppe zählen die Wiederholung, oft auch Parallelismus genannt: Sie hat verschiedene Unterformen, darunter die wörtliche, die variierende, die teilweise und die erweiternde, verstärkende, verdeutlichende Wiederholung;

die Zusammenfassung: Dabei wird in wenigen knappen Sätzen ein Abschnitt zusammengefaßt, bevor es zum nächsten geht;

der Ausruf: er unterbricht die Darlegung eines Sachverhalts und macht kurz einer Emotion Platz (Um Gottes willen, nein!);

der Chiasmus: eine auch »Kreuzstellung« genannte Figur, die meist in (literarischen) Gegensatzpaaren benützt wird, etwa: Gute Ratschläge brauchen wir nicht, wir brauchen entschiedene Taten.

das Asyndeton: Damit ist eine unverbundene Folge mehrerer Sätze gemeint, zum Beispiel: Ich kam, ich sah, ich siegte; schließlich das Gegenteil dazu,

das Polysyndeton: Hier sind alle Sätze miteinander verbunden, etwa mit und: Wir hören es und sind verblüfft und unternehmen doch nichts.

Spannung

Zu den spannungserzeugenden Figuren werden gerechnet

die Steigerung (»Klimax«): Sie ist nicht bloß über einen längeren Textabschnitt möglich, sondern auch in einem Satz wie: Die Zahlen sind fragwürdig, die Berechnungen falsch, die Etatansätze ein einziger Betrug; Majestät, das ist keine Revolte, das ist die Revolution.

die Antiklimax: ein (oft nur scheinbares) Gegenteil dazu wie hier: Das ist schlimmer als ein Verbrechen, es ist ein Fehler;

die mit beiden verwandte Antithese: Hierher gehört alles, was ein Gegensatzpaar bildet (Anschein Wirklichkeit, die da oben, wir hier unten, theoretisch praktisch);

die Verzögerung: Dabei wird etwa auf eine dringende Frage eine vorläufig ausweichende Antwort gegeben (Und welche Folgen hat dieser neue Passus im Gesetz für uns? Eher, als uns lieb ist, werden wir sie zu spüren bekommen);

die Überraschung: Das ist die geplante Enttäuschung einer Erwartung, wenn etwa auf den Vordersatz: Wir haben für diese Menschen schon eine Menge getan, der Nachsatz folgt: nur nichts Positives oder: Traue keinem Zitat, das du nicht eigenhändig aus dem Zusammenhang gerissen hast;

der Satzabbruch: In seiner einfachsten Form sieht das so aus: Dieser Schweinehund, dem zahle ich es aber heim, oder auch sachlicher: Ein völlig undurchdachter Vorschlag, wir sollten ihn mit Verachtung strafen; und

die Ellipse (das heißt hier »Auslassung« eines Satzteils): von hoher Spontanität, Beispiel: Was hat er nicht alles falsch gemacht! Die Familien durch Steuererhöhung belastet, den Alten die Renten gekürzt, den Arbeitslosen wider besseres Wissen blühendes Wirtschaftswachstum versprochen. Eine Ellipse ist auch so etwas: Kann er das im Ernst behaupten? Tatsächlich, er kann.

Ästhetik

Zu den vielen Mitteln, die einem Text vor allem ein annehmbares, unterhaltsames Äußeres verleihen sollen, gehören

das Wortspiel und der Witz: Sie haben wir in einem eigenen Abschnitt besprochen, einschließlich des Kalauers und anderer Gefahrenpunkte; nicht jeder findet gleich ein so gelungenes Wortspiel wie: Wir fürchten keine Verhandlungen, aber wir werden niemals aus Furcht verhandeln (John F. Kennedy);

die Anspielung: Sie funktioniert nur, wenn der Leser die nötigen Ideenassoziationen selbst hinzufügen kann und tritt entweder in knappster Form so auf: Bonn ist nicht Weimar oder deutlicher so: Jeder weiß, was ich damit meine;

die Umschreibung: Sie tritt an die Stelle der genaueren Bezeichnung einer Sache, etwa für ein in Aussicht gestelltes gelobtes Land: das Land, in dem Milch und Honig fließt;

die Übertreibung: Ein Ozean von Druckerschwärze; dergleichen wird aber oft zu demagogischen Zwecken mißbraucht wie in: eine Flut von Einwanderern;

das Paradox: Darunter verstehen wir, oberflächlich betrachtet, eine Unlogik, die aber insgesamt doch wieder Sinn ergibt, also etwa die bekannten: Weniger wäre hier mehr, Keine Antwort ist auch eine Antwort oder: Indem sie schweigen, stimmen sie zu;

die Synekdoche: Wir benützen sie unbewußt und dauernd, wenn

wir statt der Art die Gattung nennen (oder auch Lebewesen statt Menschen), den Teil für das Ganze (unter meinem Dach) oder das Ganze statt eines Teiles (Deutsche an die Front!) sowie Verwandtes wie: Der Kreml behauptet, Ich lese gerade Goethe;

die Litotes (auch doppelte Verneinung, genauer: Verneinung des Gegenteils): nicht uninteressant, nicht die Spur;

die Ironie: Dieser Figur haben wir einen eigenen Textabschnitt gewidmet;

der Euphemismus: Damit wird einer unangenehmen Sache eine angenehme, verhüllende Bezeichnung gegeben; Euphemismen sind etwa Freistellung für Entlassung oder Kernkraft für Atomkraft;

das Oxymoron: Paradebeispiel ist süßsauer, das heißt, zwei gegensätzliche Begriffe kommen zusammen und bilden miteinander einen neuen Sinn wie in: beredtes Schweigen, eine rätselhafte Offenbarung oder auch, gar nicht mehr spürbar, ruhender Verkehr;

die Synonymie: ein jedem geläufiges, nur zu selten benutztes Mittel, Wortwiederholungen zu vermeiden; wenn man also nicht dauernd Bundestag sagen möchte, bieten sich (immer nur fast) gleichbedeutende Bezeichnungen an wie Parlament, Legislative, Gesetzgebungsorgan, die Volksvertreter, die Abgeordneten oder zeitweise auch das Wasserwerk (was jetzt schon eine Synekdoche wäre); und endlich die

Lautmalerei (Onomatopoesie): sie ist nicht nur in der Kindersprache daheim (der Wauwau) oder flapsig verwendbar (dasTöfftöff), sondern ist auch in Ausdrücken wie klirrende Kälte oder knirschende Unlogik lebendig.

Kommunikation

Stilfiguren, durch die der Autor in direkte Verbindung mit dem Leser zu kommen versucht, sind

die Parenthese: Sie steht, wie schon in einem eigenen Abschnitt besprochen, oft in Gedankenstrichen: Diese Behauptung ist, wie sag ich's möglichst schonend? eine Ungeheuerlichkeit;

die Vorschau, der Vorgriff auf Kommendes: Dazu gehört vor allem der kurz gefaßte Überblick über spätere Themenpunkte (was aber bei zu großer Fülle entmutigend wirkt), aber auch die Vorweg-

nahme eines möglichen Gegenarguments (Man wird jetzt gleich den Einwand vorbringen,...); und als letztes
die rhetorische Frage: Ihr Kennzeichen ist, da sie keine Antwort braucht, weil die mit der Frage selbst bereits klar auf der Hand liegt. Dazu gibt es einige gute authentische Beispiele: Sind bei den Fernsehanstalten mittlerweile Hellseher angeheuert worden?, Gelten diese Rechte nur für Leute, die auf dem Land wohnen?; aber auch ein verdorbenes, indem der Verfasser erst die niedrige Streikstatistik Deutschlands anführt und daraufhin gut rhetorisch fragt: Sieht so eine Gesellschaft von Blaumachern aus?, dann aber selbst antwortet: Ich sage nein. Dies ist aber nicht nur überflüssig, es macht die ganze rhetorische Frage zunichte.

Noch ein theoretischer und zwei praktische Hinweise:
1. Die Liste ist ungenau und unvollständig. Oder hätten wir vielleicht noch die Anadiplose und das Hysteron proteron unterbringen sollen?
2. Es dürfte klar sein, daß einige dieser Figuren gut mit anderen zu kombinieren sind. Und
3. Wie bei allem anderen auch ist bei der Verwendung solcher Stilmittel Zurückhaltung oberstes Gebot. Guter Geschmack ist maßvoll.

Liste der Satzverbindungen

Werden zwei Sätze verbunden, so stehen ihre Inhalte meist in einem
bestimmten Verhältnis zueinander. Das kann vieles sein: Hinzufügung, Zeitverhältnis (vorher, gleichzeitig, unmittelbar darauf, später, oft), räumliche Beziehung, Bedingung, Begründung, logische
Folgerung, Zweck und Absicht, Art und Weise, Vergleich, Angabe
eines Mittels, konzessives »Entgegenkommen«, Erklärung, Zusammenfassung, Einschränkung, Korrektur, Ausschließung, Gegensatz, Alternative oder Verneinung. In dieser Reihenfolge ist auch
die Liste aufgebaut
Sie geht zurück auf die anregende Tabelle in Hans Jürgen Heringer,
Lesen lehren lernen, Eine rezeptive Grammatik des Deutschen, Tü-
bingen 1989, Seite 268, 273.
Die erste Gruppe enthält jeweils die geeigneten Konjunktionen,
und zwar für Hauptsätze (H), Nebensätze (N) und Infinitiv-
sätze (I). In der zweiten stehen Adverbien und in der dritten einige adverbiale Angaben, die alle dieselbe Aufgabe erfüllen. Die
vierte Gruppe listet die Präpositionen auf; mit ihnen werden oft
Angaben konstruiert, die einen der beiden Sätze überhaupt einsparen. Und zuletzt kommen andere sprachliche Mittel für den
jeweiligen Ausdruckszweck. Besonders die letzte Spalte ist eine
unabgeschlossene Liste, die dem Formulierungseifer weit offen-
steht.
Wie die Listen zu gebrauchen sind, soll ein Beispiel zeigen. Wir haben zwei Sätze, also zwei Inhalte, von denen der erste die Begründung für den zweiten ist, etwa: Er hat sich verspätet und: Ich warte
nicht länger. Zu ihrer Verknüpfung sind mehrere Möglichkeiten
zur Hand:
ohne Verbindung: Er sich verspätet. Ich warte nicht länger. (Das
geht natürlich nur, wenn die Inhalte deutlich genug sind, die gewünschte Beziehung der Sätze auszudrücken.)
Hauptsatz-Konjunktion: Ich warte nicht länger, denn er hat sich
verspätet.
Nebensatz-Konjunktion: Ich warte nicht länger, weil er sich verspätet hat. Oder: Weil er sich verspätet hat, warte ich nicht länger.
Oder auch: Er hat sich verspätet, weshalb ich nicht länger warte.

Adverb: Er hat sich verspätet, deshalb warte ich nicht länger. Oder: Ich warte nicht länger. Er hat sich nämlich verspätet.
Angabe: Er hat sich verspätet. Aus diesem Grund warte ich nicht länger.
Propositional-Ausdruck: Wegen seiner Verspätung warte ich nicht länger.
Andere Mittel: Der Grund (dafür), daß ich nicht länger warte, ist seine Verspätung. Oder: Ich warte nicht länger. Der Grund: Er hat sich verspätet. Oder: Daß er sich verspätet hat, führt dazu, daß ich nicht länger warte.
Die Beispiele sind, wie leicht zu sehen ist, sehr ungleich. Wenige klingen gut, einige indiskutabel. Das ist aber gerade der Witz dabei. Das Ausdrucksmittel, das uns beim Schreiben als erstes in den Sinn kommt, ist ja auch nicht immer das beste. Meist finden wir erst nach einigem Ausprobieren, welches sich am schönsten in den Satz und den Text schmiegt. Dazu sollen die Listen Hilfestellung geben.
PS: Ungefähr ein Drittel der (gar nicht mal erschienenen) Liste ist in heutigen Texten nicht zu finden: ein wieder neu zu entdeckender Wort-Schatz.

Hinzufügung

Konjunktionen: und (H); wie auch (N); wie ja auch (N)
Adverbien: außerdem; zusätzlich; zudem; auch; ferner; ebenfalls; desgleichen; gleichermaßen; gleicherweise; gleichfalls; genauso; ebenso; überdies; dazu; noch dazu; obendrein; darüber hinaus; ausnahmslos
Angaben: in gleicher Weise; im gleichen Maß
Präpositionen: mit; zusammen mit; samt; mitsamt; zuzüglich
Andere: Nebenbei bemerkt; sowie; oder auch; eingeschlossen; mitgerechnet; inbegriffen; sowohl ... als auch; Das ist noch nicht alles. Hinzu kommt, daß ...; Damit geht einher; Nicht nur T, sondern auch ...; Weiß Gott was alles!; samt und sonders ...

Vorzeitigkeit

Konjunktionen: vor (N); ehe (N); wenn (N); dann; sowie (N)
Adverbien: einst; einstmals; zuvor; davor; vorher; früher; damals;
dazumal; seinerzeit; ehemals; vormals; vorzeiten; längst; bereits;
schon; erst; zunächst
Angaben: Anno Schnee; Anno Tobak
Präpositionen: vor; bevor
Andere: vorsintflutlich; damalig; ehemalig; einstig; am Vorabend;
Dem ging etwas anderes zuvor: ur (vor Urzeiten); vor Jahr und Tag;
Es war einmal; Partizip Perfekt (In Rom angekommen, gingen wir
ins Kolosseum)

Gleichzeitigkeit

Konjunktionen: während (N); wenn (N); als (N); solange (N); so
lange (H); seit (N); seitdem (N); bis (N)
Adverbien: gleichzeitig; zugleich; währenddessen; währenddem;
unterdessen; mittlerweile; inzwischen; zugleich; zwischenzeitlich;
einstweilen; seitdem; seither; bis dahin
Angaben: zur selben Zeit; in einem Aufwasch; im gleichen Atem-
zug; im Verlauf...; in der Zwischenzeit; anläßlich
Präpositionen: während; bei; in; an; binnen; innerhalb; seit; äab; bis
Andere: zu der Zeit, als; synchron; simultan; parallel; fällt zusammen mit; Arm in Arm

Unmittelbare zeitliche Folge

Konjunktionen: kaum (H), da; kaum da (N); sobald (N); sowie(N)
Adverbien: gleich; sofort; sofort danach; sogleich; prompt; unver-
züglich; umgehend; unmittelbar darauf; stracks; augenblicklich;
kurzerhand; handkehrum
Angaben: vom Fleck weg; stehenden Fußes; auf Anhieb; auf der
Stelle; ohne weiteres; geradewegs
Präpositionen: sofort nach; unmittelbar nach
Andere: eben noch..., da; gerade noch..., als

Nachzeitigkeit

Konjunktionen: nachdem (N); wonach (N); worauf (N); woraufhin(N)
Adverbien: dann; sodann; danach; nachher; hinterher; hierauf; darauf; nachfolgend; nachträglich; anschließend; später; demnächst; bald; einst; künftig; zukünftig; irgendwann; weiterhin; endlich; schließlich
Angaben: im nachhinein; in der Folge; in der Folgezeit; im Anschluß daran; in Zukunft; in absehbarer Zeit; binnen kurzem
Propositionen: nach
Andere: Dem folgte etwas anderes:

Häufigkeit

Konjunktionen: wenn (N); jedesmal wenn (N); sooft (N); immer wenn (N)
Adverbien: nie; niemals; selten; sporadisch; manchmal; zuweilen; bisweilen; vereinzelt; mitunter; gelegentlich; häufig; verschiedentlich; mehrfach; mehrmals; mehrmalig; wiederholt; zigmal; meist; meistens; zumeist; generell; vorwiegend; etliche Male; oft; des öfteren; wiederholt; x-mal; immer wieder; dauernd; immer; stets; unaufhörlich; fortwährend; täglich; alljährlich
Angaben: alle Jubeljahre; von Zeit zu Zeit; ab und an; dann und wann; hin und wieder; hie und da; jahraus, jahrein; in der Regel; bei jeder Gelegenheit; morgens, mittags und abends; zum größten Teil; in der Mehrzahl; unzählige Male; ohne Unterbrechung; ohne Unterlaß
Präpositionen: (keine)
Andere: in Raten; da capo; auf Schritt und Tritt

Ort, Richtung

Konjunktionen: wo (N); wohin (N); woher (N); soweit (N)
Adverbien: hier; da; dort; hier und da; stellenweise; hierhin; heran; herbei; herzu; dahin; dorthin; von dort; von da her; überall

Angaben: an diese(r) Stelle; an jene(r) Stelle; an diesen/m Ort, Platz; an jenen/m Ort, Platz
Präpositionen: an; auf; hinter; in; neben; über; unter; vor; zwischen; aus; außerhalb; bei; bis zu; gegenüber; von; durch; entlang; außerhalb; diesseits; jenseits; oberhalb; unterhalb; unweit; unfern
Andere: irgendwo; nirgendwohin; überall und nirgends; präsent; anwesend; vorhanden; zur Hand

Bedingung

Konjunktionen: wenn (N); falls (N); sofern (N); wofern (N); insofern (N); je nachdem (N)
Adverbien: dann; so; andernfalls; sonst
Angaben: genau besehen; so gesehen; streng genommen; unter solchen Umständen; für diesen Fall; in diesem Fall; im Fall
Präpositionen: bei; mit; ohne; unter (Umständen)
Andere: angenommen; bedingt; hängt von... ab; kommt darauf an; gesetzt den Fall; vorausgesetzt, (daß); es sei denn; Das setzt aber voraus; unter einer Bedingung; je nachdem

Begründung

Konjunktionen: denn (H); weil (N); da (N); zumal (N); wo doch (N); um so mehr, als (N); um so weniger, als (N); dadurch, da (N); weshalb (N); weswegen (N)
Adverbien: so; deshalb; dadurch; deswegen; daher; darum; dadurch; demzufolge; infolgedessen; somit; nämlich; schließlich
Angaben: aus diesem Grund, Beweggrund, Motiv, Anlaß
Präpositionen: wegen; durch; aus; dank; kraft; aufgrund; vor; anläßlich; angesichts; halber; mangels
Andere: Der Grund; Die Ursache; bewirkt; verursacht; begründet; löst... aus; geht auf... zurück; führt zu; führt... herbei; setzt... in Gang; Bedingt durch; Darin liegt der Grund (das Motiv, der Auslöser), das Partizip Perfekt (Er schwieg, überzeugt von seiner Unschuld)

Folge, Konsequenz

Konjunktionen: so da (N); so... daß (N); zu..., als da(N)
Adverbien: dann; sonst; also; daher; darum; mithin; somit; demnach; eben; logischerweise; zwangsläufig; zwangsweise; folglich; folgerichtig; demzufolge; infolgedessen; notwendigerweise; dementsprechend; demgemäß
Angaben:
Präpositionen: infolge; zufolge; gemäß; laut; auf... hin
Andere: führt zu; folgt aus; kommt daher; Woraus folgt, daß; Das hat Folgen, Weiterungen, Konsequenzen, Nachwirkungen, ein Nachspiel; mit der Folge (dem Resultat, dem Erfolg, dem Ergebnis); Das Resultat:

Zweck, Absicht

Konjunktionen: damit (N); da (N); um zu (I)
Adverbien: dazu; dafür; hierzu; hierfür; absichtlich; vorsätzlich
Angaben: zu diesem Zweck; im Hinblick auf; mit Bedacht; mit Fleiß; zum Zweck; in der Absicht
Präpositionen: zwecks; wegen; für; zu; um... willen; halber; zuliebe; zugunsten
Andere: das Ziel im Auge; bezwecken; darauf anlegen; berechnet; gezielt auf; zweckbestimmt

Art und Weise

Konjunktionen: wie (N); indem (N); wobei (N); womit (N)
Adverbien: so; desgleichen; -weise
Angaben: in dieser Weise; auf solche Weise; nach Art; wie; quasi; durch; mit; mitsamt; ohne; unter; entsprechend
Präpositionen: mit (Lust); aus (Liebe); vor (Übereifer)
Andere: artig (Adj.); weise (Adj.); gleich (Adj.); Partizip Präsens (Sehenden Auges geht er das Risiko ein); Partizip Perfekt (Ich ging, erschüttert von dieser Antwort)

Vergleich

Konjunktionen: desto (H); je (N), desto (H); je nachdem (N); als
ob (N); wie wenn (N); wie (N), so; so wie (N); als (N); als da (N)
Adverbien: einerseits... andererseits; ähnlich; ganz anders; genauso; ebenso; vergleichbar
Angaben: im Vergleich zu; vergleichsweise; verhältnismäßig; relativ; ziemlich; gleich; gleichsam
Präpositionen: wie; als
Andere: ist ähnlich, vergleichbar, gleichwertig, ebenbürtig; auch so
einer; im gleichen Rang; Viel wichtiger ist

Instrument

Konjunktionen: indem (N); dadurch, da (N); damit, da (N)
Adverbien: so; folgendermaßen; damit; hiermit; dadurch; somit
Angaben:
Präpositionen: mit; mithilfe; durch; mittels; vermittels; vermöge;
dank; kraft; per; anhand
Andere: Unter Verwendung; Partizip Präsens (Den Schraubenzie-
her senkrecht haltend, gelang es ihm)

Zugeständnis (konzessiv)

Konjunktionen: zwar (H), aber; obwohl (N); wiewohl (N); ob-
gleich (N); obschon (N); obzwar (N); wenngleich (N); wenn auch
(N); auch wenn (N); selbst wenn (N); so (N), so...
Adverbien: sicher; natürlich; gewiß; freilich; zweifellos; durchaus;
immerhin; wenigstens; allerdings; zugegeben(ermaßen); dabei; ohnehin; gleichwohl; trotz allem; trotzdem; dessenungeachtet; jedenfalls
Angaben: bei aller Liebe; bei allem Verständnis
Präpositionen: trotz; ungeachtet
Andere: Obwohl ganz durchnäßt, ging er wieder aus; Mag ja sein!;
Nun gut! Aber...; mag (mögen)...; klar; Zugegeben; verhindert
nicht...; Ob es regnet oder schneit, er ist nie erkältet; Ganz egal; So
oder so; Wer (was, wo etc.) auch immer; Wie auch immer; Und

trotzdem; erst recht; auch (Ist es auch kalt, so gehen wir doch spazieren)

Erklärung

Konjunktionen: und zwar (H)
Adverbien: nämlich; beispielsweise; insbesondere; bekanntlich; bekanntermaßen; gewissermaßen; folgendermaßen; sozusagen; quasi
Angaben: mit anderen Worten
Andere: genauer; einfacher; anders, einfach gesagt; konkret; das heißt; das ist; Man muß wissen; So erklärt sich

Zusammenfassung

Adverbien: insgesamt; zusammenfassend; zusammengefaßt; generell; schließlich
Angaben: alles in allem; im ganzen
Andere: kurz; kurz und gut; kurz und knapp; mit einem Wort; zusammengefaßt; Ergebnis; Resultat; Fazit; Resümee

Einschränkung

Konjunktionen: nur (H); bloß (H); nur daß (N); bloß daß (N); außer, daß (N); soweit (N); soviel (N); insofern, als (N); ohne daß (N)
Adverbien: nur; bloß; allein; lediglich; allerdings
Präpositionen: außer
Andere: Nur; bloß; abgesehen von; ausnahmsweise; mit einer Einschränkung; einschränkend

Korrektur

Konjunktionen: aber nicht (H); aber vielmehr (H)
Adverbien: allerdings; eher; besser
Angaben: besser gesagt

Ausschließung

Konjunktionen: außer wenn (N); außer daß (N); ohne daß (N);
ohne zu (I)
Adverbien: sonst; ansonsten
Angaben: mit Ausnahme; unter Ausschluß; ausgenommen; unge-
rechnet; abgerechnet; abzüglich; vorbehaltlich; ausschließlich
Präpositionen: außer; ohne; bis auf; nichts als; niemand als
Andere: und nicht; mit einer Ausnahme

Gegensatz

Konjunktionen: aber (H); doch (H); jedoch (H); allein (H); sondern (H); wogegen (N); wohingegen (N); während (N)
Adverbien: trotzdem; trotzdessen; doch; jedoch; hingegen; dagegen; indes; indessen; dabei; demgegenüber; andererseits; vielmehr;
mindestens; wenigstens; dennoch
Angaben: im Gegensatz dazu; im Widerspruch dazu; ganz im Gegenteil; zum mindesten
Präpositionen: gegen; entgegen; wider
Andere: anders; etwas völlig anderes; grundverschieden; nicht;
sondern; umgekehrt; entgegengesetzt; Einspruch!; wie Tag und
Nacht; und (Sie ist schon 22 und spielt noch mit Puppen)

Alternative

Konjunktionen: oder (H); entweder (H), oder; bald (H), bald (H); mal (H), mal (H); statt daß (N); anstatt daß (N); statt zu (I); anstatt zu (I)

Adverbien: statt dessen; ersatzweise; wahlweise; dafür; abwechselnd

Angaben: an dessen Stelle; als Ersatz; in Vertretung; im Austausch; im Wechsel

Präpositionen: statt; anstatt; anstelle; für

Andere: alternativ dazu

Verneinung

Konjunktionen: ohne daß (N); weder (H), noch (H)

Adverbien: nicht; niemals; keineswegs; keinesfalls; von wegen!

Angaben: nie und nimmer; ganz und gar nicht; beileibe nicht; nicht im geringsten; nicht im mindesten; weit entfernt; ganz im Gegenteil; kein bißchen; unter keinen Umständen; auf keinen Fall; Gott bewahre!

Präpositionen: ohne; bar

Andere: frei von; Mangel; Abwesenheit; Lücke; Ausfall; Versagen; Verzicht; verneinen; kein(erlei); fehlend; negativ; ohne; -los (Adj.); frei (Adj.); un- (Adj., Subst.); nein; durchaus nicht; nie und nimmer; ebensowenig; ausgeschlossen; keinesfalls; nirgend; weder ... noch

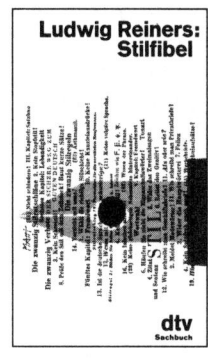

Über die Sprache

Gesellschaft
Politik
Wirtschaft

Jewgenia Albaz:
Das Geheimimperium
KGB
Totengräber der
Sowjetunion
dtv 30326

Timothy Garton Ash:
Ein Jahrhundert
wird abgewählt
Aus den Zentren
Mitteleuropas
1980-1990
dtv 30328

Fritjof Capra:
Wendezeit
Bausteine für ein
neues Weltbild
dtv 30029

Das neue Denken
Ein ganzheitliches
Weltbild im
Spannungsfeld
zwischen Naturwissen-
schaft und Mystik
Begegnungen und
Reflexionen
dtv 30301

Alfred Grosser:
Verbrechen und
Erinnerung
Der Genozid im
Gedächtnis der Völker
dtv 30366

Graf Christian von
Krockow:
Politik und
menschliche Natur
Dämme gegen die
Selbstzerstörung
dtv 30321

Heimat
Erfahrungen mit
einem deutschen
Thema
Aktualisierte Ausgabe
dtv 30321

Dagobert Lindlau:
Der Mob
Recherchen
zum organisierten
Verbrechen
dtv 30070

John R. MacArthur:
Die Schlacht der Lügen
Wie die USA den
Golfkrieg verkauften
dtv 30352

Gérard Mermet:
Die Europäer
Länder, Leute,
Leidenschaften
Mit zahlr. Tabellen,
Karten u. Abbildungen
dtv 30340

Hans Jürgen Schultz:
Trennung
Eine Grunderfahrung
des menschlichen
Lebens
dtv 30001

Dorothee Sölle:
Gott im Müll
Eine andere
Entdeckung
Lateinamerikas
dtv 30040

Zeitbombe Mensch
Überbevölkerung und
Lebenschance
Hrsg. v. Reymer Klüver
dtv 30375

Auslands-
berichte

**Geheimimperium
KGB
Totengräber der
Sowjetunion**
Von Jewgenija Albaz

dtv
Zeitgeschichte

**Peter Scholl-Latour:
Der Tod
im Reisfeld
Dreißig Jahre Krieg
in Indochina**

dtv sachbuch

Jewgenia Albaz:
Das Geheimimperium
KGB
Totengräber der
Sowjetunion
dtv 30326

Milovan Djilas:
Jahre der Macht
Im jugoslawischen
Kräftespiel
Memoiren 1945 – 1966
Vorwort von
Wolfgang Leonhard
dtv 30304

Marion Gräfin Dönhoff:
Der südafrikanische
Teufelskreis
Reportagen und
Analysen aus drei
Jahrzehnten
dtv 11110

Georg Markus (Hrsg.):
Mein Elternhaus
Ein österreichisches
Familienalbum
Mit zahlreichen Fotos
dtv 30330

Mark Mathabane:
Kaffern Boy
Ein Leben in der
Apartheid
dtv 10913

Conor Cruise O'Brien:
Belagerungszustand
Die Geschichte des
Zionismus und
des Staates Israel
dtv 11424

Peter Scholl-Latour:
Mord am großen Fluß
Ein Vierteljahrhundert
afrikanische
Unabhängigkeit
dtv 11058
Leben mit Frankreich
Stationen eines halben
Jahrhunderts
dtv 11399

Der Tod im Reisfeld
Dreißig Jahre Krieg
in Indochina
dtv 30336

John R. MacArthur:
Die Schlacht der Lügen
Wie die USA den
Golfkrieg verkauften
Vorwort von
Dagobert Lindlau
dtv 30352

Dorothee Sölle:
Gott im Müll
Eine andere Ent-
deckung Lateinamerikas
dtv 30040

Jonathan D. Spence:
Das Tor des
Himmlischen Friedens
Die Chinesen
und ihre Revolution
1895 – 1980
dtv 30307

Yue Daiyun:
Als hundert Blumen
blühen sollten
Die Odyssee einer
modernen Chinesin
vom Langen Marsch
bis heute
dtv 11040

Frauen-sachen

Bettina Böhm:
Stumme Fluchten
Eine Inzestgeschichte
dtv 30368

Frauen berichten vom
Kinderkriegen
Hrsg. v. Doris Reim
dtv 10242

Gabriele M.
Grafenhorst:
Abtreibung
Erfahrungsberichte
zu einem Tabu
dtv 30300

Mary Kingsley:
Die grünen Mauern
meiner Flüsse
Aufzeichnungen aus
Westafrika
dtv 30315

Christian Graf von
Krockow:
Die Stunde der Frauen
Bericht aus Pommern
1944 – 1947
dtv 30014

Lesebuch für Raben-
mütter
Von den Schwierig-
keiten, eine gute
Mutter zu sein
Hrsg. v. Sophie v.
Lenthe
dtv 30348

Naila Minai:
Schwestern unterm
Halbmond
Muslimische Frauen
zwischen Tradition
und Emanzipation
dtv 11098

Paul Noack:
Olympe de Gouges
1748 – 1793
Kurtisane und
Kämpferin für
die Rechte der Frau
dtv 30319

Régine Pernoud:
Königin der
Troubadoure
Eleonore von
Aquitanien
dtv 30042

Christine de Pizan
Das Leben einer
außergewöhnlichen
Frau im Mittelalter
dtv 11192

Herrscherin
in bewegter Zeit
Blanca von Kastilien,
Königin
von Frankreich
dtv 30359

Giovanni Pettinato:
Semiramis
Herrin über Assur
und Babylon
dtv 11402

Christa Rotzoll:
Frauen und Zeiten
Porträts
dtv 11352

Helga Schubert:
Judasfrauen
Zehn Fallgeschichten
weiblicher Denunzia-
tion im Dritten Reich
dtv 11523

Eva Weissweiler:
Clara Schumann
Eine Biographie
dtv 30344